Rapport sur les marchés de capitaux en Afrique 2025

OCDE
DES POLITIQUES MEILLEURES
POUR UNE VIE MEILLEURE

Cet ouvrage est publié sous la responsabilité du Secrétaire général de l'OCDE. Les opinions et les arguments exprimés ici ne reflètent pas nécessairement les vues officielles des pays Membres de l'OCDE.

Ce document, ainsi que les données et cartes qu'il peut comprendre, sont sans préjudice du statut de tout territoire, de la souveraineté s'exerçant sur ce dernier, du tracé des frontières et limites internationales, et du nom de tout territoire, ville ou région.

Merci de citer cet ouvrage comme suit :
OCDE (2025), *Rapport sur les marchés de capitaux en Afrique 2025*, Éditions OCDE, Paris, https://doi.org/10.1787/4c3dc507-fr.

ISBN 978-92-64-41783-0 (imprimé)
ISBN 978-92-64-52952-6 (PDF)
ISBN 978-92-64-68211-5 (HTML)

Crédits photo : Conception de la couverture par Eva Abbott à partir d'image de © vale_t/iStock by Getty Images.

Les corrigenda des publications de l'OCDE sont disponibles sur : https://www.oecd.org/fr/publications/support/corrigenda.html.

Avant-propos

La présente publication constitue la première édition du Rapport sur les marchés de capitaux en Afrique. Le rapport examine le développement des marchés de capitaux sur le continent africain, apporte des éclairages sur la situation actuelle des marchés et les défis auxquels ils sont confrontés et présente des considérations relatives à l'action des pouvoirs publics. Il repose sur une base de données uniques de l'OCDE, ainsi que sur des analyses originales de données commerciales et librement accessibles. Compte tenu de la diversité des économies et de leurs stades de développement à travers le continent, le rapport se concentre principalement sur les économies à revenu intermédiaire, caractérisées par un certain niveau d'activité sur les marchés de capitaux et des structures de marché établies. Certaines sections du rapport pourront néanmoins s'avérer utiles à tout pays africain souhaitant renforcer et étendre le rôle des financements de marché dans son économie.

Le chapitre 1 examine le rôle croissant que les financements de marché peuvent jouer pour répondre aux défis du développement économique en Afrique. Il met en évidence le sous-développement relatif des marchés de capitaux dans la région, la dépendance au financement bancaire et les implications pour la viabilité de la dette et l'investissement climatique. Il s'intéresse également aux politiques en faveur des marchés de capitaux mises en place par les gouvernements africains, notamment les plans stratégiques nationaux, les initiatives régionales et les efforts visant à aligner les cadres financiers sur les normes internationales.

Le chapitre 2 traite de la situation des marchés d'actions et de la gouvernance d'entreprise en Afrique et expose les principaux obstacles à leur développement. Y sont analysés la taille des marchés, leur liquidité, les activités de négociation, les coûts, les structures actionnariales, ainsi que les pratiques de gouvernance d'entreprise en vigueur. Il s'achève en mettant en lumière cinq leviers majeurs que les pouvoirs publics peuvent actionner pour favoriser une croissance et un développement durables des marchés d'actions.

Le chapitre 3 analyse les marchés de la dette d'entreprise en Afrique, en mettant l'accent sur les obligations, les prêts syndiqués et le crédit privé. Il étudie leur évolution sur les vingt dernières années en replaçant ces tendances dans une perspective mondiale et met en évidence quatre domaines dans lesquels les pouvoirs publics doivent agir pour favoriser le développement du marché de la dette, en s'appuyant sur un examen des initiatives publiques existantes et des expériences internationales.

Le chapitre 4 s'intéresse au secteur de l'énergie en Afrique et souligne le rôle essentiel que jouent les marchés de la dette publique et privée pour atteindre les objectifs climatiques nationaux. Il présente plusieurs scénarios régionaux pour l'Afrique du Nord et l'Afrique subsaharienne, ainsi que les défis liés à la mobilisation des marchés de la dette pour financer la transition bas carbone. Il examine également la croissance des marchés des obligations durables et passe en revue les politiques et les stratégies nationales pour diversifier les sources de financement des investissements climatiques.

Le chapitre 5 examine l'évolution de la dette souveraine négociable des pays africains, ainsi que les conditions macrofinancières sous-jacentes. Il analyse les difficultés rencontrées récemment, notamment la hausse des coûts d'emprunt, l'affaiblissement de la demande étrangère et les incertitudes géopolitiques susceptibles de peser sur les capacités d'emprunt des États. Il conclut en exposant les axes d'action prioritaires pour améliorer la liquidité des marchés obligataires en monnaie locale, réduire les vulnérabilités financières, renforcer l'efficacité de la politique monétaire et encourager l'investissement durable.

Le chapitre 6 étudie les cadres de gouvernance des entreprises publiques dans certains pays africains. Il passe en revue les principaux modèles d'actionnariat public et cadres juridiques, tout en soulignant l'importance d'un actionnariat public et d'une gouvernance efficaces comme fondements du développement des marchés de capitaux. Il présente enfin les priorités de l'action publique pour renforcer la transparence, la prévisibilité et le professionnalisme de l'État dans son rôle d'actionnaire, qui pourraient, par ricochet, soutenir la croissance et le développement des marchés de capitaux du continent.

Le chapitre 7 examine la situation de l'IA dans certains pays africains. Il passe en revue les applications de l'IA sur les marchés de capitaux et dans le secteur financier au sens large et recense les principaux obstacles à une adoption à grande échelle de cette technologie. Il présente également des considérations relatives à l'action des pouvoirs publics afin de faciliter un déploiement plus large, efficace et responsable de l'IA dans le secteur financier, en favorisant l'innovation et l'efficience dans l'ensemble des systèmes financiers africains.

Le chapitre 8 analyse le rôle des compagnies d'assurance et des fonds de pension sur les marchés de capitaux africains, dans leur fonction d'investisseurs institutionnels. Il met en lumière leur contribution à la croissance des marchés, examine les contraintes limitant leur participation et formule des recommandations visant à élargir leur rôle d'investisseurs et amplifier leur impact sur les marchés de capitaux du continent.

Ce rapport fait partie de la série de l'OCDE sur les marchés de capitaux, qui vise à faciliter la réflexion sur la manière dont les marchés de capitaux peuvent mieux orienter l'épargne des ménages vers l'investissement productif dans l'économie réelle. Ce rapport est produit dans le cadre d'un programme financé par la Commission des services financiers de Maurice visant à soutenir le développement des marchés de capitaux en Afrique.

Remerciements

Ce rapport a été établi par la Division des marchés de capitaux et des institutions financières de la Direction des affaires financières et des entreprises de l'OCDE, sous la supervision du Chef de division, Serdar Çelik.

Le chapitre 1 a été préparé par Oliver Garrett-Jones, Christian Adderley et Takashi Kondo sous la supervision de Fatos Koc, Cheffe de l'Unité des marchés financiers.

Le chapitre 2 a été préparé par Gülgün Arıkan, Manjuni Fernando, Tugba Mulazimoglu et Yunus Emre Yildirim, sous la supervision de Fianna Jurdant, Analyste principale des politiques, et d'Alejandra Medina, Cheffe de l'Unité d'économie financière.

Le chapitre 3 a été préparé par Blanca Gené Orriols, Carl Magnus Magnusson et Laura Torelli sous la supervision d'Alejandra Medina.

Le chapitre 4 a été préparé par Devran Zeyrek et John O'Shea, sous la supervision de Caio de Oliveira, Chef de l'équipe chargée de la finance durable et de la gouvernance d'entreprise. Adam Ward, de l'Agence internationale de l'énergie, a apporté sa contribution.

Le chapitre 5 a été préparé par Pietrangelo De Biase et Jessica Austin, sous la supervision de Fatos Koc. Luca Policino a apporté sa contribution.

Le chapitre 6 a été préparé par Jorge Galvez Mendez, Karoline Irmscher et Jonah Shrock, sous la supervision de Sara Sultan, Cheffe de l'Unité des entreprises publiques. Ron Snipelski, du FMI, et Immanuel Steinhilper, de la Banque mondiale, ont apporté leur contribution.

Le chapitre 7 a été préparé par Moonga Chinika et Iota Kaousar Nassr, sous la supervision de Fatos Koc. Miles Larbey, Chiara Monticone, Matthew Soursourian, Marcel Beer Kremnitzer, ainsi que Luis Aranda, Céline Caira, Guillermo Hernandez, Jeff Mollins, Lucia Russo et Nikolas Schmidt de la Direction de la science, de la technologie et de l'innovation de l'OCDE, ont apporté leur contribution.

Le chapitre 8 a été préparé par Ayşe Pınar Demir, sous la supervision de Pablo Antolin, Chef de l'Unité des assurances et des pensions. Ce chapitre a bénéficié de la contribution de Stéphanie Payet.

Table des matières

GRAPHIQUES

TABLEAUX

Sigles, acronymes et abréviations

AELP	Projet de liaison des bourses africaines
AfCRA	Agence africaine de notation de crédit
AIE	Agence internationale de l'énergie
ALCB	Obligations africaines libellées en monnaie locale
ALTX	Plateforme alternative de négociation électronique
ANGSPE	Agence nationale de gestion stratégique des participations de l'État et de suivi des performances des établissements et entreprises publics, Maroc
AOFSA	Forum des détenteurs d'actifs d'Afrique du Sud
APD	Aide publique au développement
APSA	Association des autorités africaines de supervision des retraites
ARSEG	Agence angolaise pour la réglementation et la supervision du secteur des assurances
ASEA	Association africaine des bourses de valeurs
BAfD	Banque africaine de développement
BCEAO	Banque centrale des États de l'Afrique de l'Ouest
BDM	Banque multilatérale de développement
BEAC	Banque des États de l'Afrique centrale
BEI	Banque européenne d'investissement
BRVM	Bourse régionale des valeurs mobilières
BSE	Bourse du Botswana
BVMAC	Bourse des valeurs mobilières d'Afrique centrale
BVMT	Bourse de Tunis
CAE	Communauté de l'Afrique de l'Est
CMDTF	Fonds fiduciaire pour le développement des marchés de capitaux
CNPE	Conseil national des participations de l'État, Algérie
CNUCED	ONU commerce et développement
COVID-19	Maladie à coronavirus de 2019
CSE	Bourse de Casablanca
CTSE	Bourse de Cape Town
DBSA	Banque de développement de l'Afrique australe
DCT	Dépositaire central de titres
DGPE	Direction générale du portefeuille de l'État, Côte d'Ivoire
DGSPM	Direction générale du secteur public marchand, Algérie
DSE	Bourse de Dar es Salaam

EGX	Bourse égyptienne
EPA	Établissements publics à caractère administratif
EPIC	Établissements publics à caractère industriel et commercial
FinTech	Technologie financière
FMI	Fonds monétaire international
FPI	Fonds de placement immobilier
FSCA	Autorité de conduite du secteur financier
GSE	Bourse du Ghana
IA	Intelligence artificielle
IFD	Institution de financement du développement
IMAO	Institut monétaire de l'Afrique de l'Ouest
JSE	Bourse de Johannesburg
KEPFIC	Consortium d'investissement des fonds de pension du Kenya
LCSA	Agence de règlement et de compensation de Lusaka
Lignes directrices de l'OCDE	Lignes directrices de l'OCDE sur la gouvernance des entreprises publiques
LUSE	Bourse de Lusaka
MEED	Marchés émergents et économies en développement
MFW4A	Making Finance Work for Africa
MOFI	Ministère des Finances du Nigéria
MoFNP	Ministère des Finances et de la Planification nationale de Zambie
MoFPED	Ministère des Finances, de la Planification et du Développement économique d'Ouganda
MPME	Micro, petites et moyennes entreprises
MSP	Ministère du secteur public égyptien
NGX	Bourse du Nigéria
NPRA	Autorité nationale de régulation des pensions
NSE	Bourse de Nairobi
NSX	Bourse de Namibie

NYSE	New York Stock Exchange
OBG	Oxford Business Group
OHADA	Organisation pour l'harmonisation en Afrique du droit des affaires
OIT	Organisation internationale du travail
OMM	Organisation météorologique mondiale
OPC	Organismes de placement collectif
PAPSS	Système panafricain de paiement et de règlement
PAPSS	Système panafricain de paiement et de règlement
PEEPA	Agence d'évaluation et de privatisation des entreprises publiques du Botswana
PenCom	Commission nationale des pensions
PIA	Autorité des pensions et des assurances
PIB	Produit intérieur brut
PPA	Parité de pouvoir d'achat
R-D	Recherche et développement
SA	Société par actions
SADC	Communauté de développement de l'Afrique australe
SARL	Société à responsabilité limitée
SCAC	Comité consultatif des entreprises d'État, Kenya

ScMC	Scénario reposant sur les marchés de capitaux
ScR	Scénario de référence
ScSP	Scénario reposant sur le secteur public
SEM	Bourse de Maurice
SFI	Société financière internationale
SFN	Services financiers numériques
SIGA	Agence chargée de la gestion des participations de l'État et de la gouvernance, Ghana
SMS	Service de message court
Stats SA	Office statistique sud-africain
SupTech	Technologies de surveillance
TCAC	Taux de croissance annuelle composé
TCX	The Currency Exchange Fund
UA	Union africaine
UEMOA	Union économique et monétaire ouest-africaine.
URBRA	Autorité ougandaise de régulation des prestations de retraite
USD	Dollar des États-Unis
USE	Bourse des valeurs de l'Ouganda
VFEX	Bourse des valeurs de Victoria Falls
WASMIC	Conseil ouest-africain pour l'intégration des marchés de capitaux
ZIPSS	Système de règlement des paiements interbancaires zambien
ZSE	Bourse du Zimbabwe

Résumé

Le développement d'un marché de capitaux dynamique et performant constitue une priorité pour de nombreuses économies africaines. Un recours accru aux financements de marché pourrait contribuer à mobiliser des ressources au service de l'économie réelle, stimuler l'innovation et la compétitivité et favoriser une croissance durable. Le renforcement des marchés de capitaux pourrait également permettre de tirer parti de la dynamique démographique de l'Afrique, tout en favorisant l'inclusion financière. Plusieurs pays africains, en particulier des économies à revenu intermédiaire caractérisées par un certain niveau d'activité sur les marchés de capitaux et des infrastructures de marché établies, ont mis en place des stratégies visant à développer leurs marchés de capitaux, approfondir l'intégration financière régionale et mettre leurs cadres juridiques en conformité avec les normes internationales. Néanmoins, les progrès sont inégaux à l'échelle du continent. De nombreux marchés restent confrontés à d'importants défis, notamment le manque d'infrastructures et de liquidité, des bases d'investisseurs restreintes, une réglementation fragmentée et des préférences culturelles pour les circuits de financement informels. Ces contraintes peuvent limiter leur capacité à compenser les déficits d'investissement liés à la transition climatique et à soutenir pleinement une croissance économique durable.

Malgré leur diversité en termes de structure et de maturité, les marchés de capitaux africains sont dans l'ensemble moins développés que ceux d'autres économies émergentes.

Au cours des 25 dernières années, plusieurs pays africains ont créé des bourses de valeurs, permettant aux entreprises de lever environ 220 milliards USD de capitaux propres. Cette somme ne représente pourtant que 1 % de la valeur totale des fonds propres levés dans le monde et 3 % de celle des entreprises des marchés émergents, soit à peine 0.5 % du PIB africain, une proportion bien inférieure à celle observée dans d'autres régions. L'activité sur les marchés de capitaux en Afrique reste par ailleurs très concentrée : l'Afrique du Sud, l'Égypte et le Nigéria représentent ensemble plus de 80 % de la capitalisation boursière totale. Les volumes d'échanges demeurent globalement faibles et concentrés sur quelques grandes entreprises, en partie en raison du coût élevé des opérations. Les initiatives prises par les pouvoirs publics pour attirer davantage d'émetteurs, en particulier les petites entreprises et celles sous-représentées, en réduisant les obstacles, en améliorant la transparence et en introduisant des cadres d'admission à la cote plus souples, pourraient contribuer à dynamiser l'activité sur le marché et renforcer la participation des acteurs nationaux. La transition numérique des infrastructures de négociation, conjuguée à une intégration plus poussée des marchés financiers régionaux, pourrait permettre d'élargir le réseau de courtiers, favoriser l'activité transnationale et réduire les coûts opérationnels.

De nombreux pays africains ont déjà mis en conformité leurs cadres de gouvernance d'entreprise avec les normes internationales, notamment en dotant les régulateurs de pouvoirs de surveillance étendus sur l'ensemble des segments du marché et en améliorant la protection des investisseurs. Toutefois, la mise en œuvre des cadres varie selon les pays et la concentration de l'actionnariat représente un défi particulier. Les sociétés détiennent 24 % des actions cotées en Afrique, contre 19 % dans les marchés émergents et

9 % à l'échelle mondiale, signe possible d'une moindre protection des actionnaires minoritaires. Le renforcement de la confiance des investisseurs passe par une plus grande indépendance des conseils d'administration et une transparence accrue, ainsi que par une meilleure protection des actionnaires minoritaires. L'adoption récente des Principes africains de gouvernance d'entreprise et la mise à jour des normes internationales de gouvernance d'entreprise offrent une occasion d'améliorer les codes de gouvernance d'entreprise.

Le recours limité aux obligations et aux prêts syndiqués dans le financement des entreprises traduit la faiblesse de la base d'investisseurs nationaux.

L'encours de la dette d'entreprise sous forme d'obligations et de prêts syndiqués reste faible dans les pays africains, tant en pourcentage du PIB qu'en valeur absolue, comparé aux moyennes mondiales, et il a diminué ces dernières années, passant d'environ 230 milliards USD en 2020 à approximativement 180 milliards USD en 2024, ce qui représente à peine 1 % de la dette mondiale des entreprises et environ 5 % de celle des marchés émergents. En outre, quatre économies (Afrique du Sud, Égypte, Nigéria et Maurice) détiennent à elles seules environ 60 % de l'encours total sur le continent, illustrant la forte concentration de l'endettement des entreprises sur quelques marchés financiers plus développés, et plus généralement, le lien qui existe entre la profondeur des marchés de la dette des entreprises et le niveau de développement économique et financier. Les pays africains restent par ailleurs exposés à un risque de change élevé, une grande partie de la dette des entreprises et de la dette souveraine étant libellée en devises, contrairement à la plupart des économies avancées. Cette situation tient à la faiblesse et à la fragmentation générales des cadres réglementaires et des infrastructures de marché, à une forte dépendance à l'égard des capitaux étrangers et au sous-développement des investisseurs institutionnels nationaux.

Il est essentiel d'élargir la base d'investisseurs, y compris étrangers, mais une dépendance excessive vis-à-vis de l'étranger pourrait aussi accroître la vulnérabilité face aux incertitudes mondiales, aux cycles de politique monétaire et aux périodes d'instabilité financière. Il est donc tout aussi important que les pays africains mettent en place des politiques et des cadres réglementaires favorisant la constitution d'une base solide d'investisseurs nationaux, composée notamment de fonds de pension et de compagnies d'assurance. Pour élargir le vivier d'investisseurs, il faut approfondir l'intégration régionale, harmoniser les cadres réglementaires et assurer l'interopérabilité des infrastructures de marché, tout en créant un environnement plus concurrentiel pour réduire les coûts de transaction et opérationnels et promouvoir la transformation numérique.

La transition climatique en Afrique est confrontée à un déficit de financement majeur, qui appelle une meilleure mobilisation des marchés de la dette et des investissements du secteur privé, en particulier dans le secteur de l'énergie.

Répondre aux besoins d'investissement dans les énergies propres nécessitera d'augmenter sensiblement les dépenses en capital. Par exemple, pour tenir les engagements annoncés pour 2026 en Afrique, il faudra multiplier par deux les niveaux actuels d'investissement. Cela illustre l'importance d'une participation associant les secteurs privé et public pour atteindre les objectifs climatiques fixés. Si les tendances récentes de l'investissement climatique public et privé se poursuivent, le continent devrait être confronté à des déficits d'investissement jusqu'en 2040.

Une intégration plus poussée des marchés de capitaux africains contribuerait à mobiliser des fonds au service de la transition climatique en élargissant la base d'investisseurs, en tirant profit de la liquidité sous-utilisée et en diversifiant les possibilités d'investissement. Les obligations durables, essentielles au financement de cette transition, pourraient s'avérer particulièrement utiles pour les entreprises du secteur de l'énergie. Des initiatives telles que le projet de liaison des bourses africaines, qui connecte dix grandes bourses représentant 90 % de la capitalisation boursière du continent (1 500 milliards USD), pourraient être étendues afin d'approfondir l'intégration des marchés.

Les entreprises publiques, pourtant parmi les plus grandes du continent, manquent souvent de cadres de gouvernance solides, ce qui limite leur contribution aux marchés de capitaux.

Quarante-quatre des 100 plus grandes entreprises d'Afrique par leur chiffre d'affaires sont détenues par l'État et nombre d'entre elles opèrent dans des secteurs stratégiques tels que l'exploitation minière, l'énergie et les télécommunications. Toutefois, les cadres juridiques régissant ces entreprises ne précisent généralement pas de manière explicite les objectifs et les fondements de l'actionnariat, tandis que les dispositifs de gouvernance peuvent manquer de cohérence et être soumis à l'arbitraire politique, ce qui se traduit souvent par des résultats financiers médiocres, une transparence limitée et un manque de redevabilité. Pour relever ces défis, il est essentiel de mettre en place une structure d'actionnariat public claire et de veiller à définir les responsabilités en matière d'actionnariat, de réglementation et d'action publique.

Plusieurs pays ont réalisé des avancées ces dernières années, en adoptant des réformes institutionnelles et juridiques et en définissant plus précisément les objectifs de performance et les responsabilités en matière de gouvernance. Les gouvernements africains pourraient améliorer les performances et l'impact des entreprises publiques sur le marché en renforçant la disponibilité et la transparence des données les concernant, notamment *via* la publication de rapports agrégés sur les performances, en modernisant les cadres juridiques pour consolider la redevabilité, et en rendant publiques des politiques actionnariales claires. Intégrer les réformes de la gouvernance des entreprises publiques dans les stratégies globales de développement des marchés de capitaux permettrait de mobiliser des financements essentiels, d'attirer les investisseurs et de stimuler la croissance du secteur privé.

Le développement des marchés de la dette souveraine en monnaie locale améliorerait la viabilité de la dette et encouragerait la participation du secteur privé.

Malgré la croissance significative des marchés des obligations souveraines dans la région au cours des deux dernières décennies, l'Afrique ne représente que 1 % du total des émissions mondiales, contre 3 % du PIB mondial. Depuis 2022, la hausse des coûts d'emprunt, la baisse de la demande étrangère et la limitation de l'accès aux financements publics ont conduit les acteurs économiques à privilégier le financement par les marchés, malgré son coût plus élevé. Conjuguées à d'importants besoins de refinancement, ces tensions pèsent sur la capacité budgétaire de nombreux pays africains. Environ 80 % des pays africains notés présentent un profil de risque élevé ou inférieur, avec des rendements moyens de 5 % pour les obligations libellées en monnaie locale et de 9 % pour celles libellées en USD. Ces rendements élevés influent également sur le prix des obligations d'entreprise, ce qui augmente le coût du capital dans toute la région.

Améliorer la liquidité des marchés obligataires locaux nécessite d'atténuer les vulnérabilités financières, d'élaborer des stratégies d'endettement à long terme et d'améliorer la coordination entre les politiques budgétaire, monétaire et réglementaire. Une gestion prudente de la dette et une augmentation progressive de la part d'obligations libellées en monnaie locale s'avèrent tout aussi essentielles. Des mesures visant à accroître la liquidité, à réduire les coûts et à diversifier la base d'investisseurs pourraient être envisagées, comme la constitution de lignes d'obligations de référence liquides et le développement de programmes d'émission de titres de dette destinés aux particuliers, ainsi que le renforcement des infrastructures de marché en coordination avec les banques centrales et d'autres acteurs clés du marché.

Le sous-développement des fonds de pension et des compagnies d'assurance explique la taille modeste de la base d'investisseurs.

Contrairement à ce qui se passe dans de nombreuses économies avancées, les compagnies d'assurance et les fonds de pension jouent un rôle marginal en tant qu'investisseurs institutionnels dans la plupart des pays africains. La taille modeste de leurs actifs, couplée à une stratégie d'allocation privilégiant les titres d'État, limite leur capacité à fournir des capitaux stables à long terme. Pour les fonds de pension, la faiblesse des revenus et le niveau élevé de l'emploi informel constituent des contraintes supplémentaires.

Des cadres réglementaires et de surveillance solides, transparents et clairs sont indispensables pour renforcer le rôle des investisseurs institutionnels. Selon les pays, les mesures envisageables pourraient consister à mieux protéger les intérêts des assurés, à accroître la participation aux régimes de retraite par le biais de dispositifs obligatoires ou d'une affiliation automatique, à encourager la diversification des portefeuilles et à faciliter les investissements à long terme. Certains pays ont déjà réussi à améliorer la participation à des régimes de retraite par capitalisation et à augmenter considérablement le volume des actifs de pension, ouvrant la voie à l'échange de bonnes pratiques et d'expériences dans la région.

Pour libérer le plein potentiel de l'IA au service de l'inclusion financière et du développement des marchés, plusieurs obstacles devront être levés.

Si l'Afrique accuse un retard par rapport à d'autres régions en matière d'accès aux services bancaires formels, elle figure parmi les plus grands utilisateurs de services financiers numériques et mobiles au monde. Portés par les progrès des technologies informatiques, ils ont permis d'élargir l'accès aux produits financiers pour les populations peu bancarisées grâce à des innovations telles que les plateformes de paiement mobile, les applications de prêt numériques et les solutions technologiques de transfert de fonds. En proposant des solutions sur mesure, fondées sur des données et économiquement efficientes, l'IA pourrait encore améliorer l'inclusion financière et la participation aux marchés. Elle permettrait notamment d'utiliser des données alternatives pour évaluer la solvabilité de populations disposant d'un historique financier limité ou peu bancarisées, facilitant ainsi leur accès aux services financiers de base. L'innovation en matière d'IA pourrait également stimuler le développement des marchés de capitaux en améliorant l'efficience opérationnelle et en permettant une supervision proactive, au moyen d'outils technologiques de surveillance fondés sur l'IA.

Toutefois, l'Afrique se heurte à des obstacles pour tirer pleinement parti du potentiel de transformation de l'IA : contraintes d'infrastructure, coûts élevés de mise en œuvre, pénuries de professionnels compétents, qualité et disponibilité des données insuffisantes, cyberrisques et lacunes en matière de culture financière. Pour les surmonter, il est nécessaire d'investir davantage dans les infrastructures, la recherche-développement et le capital humain nécessaires à l'IA, tout en s'appuyant sur un cadre réglementaire solide qui concilie innovation, protection des consommateurs et stabilité des marchés. Dans le même temps, les modèles d'IA devront être entraînés à partir de données locales représentatives afin de tenir compte de la diversité linguistique, culturelle et socioéconomique du continent.

1 Développer les marchés de capitaux au service de la croissance en Afrique

Ce chapitre examine le développement des marchés de capitaux en Afrique et souligne la nécessité croissante d'élargir l'accès au financement de marché dans la région. Malgré le poids grandissant de l'Afrique dans l'économie mondiale, ses marchés de capitaux restent relativement sous-développés et sous-utilisés comparativement à ceux d'autres économies émergentes. Dans le même temps, pour atteindre des objectifs économiques fondamentaux tels que la réduction du déficit d'investissement des entreprises, la promotion de l'emploi formel, le soutien à l'adaptation au changement climatique et à la mise à niveau des infrastructures, l'adoption des nouvelles technologies et l'amélioration de la viabilité de la dette publique, il faudra approfondir et diversifier les marchés nationaux de capitaux. Ces défis soulignent l'importance croissante de mettre en œuvre des réformes structurelles au niveau national et de mener des initiatives d'intégration du marché au niveau régional en vue d'approfondir et de renforcer le développement des marchés de capitaux à l'échelle du continent.

1.1. Malgré des progrès notables, les marchés de capitaux en Afrique sont sous-représentés à l'échelle mondiale

Les marchés financiers ont évolué à des rythmes différents d'un pays et d'une région à l'autre au cours des deux dernières décennies. Dans la plupart des régions, la capitalisation boursière des marchés d'actions a augmenté depuis 2000. Alors que le nombre de sociétés cotées dans les économies avancées a diminué, cette évolution a été plus que compensée par les admissions à la cote dans les marchés émergents et les économies en développement (MEED), surtout en Asie, qui accueille désormais plus de la moitié des sociétés cotées dans le monde. Les instruments de prêts autres que les prêts bancaires directs sont eux aussi devenus une forme importante de financement des entreprises au cours de cette période (OECD, 2025[1]).

En Afrique, les marchés d'actions ont progressé entre 2000 et 2024, la capitalisation boursière ayant été multipliée par 27, pour atteindre 560 milliards USD. Le nombre de sociétés cotées a légèrement diminué au cours de cette période, en grande partie du fait de consolidations en Égypte et en Afrique du Sud. Les émissions d'obligations d'entreprise sont restées stables, tandis que les prêts syndiqués ont pratiquement doublé, tant en volumes d'émission que d'encours. Malgré ces progrès, la part relative de l'Afrique dans les activités sur les marchés de capitaux au niveau mondial a décliné au fil du temps, et ces activités se concentrent dans une poignée d'économies. Aussi, les marchés de capitaux de la région continuent de jouer un rôle relativement modeste dans la finance mondiale au regard de la quasi-totalité des indicateurs mesurés (Graphique 1.1).

Graphique 1.1.Part de l'Afrique dans les marchés de capitaux mondiaux, 2024

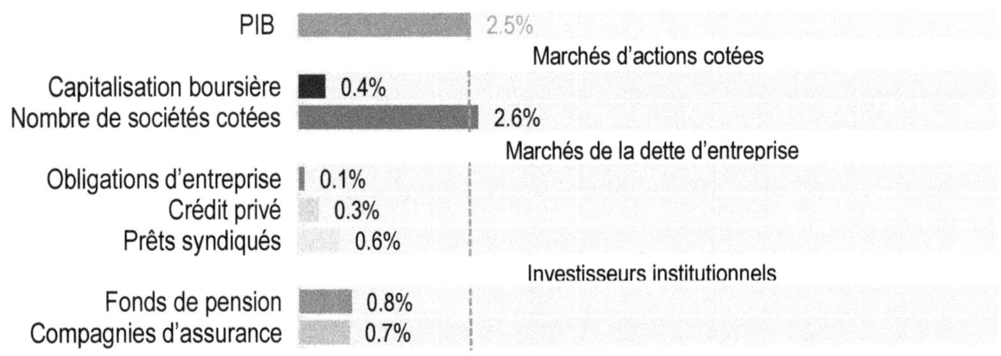

Source : Série sur les marchés de capitaux de l'OCDE, Africa Finance Corporation (2025[2]), State of Africa's Infrastructure Report 2025 https://www.africafc.org/our-impact/our-publications/state-of-africa-infrastructure-report-2025

Le déclin relatif des activités sur les marchés de capitaux en Afrique s'explique en partie par l'essor considérable de certains MEED dans d'autres régions, qui l'emporte sur les évolutions en (Graphique 1.2). Sur les marchés d'actions, le nombre d'admissions à la cote dans des MEED a sensiblement augmenté, principalement en Asie. S'agissant des émissions d'obligations d'entreprise, l'Afrique est là aussi en retard par rapport à d'autres MEED, l'encours s'inscrivant en baisse en termes relatifs comme en valeur absolue entre 2010 et 2024. Ces évolutions sont décrites plus en détail aux chapitres 2 et 3.

Les pays africains sont confrontés à un certain nombre de possibilités et de défis, qui exigent une montée en puissance plus affirmée de l'investissement privé, et qui sont exacerbés par la situation générale de sous-développement et de sous-utilisation des marchés de capitaux dans la région. Dans le même temps, l'existence d'un certain niveau d'activité sur les marchés de capitaux met en évidence le potentiel de croissance du financement de marché dans de nombreux pays du continent. Le reste de ce chapitre introductif analyse quelques-uns des principaux impératifs économiques du développement des marchés de capitaux dans les pays africains, comment les grandes économies de la région y répondent, et en quoi le présent rapport peut soutenir ces efforts.

Graphique 1.2.Évolution de la part de l'Afrique dans les activités sur les marchés de capitaux parmi les MEED (ex. Chine)

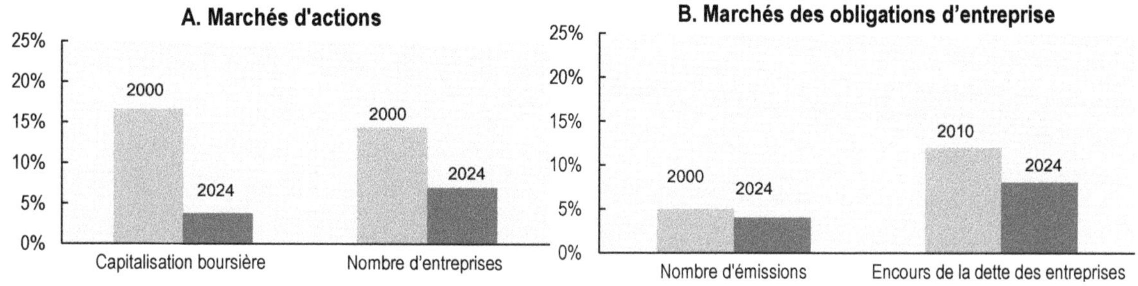

Source : Ensemble de données de la série sur les marchés de capitaux de l'OCDE.

1.2. Diversifier les sources de financement pour combler les déficits de financement des entreprises

L'accès limité aux financements demeure un obstacle de taille à la croissance des entreprises dans de nombreux pays africains, qui entrave l'investissement en capital, les gains de productivité et la réalisation d'économies d'échelle. Dans les 23 pays africains qui ont récemment participé à l'enquête sur les entreprises de la Banque mondiale, l'accès aux financements était cité comme le principal obstacle à la conduite de leurs activités par 31 % des entreprises interrogées, soit près de trois fois plus fréquemment que l'obstacle suivant (la fiscalité) et bien plus que la moyenne mondiale pour cette catégorie (17 %) (World Bank, 2025[3]). Les petites entreprises sont particulièrement touchées dans de nombreux pays (Graphique 1.3).

Graphique 1.3.Part des entreprises considérant l'accès aux financements comme une contrainte dans une sélection de pays

(% des entreprises ayant répondu)

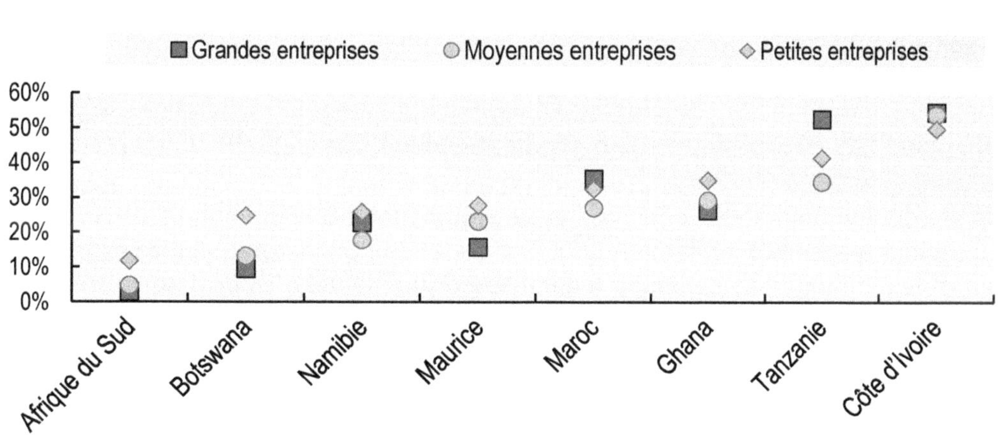

Note : Les années s'échelonnaient entre 2020 et 2024, en fonction de la disponibilité des données.
Source : Banque mondiale (2025[3]), enquêtes auprès des entreprises de la Banque mondiale, https://www.enterprisesurveys.org/

Le financement interne est la principale source de financement des entreprises dans une sélection de pays africains. S'agissant des sources de financement externes, les prêts bancaires occupent de loin la première place dans de nombreux pays, notamment Maurice, la Namibie, la Côte d'Ivoire, le Botswana et l'Afrique du Sud, tandis que dans d'autres pays, les sources de financement sont plus équilibrées (Graphique 1.4).

Graphique 1.4. Part de l'investissement des entreprises financé par des sources externes, par source

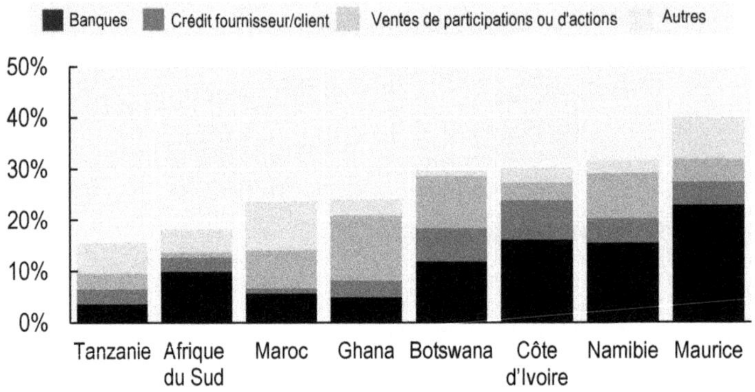

Source : Banque mondiale (2025[3]), enquêtes auprès des entreprises de la Banque mondiale, https://www.enterprisesurveys.org/
Note : Les années s'échelonnaient entre 2020 et 2024, en fonction de la disponibilité des données.

Bien que les banques jouent un rôle important dans le financement des entreprises, les caractéristiques structurelles des prêts bancaires peuvent fausser l'accès aux financements. Par exemple, les exigences telles que les garanties et les antécédents financiers peuvent exclure les très petites, petites et moyennes entreprises (TPME) des systèmes de crédit formel, facteur important au regard du fait que les TPME représentent environ 80 % de l'emploi dans la région (AUDA-NEPAD, 2022[4]).

Des éléments montrent aussi que l'augmentation des émissions souveraines pourrait évincer le crédit privé dans certaines juridictions dotées d'écosystèmes de financement axés sur les banques. Les instruments de dette souveraine peuvent constituer un actif plus sûr et plus attractif pour les banques que les prêts au secteur privé, en raison de risques généralement moindres et d'un marché secondaire plus liquide. Dans la région, l'exposition des banques au secteur public a augmenté de près de 70 % entre 2010 et 2023, atteignant 17.5 %, ce qui correspond à un recul des prêts consentis au secteur privé au cours de la même période (EIB, 2024[5]).

1.3. Développer les marchés en monnaie locale à l'appui de la viabilité de la dette

La taille et la profondeur du marché local pour la dette souveraine influent non seulement sur l'attribution du capital au secteur privé, mais aussi sur le coût total de la dette publique. Comme l'explique le chapitre 5 du présent rapport, les rendements nominaux sur le marché de la dette en devises (généralement libellée en USD) des pays africains sont généralement plus faibles que ceux du marché de la dette libellée en monnaie locale. Toutefois, le coût est très fluctuant, et lorsqu'on examine les coûts totaux à l'échéance, la dette en devises coûte plus cher que celle en monnaie locale.

La pénurie de marchés en monnaie locale pour les titres souverains peut aggraver les problèmes de viabilité de la dette alors que, selon les données de 2024, près de 80 % des pays africains étaient considérés comme étant à risque élevé ou très élevé, deux pays seulement (Botswana et Maurice) étant classés dans la catégorie investissement (Graphique 1.5). Dans le même temps, le développement des marchés d'obligations d'État en monnaie locale peut, à long terme, créer un cercle vertueux pour le développement du marché des capitaux au sens large, contribuant à la demande des investisseurs et à la liquidité.

Graphique 1.5.Part des MEED africains par notation de crédit

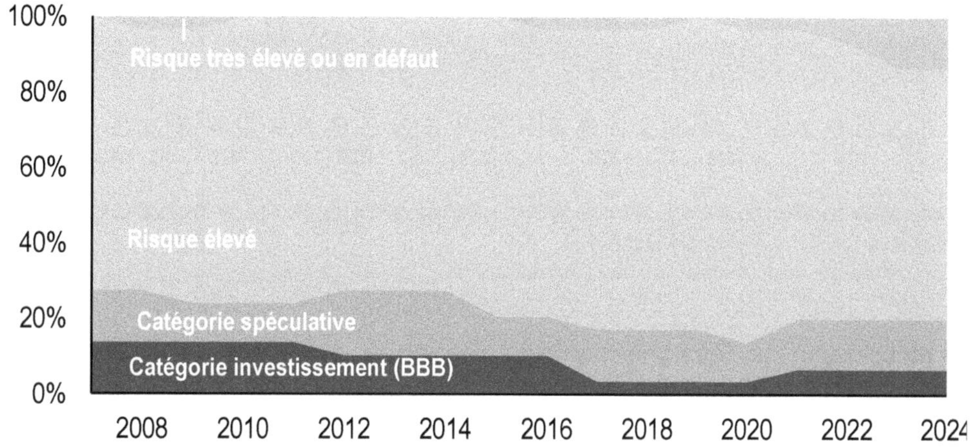

Source : LSEG ; et calculs de l'OCDE.

1.4. Augmenter les capacités de gestion des chocs externes et d'exploitation des ressources intérieures

En l'absence de marchés de capitaux profonds et performants, les MEED peuvent être particulièrement exposés à d'importantes fluctuations des flux de capitaux étrangers imputables aux tensions géopolitiques, à l'incertitude qui entoure l'action publique à l'échelle mondiale, aux cycles de la politique monétaire et aux chocs affectant la stabilité financière (OECD, 2024[6]). De nombreux pays africains ont connu de longues périodes de volatilité des entrées d'investissements de portefeuille, ainsi que d'importantes sorties à la suite du cycle de resserrement de la politique monétaire intervenu dans les économies avancées en 2022 (Graphique 1.6). Les entrées d'investissements de portefeuille sont généralement faibles depuis le COVID-19, et les entrées sous forme de participations trimestrielles moyennes sont devenues négatives entre 2020 et 2024, tandis que celles sous forme de titres de créance trimestrielles moyennes ont chuté de plus de moitié par rapport à la moyenne d'avant la pandémie (2016 à 2019). Cette situation illustre les difficultés que ces économies rencontrent pour avoir accès à des flux d'investissements de portefeuille stables et de long terme.

Graphique 1.6.Entrées de portefeuille vers une sélection d'économies africaines

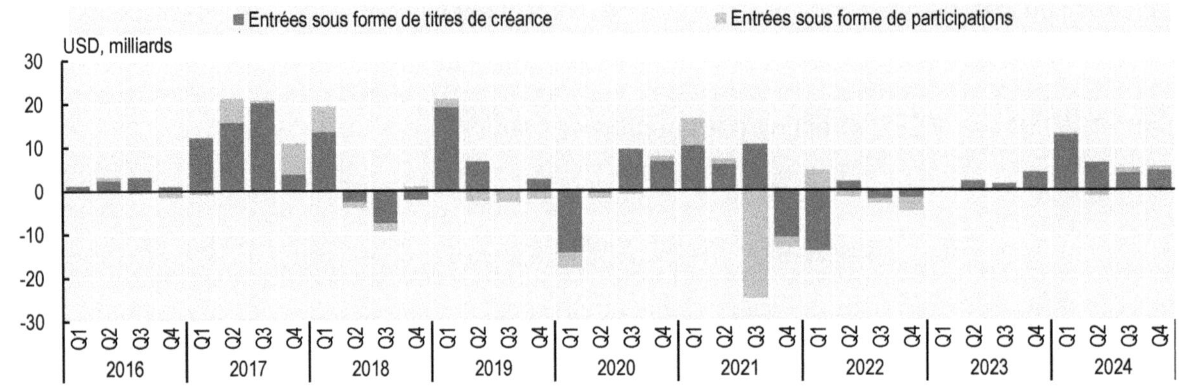

Note : Les pays représentés dans l'échantillon sont l'Afrique du Sud, le Botswana, l'Égypte, le Ghana, Maurice, le Maroc, la Namibie, le Nigéria, l'Ouganda, la Tanzanie, la Tunisie, la Zambie et le Zimbabwe.
Source : FMI (2025[7]), ensemble de données de la balance des paiements, https://data.imf.org/en/datasets/IMF.STA:BOP

Renforcer la mobilisation de l'épargne intérieure permettrait d'améliorer la résilience économique en réduisant la dépendance à l'égard des financements extérieurs volatils et en fournissant une protection stable contre les chocs mondiaux. Les taux d'épargne des pays africains sont généralement inférieurs à la moyenne mondiale, avec des écarts considérables d'un pays à l'autre et l'existence d'importants canaux d'épargne informels (Graphique 1.7). La famille et les amis demeurent une source importante de crédit dans la région, ce qui s'explique par les caractéristiques structurelles des marchés financiers mais aussi et surtout par des facteurs structurels qui privilégient les prêts locaux et fondés sur les relations (Obonyo et Sydow, 2024[8]). Élargir l'offre d'options d'investissement pour les ménages pourrait contribuer à faire de l'épargne une source de capital durable pour les pays de la région et à renforcer l'efficience de l'affectation du capital. Toutefois, ces options doivent être adaptées aux normes et préférences culturelles locales.

Si certaines juridictions peuvent parvenir à développer l'accès direct des ménages aux marchés de capitaux, par exemple au moyen d'instruments disponibles sur les marchés boursiers, d'autres pourraient envisager de mettre en place des cadres qui reconnaissent, soutiennent et formalisent les prêts informels. Les mesures indirectes en faveur de l'épargne, telles que les régimes de pension par capitalisation, pourraient être particulièrement efficaces pour diriger l'épargne des ménages vers l'investissement, tout en alimentant la demande pour des titres locaux. Les actifs de pension de nombreuses économies africaines sont bien inférieurs à la moyenne mondiale, comme l'explique le chapitre 8, et il existe une marge de manœuvre importante pour en créer de nouveaux et développer ceux existants.

Graphique 1.7.Taux d'épargne dans une sélection d'économies africaines, 2023

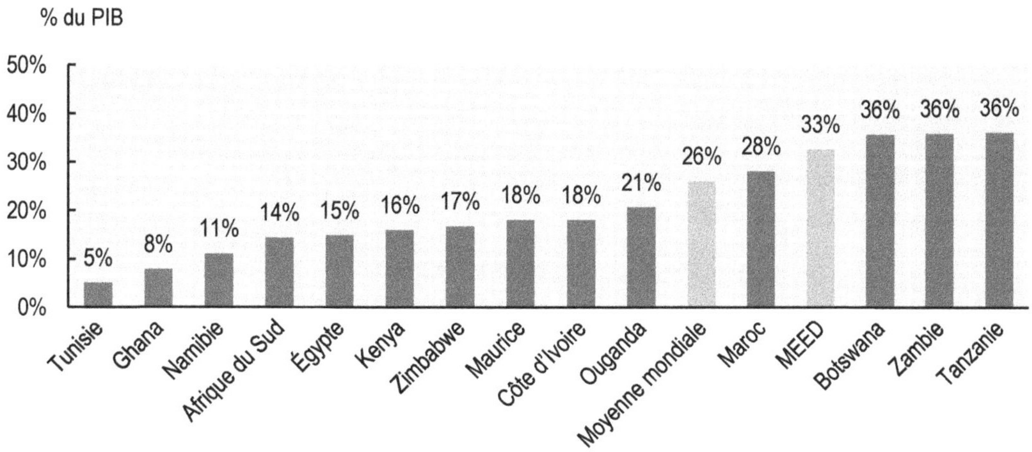

Source : Banque mondiale (2025[9]), ensemble de données sur l'épargne brute, https://data.worldbank.org/indicator/NY.GNS.ICTR.ZS

1.5. Des initiatives de réforme des marchés financiers sont en cours dans de nombreuses économies africaines à revenu intermédiaire

Les MEED africains qui parviendront à établir un écosystème plus diversifié de financements de marché seront mieux placés pour relever certains de leurs défis économiques les plus urgents, tout en soutenant leur développement économique et leur compétitivité à plus long terme. Les marchés de capitaux sont bien positionnés pour fournir les capitaux « patients » requis pour financer des projets plus risqués, y compris dans l'innovation et la recherche, les dépenses d'investissement nécessaires à l'expansion, les entreprises en phase de démarrage et les projets d'infrastructure (OECD, 2025[1]). Ils favorisent la diffusion des nouvelles technologies et joueront un rôle déterminant pour combler le déficit de financement climatique et financer les infrastructures énergétiques.

Conscients de l'importance croissante des marchés de capitaux pour leur prospérité économique future, de nombreux MEED africains à revenu intermédiaire ont récemment entrepris ou prévu d'engager des réformes globales visant à renforcer leurs systèmes financiers. Sur les 16 MEED africains sélectionnés pour la taille et le niveau d'activité de leur marché de capitaux, 13 disposent actuellement d'un Plan directeur pour les marchés de capitaux (PDMC) (Tableau 1.1). Les PDMC ont généralement pour fonction de recenser les obstacles à la croissance des marchés de capitaux et de formuler des stratégies globales pour y remédier, axées sur le renforcement de la résilience face aux chocs externes, l'amélioration de la répartition des ressources, l'augmentation de l'inclusion financière et la promotion de l'investissement du secteur privé.

Les objectifs et mesures spécifiques varient entre pays, en fonction de facteurs tels que la maturité du marché, le niveau de préparation réglementaire et la capacité de transformation numérique, reflétant la diversité des stades de développement des marchés de capitaux et des besoins d'une économie à l'autre. Par exemple, la Tanzanie a donné la priorité à la modernisation de ses cadres juridique et réglementaire afin de se rapprocher des normes mondiales (Capital Markets and Securities Authority, 2018[10]). Le Kenya, qui a récemment modernisé son cadre réglementaire en adoptant la loi sur les marchés de capitaux en 2023, a axé son PDMC sur les critères environnementaux, sociaux et de gouvernance (ESG). Les initiatives prévues englobent le lancement de campagnes d'éducation, la mise en place de normes de communication d'informations, l'élaboration de taxonomies vertes et l'augmentation des investissements dans la formation du personnel et le développement des talents (Capital Markets Authority, Kenya, 2023[11]). Avec l'adoption rapide des technologies numériques dans la finance à l'échelle du continent, plusieurs pays ont donné la priorité aux technologies financières en tant que domaine stratégique clé dans leurs PDMC respectifs, dont l'Afrique du Sud, le Ghana, le Maroc, Maurice, la Namibie et la Zambie.

Tableau 1.1. Vue d'ensemble des initiatives en faveur des marchés de capitaux dans une sélection d'économies émergentes d'Afrique

Pays	Plan directeur pour les marchés de capitaux, année de début	Signataire de l'OICV, année de signature	Bourses durables
Botswana	✓ 2026	X	✓
Côte d'Ivoire	X	✓ Accord multilatéral de l'OICV, 2009	✓
Égypte	✓ 2022	✓ Accord multilatéral de l'OICV, 2012	✓
Gabon	X	✓ Accord multilatéral de l'OICV, 2015	X
Ghana	✓ 2021	✓ Accord multilatéral de l'OICV, 2022	✓
Kenya	✓✓ 2014, 2023	✓ Accord multilatéral de l'OICV, 2009 ✓+ Accord multilatéral renforcé de l'OICV, 2025	✓
Maurice	✓ 2025	✓ Accord multilatéral de l'OICV, 2012	✓
Maroc	✓✓✓ 2017, 2021, 2024	✓ Accord multilatéral de l'OICV, 2007	✓
Namibie	✓✓ 2018, 2022	X	✓
Nigéria	✓✓ 2015, 2021-2025	✓ Accord multilatéral de l'OICV, 2006	✓
Afrique du Sud	✓✓✓ 2018, 2021, 2025	✓ Accord multilatéral de l'OICV, 2003 ✓+ Accord multilatéral renforcé de l'OICV, 2024	✓
Tanzanie	✓✓✓ 2013, 2018	✓ Accord multilatéral de l'OICV, 2011	✓
Tunisie	X	✓ Accord multilatéral de l'OICV, 2009	✓
Ouganda	✓✓✓ 2016, 2021, 2023	✓ Accord multilatéral de l'OICV, 2017	✓
Zambie	✓ 2022	✓ Accord multilatéral de l'OICV, 2018	X
Zimbabwe	✓ 2021	X	✓

Note : Dans le cadre de l'OICV, la Côte d'Ivoire est considérée comme un membre de l'Union monétaire ouest-africaine, tandis que dans le cadre de l'initiative des Bourses durables, elle est considérée comme un membre de la BRVM ; le Gabon est considéré comme un membre de la Bourse des valeurs mobilières de l'Afrique centrale.
Source : PDMC publiés par les autorités nationales et/ou régionales, OICV (2025[12]) https://www.iosco.org/v2/about/?subSection=mmou&subSection1=signatories, Signataires des Annexes A et B de l'Accord multilatéral, initiative des Bourses durables (2025[13]), bourses partenaires de l'initiative.

1.6. La conformité aux normes et pratiques internationales est un pilier important de la réforme des marchés locaux

Dans le cadre des réformes des marchés nationaux, de nombreux MEED africains s'emploient activement à mettre en conformité la législation sur les marchés financiers, les politiques réglementaires et les cadres de gouvernance d'entreprise avec les normes internationales. Cette mise en conformité vise à promouvoir des infrastructures financières solides et un environnement réglementaire prudent qui octroie aux instances de réglementation de larges pouvoirs de supervision de l'ensemble des segments du marché, protège les investisseurs, atténue les risques systémiques et facilite la formation du capital.

Un moyen d'appuyer la mise en conformité réglementaire est d'adhérer à l'Accord multilatéral de l'Organisation internationale des commissions de valeurs (OICV), dont 17 instances de réglementation africaines sont signataires. Deux instances de réglementation africaines – l'Autorité de conduite du secteur financier d'Afrique du Sud et l'Autorité des marchés de capitaux du Kenya – sont également signataires de l'Accord multilatéral renforcé portant sur la consultation, la coopération et l'échange d'informations. L'alignement sur cet instrument de référence international renforce les régimes des marchés nationaux de valeurs mobilières en encourageant la coopération des autorités de supervision et d'application de la loi, en luttant contre les pratiques abusives transfrontières et en permettant le partage de l'information, des expériences et des pratiques exemplaires. Il sert aussi à exprimer l'engagement des autorités de réglementation à défendre les protections juridiques et les droits des actionnaires, qui sont des facteurs clés du développement des marchés de capitaux, comme le chapitre 2 l'analyse plus en détail.

La participation aux initiatives sur la finance durable à l'échelle mondiale devient également un élément important du développement des politiques locales. Par exemple, 16 MEED africains, qui comptent 17 bourses, sont partenaires de l'initiative des Bourses durables lancée par les Nations Unies ; il s'agit d'une plateforme collaborative pour les bourses de valeurs, les investisseurs, les émetteurs, les autorités de réglementation, les responsables de l'action publique et les organisations internationales, destinée à améliorer la prise en compte des facteurs ESG et à promouvoir le développement durable – notamment à l'appui du financement des Objectifs de développement durable (ODD) des Nations Unies.

1.7. Tirer parti des technologies numériques pour accroître la participation des investisseurs particuliers et renforcer l'inclusion financière

Les investisseurs particuliers peuvent jouer un rôle essentiel sur les marchés de capitaux d'un pays en étoffant le vivier d'épargne national, améliorant la liquidité, stabilisant les marchés et stimulant l'innovation de produits. Dans les pays où l'infrastructure financière traditionnelle est limitée, les outils numériques réduisent les obstacles, améliorent l'accès et suscitent l'engagement, permettant à davantage de ménages de diriger leur épargne vers les marchés de capitaux, ce qui contribue à approfondir ces marchés. Par exemple, dans les MEED asiatiques, et notamment en Corée et au Taipei chinois, les investisseurs particuliers sont des acteurs majeurs des échanges d'actions à l'échelle nationale, puisqu'ils sont à l'origine de respectivement 64 % et 54 % des transactions quotidiennes (OECD, 2025[1]). Ce regain d'activité est à mettre au crédit de l'adoption à grande échelle des technologies financières, y compris des courtiers numériques et des plateformes mobiles, et de l'amélioration de la culture financière.

Les taux d'adoption des technologies financières (fintech) sont également élevés en Afrique. Au niveau mondial, quatre pays africains – le Nigéria (2e), l'Éthiopie (26e), le Kenya (28e) et l'Afrique du Sud (30e) – se classent dans le palmarès des trente premiers pays en termes d'adoption des cryptomonnaies (Chainalysis, 2024[14]), ce qui souligne l'ouverture du continent aux technologies numériques émergentes dans la finance. De nombreux pays de la région ont recours aux services financiers numériques (SFN) pour élargir l'accès aux services financiers en misant sur des innovations telles que la monnaie électronique, les paiements et envois de fonds numériques, le financement participatif et des solutions de crédit sur mesure, dont le chapitre 7 traite plus en détail. Dans ce contexte, les obligations destinées aux particulier, sous-tendues par les innovations des services financiers numériques et de la fintech, peuvent être un moyen efficace d'orienter l'épargne des ménages vers les marchés financiers, complétant le programme de financement par fonds souverains tout en soutenant l'amélioration des compétences financières. Par exemple, le gouvernement kenyan encourage activement les particuliers à investir dans les titres d'État par le biais de sa plateforme mobile d'émission d'obligations, comme l'explique le chapitre 5 du présent rapport.

Toutefois, l'adoption généralisée des fintechn et de l'innovation numérique en Afrique ne s'est pas encore traduite par une participation accrue des investisseurs particuliers aux marchés nationaux. Forts de ce constat, des pays africains ont pris des initiatives pour promouvoir davantage l'utilisation de solutions de fintechn destinées à accroître la participation et l'inclusion des investisseurs. Par exemple, la Commission des valeurs mobilières du Nigéria (SEC, Nigeria, 2025[15]), l'Autorité de réglementation des institutions financières non bancaires du Botswana (NBFIRA, 2025[16]) et l'Autorité des services financiers des Seychelles (FSA, Seychelles, 2025[17]) ont mis en place des cadres de réglementation responsable des fintech. Ces cadres visent à promouvoir la transparence, renforcer la protection des consommateurs, améliorer les compétences financières et faciliter la croissance propice à l'innovation.

1.8. Les initiatives en faveur de l'intégration régionale peuvent renforcer les effets positifs des réformes nationales

L'intégration régionale, conjuguée à un développement coordonné des marchés et à l'harmonisation de la réglementation afférente, peut être un puissant mécanisme pour augmenter l'échelle et la profondeur des petits marchés, soutenir les échanges et les investissements intra-africains et réduire l'exposition aux chocs mondiaux. En Afrique, des bourses régionales bien établies, notamment la Bourse régionale des valeurs mobilières (BRVM) qui dessert l'Union économique et monétaire ouest-africaine (UEMOA) et la Bourse des valeurs mobilières d'Afrique centrale (BVMAC) qui dessert la Communauté économique et monétaire de l'Afrique centrale (CEMAC), permettent aux pays de mettre en commun des capitaux, de promouvoir la convergence réglementaire et d'appuyer le développement de plateformes unifiées pour le financement de marché.

Le Projet de liaison des bourses africaines poursuit quant à lui l'objectif de favoriser la connectivité opérationnelle entre bourses de valeurs mobilières. Lancée en 2022, la phase I de ce Projet a permis de connecter sept des bourses les plus grandes et les plus actives du continent (BRVM, Casablanca, Égypte, Johannesburg, Nairobi, Nigéria et Maurice) qui, combinées, représentent plus de 90 % de la capitalisation boursière totale de l'Afrique. Une deuxième phase s'emploiera à étoffer le réseau en incluant la bourse du Botswana, la bourse du Ghana et celle de l'Ouganda (AELP, 2025[18]).

1.9. Une base solide pour le développement des marchés de capitaux

Bien que les marchés de capitaux en Afrique soient généralement sous-développés par rapport au poids économique de la région et fragmentés en termes de taille et de degré de sophistication, l'existence d'infrastructures et d'un niveau minimum d'activité offre une base solide à partir de laquelle le développement des marchés nationaux et régionaux doit se poursuivre. La manière dont les pouvoirs publics utilisent les divers leviers d'action stratégiques et opérationnels à leur disposition sera le principal facteur qui déterminera la réalisation de leurs stratégies et objectifs déclarés concernant leurs marchés de capitaux.

Il importe de souligner que le développement des marchés de capitaux est une entreprise de long cours. L'expérience des MEED africains après la crise financière asiatique a montré que des réformes globales et pérennes des marchés nationaux peuvent contribuer à bâtir des écosystèmes de marchés solides qui soutiennent des économies dynamiques et diversifiées. Cet objectif a nécessité au moins deux décennies de travail et n'est toujours pas pleinement accompli.

Ce rapport livre une analyse et présente des considérations intéressant l'action publique, en mettant l'accent sur les économies africaines à revenu intermédiaire dont les marchés de capitaux affichent déjà un certain niveau d'activité. Il couvre les éléments fondamentaux de la gouvernance des marchés et les infrastructures nécessaires aux marchés d'actions et d'obligations d'entreprise, y compris les régimes de gouvernance d'entreprise. Il examine les leviers que les pouvoirs publics peuvent actionner pour favoriser un développement plus poussé des marchés, tels que les pratiques de l'État actionnaire, la gestion de la dette publique et les régimes de pension. Enfin, il établit des liens entre la gouvernance du marché et les priorités économiques concrètes qui entourent l'adoption des technologies numériques. Ce faisant, il entend soutenir les pays africains dans leurs efforts visant à développer les marchés de capitaux locaux pour en faire des sources de financement plus durables qui sous-tendent le développement économique et améliorent concrètement la vie des citoyens.

Références

AELP (2025), *African Exchanges Linkage Project*, https://africanexchangeslink.com/ (consulté le 1 October 2025). [18]

Africa Finance Corporation (2025), *https://www.africafc.org/our-impact/our-publications/state-of-africa-infrastructure-report-2025*, https://www.africafc.org/our-impact/our-publications/state-of-africa-infrastructure-report-2025. [2]

AUDA-NEPAD (2022), *Unlocking The Potential Of Africa's SME's Using Emerging Technologies In Africa*, https://www.nepad.org/blog/unlocking-potential-of-africas-smes-using-emerging-technologies-africa (consulté le 3 October 2025). [4]

Capital Markets and Securities Authority, T. (2018), *CMSA Five Year Strategic Plan*, https://www.mendeley.com/search/?page=1&query=CMSA%20five%20years%20strategic%20plan%20tanzania&sortBy=relevance (consulté le 29 septembre 2025). [10]

Capital Markets Authority, Kenya (2023), *CMA strategic plan kenya | Mendeley*, https://www.mendeley.com/search/?page=1&query=CMA%20strategic%20plan%20kenya&sortBy=relevance (consulté le 29 septembre 2025). [11]

Chainalysis (2024), *The 2024 Geography of Crypto Report*, https://www.chainalysis.com/wp-content/uploads/2024/10/the-2024-geography-of-crypto-report-release.pdf (consulté le 19 septembre 2025). [14]

EIB (2024), *Finance in Africa: Unlocking investment in an era of digital transformation and climate transition*, https://www.eib.org/en/publications/20240033-finance-in-africa (consulté le 2 juillet 2025). [5]

FSA, Seychelles (2025), *Financial Services Authority, Seychelles*, https://fsaseychelles.sc/ (consulté le 1 October 2025). [17]

IMF (2025), *Balance of Payments dataset*, https://data.imf.org/en/datasets/IMF.STA:BOP (consulté le 3 October 2025). [7]

IOSCO (2025), *Signatories to Appendix A and Appendix B of the MMoU*, https://www.iosco.org/v2/about/?subSection=mmou&subSection1=signatories. [12]

NBFIRA (2025), *Non-Bank Financial Institutions Regulatory Authority, Bostwana*, https://www.nbfira.org.bw/. [16]

Obonyo, E. et A. Sydow (2024), *How an African approach to financing models can drive growth and inclusion*, https://www.weforum.org/stories/2024/10/financial-inclusion-african-financing-models/ (consulté le 10 October 2025). [8]

OECD (2025), *Asia Capital Markets Report 2025*, OECD Publishing, https://doi.org/10.1787/02172cdc-en. [1]

OECD (2024), *G20/OECD report on assessing and promoting capital flow resilience in Emerging Markets and Developing Economies: Evidence on drivers and policy implications*, OECD Publishing, https://doi.org/10.1787/b261bbe7-en. [6]

SEC, Nigeria (2025), *Securities and Exchange Commission, Nigeria*, https://home.sec.gov.ng/. [15]

Sustainable Stock Exchanges Initiative (2025), *SSE Partner Exchanges*, https://sseinitiative.org/partners (consulté le 9 October 2025). [13]

World Bank (2025), *Gross savings dataset*, https://data.worldbank.org/indicator/NY.GNS.ICTR.ZS (consulté le 10 October 2025). [9]

World Bank (2025), *World Bank Enterprise Surveys*, http://www.enterprisesurveys.org (consulté le 1 October 2025). [3]

2 Marchés d’actions cotées et gouvernance d’entreprise

Ce chapitre porte sur les marchés d’actions cotées et les cadres de gouvernance d’entreprise en Afrique. Il dresse d’abord une vue d’ensemble des marchés d’actions cotées africains sur le plan de la taille, de la liquidité, de l’activité, de coûts de transaction et de la structure de propriété, avant d’examiner les cadres de gouvernance d’entreprise. Le chapitre traite ensuite des principales difficultés qui entravent le développement des marchés et dégage cinq domaines d’actions prioritaires pour promouvoir et renforcer les marchés d’actions cotées en Afrique.

Principaux messages

- Les marchés d'actions cotées africains se caractérisent par leur taille, leur profondeur et leur liquidité limitées. Les sociétés lèvent moins de capitaux propres sur les marchés d'actions cotées que leurs homologues dans d'autres marchés émergents, et l'essentiel de l'activité se concentre dans quelques pays, notamment l'Afrique du Sud, l'Égypte et le Nigéria. Pour encourager les admissions à la cote, il conviendra d'abaisser les obstacles liés à la réglementation et aux coûts, d'améliorer la transparence et de raffermir la confiance des investisseurs. Une plus large participation des émetteurs et une intégration régionale accrue, au moyen notamment de cotations transfrontières, peuvent élargir l'accès aux marchés et faire des actions cotées une option de financement plus viable. L'admission à la cote d'entreprises publiques sur les bourses de valeurs nationales peut constituer un puissant levier pour approfondir les marchés d'actions cotées, accroître la liquidité, et attirer des investisseurs institutionnels et individuels.
- En Afrique, l'essentiel du volume des échanges se concentre sur un très petit nombre de grandes entreprises, la participation des investisseurs individuels étant faible et les coûts de transaction élevés. Les coûts de transaction élevés sur la plupart des bourses de valeurs africaines limitent la liquidité, produisent des effets de distorsion sur les prix, et refroidissent aussi bien les sociétés que les investisseurs. Il est essentiel d'encourager les sociétés cotées en bourse à accroître leur ratio de flottant et de réduire les coûts de transaction au moyen d'une plus grande concurrence entre les courtiers et d'une simplification des structures de frais. La transition numérique des infrastructures de négociation ainsi que le soutien aux initiatives d'intégration régionale permettraient d'élargir le réseau de courtiers, de favoriser l'activité tranfrontière et d'abaisser les coûts opérationnels.
- Les investisseurs institutionnels, qu'ils soient nationaux ou étrangers, jouent un rôle limité dans la plupart des pays africains. La base d'investisseurs institutionnels nationaux est encore très peu développée en Afrique. Les réformes des retraites pourraient contribuer à élargir le rôle de ces acteurs. Par ailleurs, pour attirer davantage d'investisseurs, les instances de réglementation devront agir pour renforcer les droits des actionnaires minoritaires. Cela pourra prendre la forme, par exemple, d'un abaissement du seuil de participation au capital requis pour pouvoir demander l'organisation d'une assemblée générale annuelle des actionnaires ou l'inscription d'un point à l'ordre du jour. La disponibilité des outils numériques est également essentielle pour permettre aux actionnaires d'exercer correctement leurs droits.
- Des cadres de gouvernance d'entreprise ont été mis en œuvre dans certains pays dans les différentes régions, mais leur mise en œuvre se heurte à des difficultés. Des initiatives facilitant le partage des connaissances sur les bonnes pratiques pourraient contribuer à améliorer ces cadres sur l'ensemble du continent, et les réformes mettant l'accent sur la responsabilité et la transparence pourraient accroître la confiance accordée par les investisseurs aux pratiques en matière de gouvernance d'entreprise. Compte tenu de la forte concentration de l'actionnariat, un renforcement de l'indépendance des conseils d'administration et une meilleure communication de leur composition favoriseraient la protection des actionnaires minoritaires.
- La qualité des codes de gouvernance d'entreprise est relativement bonne, mais nombre d'entre eux n'ont pas été mis à jour au cours des cinq dernières années. La récente publication des Principes africains de gouvernance d'entreprise et les révisions apportées aux Principes de gouvernance d'entreprise du G20 et de l'OCDE et aux Lignes directrices de l'OCDE sur la gouvernance des entreprises publiques donnent l'occasion aux pays africains de réviser leurs

codes de gouvernance d'entreprise et de les aligner sur les meilleures pratiques régionales et internationales.

- Même si des cadres institutionnels ont été établis, les pays africains sont nombreux à toujours rencontrer de grandes difficultés en matière de gouvernance d'entreprise. La mise en œuvre de réformes plus globales des institutions et de la gouvernance s'opère lentement et l'on constate d'importantes disparités d'un pays à l'autre en raison de facteurs tels que les circonstances régionales, culturelles et politiques. De plus, une gouvernance d'entreprise de qualité passe par une surveillance et une application de la réglementation efficaces. L'harmonisation des cadres de gouvernance d'entreprise sur l'ensemble de l'Afrique, en les alignant sur les Principes de gouvernance d'entreprises du G20 et de l'OCDE, peut aider les sociétés africaines cherchant à s'implanter dans plusieurs juridictions (en Afrique et en dehors) à se conformer aux pratiques mondiales en la matière, tout en facilitant l'application de réglementations transfrontières et en attirant des investisseurs étrangers sur les marchés de capitaux africains.

2.1. Les marchés d'actions cotées en Afrique

Des marchés d'actions cotées au fonctionnement efficace sont un catalyseur pour soutenir le développement et la croissance économiques. Ils permettent aux entreprises d'obtenir, auprès d'investisseurs prêts à prendre des risques, des capitaux à long terme qui peuvent être utilisés pour financer l'innovation, des investissements de nature à améliorer la productivité et leur expansion. L'accès aux marchés de capitaux permet également aux entreprises de diversifier leurs sources de financement, d'élargir leur base d'investisseurs et de réduire leur dépendance à l'égard du crédit bancaire, source de financement prédominante dans de nombreux marchés émergents. Les grandes entreprises ont plus de facilités à se financer sur les marchés de capitaux que les entreprises de plus petite taille, qui se heurtent à de sérieux écueils.

Le degré de développement des marchés de capitaux au niveau mondial s'étend sur un large éventail allant de marchés matures et bien intégrés à des marchés encore au stade de la construction des fondations nécessaires à un fonctionnement efficace. En Afrique, les marchés entrent pour la plupart dans la deuxième catégorie, rares étant ceux à fonctionner efficacement et à présenter une profondeur suffisante.

Au cours de la dernière décennie, les marchés de capitaux africains ont réalisé des progrès notables en mettant en œuvre des réformes juridiques et réglementaires, en mettant à niveau leur infrastructure de négociation et en élargissant l'éventail des instruments financiers possibles. En dépit de ces progrès, de nombreux marchés d'actions cotées africains continuent de présenter une petite taille, un manque de liquidité et des coûts de transaction élevés par rapport aux autres régions. L'instabilité politique observée dans certains pays ainsi qu'une large palette de risques macroéconomiques, parmi lesquels la volatilité des monnaies, posent également de grosses difficultés pour le développement des marchés d'actions.

2.1.1. Places boursières pour les actions en Afrique

Les places boursières jouent un rôle essentiel dans le système financier en mettant en rapport les entreprises à la recherche de financements avec les investisseurs en quête de possibilités de placements. En fournissant un environnement structuré et transparent pour négocier des actions, des obligations et d'autres titres, ces plateformes permettent aux entreprises de lever des capitaux plus facilement, et aux investisseurs d'acheter et de vendre des titres en toute confiance. Ces dernières années, les économies africaines ont pris des mesures notables pour développer leurs marchés de capitaux et renforcer l'infrastructure de leurs places de marché.

La première bourse de valeurs a été créée en Égypte en 1883, suivie par le Johannesburg Stock Exchange (JSE) en 1887. Depuis, les bourses de valeurs ont pris de l'ampleur. À l'heure actuelle, 15 pays africains en possèdent au moins une, et l'on en trouve deux en Afrique du Sud et au Zimbabwe. La majorité des bourses de valeurs africaines sont détenues par des acteurs privés ou par l'État, et seules quatre d'entre elles sont elles-mêmes cotées. La cotation des places boursières est un phénomène relativement récent qui s'éloigne du modèle traditionnel, où la bourse est détenue par ses membres, pour s'orienter vers une structure de propriété fondée sur l'actionnariat. Parmi les bourses cotées, le JSE a été la première place à se démutualiser et à entrer à la cotation sur sa propre plateforme, en 2005. L'introduction en bourse la plus récente a été celle du Nigerian Stock Exchange, qui s'est inscrit à sa propre cote en 2021. Par ailleurs, 10 des 15 pays africains entrant dans l'analyse disposent d'une bourse de valeurs composée d'au moins deux segments : un marché principal pour les grandes entreprises bien établies, et un marché de croissance pour les entreprises plus jeunes et de plus petite taille.

Tableau 2.1. Principales caractéristiques des bourses de valeurs africaines

Pays	Bourse de valeurs	Année de création	Structure de propriété	Segments
Botswana	Botswana Stock Exchange (BSE)	1989	Détenu conjointement par l'État de la République du Botswana et les courtiers.	Main board (marché principal) The Venture Capital Market Board (marché de croissance) Tshipidi SME Board (marché de croissance)
Côte d'Ivoire	Bourse Régionale des Valeurs Mobilières (BRVM)	1996	Détenue par des acteurs privés	Compartiment principal
Égypte	Egyptian Exchange (EGX)	1883	Détenu par l'État	Main market (marché principal) Nilex (marché de croissance)
Ghana	Ghana Stock Exchange (GSE)	1990	Détenu par les membres	Main market (marché principal) GAX (marché de croissance)
Kenya	Nairobi Securities Exchange (NSE)	1954	Coté en bourse	Main Investment Market Segment (marché principal) Alternative Investment Market Segment (marché intermédiaire) GEM (marché de croissance)
Maurice	Stock Exchange of Mauritius (SEM)	1989	Détenu par des acteurs privés	Official Market (marché principal) DEM (marché de croissance)
Maroc	Bourse de Casablanca	1929	Détenue par des acteurs privés (70 %) et l'État (30 %)	Marché principal Marché alternatif (marché de croissance)
Namibie	Namibian Stock Exchange (NSX)	1992	Détenu par des acteurs privés	Main market (marché principal)
Nigéria	Nigerian Exchange Group(NGX)	1960	Coté en bourse	Premium board (marché principal) Main board (marché principal) ASEM (marché de croissance) Growth Board (marché de croissance)
Afrique du Sud	Cape Town Stock Exchange (CTSE)	2016	Détenu par des acteurs privés	Marché de croissance
	Johannesburg Stock Exchange (JSE)	1887	Coté en bourse	Main market (marché principal) Altx (marché de croissance)
Tanzanie	Dar Es Salam Stock Exchange (DSE)	1996	Coté en bourse	MIMs (marché principal) EGMs (marché de croissance) SME Acceleration (marché de croissance)
Tunisie	Bourse de Tunis (BVMT)	1969	Détenue par des acteurs privés	Marché principal

Pays	Bourse de valeurs	Année de création	Structure de propriété	Segments
Ouganda	Uganda Securities Exchange (USE)	1997	Détenu par des acteurs privés	Main board (marché principal)
Zambie	Lusaka Securities PLC	1993	Détenu par des acteurs privés	Main board (marché principal) Alt-M (marché de croissance)
Zimbabwe	Victoria Falls Stock Exchange (VFEX)	2020	Détenu par le Zimbabwe Stock Exchange	Main board (marché principal)
	Zimbabwe Stock Exchange (ZSE)	1948	Détenu par des acteurs privés (68 %) et l'État (32 %)	Main board (marché principal)

Note : L'Egyptian Exchange comprend deux bourses de valeurs, à Alexandrie et au Caire, qui fonctionnent comme un marché unique. L'année de création de l'Egyptian Exchange correspond à l'année de création de la Bourse d'Alexandrie. La Bourse Régionale des Valeurs Mobilières en Côte d'Ivoire couvre également le Bénin, le Burkina Faso, la Guinée-Bissau, le Mali, le Niger, le Sénégal et le Togo.
Source : Sites Internet des bourses de valeurs.

2.1.2. Vue d'ensemble des sociétés cotées en bourse en Afrique

Les marchés d'actions cotées en Afrique se caractérisent souvent par leur nombre limité de valeurs et leur manque de liquidité. À la fin de l'année 2024, 1 141 sociétés étaient inscrites à la cote des bourses de valeurs africaines, soit seulement 2.6 % du total mondial et 5 % de l'ensemble des entreprises cotées dans les marchés émergents (ME). Leur capitalisation boursière totale s'élevait à 1 000 milliards USD, soit un pourcentage encore plus faible de la capitalisation boursière mondiale totale (0.4 %) et de celle des ME (2 %). La capitalisation boursière de l'Afrique représente un tiers du PIB de la région, un ratio nettement inférieur à son équivalent au niveau mondial (113 %) et dans les marchés émergents (61 %). De plus, les sociétés cotées en Afrique présentent une petite taille, avec une capitalisation boursière médiane de 45 millions USD, soit moins de la moitié de la taille médiane des sociétés cotées dans les ME et environ 40 % de la taille médiane à l'échelle mondiale (117 millions USD).

Au niveau des pays, seuls quelques marchés se distinguent sur le plan de la taille et de l'activité. L'Afrique du Sud possède le marché d'actions cotées le plus développé, qui compte pour plus d'un tiers de la capitalisation boursière de la région. En plus d'être beaucoup plus élevé que celui des autres pays africains, son ratio capitalisation boursière sur PIB (84 %) dépasse aussi celui des ME (61 %). De plus, la taille médiane des sociétés sud-africaines cotées est nettement supérieure à celle des ME ou du marché mondial, avec une capitalisation boursière médiane de 195 millions USD. Le Maroc, l'Égypte et le Nigéria ont aussi des marchés relativement importants, qui représentent à eux trois 15 % de la capitalisation boursière de la région. Ensemble, ces places boursières regroupent plus de 40 % des sociétés cotées en bourse en Afrique. À l'inverse, les bourses des valeurs de la Tanzanie, du Ghana, du Botswana, de l'Ouganda, de la Zambie et de la Namibie restent de très petite taille, chacune n'ayant qu'entre 12 et 29 sociétés inscrites à sa cote. Leur capitalisation boursière est également faible, puisqu'elle s'inscrit dans une fourchette comprise entre 5 % et 20 % des PIB de ces pays.

Graphique 2.1. Vue d'ensemble des sociétés cotées en bourse, fin 2024

	Nombre de sociétés	Cap. boursière (milliards/milliers de milliards USD)	Taille médiane des sociétés (millions USD)	Cap. boursière % du PIB
		Par région		
Monde	44,152	125 T	117 M	113%
Marchés émergents	21,691	28 T	99 M	61%
Afrique	1,141	561 B	45 M	33%
		Par pays		
Afrique du Sud	204	336 B	195 M	84%
Maroc	75	74 B	241 M	48%
Égypte	245	45 B	31 M	12%
Nigéria	156	33 B	10 M	18%
Côte d'Ivoire	45	16 B	123 M	18%
Kenya	61	15 B	27 M	12%
Maurice	94	9 B	37 M	63%
Tunisie	79	8 B	40 M	16%
Tanzanie	22	5 B	16 M	6%
Ghana	29	4 B	26 M	5%
Zimbabwe	60	3.9 B	26 M	11%
Botswana	23	3.8 B	105 M	20%
Ouganda	12	3 B	72 M	5%
Zambie	23	2.5 B	36 M	9%
Namibie	13	2.4 B	67 M	18%

Note : « T » signifie « mille milliard » et « B », « milliard ».
Source : Ensemble de données issu de la série sur les marchés de capitaux de l'OCDE ; London Stock Exchange Group (LSEG) ; ensemble de données des (2025[11]) Perspectives de l'économie mondiale (avril 2025) du FMI, https://www.imf.org/external/datamapper/NGDPD@WEO/OEMDC/ADVEC/WEOWORLD ; voir l'annexe pour obtenir de plus amples informations.

La ventilation par secteur des sociétés cotées en bourse en Afrique diffère des modèles observés dans les ME et dans le monde. Une part importante du marché d'actions cotées africain se concentre dans le secteur financier, qui représente 37 % de la capitalisation boursière totale et un quart du nombre total de sociétés (Graphique 2.2). L'Afrique se démarque en cela des autres ME et des marchés mondiaux, où les valeurs financières représentent une part moins importante de la capitalisation boursière : 22 % et 15 %, respectivement (partie A du graphique).

Le deuxième secteur le plus important en Afrique par capitalisation boursière est la technologie (17 %), suivi de celui des matériaux de base (15 %). Cependant, si l'on raisonne en nombre de sociétés cotées, les produits de consommation non cyclique et les produits de consommation cyclique sont les deux secteurs dominants après les produits financiers. Cela semble indiquer que si certains secteurs à forte intensité de capital dominent sur le plan de la valeur, les entreprises opérant dans des secteurs de produits de consommation plus traditionnels sont plus nombreuses.

Graphique 2.2. Trois secteurs les plus représentés parmi les sociétés cotées en bourse, fin 2024

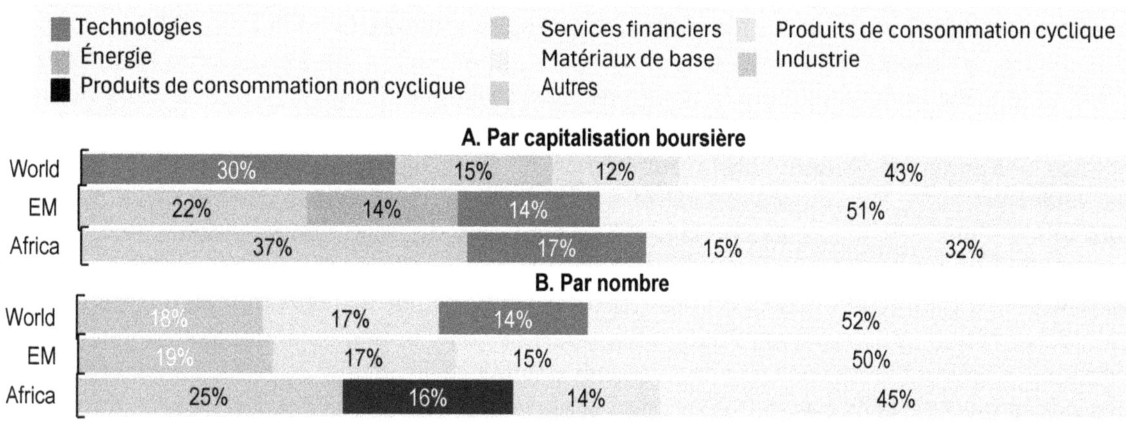

Source : Ensemble de données issu de la série sur les marchés de capitaux de l'OCDE ; London Stock Exchange Group (LSEG) ; voir l'annexe pour obtenir de plus amples informations.

2.2. Gouvernance d'entreprise en Afrique

La solidité des cadres de gouvernance d'entreprise favorise l'efficience économique, la pérennité de la croissance et la stabilité financière. Elle constitue un facteur déterminant pour développer des marchés de capitaux liquides et résilients, et pour faciliter l'accès des entreprises au financement. Les Principes de gouvernance d'entreprise du G20 et de l'OCDE visent à promouvoir l'accès des sociétés au financement en renforçant la confiance dans les marchés de capitaux grâce à des pratiques de marché justes, transparentes et prévisibles qui rassurent les investisseurs (OECD, 2023[2]). Des cadres de gouvernance d'entreprise solides encouragent les sociétés à exercer leur activité avec intégrité et responsabilité, ce qui leur rend l'accès aux marchés de capitaux plus facile et moins onéreux. Cela vaut également pour les entreprises publiques, compte tenu de leur ampleur et de leur poids économique dans les pays africains.

Au niveau mondial, les juridictions procèdent à des examens réguliers de leurs cadres de gouvernance d'entreprise, qui englobent des instruments contraignants et non contraignants tels que des lois, des réglementations et des codes de gouvernance d'entreprise. Quarante-et-une des 52 juridictions étudiées dans l'édition 2025 du Panorama de l'OCDE sur la gouvernance d'entreprise ont apporté des modifications à leurs cadres juridiques et réglementaires au cours de la période 2023-2024 (OECD, 2025[3]). Compte tenu du caractère de plus en plus international des activités des sociétés et des investissements, des examens réguliers des cadres juridiques et réglementaires nationaux contribuent à garantir l'adaptabilité aux évolutions de l'environnement économique mondial, tout en veillant à ce que les entreprises relevant de ces cadres restent résilientes et efficaces dans la recherche de création durable de valeur ajoutée à long terme.

2.2.1. Cadres juridiques et réglementaires

De nombreux pays africains ont établi des cadres de gouvernance en mettant sur pied des institutions officielles et en signant des conventions régionales et internationales destinées à améliorer la gouvernance, à renforcer les institutions et à préserver l'état de droit (African Development Bank Group, 2025[4]). La gouvernance d'entreprise a gagné en importance en Afrique au cours des deux dernières décennies, à l'image de cadres nationaux inspirés des Principes de gouvernance d'entreprise du G20 et de l'OCDE, et du King Code sud-africain (Oluwaseun Adeola Bakare and Olajumoke Bolatito Ajani, 2023[5]).

Les cadres de gouvernance d'entreprise sont définis dans des instruments contraignants, tels que les lois sur les sociétés, et la législation applicable aux marchés de valeurs mobilières ou de capitaux, les réglementations relatives aux valeurs mobilières et les règles d'admission à la cote (OECD, 2025[3]). Les cadres juridiques et réglementaires africains (Tableau 2.2) définissent les éléments de base obligatoires en matière de gouvernance d'entreprise, notamment les exigences s'agissant des comités au sein des conseils d'administration, des droits des actionnaires, ainsi que des obligations de transparence et d'information. Par exemple, le cadre mauricien comprend des exigences portant sur la composition des conseils d'administration, les comités d'audit et autres comités, les obligations en matière d'information financière et les droits des actionnaires (Balgobin-Bhoyrul, 2025[6]). De même, le cadre de gouvernance d'entreprise nigérian contient des exigences relatives à la composition des conseils d'administration, aux comités d'audit, à l'information financière, au dépôt de rapports sur la gouvernance d'entreprise et aux droits des actionnaires (Nwidaa et al., 2025[7]). Le cadre de gouvernance d'entreprise égyptien comporte des exigences relatives à la composition des conseils d'administration, aux comités d'audit et aux comités de gouvernance dans certains cas, à l'information financière et aux autres publications d'informations par les entreprises, et aux droits des actionnaires (Pearce, 2025[8]).

Par ailleurs, les cadres de gouvernance d'entreprise prévoient la publication d'informations relatives à la durabilité des entreprises au moyen d'un ensemble de mécanismes contraignants et non contraignants. Par exemple, les sociétés cotées en bourse au Kenya sont tenues de publier tous les ans leurs résultats aussi bien positifs que négatifs au regard des critères environnementaux, sociaux et de gouvernance (ESG) (Nairobi Securities Exchange, 2021[9]). En Tanzanie, les sociétés cotées en bourse doivent intégrer un rapport sur les critères ESG ainsi que des informations en matière de durabilité à leur rapport annuel (Dar Es Salaam Stock Exchange PLC, 2022[10]). À Maurice, le Code national de gouvernance d'entreprise recommande que les sociétés publient des informations sur leur situation, leurs résultats et leurs perspectives au regard des critères environnementaux, sociaux et de gouvernance, dans l'intérêt des actionnaires et d'autres parties prenantes clés (National Committee on Corporate Governance, 2016[11]).

Tableau 2.2. Principaux éléments des cadres juridiques et réglementaires africains en matière de gouvernance d'entreprise

Juridiction	Droit des sociétés		Droit des valeurs mobilières		Autres réglementations pertinentes en matière de gouvernance d'entreprise
Botswana	Chapitre 42:01 de la loi sur les sociétés (The Companies Act Cap 42:01)	2025	Loi sur les valeurs mobilières, 2014 (The Securities Act of 2014)	–	Loi sur l'information financière, 2010 (The Financial Reporting Act, 2010)
Côte d'Ivoire	Acte Uniforme révisé relatif au droit des Sociétés Commerciales et du Groupement d'Intérêt Économique (AUSCGIE)	2014	Règlement général de la BRVM	–	Organisation pour l'harmonisation en Afrique du Droit des Affaires (OHADA) Règlement général du CREPMF
Égypte	Loi sur les sociétés No. 159, 1981	1981	Loi sur les marchés de capitaux, 1992	1992	Règles d'admission à la cote et de radiation de la cote applicables aux valeurs mobilières sur l'Egyptian Exchange (EGX)
Ghana	Loi sur les sociétés, 2019 (loi 992) (The Companies Act, 2019 (Act 992)	2019	Loi sur le secteur des valeurs mobilières, 2016 (loi 929) (The Securities Industry Act, 2016 (Act 929))	2021	Réglementations de la commission des valeurs mobilières, 2003 (Securities and Exchange Commission Regulations, 2003) Règles de cotation de la Bourse du Ghana (Ghana Stock Exchange Listing Rules)

Juridiction	Droit des sociétés		Droit des valeurs mobilières		Autres réglementations pertinentes en matière de gouvernance d'entreprise
Kenya	Loi sur les sociétés (No.17, 2015) (The Companies Act (No.17 of 2015))	2015	Loi sur les marchés de capitaux, 1989 (Capital Markets Act 1989)	2023	Lignes directrices de l'autorité des marchés de capitaux (The Capital Markets Authority (CMA) Guidelines) Réglementation des marchés de capitaux (émissions publiques, cotations et communication
Maurice	Loi sur les sociétés, 2001 (Companies Act 2001)	2001	Loi sur les valeurs mobilières, 2005 (Securities Act 2005)	2005	Loi sur l'information financière, 2004 (Financial Reporting Act 2004) Règles de cotation de la Bourse de
Maroc	Code de commerce, 1996	1996	Code du marché de capitaux, 2012 (Capital Market Code 2012)	2014	Loi relative aux sociétés anonymes, 2008
Namibie	Loi sur les sociétés, 2004 (Companies Act 2004)	2023	–		Réglementations administratives applicables aux sociétés, 2010 (Companies Administrative Regulations 2010)
Nigéria	Loi sur les sociétés et les questions connexes, 2020 (The Companies and Allied Matters Act 2020)	2020	Loi sur les placements et les valeurs mobilières, 2025 (Investments and Securities Act 2025)	2025	Règlements et réglementations de la commission des valeurs mobilières (The Securities and Exchange Commission Rules and Regulations) Règlement de la Bourse du Nigéria, 2015 (The Rulebook of the Nigerian Stock Exchange 2015)
Afrique du Sud	Loi sur les sociétés, 2008 (Companies Act of 2008)	2008	Loi sur les marchés financiers, 2012 (Financial Markets Act 2012)	2021	Règles de cotation de la Bourse de Johannesburg (JSE Listing Rules)
Tunisie	Code des sociétés commerciales, 2000	2022	Loi portant réorganisation du marché financier, 1994	2019	Règlement général de la Bourse de Tunis, 2008
Ouganda	Loi sur les sociétés, 2012 (Companies Act 2012)	2022		–	Réglementations de l'autorité des marchés de capitaux relatives à la gouvernance d'entreprise, 2025 (CMA Corporate Governance Regulations 2025)
Tanzanie	Loi sur les sociétés, 2002 (Companies Act 2002)	2022	Loi sur les marchés de capitaux et les valeurs mobilières, 2025 (Capital Markets and Securities Act 2025)	2025	Règles de la Bourse de Dar es-Salaam, 2022 (DSE Rules 2022)
Zambie	Loi sur les sociétés, 2017 (Companies Act 2017)	2017	Loi sur les valeurs mobilières, 2016 (Securities Act 2016)	2022	Règles de cotation de la Bourse de Lusaka (LuSE Listing Rules)
Zimbabwe	Loi sur les sociétés et les autres entités commerciales, 2019 (Companies and other Business Entities Act 2019)	2020	Loi sur les valeurs mobilières et la Bourse, 2004 (Securities and Exchange Act, 2004)	2013	Critères d'admission à la cote de la Bourse du Zimbabwe

Source : sources librement accessibles.

Codes de gouvernance d'entreprise

Les cadres de gouvernance d'entreprise englobent les codes de gouvernance d'entreprise, qui tendent à adopter une approche non contraignante (droit souple) (OECD, 2025[3]). Les codes de gouvernance d'entreprise contribuent à orienter les pratiques nationales en matière de gouvernance d'entreprise en établissant des principes et des recommandations qui vont souvent au-delà des obligations minimales établies dans la loi et les réglementations. Chacun des 15 pays africains analysés dans ce chapitre dispose d'un code de gouvernance d'entreprise qui vient compléter les lois et réglementations existantes. La plupart des pays suivent soit une approche « se conformer ou se justifier », soit une approche « appliquer ou expliquer » (Graphique 2.3). Avec l'approche « se conformer ou se justifier », il est attendu des sociétés qu'elles se conforment aux dispositions du code ou bien qu'elles expliquent publiquement les raisons de leur non-conformité. Avec l'approche « appliquer ou expliquer », une explication satisfaisante d'une non-application des dispositions du code peut être considérée comme acceptable dans certaines circonstances. Maurice, le Nigéria et l'Afrique du Sud suivent l'autre approche, « appliquer et expliquer », au titre de laquelle les sociétés sont tenues de fournir des explications quant à la manière dont les pratiques appliquées favorisent la mise en œuvre des principes du code (Okike, 2019[12]). Le Ghana et l'Ouganda appliquent quant à eux l'obligation de conformité. En Tunisie, le code est non contraignant.

Graphique 2.3. Évolution des codes de gouvernance d'entreprise en Afrique

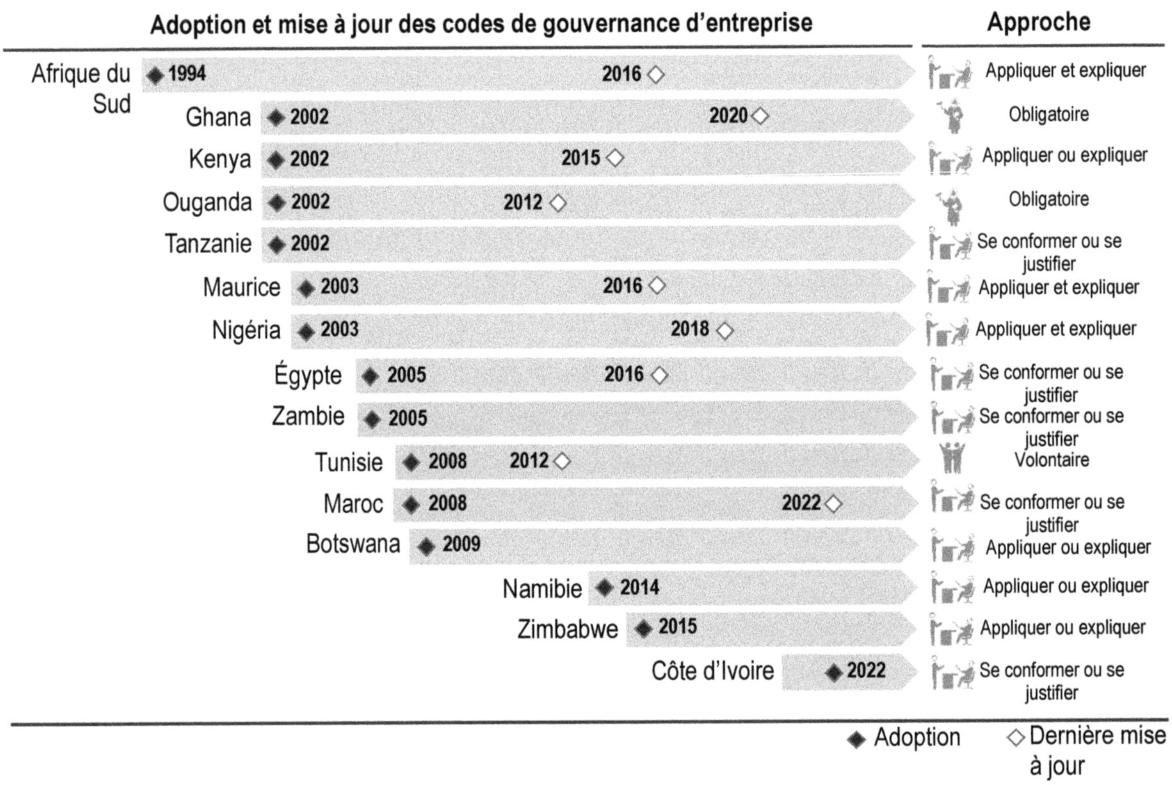

Note : En plus des codes de gouvernance d'entreprise, certains pays disposent d'autres lignes directrices ou réglementations qui régissent les pratiques en matière de gouvernance d'entreprise. De plus amples informations sont données à ce sujet dans les notes de fin de document de ce chapitre. Par exemple, 17 pays africains, parmi lesquels la Côte d'Ivoire, sont membres de l'Organisation pour l'harmonisation en Afrique du droit des Affaires (OHADA), qui définit des normes de gouvernance d'entreprise destinées à protéger les actionnaires (Département d'État américain (2024[14]), 2024 Investment Climate Statements: Côte d'Ivoire, https://www.state.gov/reports/2024-investment-climate-statements/cote-divoire/). En Égypte, les règles d'admission à la cote et de radiation de la cote applicables aux valeurs mobilières sur l'Egyptian Exchange (EGX) contiennent des exigences en matière de gouvernance d'entreprise, s'agissant notamment de la composition des conseils d'administration et des droits des actionnaires minoritaires (EGX (2025[14]), Règles d'admission à la cote et de radiation de la cote applicables aux valeurs mobilières sur l'Egyptian Exchange (EGX), https://www.egx.com.eg/getdoc/1426464c-b8b8-4fa2-8147-39326c990db5/Listing-Rules_en-01-09-2024.aspx). Au Kenya, des circulaires et des modèles de déclaration sont mis à disposition pour aider les sociétés cotées en bourse à se conformer à leurs obligations en matière de gouvernance d'entreprise (Autorité des marchés de capitaux (2024[15]), cadre réglementaire, https://www.cma.or.ke/regulatory-framework/#overview).
Source : OCDE (2025[3]), Édition 2025 du Panorama de l'OCDE sur la gouvernance d'entreprise, https://doi.org/10.1787/f4f43735-en ; voir l'annexe pour des informations détaillées sur les codes de gouvernance d'entreprise.

En plus des codes de gouvernance d'entreprise, certains pays disposent d'autres lignes directrices ou réglementations qui régissent les pratiques en matière de gouvernance d'entreprise. Par exemple, 17 États africains sont membres de l'Organisation pour l'harmonisation en Afrique du droit des Affaires (OHADA) (OHADA, 2025[13]). L'OHADA définit des normes de gouvernance d'entreprise destinées à protéger les actionnaires (U.S. Department of State, 2024[14]), avec pour objectif global d'harmoniser les lois économiques et d'améliorer les systèmes judiciaires pour encourager l'investissement étranger et raffermir la confiance des investisseurs dans les États membres (OHADA, 2025[13])). Au Nigéria, les sociétés cotées en bourse sont tenues de se conformer au code nigérian de la gouvernance d'entreprise 2018 et aux lignes directrices de la commission des valeurs mobilières en matière de gouvernance d'entreprise (Securities and Exchange Commission Nigeria, 2025[15]).

Les codes de gouvernance d'entreprise africains sont considérés comme étant de bonne qualité (ACCA and KPMG, 2017[16]), mais seulement deux pays les ont mis à jour au cours des cinq dernières années.

2.3. Principales considérations intéressant l'action publique

Des mesures ciblées sont nécessaires dans plusieurs domaines importants pour libérer pleinement le potentiel des marchés d'actions cotées en Afrique. Elles consistent à stimuler l'activité de levée de capitaux pour soutenir la croissance des entreprises, à améliorer la liquidité des marchés secondaires pour raffermir la confiance des investisseurs et l'efficience des marchés, à renforcer le rôle et la diversité des investisseurs tout en luttant contre la concentration des structures d'actionnariat, et à utiliser la cotation des entreprises publiques comme levier pour le développement du marché. De plus, la forte concentration de l'actionnariat dans les sociétés cotées en bourse pose des difficultés s'agissant de la protection des droits des actionnaires minoritaires, et elle pourrait avoir des implications pour la composition et l'indépendance des conseils d'administration. Il est essentiel de traiter ces questions pour dynamiser la participation aux marchés, élargir l'accès au financement et promouvoir la résilience des marchés de capitaux dans l'ensemble de la région.

2.3.1. Activité de levée de capitaux

Dans de nombreux marchés africains, les sociétés n'utilisent pas activement les marchés d'actions cotées pour lever des fonds propres. L'activité de cotation et de levée de capitaux est concentrée sur une poignée de ces marchés. Entre 2000 et 2024, les entreprises africaines ont levé un total de 219 milliards USD, ce qui ne représente que 1 % des fonds propres levés dans le monde et 3 % du montant levé par les entreprises des ME (Graphique 2.4). De plus, le recours aux marchés d'actions cotées est faible au regard de la taille de l'économie. Alors que les fonds levés au moyen d'introductions en bourse et d'émissions complémentaires d'actions représentent 1 % du PIB des marchés émergents et du PIB mondial, cette part se limite à 0.5 % en Afrique (partie C).

Au niveau des pays, les entreprises sud-africaines sortent du lot, avec 56 % du total des fonds levés, suivies de leurs homologues égyptiennes et nigérianes. À eux trois, ces pays représentent plus de 80 % du total des capitaux levés dans la région. En Égypte, le recours aux actions cotées par rapport à la taille de l'économie est important, à hauteur de 2.5 % du PIB. À l'inverse, cette proportion est inférieure à 0.1 % au Ghana, en Tanzanie, en Zambie, en Ouganda, en Côte d'Ivoire et au Botswana. Par ailleurs, là où les entreprises sud-africaines, égyptiennes et mauriciennes font également appel aux marchés d'actions cotées étrangers, la plupart des sociétés africaines ne lèvent des fonds propres que sur leurs marchés nationaux. Il est à noter que l'essentiel des capitaux levés par les entreprises mauriciennes est d'origine étrangère, ce qui tient à quelques grandes sociétés cotées au Johannesburg Stock Exchange et au London Stock Exchange.

Graphique 2.4. Fonds propres levés par les entreprises africaines, 2000-2024

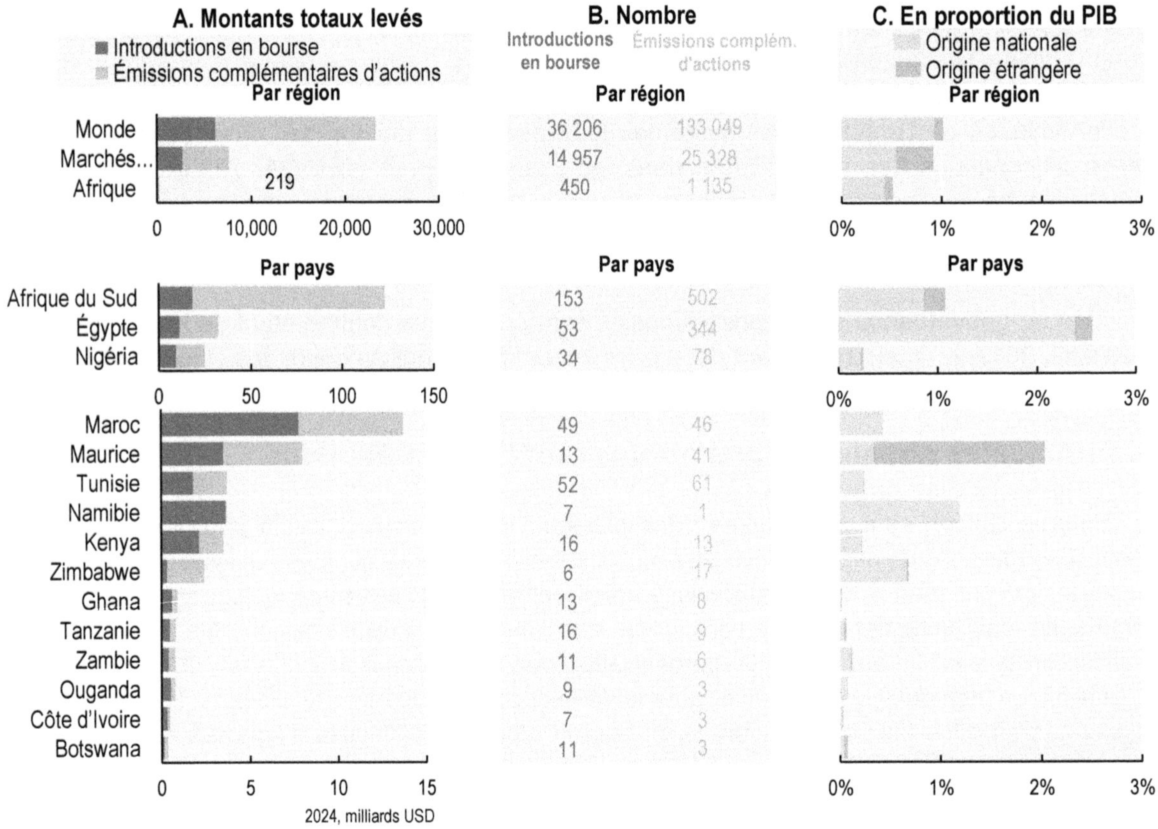

Note : Dans la partie C, pour les calculs des capitaux levés par les entreprises des marchés émergents, il est considéré que les fonds levés par les entreprises chinoises à Hong Kong (Chine) et par les entreprises de Hong Kong (Chine) en Chine sont d'origine nationale.
Sources : Ensemble de données issu de la série sur les marchés de capitaux de l'OCDE ; London Stock Exchange Group (LSEG) ; FactSet ; Bloomberg ; voir l'annexe pour obtenir de plus amples informations.

Les marchés d'actions cotées en Afrique ont enregistré un pic d'introductions en bourse entre 2006 et 2008, sous l'effet principalement de l'activité en Afrique du Sud, au Maroc et au Nigéria. Pendant cette période, 167 entreprises sont entrées en bourse, soit plus du tiers de l'ensemble des admissions à la cote depuis 2000 (Graphique 2.5). Depuis, le nombre d'introductions en bourse a fortement décliné. En moyenne, la dernière décennie n'a vu que 11 entreprises africaines entrer en bourse par an. Les fonds propres levés au moyen d'émissions complémentaires d'actions ont largement dépassé ceux recueillis lors des introductions en bourse, mais le nombre d'émissions complémentaires a lui aussi baissé, malgré le net rebond observé en 2024. Par ailleurs, les sociétés financières ont représenté 35 % et 34 % du total des fonds propres levés au moyen d'introductions en bourse et d'émissions secondaires, respectivement.

Graphique 2.5. Introductions en bourse et émissions complémentaires d'actions des entreprises africaines

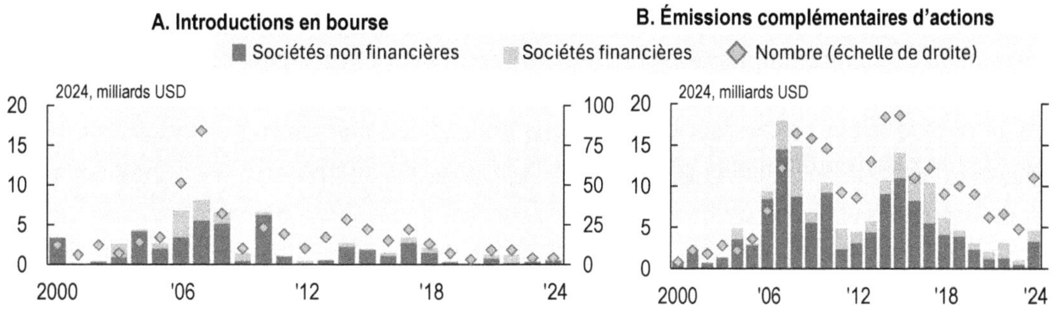

Note : Les données des graphiques sont basées sur la place de cotation.
Sources : Ensemble de données issu de la série sur les marchés de capitaux de l'OCDE ; London Stock Exchange Group (LSEG) ; FactSet ; Bloomberg ; voir l'annexe pour obtenir de plus amples informations.

Le niveau élevé des frais de cotation peut constituer un obstacle pour les entreprises cherchant à accéder aux marchés d'actions cotées, en particulier sur les bourses plus petites et moins liquides. Dans quatre des cinq bourses africaines étudiées (Botswana, Égypte, Kenya, Nigéria et Afrique du Sud), les frais d'admission directe restent modérés, la plupart des bourses appliquant des plafonds qui réduisent grandement les coûts pour les grands émetteurs. Le cumul des frais de cotation initiaux et annuels pour une introduction en bourse à 150 millions USD[1] sur ces places boursières se situe au-dessous de 0.06 % des montants levés (Tableau 2.3). Le Nigerian Exchange se démarque, avec des frais totaux s'élevant à environ 0.25 % du montant de l'introduction en bourse, malgré l'utilisation d'une structure avec plafonnement des frais.

Pour les petites introductions en bourse, en revanche, le coût relatif augmente considérablement. Pour une introduction en bourse à 15 millions USD, les frais de cotation sont compris entre 0.02 % et 0.32 % du montant de l'offre sur les mêmes places boursières. Au Botswana, l'application de planchers pour les frais augmente le coût effectif exprimé en part du montant de l'introduction en bourse, si bien que les petites cotations sont proportionnellement beaucoup plus onéreuses que les grandes cotations.

Tableau 2.3. Coût des cotations sur une sélection de bourses de valeurs africaines

Pays / Bourse	Frais en pourcentage du montant de l'introduction en bourse (%)	
	Introduction en bourse à 15 millions USD	Introduction en bourse à 150 millions USD
Botswana – BSE	0.050 %	0.017 %
Égypte – EGX	0.054 %	0.010 %
Kenya – NSE	0.02 %	0.002 %
Nigéria – NGX	0.267 %	0.252 %
Afrique du Sud – JSE	0.320 %	0.060 %

Note : Le coût des cotations comprend uniquement les frais de cotation initiaux et annuels, le cas échéant, et il est calculé pour des introductions en bourse de 150 millions USD et 15 millions USD sur le marché principal, en supposant un ratio de flottant de 20 %. Le montant d'introduction en bourse de 150 millions USD représente la valeur moyenne des offres sur les places du Botswana, de l'Égypte, du Kenya, du Nigéria et de l'Afrique du Sud depuis 2000. Tous les frais de cotation sont exprimés hors TVA, sauf dans le cas de l'Afrique du Sud.
Source : BSE (2025[17]), frais de cotation, www.bse.co.bw/listing-fees/ ; EGX (2025[18]), frais de cotation, www.egx.com.eg/en/Listing_fees.aspx ; République du Kenya (2022[19]), loi sur les marchés de capitaux, https://new.kenyalaw.org/akn/ke/act/1989/17/eng@2023-12-11 ; NGX (2025[20]), frais de cotation, https://ngxgroup.com/exchange/raise-capital/listing-fees/ ; JSE (2025[21]), frais applicables aux émetteurs, aux services et aux opérations, https://www.jse.co.za/services/other-services/services-documentation/price-lists ; voir l'annexe pour consulter le détail des frais utilisés dans l'analyse.

Les calculs ci-dessus ne comprennent que les frais de cotation imposés par les places boursières et n'incluent pas les autres principaux éléments de coût associés aux introductions en bourse. Les dépenses liées aux services juridiques, aux courtiers parrains, aux prises fermes, aux dépôts réglementaires et au marketing représentent généralement cinq à dix fois les frais facturés par la bourse. Sur de nombreux marchés africains, ces coûts supplémentaires peuvent se révéler encore plus contraignants, la disponibilité limitée d'expertise en matière de conseil et de prise ferme au niveau local, la plus petite taille des opérations et la plus faible profondeur des marchés se traduisant souvent par des coûts par transaction plus élevés que sur les marchés plus développés.

Certaines entreprises publiques africaines sont également cotées sur les marchés d'actions. À l'échelle mondiale, de nombreuses économies émergentes ont décidé de coter partiellement des entreprises publiques sur les places boursières nationales. Au-delà des avantages financiers pour les États et des gains d'efficience pour les entreprises publiques, ces cotations partielles peuvent accroître la profondeur et la liquidité des marchés, et contribuer à attirer plus d'investisseurs. À la fin de l'année 2024, l'Afrique comptait 122 entreprises publiques cotées en bourse, soit 5 % du nombre total d'entreprises publiques cotées à l'échelle mondiale et 7 % du total de celles cotées dans les ME (Graphique 2.6).

Sur le plan de la capitalisation boursière, les entreprises publiques africaines cotées en bourse représentent seulement 0.6 % de la valeur des entreprises publiques cotées dans le monde et 0.8 % de la valeur de celles cotées dans les ME (Graphique 2.6, partie B). De plus, la part des entreprises publiques dans la capitalisation boursière de l'Afrique est nettement inférieure (17 %) à leur part dans les ME (42 %). Cela tient en grande partie aux programmes de privatisation déployés dans de nombreux ME, en particulier en Asie, où les pays ont eu recours à une série de cotations de grandes entreprises publiques pour tirer parti des marchés de capitaux (OECD, 2025[22]).

Graphique 2.6. Vue d'ensemble des entreprises publiques cotées en bourse en Afrique, fin 2024

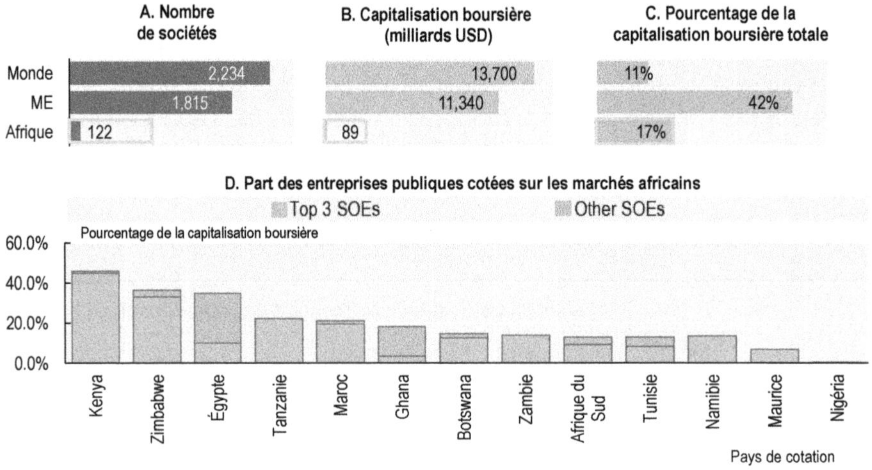

Note : Sont considérées comme publiques les entreprises qui sont détenues à 25 % au moins par des entités publiques. L'Ouganda et la Côte d'Ivoire ne sont pas couverts dans la partie D en raison de l'insuffisance des données disponibles.
Sources : Ensemble de données issu de la série sur les marchés de capitaux de l'OCDE ; London Stock Exchange Group (LSEG) ; FactSet ; Bloomberg ; voir l'annexe pour obtenir de plus amples informations.

Au niveau des pays, les entreprises publiques cotées constituent une part significative de la capitalisation boursière au Kenya, au Zimbabwe et en Égypte. Dans la plupart des pays africains, les trois plus grandes entreprises publiques représentent la quasi-totalité de la capitalisation boursière du secteur des entreprises publiques. L'Égypte fait figure d'exception. Elle a enclenché sa stratégie de privatisations au début des années 90 et présente aujourd'hui le plus grand nombre (55) d'entreprises publiques cotées en

Afrique. Les entreprises publiques cotées en bourse sont moins nombreuses en Afrique du Sud (18), mais elles représentent près de la moitié de la capitalisation boursière totale des entreprises publiques en Afrique, ce qui s'explique par la taille considérable de son secteur des entreprises publiques.

Considérations intéressant l'action publique

Pour dynamiser les marchés d'actions cotées africains, les pouvoirs publics pourraient prendre des initiatives visant à attirer plus d'émetteurs vers les marchés. Il conviendra d'abaisser les obstacles liés à la réglementation et aux coûts, d'améliorer la transparence des marchés et de renforcer la confiance des investisseurs pour encourager plus d'entreprises à entrer en bourse, en particulier dans des secteurs et des économies sous-représentés. Il est essentiel d'attirer une base élargie d'émetteurs pour intensifier l'activité sur les marchés et faire des actions cotées une option de financement plus viable dans la région.

De plus, des cadres d'admission à la cote plus souples et plus proportionnés, adaptés à la taille et à la capacité des entreprises, sont nécessaires pour rendre les marchés d'actions cotées plus accessibles pour les entreprises de petite taille. Des actions visant à promouvoir les cotations transfrontières et l'intégration régionale contribueraient aussi à élargir l'accès aux marchés, en particulier pour les entreprises dans les économies de petite taille. Le renforcement des capacités locales en matière de conseil et de prise ferme améliorerait le montage des opérations, la structuration des transactions et les réseaux de distribution dans la région, ce qui permettrait à un plus grand nombre d'institutions africaines de piloter des appels publics à l'épargne. Cela aiderait à réduire la dépendance à l'égard d'intermédiaires étrangers, d'abaisser les coûts d'émission et de promouvoir une participation accrue des entreprises du continent aux marchés d'actions.

L'admission à la cote d'entreprises publiques sur les bourses de valeurs nationales peut constituer un puissant outil pour approfondir les marchés d'actions cotées, accroître la liquidité, et attirer des investisseurs institutionnels et individuels. En plus d'améliorer la visibilité des marchés et la participation à ces derniers, les cotations de grandes entreprises publiques peuvent également jouer un rôle de catalyseur pour le développement général des marchés de capitaux en encourageant des entreprises privées à leur emboîter le pas. Pour concrétiser ce potentiel, les pouvoirs publics devraient envisager des entrées en bourse stratégiques d'entreprises publiques rentables, étayées par des cadres de gouvernance transparents et des plans de cession clairement définis. Ces efforts peuvent améliorer la profondeur et le dynamisme des marchés d'actions nationaux de façon générale.

2.3.2. Liquidité sur le marché secondaire des actions cotées

Le marché secondaire des actions présente une liquidité relativement limitée sur les bourses africaines, ce qui nuit à l'efficacité du processus de détermination des prix et, par voie de conséquence, décourage une participation plus large des investisseurs et constitue un obstacle majeur pour le développement global du marché. Cette faible liquidité est la conséquence d'une série de facteurs structurels et réglementaires.

Dans 9 des 14 places boursières africaines, la liquidité (mesurée par le taux de rotation annuel) reste inférieure à 5 % (Graphique 2.7). L'Égypte et l'Afrique du Sud affichent les niveaux de liquidité les plus élevés, à 50 % et 28 %, respectivement. Ces deux pays sont les seuls du continent africain à compter des entreprises à l'indice MSCI Emerging Market. Le Maroc (9 %), le Kenya (6 %) et le Nigéria (5.5 %) présentent également une liquidité supérieure à celle des autres marchés africains.

Graphique 2.7. Liquidité des bourses de valeurs africaines

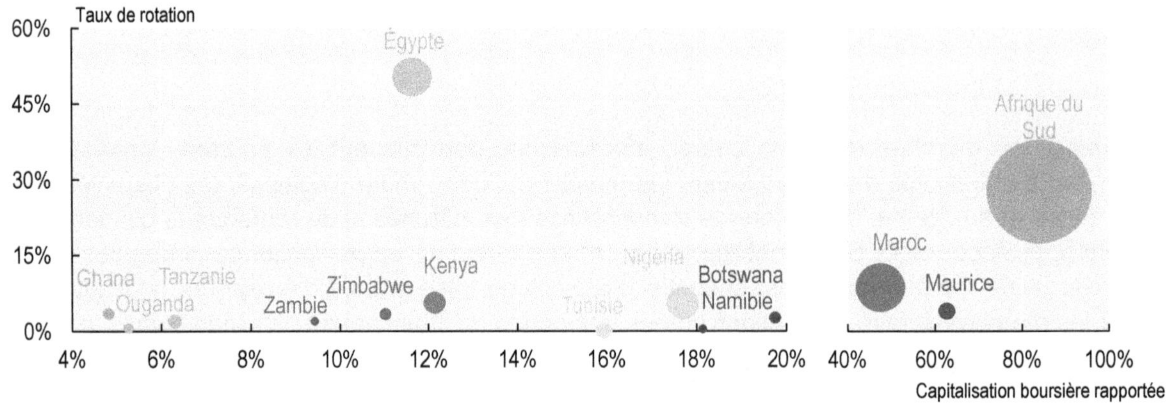

Note : Le taux de rotation est calculé en divisant le volume annuel des actions échangées par la capitalisation boursière, sur la base des dernières informations disponibles pour chaque place boursière. Seules les entreprises dont la cotation primaire appartient à une bourse de valeurs donnée sont prises en compte. Pour l'Afrique du Sud et le Zimbabwe, les taux de rotation sont ceux du Johannesburg Stock Exchange et du Zimbabwe Stock Exchange, respectivement. La Côte d'Ivoire est exclue à des fins de comparabilité. La taille des bulles est proportionnelle à la part de chaque pays dans la capitalisation boursière.
Source : Sources librement accessibles ; voir l'annexe pour de plus amples informations.

La plupart des bourses africaines ne comptent que quelques sociétés inscrites à leur cote et proposent une gamme limitée de catégories d'actifs, ce qui se traduit par un faible volume d'échanges et une réduction des possibilités de placements. Sur certains marchés, la participation des investisseurs étrangers est limitée par des barrières réglementaires. Par exemple, le Zimbabwe plafonne la participation d'un investisseur étranger individuel dans une entreprise à 15 % de son capital social émis[2] (ZSE, 2024[23]). À l'inverse, la Tanzanie a supprimé le plafonnement de 60 % qu'elle appliquait aux prises de participation d'investisseurs étrangers dans les sociétés cotées en bourse (UNCTAD, 2014[24]).

Les coûts de transaction élevés font partie des facteurs qui nuisent à la liquidité sur les marchés d'actions africains. Le coût total de l'achat et de la vente d'une action cotée s'élève à 4 % de la valeur échangée en Ouganda, au Zimbabwe, au Kenya, en Tanzanie et au Ghana (Graphique 2.8). Cette part est souvent inférieure à 1 % dans les marchés émergents, où elle s'élève par exemple à 0.8 % en Malaisie, à 0.64 % en Indonésie et à 0.46 % au Pérou (OBG, 2022[25]; OECD, 2024[26]). Plus spécifiquement, les frais de courtage représentent une part importante des coûts de transaction, à savoir deux tiers du montant total en moyenne. Cela s'explique en grande partie par le nombre limité de courtiers et les faibles volumes de transactions sur les bourses des valeurs africaines, qui réduisent la concurrence et conduisent les agents de change à facturer des frais plus élevés pour couvrir leurs charges d'exploitation fixes (Bright Africa, 2019[27]).

Plusieurs initiatives régionales ont été déployées en Afrique dans le but d'abaisser les coûts de transaction et d'accroître la liquidité par une intégration des bourses de valeurs et un élargissement de la communauté des courtiers. Par exemple, en 2013, le Conseil ouest-africain pour l'intégration des marchés de capitaux (West African Capital Markets Integration Council, WASMIC) a introduit un programme d'intégration en trois phases visant à créer un passeport commun qui habiliterait les courtiers à exécuter des transactions sur toutes les bourses des pays membres (WAMI, 2021[28]). Le Projet de liaison des bourses africaines (African Exchanges Linkage Project, AELP) rassemble quant à lui 10 bourses de valeurs africaines[3] autour de l'objectif d'améliorer la profondeur et la liquidité des marchés de capitaux en Afrique grâce à l'intégration des marchés, avec des cotations et négociations transfrontières des titres (AELP, 2025[29]).

Graphique 2.8. Comparaison des coûts de transaction dans une sélection de bourses de valeurs africaines

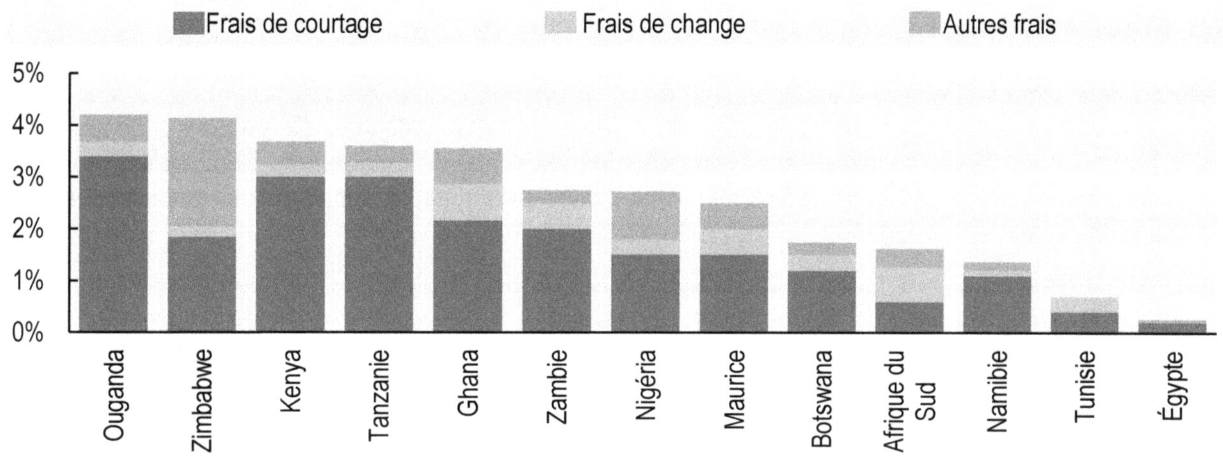

Note : Sur chaque bourse de valeurs, les coûts de transaction sont calculés pour une valeur échangée de 10 000 USD, et ils représentent le coût total pour l'acheteur et le vendeur. Pour les frais de courtage, le tarif le plus bas a été retenu, lorsque cela est applicable. Le Maroc n'a pas été pris en compte en raison de l'absence de données disponibles.
Source : Sources librement accessibles ; voir l'annexe pour de plus amples informations.

Considérations intéressant l'action publique

L'amélioration de la liquidité des marchés secondaires des actions cotées en Afrique nécessite des réformes visant à remédier aux inefficiences structurelles, aux coûts de transaction élevés et à la participation limitée des investisseurs. Le fait d'encourager les sociétés cotées en bourse à accroître leurs ratios de flottant peut approfondir les marchés. Il est tout aussi essentiel de réduire les coûts de transaction au moyen d'une plus grande concurrence entre les courtiers et d'une simplification des structures de frais. La transition numérique des infrastructures de négociation ainsi que le soutien aux initiatives d'intégration régionale permettraient d'élargir le réseau de courtiers, de favoriser l'activité transfrontière et d'abaisser les charges d'exploitation. Il sera également capital d'améliorer la stabilité macroéconomique ainsi que les cadres de réglementation et de gouvernance d'entreprise pour renforcer la confiance des investisseurs et promouvoir une participation plus active aux marchés secondaires.

2.3.3. Cadres juridiques et réglementaires

Malgré la mise en place de cadres institutionnels, la région continue de rencontrer de grandes difficultés en matière de gouvernance d'entreprise (African Peer Review Mechanism, 2025[30]). La mise en œuvre de réformes plus globales des institutions et de la gouvernance s'opère lentement et l'on constate d'importantes disparités d'un pays à l'autre en raison de facteurs tels que les circonstances régionales, culturelles et politiques. (African Development Bank Group, 2025[4]). Par exemple, l'ingérence politique dans les désignations des conseils d'administration et le manque d'indépendance de ces derniers ont été identifiés comme des obstacles qui se traduisent par une gouvernance d'entreprise déficiente (African Corporate Governance Network, 2023[31]). À cela s'ajoute la diminution de l'aide extérieure au développement, si bien que l'Afrique éprouve des difficultés à mobiliser des capitaux pour réaliser son potentiel de croissance (African Development Bank Group, 2025[4]).

En février 2025, le Mécanisme africain d'évaluation par les pairs, une institution de l'Union africaine, a publié les Principes africains de gouvernance d'entreprise. Ces principes visent à remédier à la faiblesse des écosystèmes de gouvernance d'entreprise en Afrique en adaptant les meilleures pratiques internationales au contexte africain, avec pour socle les valeurs d'Ubuntu : objectif commun, dignité humaine, interdépendance, humanité, solidarité, acceptation et compassion (African Peer Review Mechanism, 2025[30]).

Des efforts ont certes été déployés pour établir des cadres de gouvernance d'entreprise, en s'inspirant souvent des Principes de gouvernance d'entreprise du G20 et de l'OCDE, mais il convient désormais de passer à leur mise en œuvre. L'adoption de bonnes pratiques en matière de gouvernance d'entreprise passe par une surveillance et une application de la réglementation efficaces. Or les pays africains ont du mal à renforcer les cadres réglementaires, en raison de l'absence de fondements juridiques appropriés et de ressources insuffisantes pour détecter les mauvaises pratiques et appliquer des sanctions (African Development Bank Group, 2025[4]).

Les organismes de réglementation africains sont sous-financés, manquent d'indépendance et ont parfois été impliqués dans des affaires de corruption, ce qui nuit à l'application des règles (Oluwaseun Adeola Bakare and Olajumoke Bolatito Ajani, 2023[5]). L'Édition 2025 du Panorama de l'OCDE sur la gouvernance d'entreprise montre que l'autonomie budgétaire peut renforcer l'indépendance opérationnelle des organismes de réglementation. Dans 52 juridictions du monde entier, les instances de réglementation publiques sont habilitées à contrôler les pratiques des sociétés cotées en matière de gouvernance d'entreprise et de faire appliquer les règles. Parmi ces instances, 60 % sont entièrement financées par les cotisations des entités réglementées, qu'elles complètent avec des amendes (OECD, 2025[3]).

Il est possible de formuler des recommandations visant à renforcer le contrôle et l'application des pratiques en matière de gouvernance d'entreprise en s'inspirant des approches mises en œuvre dans diverses juridictions à l'échelle mondiale. L'Autorité des marchés de capitaux du Kenya a instauré des mesures de conformité rigoureuses pour les sociétés cotées, ce qui a raffermi la confiance des investisseurs (Oluwaseun Adeola Bakare and Olajumoke Bolatito Ajani, 2023[5]). Dans les juridictions ayant une faible capacité institutionnelle, il peut se révéler efficace de trouver un équilibre entre action publique et action privée dans l'application des règles pour remédier aux difficultés liées à la gouvernance et lutter contre la corruption (Berglof, 2006[32]). La coopération régionale devient de plus en plus importante pour la gouvernance d'entreprise, notamment lorsque des entreprises souhaitent se faire admettre à la cote de plusieurs marchés boursiers dans différents pays en Afrique (African Peer Review Mechanism, 2025[30]).

Considérations intéressant l'action publique

Compte tenu de la récente publication des Principes africains de gouvernance d'entreprise et des révisions apportées aux Principes de gouvernance d'entreprise du G20 et de l'OCDE et aux Lignes directrices de l'OCDE sur la gouvernance des entreprises publiques, il serait opportun que les pays africains révisent leurs codes de gouvernance d'entreprise et s'alignent sur les meilleures pratiques régionales et internationales. De plus, l'harmonisation des cadres et pratiques en matière de gouvernance d'entreprise à l'échelle de l'Afrique pourrait aider les entreprises et les investisseurs à s'orienter parmi les obligations à respecter au niveau régional et mondial, tout en facilitant l'application de réglementations transfrontières et en attirant des investisseurs étrangers sur les marchés de capitaux africains. Pour toutes les entreprises, cela consisterait à se conformer aux exigences réglementaires et, dans le cas des entreprises privées, à étayer la décision d'entrer à la cote de la bourse nationale concernée. Pour les investisseurs, cela engoberait l'accès à des informations les accompagnant dans leur décision d'investir. L'intégration régionale des bourses de valeurs permettrait de réaliser des économies d'échelle, notamment grâce à la mise en commun des ressources ainsi qu'à l'harmonisation des règles en matière de surveillance et d'application de la réglementation. Deux bourses régionales sont en activité en Afrique : la Bourse Régionale des Valeurs Mobilières (BRVM) en Afrique de l'Ouest et la Bourse des Valeurs Mobilières de l'Afrique Centrale (BVMAC) en Afrique centrale (Africa Finance Corporation, 2025[33]). En s'inspirant de ces deux exemples, d'autres pays africains pourraient trouver des moyens d'optimiser des ressources pour renforcer les cadres de gouvernance d'entreprise.

Les responsables publics en Afrique pourraient également suivre la tendance mondiale croissante consistant à établir des autorités de contrôle entièrement autofinancées. Avec le modèle d'autofinancement, les organes de contrôle disposent de ressources plus stables et plus prévisibles qui permettent une meilleure planification à long terme, une réduction de l'ingérence politique et une surveillance plus efficace. Cela a pour effet de renforcer la confiance des investisseurs et d'améliorer l'intégrité des marchés.

2.3.4. La base d'investisseurs et les droits des actionnaires minoritaires

Les entreprises cotées en bourse en Afrique se caractérisent par la forte concentration de leur actionnariat dans les mains des sociétés. Les sociétés détiennent en effet 24 % des actions cotées, une part bien plus importante que dans les ME (19 %) et au niveau mondial (9 %). Les investisseurs institutionnels détiennent 20 % des actions dans la région, soit une part largement inférieure à la proportion au niveau mondial (47 %). De plus, le secteur public est un investisseur important puisqu'il détient 17 % des actions cotées, un chiffre supérieur à celui observé au niveau mondial (10 %) mais inférieur à celui d'autres économies émergentes (31 %).

Les présences des sociétés dans les structures d'actionnariat varient considérablement d'un pays à l'autre. Dans deux tiers des pays africains, les sociétés détiennent plus de 40 % des actions cotées. L'Afrique du Sud et l'Égypte présentent des répartitions plus équilibrées de l'actionnariat. Les participations des investisseurs institutionnels sont principalement concentrées sur les entreprises cotées en Afrique du Sud, plus grand marché de la région, où ils détiennent 23 % des actions. À l'inverse, leur part est inférieure à 5 % dans des pays tels que le Ghana, le Kenya, le Nigéria, la Tanzanie, la Tunisie et la Zambie. Par ailleurs, la participation du secteur public dans les sociétés cotées est importante en Égypte (26 %) comme au Zimbabwe (22 %).

Graphique 2.9. Ventilation de l'actionnariat des entreprises cotées par catégories d'investisseurs, fin 2024

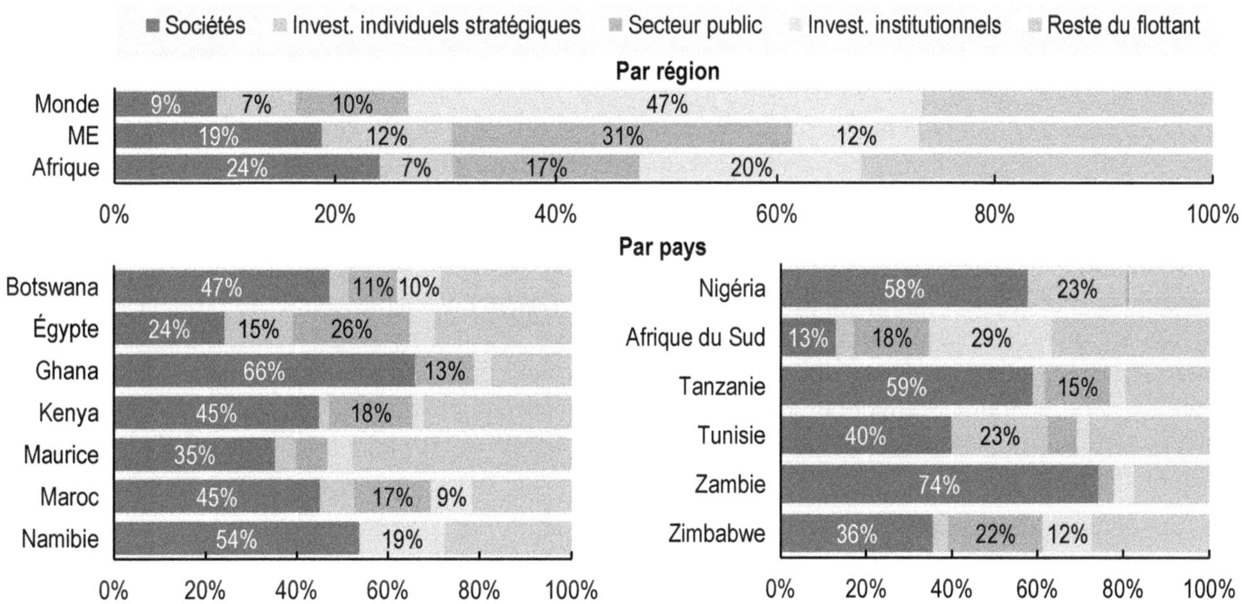

Note : L'Ouganda et la Côte d'Ivoire ne sont pas pris en compte en raison de l'insuffisance des données disponibles. Les investisseurs ont été classés en cinq catégories : entreprises, secteur public, investisseurs individuels stratégiques, investisseurs institutionnels et reste du flottant, comme dans la source entre parenthèses (De La Cruz, Medina and Tang, 2019[34]).
Sources : Ensemble de données issues de la série sur les marchés de capitaux de l'OCDE ; London Stock Exchange Group (LSEG) ; FactSet ; Bloomberg ; voir l'annexe pour obtenir de plus amples informations.

Les investisseurs nationaux sont les principaux actionnaires des sociétés africaines cotées en bourse, avec 40 % du total des actions. Cependant, la part des investisseurs institutionnels nationaux reste relativement faible, ce qui traduit le sous-développement de la base d'investisseurs institutionnels en Afrique. Au niveau mondial, les investisseurs institutionnels nationaux détiennent une part considérable des actions cotées (33 %) alors que leurs participations sont moins importantes dans les ME et en Afrique.

Graphique 2.10. Participation des investisseurs institutionnels, fin 2024

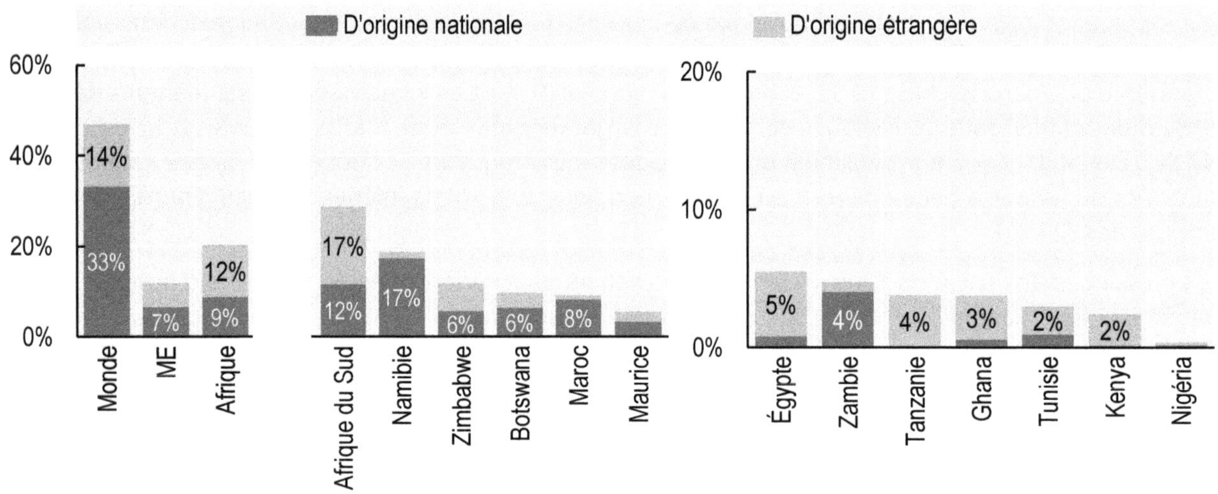

Note : L'Ouganda et la Côte d'Ivoire ne sont pas pris en compte en raison de l'insuffisance des données disponibles.
Source : Ensemble de données issues de la série sur les marchés de capitaux de l'OCDE ; London Stock Exchange Group (LSEG) ; FactSet ; Bloomberg ; voir l'annexe pour obtenir de plus amples informations.

Outre le poids grandissant des investisseurs institutionnels nationaux dans de nombreux marchés, on constate que les investisseurs institutionnels étrangers jouent eux aussi un rôle majeur dans les marchés d'actions africains, sur lesquels ils détiennent 12 % des actions cotées. Cependant, leurs participations sont principalement concentrées en Égypte, en Afrique du Sud et au Zimbabwe. Les investisseurs étrangers sont des actionnaires clés en Afrique du Sud, pays qui jouit d'une plus grande visibilité auprès des investisseurs institutionnels en raison de la présence de certaines de ses entreprises dans de grands indices investissables, tels que le *MSCI Emerging Market* et le *MSCI Emerging Markets EMEA*, et d'une forte représentation dans les indices régionaux, comme le *MSCI Emerging Frontier Markets Africa*. En revanche, la plupart des autres pays africains ont une présence limitée dans les indices mondiaux. L'Égypte est le seul autre pays africain inclus dans l'indice *MSCI Emerging Market*, alors que tous les autres pays ne figurent que dans des indices centrés sur l'Afrique, avec de faibles pondérations. Dans cette catégorie, le Maroc, l'Égypte et le Kenya ont une présence plus marquée que les autres dans les indices centrés sur l'Afrique hors Afrique du Sud, tels que le *MSCI Emerging Frontier Markets Africa ex South Africa Index*.

Les entreprises cotées en bourse en Afrique présentent des structures d'actionnariat fortement concentrées et, dans de nombreux cas, les sociétés en sont les plus grands actionnaires, ce qui semble indiquer l'existence de structures de groupes d'entreprises. En Afrique, 40 % des entreprises cotées ont un grand actionnaire qui détient plus de 50 % des participations, ce qui est largement supérieur aux proportions observées dans les ME et au niveau mondial (Graphique 2.11). La concentration de l'actionnariat est particulièrement marquée dans certains pays africains. Plus de 50 % des sociétés cotées en bourse au Maroc, en Namibie et au Ghana ont un actionnaire qui détient plus de la moitié de ses actions. Par ailleurs, dans tous les pays, l'actionnaire majeur que l'on retrouve le plus souvent est une société, avec une participation moyenne de 53 %. L'Égypte se démarque dans ce domaine par le fait que les actionnaires les plus importants sont le plus souvent des investisseurs individuels stratégiques.

Graphique 2.11. Concentration de l'actionnariat et identité de l'actionnaire le plus important, fin 2024

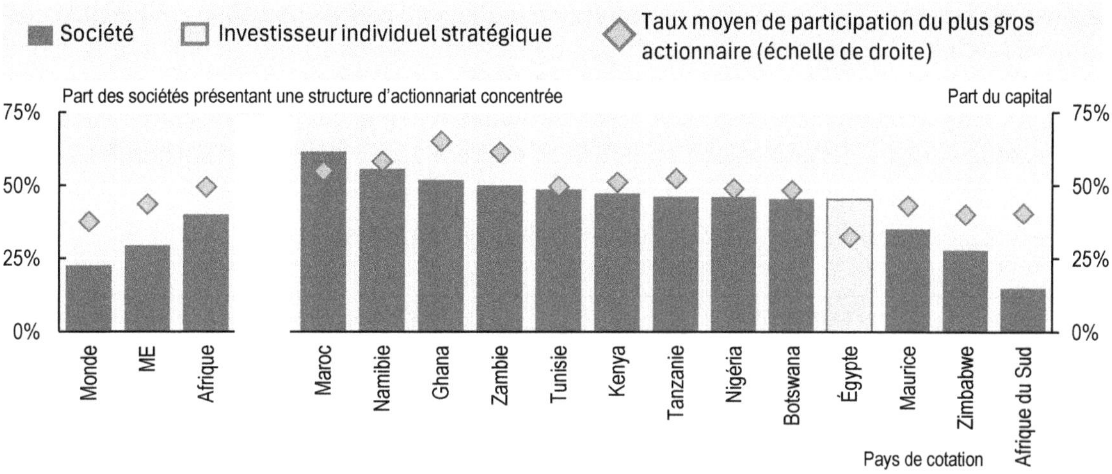

Note : On considère que les sociétés dans lesquelles l'actionnaire le plus important détient plus de 50 % des participations présentent une structure d'actionnariat concentrée. La part du capital (échelle de droite) est calculée comme le pourcentage moyen des actions en circulation détenues par chaque catégorie d'investisseur lorsque l'actionnaire le plus important de la société appartient à cette catégorie ; la part des sociétés (échelle de gauche) est calculée comme le ratio du nombre des entreprises dont l'actionnaire le plus important appartient à une catégorie donnée sur le nombre total d'entreprises pour lesquelles des informations relatives à l'actionnariat sont disponibles. L'Ouganda et la Côte d'Ivoire ne sont pas pris en compte en raison de l'insuffisance des données disponibles.
Source : Ensemble de données issues de la série sur les marchés de capitaux de l'OCDE ; London Stock Exchange Group (LSEG) ; FactSet ; Bloomberg ; voir l'annexe pour obtenir de plus amples informations.

La concentration des structures d'actionnariat, à laquelle s'ajoutent le développement insuffisant des marchés de capitaux, la faiblesse des instances de réglementation et des mécanismes de contrôle extérieurs limités, peut avoir des effets néfastes sur la gouvernance d'entreprise (Ackah et al., 2024[35]). La forte concentration de l'actionnariat pose des problèmes de taille concernant la protection des actionnaires minoritaires.

L'Indice de compétitivité mondiale donne une indication du degré de protection que le système juridique apporte aux actionnaires minoritaires. L'Afrique du Sud, Maurice et la Namibie affichent les scores les plus élevés du continent s'agissant de la protection des intérêts des actionnaires minoritaires, mais des écarts subsistent entre les pratiques observées dans les économies africaines et les normes internationales (Graphique 2.12). Dans la plupart des pays, le seuil de participation au capital requis pour faire inscrire un point à l'ordre du jour d'une assemblée générale annuelle est fixé à 5 % (Graphique 2.12). Cependant, le Kenya, la Namibie, le Nigéria, la Tanzanie et l'Ouganda ont porté ce seuil à 10 %, ce qui représente un obstacle plus élevé pour les actionnaires minoritaires. De la même manière, dans huit pays, le seuil de participation au capital pour demander la convocation d'une assemblée générale annuelle est établi à 10 %. Le Botswana, l'Égypte, le Ghana, Maurice, la Tunisie, la Zambie et le Zimbabwe ont adopté des pratiques plus favorables aux actionnaires, avec des seuils à 5 %.

Les droits des actionnaires se traduisent aussi dans des indicateurs plus larges de la gouvernance, tels que l'indice du degré de gouvernance des actionnaires de la Banque mondiale (Graphique 2.12). Cet indice porte sur trois dimensions de la bonne gouvernance : les droits des actionnaires et leur rôle dans les décisions stratégiques des entreprises, les mécanismes de gouvernance qui protègent les actionnaires contre un contrôle excessif des conseils d'administration et contre leur enracinement, et la transparence des entreprises concernant les participations, les rémunérations, les audits et les perspectives financières. L'Égypte, Maurice et l'Afrique du Sud sont les mieux classés, la Côte d'Ivoire et la Tanzanie, les moins bien classées.

Les rapports nationaux sur la gouvernance d'entreprise apportent également des éclairages sur le traitement des droits des actionnaires minoritaires au niveau des pays. Par exemple, le rapport dressé au Kenya a mis en évidence que certaines entreprises ne respectent pas les conditions minimales applicables aux administrateurs indépendants n'exerçant pas de fonctions de direction, ce qui va à l'encontre de la protection des actionnaires minoritaires (Capital Markets Authority, 2024[36]). L'établissement de rapports consacrés à l'application du code de gouvernance au niveau national favorise une communication efficace des informations et une amélioration des pratiques en matière de protection des actionnaires minoritaires.

Graphique 2.12. Protection des intérêts des actionnaires minoritaires

	Protection des actionnaires minoritaires (score)	Degré de gouvernance des actionnaires (score)	Proposition d'inscription d'un point à l'ordre du jour (% min. de participation au capital)	Convocation d'une assemblée générale (% min. de participation au capital)
Afrique du Sud	70	67	n.d.	10%
Maurice	69	70	5%	5%
Namibie	68	50	10%	n.d.
Maroc	64	60	5%	10%
Botswana	62	53	5%	5%
Tunisie	62	53	5%	5%
Kenya	60	60	10%	10%
Ghana	60	40	5%	5%
Tanzanie	59	37	10%	10%
Nigéria	58	63	10%	10%
Égypte, Rép. arabe	58	70	5%	5%
Zimbabwe	58	57	5%	5%
Zambie	57	43	5%	5%
Ouganda	53	50	10%	10%
Côte d'Ivoire	n.d.	n.d.	5%	10%

Note : Les scores ont été rééchelonnés pour être compris entre 0 et 100, à partir de valeurs initiales comprises entre 1 et 7. Certaines juridictions appliquent des critères supplémentaires ou d'autres critères que le pourcentage de participation au capital (par exemple, une durée minimum de détention des titres, un nombre minimum d'actionnaires, un montant minimum). En Namibie, par exemple, la convocation d'une assemblée doit être sollicitée par au moins deux actionnaires détenant au moins 10 % des participations et en Afrique du Sud, l'inscription d'un point à l'ordre du jour peut être demandée par deux actionnaires, quel que soit leur niveau de participation au capital.
Sources : Forum économique mondial (2019[37]), Indice de compétitivité mondiale 4.0, https://prosperitydata360.worldbank.org/en/dataset/WEF+GCI ; OCDE (2025[3]), Édition 2025 du Panorama de l'OCDE sur la gouvernance d'entreprise, https://doi.org/10.1787/f4f43735-en ; sources librement accessibles des lois sur les sociétés répertoriées dans le tableau 2.2.

Considérations intéressant l'action publique

Pour continuer de développer les marchés d'actions de la région, les responsables publics pourraient s'attacher à élargir les bases d'investisseurs, en particulier s'agissant des investisseurs institutionnels nationaux et étrangers. Des réformes des retraites et le développement de l'écosystème des investisseurs institutionnels dans son ensemble, en incluant les compagnies d'assurances et les gestionnaires d'actifs, peuvent contribuer à bâtir une base d'investisseurs stable sur le long terme (voir le chapitre consacré aux fonds de pension et aux compagnies d'assurances). Parallèlement, le fait d'encourager un plus grand nombre de sociétés à entrer en bourse et d'inciter celles déjà cotées à accroître leurs ratios de flottant pourrait contribuer à améliorer l'attractivité des marchés pour un plus large éventail d'investisseurs. Une présence élargie dans les indices mondiaux et régionaux pourrait susciter plus d'intérêt chez les investisseurs internationaux. Pour attirer plus d'investisseurs, les instances de réglementation devront agir pour renforcer les droits des actionnaires minoritaires. Cela peut prendre la forme, par exemple, d'un abaissement du seuil de participation au capital requis pour pouvoir demander l'organisation d'une assemblée générale annuelle des actionnaires. La disponibilité des outils numériques est également essentielle pour permettre aux actionnaires d'exercer correctement leurs droits.

2.3.5. Composition des conseils d'administration

Sur l'ensemble du continent africain, les approches adoptées en matière de composition des conseils d'administration sont conformes aux pratiques internationales répertoriées dans l'Édition 2025 du Panorama de l'OCDE sur la gouvernance d'entreprise. On constate toutefois des disparités entre les pays. Par exemple, l'Afrique du Sud, le Botswana, l'Égypte, le Kenya, Maurice, la Namibie et le Nigéria ont adopté le modèle moniste, qui exige la séparation des rôles de président du conseil d'administration et de directeur général, ainsi que la désignation d'administrateurs indépendants. Au Botswana, la majorité des administrateurs n'exerçant pas de fonctions de direction doivent être indépendants alors qu'en Égypte, toutes les sociétés cotées en bourse doivent présenter au moins deux administrateurs indépendants dans leurs conseils d'administration. À Maurice, les conseils d'administration doivent compter au moins deux administrateurs indépendants dans leur composition (Balgobin-Bhoyrul, 2025[6]).

Au niveau mondial, les juridictions privilégient les structures monistes : 74 % de celles couvertes dans le Panomara de l'OCDE adoptent ce cadre et 96 % exigent ou recommandent un nombre ou un ratio minimum d'administrateurs indépendants (OECD, 2025[3]). À l'inverse, les sociétés cotées en bourse au Maroc ont le choix entre le système moniste et le système dualiste. La loi n'impose pas la séparation entre les rôles de directeur général et de président du conseil d'administration (WeCount, 2021[38]), pas plus qu'elle n'oblige les sociétés (à l'exception des banques) à désigner des administrateurs indépendants (EBRD, 2017[39]). Au Kenya, les sociétés sont nombreuses à suivre la recommandation du Code de gouvernance d'entreprise préconisant que le président du conseil d'administration d'un émetteur soit un administrateur n'exerçant pas de fonction de direction (Capital Markets Authority, 2024[36]). Au Botswana, les compositions des conseils d'administration n'étaient pas conformes aux bonnes pratiques recommandées. Par exemple, les présidents de plusieurs conseils d'administration n'étaient pas des administrateurs indépendants sans fonction de direction et les conseils d'administration n'étaient pas composés d'une majorité d'administrateurs indépendants (Botswana Accountancy Oversight Authority, 2024[40]).

Dans l'ensemble de l'Afrique, des progrès ont été accomplis pour atteindre l'équilibre femmes-hommes dans les conseils d'administration. En Égypte, les sociétés cotées en bourse sont tenues de faire siéger au moins 25 % de femmes ou deux administratrices à leur conseil d'administration. À Maurice, les deux genres doivent être représentés dans les conseils d'administration, qui doivent compter au moins un homme et une femme (Balgobin-Bhoyrul, 2025[6]). En 2024, le Maroc a introduit de nouvelles dispositions relatives à la participation minimum des femmes aux conseils d'administration des sociétés cotées : 30 % à partir du 1er janvier 2024 et 40 % à partir du 1er janvier 2027 (ISS, 2023[41]). Au Kenya, l'édition 2015 du Code des pratiques en matière de gouvernance d'entreprises pour les sociétés émettrices de titres cotés en bourse exige que les conseils d'administration respectent la diversité, y compris la parité femmes-hommes. L'Autorité des marchés de capitaux a reçu des retours de la part des sociétés cotées en bourse demandant que la diversité de genre devienne obligatoire pour tous les émetteurs (Capital Markets Authority, 2024[36]). Ces approches s'agissant de la diversité de genre dans la composition des conseils d'administration correspondent aux pratiques observées dans le monde entier, les femmes occupant en moyenne 29 % des sièges d'administrateurs dans les 52 juridictions du Panorama (OECD, 2025[3]).

Considérations intéressant l'action publique

Compte tenu de la forte concentration de l'actionnariat, il est important de renforcer l'indépendance des conseils d'administration et d'améliorer les pratiques en matière de communication sur leur composition. Le fait de garantir la présence d'un nombre suffisant d'administrateurs indépendants, avec des rôles et des responsabilités clairement définis, peut aider à contrebalancer l'influence des actionnaires de contrôle. Par ailleurs, une transparence accrue eu égard aux compétences, à la diversité et au processus de sélection des membres des conseils d'administration améliorera la responsabilité et permettra aux actionnaires minoritaires de mieux juger si leurs intérêts sont correctement représentés. Ces mesures pourraient aider à étoffer la protection des actionnaires minoritaires et à raffermir la confiance des investisseurs dans le marché.

Références

ACCA and KPMG (2017), *Balancing Rules and Flexibility for Growth: A Study of Corporate Governance Requirements Across Global Markets Phase 2 - Africa, Abridged Report*, https://assets.kpmg.com/content/dam/kpmg/sg/pdf/2017/06/balancing-rules-and-flexibility-for-growth-abridged.pdf (accessed on 16 July 2025). [16]

Ackah, P. et al. (2024), "Ownership structure dynamics and firm governance quality: Panel regression evidence from Sub-Saharan Africa", *Cogent Business & Management*, Vol. 11/1, https://doi.org/10.1080/23311975.2024.2420768. [35]

AELP (2025), *Improving Depth and Liquidity on Africa's Caiptal Markets*, https://africanexchangeslink.com/. [29]

Africa Finance Corporation (2025), *State of Africa's Infrastructure Report 2025*, https://www.africafc.org/our-impact/our-publications/state-of-africa-infrastructure-report-2025 (accessed on 19 August 2025). [33]

African Corporate Governance Network (2023), *Poor corporate governance in Africa cause of missed opportunities – Dogbegah*, https://afcgn.com/poor-corporate-governance-in-africa-cause-of-missed-opportunities-dogbegah/ (accessed on 19 August 2025). [31]

African Development Bank Group (2025), "African Economic Outlook 2025", *African Economic Outlook 2025*, https://www.afdb.org/en/documents/african-economic-outlook-2025 (accessed on 30 June 2025). [4]

African Peer Review Mechanism (2025), "African Principles and Guidelines on Corporate Governance - A Framework for a Competitive, Resilient and Inclusive Private Sector", *African Principles and Guidelines on Corporate Governance - A Framework for a Competitive, Resilient and Inclusive Private Sector*, https://aprm.au.int/en/documents/2025-02-11/african-principles-and-guidelines-corporate-governance (accessed on 6 May 2025). [30]

Balgobin-Bhoyrul, P. (2025), *Corporate Governance 2025: Mauritius*, https://practiceguides.chambers.com/practice-guides/comparison/1050/16199/25764-25765-25766-25767-25768-25769-25770 (accessed on 22 August 2025). [6]

Berglof, E. (2006), "Enforcement and Good Corporate Governance in Developing Countries and Transition Economies", *The World Bank Research Observer*, Vol. 21/1, pp. 123-150, https://doi.org/10.1093/wbro/lkj005. [32]

Botswana Accountancy Oversight Authority (2024), *2023 Financial Reporting Monitoring and Corporate Governance Review Report*, https://www.baoa.org.bw/wp-content/uploads/2024/10/2023-financial-reporting-monitoring-and-corporate-governance-review-report.pdf (accessed on 2 July 2025). [40]

Bright Africa (2019), *Cost of Trading*, https://brightafrica.riscura.com/listed-equity/cost-of-trading/# (accessed on 3 July 2025). [27]

BSE (2025), *Listing Fees*, https://www.bse.co.bw/listing-fees/ (accessed on 2025). [17]

Capital Markets Authority (2024), *The Report on The State of Corporate Governance Practices of Issuers of Securities to the Public in Kenya 2024*, https://www.cma.or.ke/download/20/corporate-governance-for-issuers/5517/the-state-of-corporate-governance-report-of-issuers-of-securities-to-the-public-in-kenya-2024-7th-edition.pdf (accessed on 22 August 2025). [36]

Dar Es Salaam Stock Exchange PLC (2022), *Dar es Salaam Stock Exchange Public Limited Company Rules, 2022*, https://dse.co.tz/storage/extras/rules%20&%20regulation/DSE%20&%20CSD%20RULES%20BOOK%20-%202022%20FINAL%20-%20April%202022.pdf (accessed on 27 August 2025). [10]

De La Cruz, A., A. Medina and Y. Tang (2019), *Owners of the World's Listed Companies*, OECD Capital Market Series, OECD Publishing, Paris, https://doi.org/10.1787/ed7ca2f3-en. [34]

EBRD (2017), *Corporate Governance in Transition Economies Morocco Country Report*, https://www.ebrd.com/home/what-we-do/policy-and-business-advice/legal-reform/corporate-governance/sector-assessment.html. [39]

EGX (2025), *Listing Fees*, https://www.egx.com.eg/en/Listing_fees.aspx (accessed on 15 September 2025). [18]

IMF (2025), *World Economic Outlook (April 2025)*, https://www.imf.org/external/datamapper/NGDPD@WEO/OEMDC/ADVEC/WEOWORLD (accessed on 15 July 2025). [1]

ISS (2023), *Recent Regulatory Changes in Key MENA Markets Expected to Reshape Corporate Governance*, https://insights.issgovernance.com/posts/recent-regulatory-changes-in-key-mena-markets-expected-to-reshape-corporate-governance/ (accessed on 22 August 2025). [41]

JSE (2025), *Fees for Issuers, Services and Trading*, https://www.jse.co.za/services/other-services/services-documentation/price-lists (accessed on 15 September 2025). [21]

Nairobi Securities Exchange (2021), *ESG Disclosures Guidance Manual*, https://www.nse.co.ke/wp-content/uploads/NSE-ESG-Disclosures-Guidance-Manual.pdf (accessed on 18 August 2025). [9]

National Committee on Corporate Governance (2016), *The National Code of Corporate Governance for Mauritius 2016*, https://www.nccg.mu/sites/default/files/2021-01/the-national-code-of-corporate-governance-for-mauritius_2016.pdf (accessed on 18 August 2025). [11]

NGX (2025), *Listing Fees*, https://ngxgroup.com/exchange/raise-capital/listing-fees/ (accessed on 15 September 2025). [20]

Nwidaa, Y. et al. (2025), *Corporate Governance 2025 - Nigeria*, https://practiceguides.chambers.com/practice-guides/corporate-governance-2025/nigeria (accessed on 29 August 2025). [7]

OBG (2022), *African Stock Exchanges Focus Report*, https://oxfordbusinessgroup.com/reports/focus-report-post-pandemic-trends-and-opportunities-on-african-stock-exchanges-focus-report. [25]

OECD (2025), *Asia Capital Markets Report 2025*, OECD Capital Market Series, OECD Publishing, Paris, https://doi.org/10.1787/02172cdc-en. [22]

OECD (2025), *OECD Corporate Governance Factbook 2025*, OECD Publishing, Paris, https://doi.org/10.1787/f4f43735-en. [3]

OECD (2024), *OECD Capital Market Review of the Philippines 2024*, OECD Capital Market Series, OECD Publishing, Paris, https://doi.org/10.1787/80afb228-en. [26]

OECD (2023), *G20/OECD Principles of Corporate Governance 2023*, OECD Publishing, Paris, https://doi.org/10.1787/ed750b30-en. [2]

OHADA (2025), *General overview*, https://www.ohada.org/en/general-overview/ (accessed on 18 August 2025). [13]

Okike, E. (2019), *Corporate Governance in Nigeria*, International Centre for Research in Accountability and Governance, https://www.researchgate.net/publication/332333449_Corporate_Governance_in_Commonwealth_Countries. [12]

Oluwaseun Adeola Bakare and Olajumoke Bolatito Ajani (2023), “Corporate governance and legal compliance in Africa: A multi-stakeholder framework for transparency and accountability”, *Magna Scientia Advanced Research and Reviews*, Vol. 8/1, pp. 195-202, https://doi.org/10.30574/msarr.2023.8.1.0061. [5]

Pearce, W. (2025), *Lexology In Depth: Corporate Governance - Egypt*, https://www.shandpartners.com/wp-content/uploads/2025/04/Lexology-In-Depth-Corporate-Governance-Corporate-Governance_-Egypt.pdf (accessed on 29 August 2025). [8]

Securities and Exchange Commission Nigeria (2025), *SEC Corporate Governance Guideline and Revised FORM 01*, https://home.sec.gov.ng/for-investors/keep-track-of-circulars/sec-corporate-governance-guideline-and-revised-form-01/ (accessed on 1 September 2025). [15]

The Republic of Kenya (2022), *The Capital Markets Act*, https://new.kenyalaw.org/akn/ke/act/1989/17/eng@2023-12-11. [19]

U.S. Department of State (2024), *2024 Investment Climate Statements: Côte d'Ivoire*, https://www.state.gov/reports/2024-investment-climate-statements/cote-divoire/ (accessed on 7 July 2025). [14]

UNCTAD (2014), *Investment Policy Hub*, https://investmentpolicy.unctad.org/investment-policy-monitor/measures/2895/united-republic-of-tanzania-tanzinia-removed-foreign-ownership-restrictions-in-the-stock-market#:~:text=These%20Regulations%20allow%20unrestricted%20foreign,in%20listed%20securiti (accessed on 3 July 2025). [24]

WAMI (2021), *Integration Projects*, https://www.wami-imao.org/en/integration-projects/capital-market-integration?language_content_entity=en (accessed on 8 July 2025). [28]

WeCount (2021), *Public Limited Company (PLC) in Morocco: what you need to know*, https://wecount.ma/en/public-limited-company-plc-morocco. [38]

WEF (2019), *Global Competitiveness Index 4.0*, https://prosperitydata360.worldbank.org/en/dataset/WEF+GCI (accessed on 23 June 2025). [37]

ZSE (2024), *General FAQs*, https://www.zse.co.zw/faqs/ (accessed on 3 July 2025). [23]

Notes

[1] La somme de 150 millions USD représente le montant moyen des introductions en bourse sur les places du Botswana, de l'Égypte, du Kenya, du Nigéria et de l'Afrique du Sud depuis 2000.

[2] Les investissements dépassant le plafond de 15 % sont soumis à l'approbation de la banque centrale du pays (Reserve Bank of Zimbabwe).

[3] Les 10 bourses concernées sont le Nairobi Securities Exchange, le Johannesburg Stock Exchange, l'Egyptian Exchange, le Stock Exchange of Mauritius, la Bourse Régionale des Valeurs Mobilières, le Nigerian Exchange Group, la Bourse de Casablanca, le Botswana Stock Exchange, le Ghana Stock Exchange et l'Uganda Stock Exchange.

3 Marchés de la dette d'entreprise

Le présent chapitre propose une analyse du fonctionnement des marchés de la dette d'entreprise (obligations, prêts syndiqués et crédit privé) en Afrique. En s'appuyant sur des données originales, ses auteurs examinent l'évolution de ces marchés au cours des deux dernières décennies et replacent les tendances observées dans un contexte mondial. À partir de cette analyse, ils mettent en évidence quatre domaines dans lesquels des réformes sont nécessaires pour favoriser le développement des marchés, en s'appuyant sur un examen des initiatives existantes et des expériences internationales pertinentes.

Principaux messages

- La taille des marchés africains de la dette d'entreprise est extrêmement limitée. Même par rapport à son poids déjà modeste dans l'économie mondiale, l'Afrique est sous-représentée dans l'utilisation des instruments de dette d'entreprise à la fois à l'échelle mondiale et parmi les économies de marché émergentes, et sa part a diminué au fil du temps.
- L'activité est fortement concentrée dans un petit nombre de pays, tous segments de marché confondus : à la fin de 2024, quatre économies représentaient 61 % de l'encours total de la dette d'entreprise sur le continent africain. Cela dit, même sur ces marchés plus actifs, le volume total de la dette reste faible par rapport aux normes internationales. L'encours de la dette d'entreprise en pourcentage du PIB, qui s'établit à 52 % à l'échelle mondiale, est inférieur à 15 % dans les 15 pays analysés dans le présent chapitre, à l'exception d'un seul.
- L'activité est non seulement concentrée au niveau de certains pays, mais les marchés africains des prêts syndiqués et des obligations d'entreprise sont aussi dominés par un petit nombre de grandes entreprises qui disposent d'une note de crédit et sont capables d'émettre des volumes considérables d'instruments de dette à longue échéance. Cela tient à la fois aux obstacles importants auxquels les petites entreprises se heurtent pour accéder aux marchés obligataires et au faible nombre d'entreprises sur le continent qui génèrent des flux de trésorerie positifs et suscitent l'intérêt des investisseurs.
- Ce manque d'actifs de nature à attirer les investissements s'observe également sur les marchés africains du crédit privé. Malgré l'intérêt croissant des investisseurs internationaux, plus de la moitié de l'augmentation des actifs sous gestion dans des fonds axés sur l'Afrique constatée entre 2021 et 2024 correspond à de la poudre sèche (c'est-à-dire des capitaux levés mais pas encore investis).
- Les pays africains restent fortement tributaires des investisseurs et des prestataires de services étrangers. En 2024, 53 % de l'encours total de la dette des sociétés non financières en Afrique était libellé en dollars des États-Unis, dont 43 % des prêts syndiqués et 100 % des obligations d'entreprise. Entre 2000 et 2024, seuls 14 pays africains ont vu des entreprises émettre des instruments de dette en monnaie locale. En outre, bien que les prestataires de services africains soient montés en puissance au fil du temps, près des deux tiers de l'ensemble des opérations d'endettement des sociétés non financières étaient encore effectuées par des entreprises étrangères en 2024.
- Il demeure essentiel d'attirer davantage d'investissements étrangers, sachant que ceux-ci ne remplacent nullement le marché intérieur, mais viennent plutôt favoriser son développement. Les entreprises africaines ne représentent actuellement que 7 % de la dette extérieure privée à long terme dans les pays à faible revenu et à revenu intermédiaire, et seulement 17 % de la dette extérieure de la région sont imputables à des emprunteurs privés, le reste étant contracté par des administrations publiques.
- Le niveau élevé de l'emploi informel et la faiblesse des revenus dans une grande partie de l'Afrique continuent de freiner la montée en puissance des investisseurs institutionnels nationaux, tels que les fonds de pension. En 2024, les investisseurs institutionnels africains détenaient environ 1 100 milliards USD d'actifs au total, fortement concentrés sur quelques marchés, dont la Namibie et l'Afrique du Sud. La faiblesse de l'investissement dans des actifs nationaux restreint encore davantage la contribution des investisseurs institutionnels à la croissance à long terme de l'ensemble du continent.
- Malgré les nombreuses initiatives menées à l'échelle du continent, les progrès accomplis vers la mise en place d'un marché panafricain de la dette pleinement intégré restent limités. Parmi

les principaux obstacles figurent les divergences réglementaires et juridiques entre pays, la fragmentation des infrastructures de marché, les restrictions à l'investissement à l'étranger pour les investisseurs institutionnels, et le manque de transparence et de disponibilité des données relatives aux marchés.

- Afin de développer les marchés de la dette d'entreprise en Afrique, il conviendrait surtout d'accroître les réserves de capitaux levés auprès d'investisseurs institutionnels nationaux et d'encourager leur placement dans le secteur privé national, mais aussi de faire progresser l'intégration régionale, d'harmoniser les cadres réglementaires et d'assurer l'interopérabilité entre les infrastructures de marché.

3.1. Aperçu des marchés africains de la dette d'entreprise

L'Afrique a des besoins croissants de financements à long terme que ses marchés de la dette d'entreprise, sous-développés, ne permettent pas de couvrir à l'heure actuelle. Les instruments tels que les prêts syndiqués et les obligations d'entreprise, largement utilisés dans les économies avancées et les économies émergentes, jouent un rôle minime dans le financement des entreprises sur le continent africain. D'après les données de l'OCDE, moins de la moitié des pays africains (21 sur 54) ont vu au moins une entreprise nationale émettre une obligation d'entreprise depuis 2000 (Graphique 3.1, partie A). Bien que les prêts syndiqués soient plus répandus, compte tenu du rôle important joué par le secteur bancaire (partie B), aucun de ces deux instruments n'a été utilisé au cours du dernier quart de siècle dans dix pays. Dans l'ensemble, le niveau de la dette d'entreprise reste faible en termes de comparaison internationale, tant en valeur absolue qu'en proportion du PIB.

Graphique 3.1. Marchés actifs de la dette en Afrique

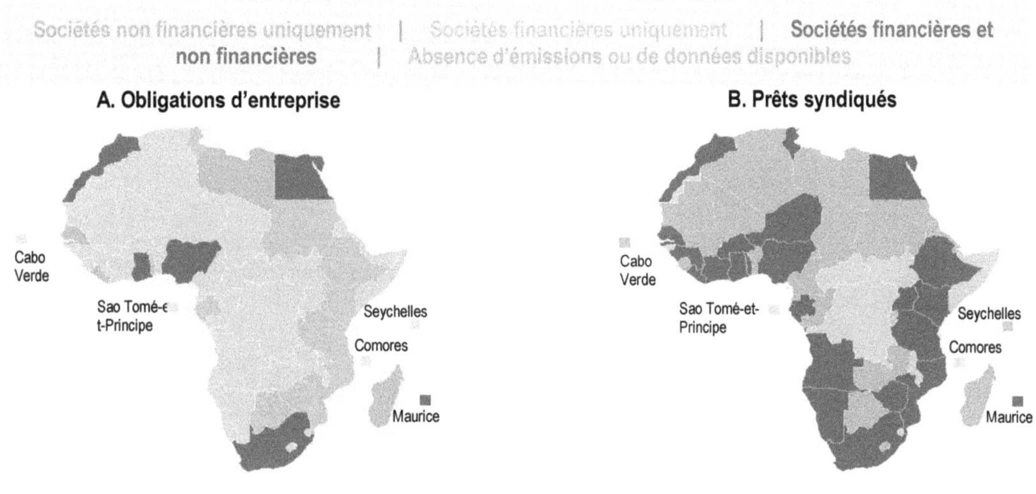

Note : Un marché est considéré comme actif si des instruments de dette ont été émis au moins une fois sur celui-ci depuis 2000.
Source : Ensemble de données issu de la série sur les marchés de capitaux de l'OCDE, London Stock Exchange Group (LSEG), voir l'annexe pour plus d'informations ; et Fonds monétaire international.

Plusieurs facteurs contribuent au faible recours des entreprises africaines aux marchés de la dette. On peut notamment citer des problèmes structurels, tels que les lacunes et la fragmentation des cadres réglementaires et des infrastructures de marché, la forte dépendance à l'égard des capitaux étrangers et le sous-développement des bases d'investisseurs institutionnels nationaux. Tous ces facteurs sont examinés plus en détail tout au long de ce chapitre. D'autres obstacles, tels que la taille limitée des marchés des obligations souveraines, le faible niveau de culture financière et les faiblesses des cadres de gouvernance d'entreprise, sont évoqués dans d'autres chapitres du présent rapport.

Outre les problèmes propres aux marchés de capitaux, des problématiques macroéconomiques et politiques plus larges – qui dépassent le cadre de ce rapport – limitent considérablement l'accès des entreprises aux financements extérieurs et leur capacité de développement. Ces obstacles se traduisent dans les faits par la persistance de rendements élevés sur les obligations d'État dans de nombreuses économies africaines, reflétant les risques politiques et macroéconomiques. Étant donné que la dette d'entreprise est généralement évaluée par rapport à la dette souveraine, les coûts d'emprunt sont prohibitifs pour les entreprises privées. Ces dynamiques mettent en évidence une relation synergique : la stabilité des conditions politiques/macroéconomiques et le bon fonctionnement des marchés financiers se renforcent mutuellement, de la même façon que, selon un cercle vicieux, l'instabilité des conditions macroéconomiques entrave le fonctionnement des marchés financiers, ce qui déstabilise encore davantage les conditions macroéconomiques.

Le lien entre les fondamentaux macroéconomiques et la profondeur du marché de la dette d'entreprise est évident lorsque l'on compare le PIB par habitant à la taille des marchés de la dette d'entreprise (mesurée par l'encours total de prêts syndiqués et d'obligations d'entreprise rapporté au PIB). Un PIB par habitant plus élevé s'accompagne d'un recours plus important à la dette d'entreprise dans les grands groupes régionaux (Graphique 3.2, partie A). Le même constat s'impose lorsqu'on prend les pays africains individuellement (partie B). Bien qu'il soit difficile d'établir le sens de la causalité entre ces deux variables lorsqu'un tel lien existe, on peut affirmer sans crainte de se tromper qu'il est peu probable que des marchés de la dette d'entreprise se développent en l'absence d'un niveau minimum de stabilité macroéconomique et politique.

Graphique 3.2. Niveaux de développement économique et d'endettement, fin 2024

Les marchés de la dette d'entreprise sont généralement plus développés dans les pays affichant un PIB par habitant plus élevé

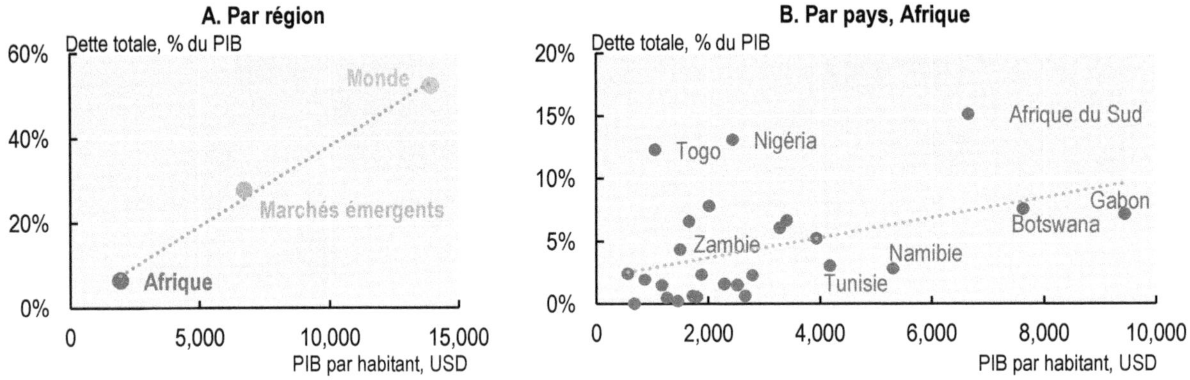

Note : La partie A du graphique présente les moyennes régionales. La partie B exclut quatre pays présentant des valeurs atypiques (Burundi, Libéria, Maurice et Mozambique).
Source : Ensemble de données issu de la série sur les marchés de capitaux de l'OCDE, London Stock Exchange Group (LSEG), voir l'annexe pour obtenir de plus amples informations ; et Fonds monétaire international.

Un accès adéquat des entreprises aux marchés de la dette peut en outre contribuer à stimuler le développement économique. Par rapport à son PIB, l'Afrique est aujourd'hui nettement sous-représentée dans l'utilisation des instruments de dette d'entreprise, à la fois à l'échelle mondiale et au sein d'un groupe plus large d'économies de marché émergentes. Cela est d'autant plus notable que le poids économique du continent est à l'origine déjà faible. En 2024, l'Afrique représentait 2.5 % du PIB mondial et 6.1 % du PIB des marchés émergents, mais seulement 1 % de l'encours mondial de la dette d'entreprise et environ 5 % de celui des marchés émergents (Graphique 3.3, parties A et B). Les obligations d'entreprise restent particulièrement sous-utilisées. Et depuis 2010, l'écart entre le poids économique de l'Afrique dans le groupe des marchés émergents et sa part dans l'encours de la dette d'entreprise s'est creusé, alors même que sa part dans le PIB a diminué.

Graphique 3.3. Poids de l'Afrique dans l'économie mondiale et les marchés de la dette

L'Afrique est nettement et de plus en plus sous-représentée sur les marchés de la dette par rapport à son poids économique

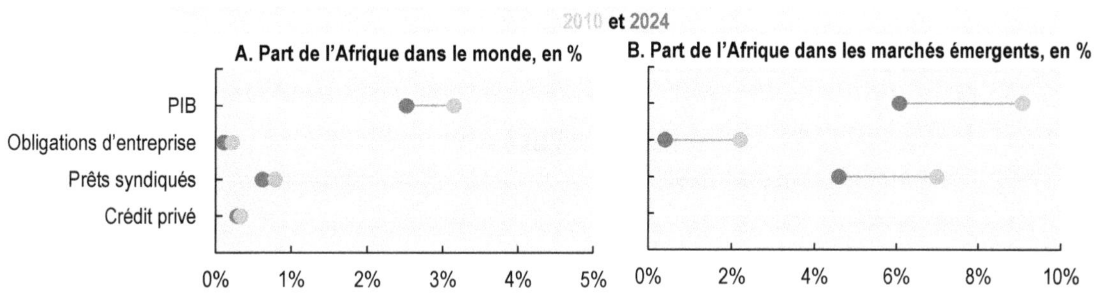

Note : La part du crédit privé dans les marchés émergents n'est pas affichée en raison de la granularité limitée des données sources.
Source : Ensemble de données issu de la série sur les marchés de capitaux de l'OCDE, London Stock Exchange Group (LSEG), voir l'annexe pour plus d'informations ; Preqin ; et Fonds monétaire international.

Ce recul transparaît également dans les chiffres en valeur absolue. Contrairement à la forte hausse tendancielle des niveaux d'endettement des entreprises observée à l'échelle mondiale depuis 2008, l'encours total de la dette d'entreprise – obligations et prêts syndiqués – des sociétés non financières africaines a diminué en termes réels. Les émissions d'obligations d'entreprise ont été particulièrement faibles, l'encours étant passé de 52 milliards USD en 2010 à 38 milliards USD en 2024 (Graphique 3.4, parties A et B). Il convient de noter que cette baisse tient en partie à la dépréciation des monnaies locales par rapport au dollar des États-Unis (même si une grande partie de l'encours de la dette des entreprises africaines est libellée en USD).

Le même constat ressort du nombre d'instruments émis. Les émissions d'obligations d'entreprise sont restées globalement modestes, avec seulement deux sommets notables atteints en 2010 (64 obligations émises) et en 2014 (85 obligations émises). Abstraction faite de ces deux années, le nombre annuel moyen d'obligations émises entre 2000 et 2024 n'est que de 13. Le nombre de prêts syndiqués accordés à des entreprises a également été relativement faible, même s'il suit une légère tendance à la hausse, la moyenne annuelle étant passée de 46 au cours de la période 2000-2011 à 77 sur la période 2012-2024.

Graphique 3.4. Niveaux d'endettement des entreprises en Afrique

On observe une baisse tendancielle des émissions d'instruments de dette et de leur encours en volume depuis dix ans

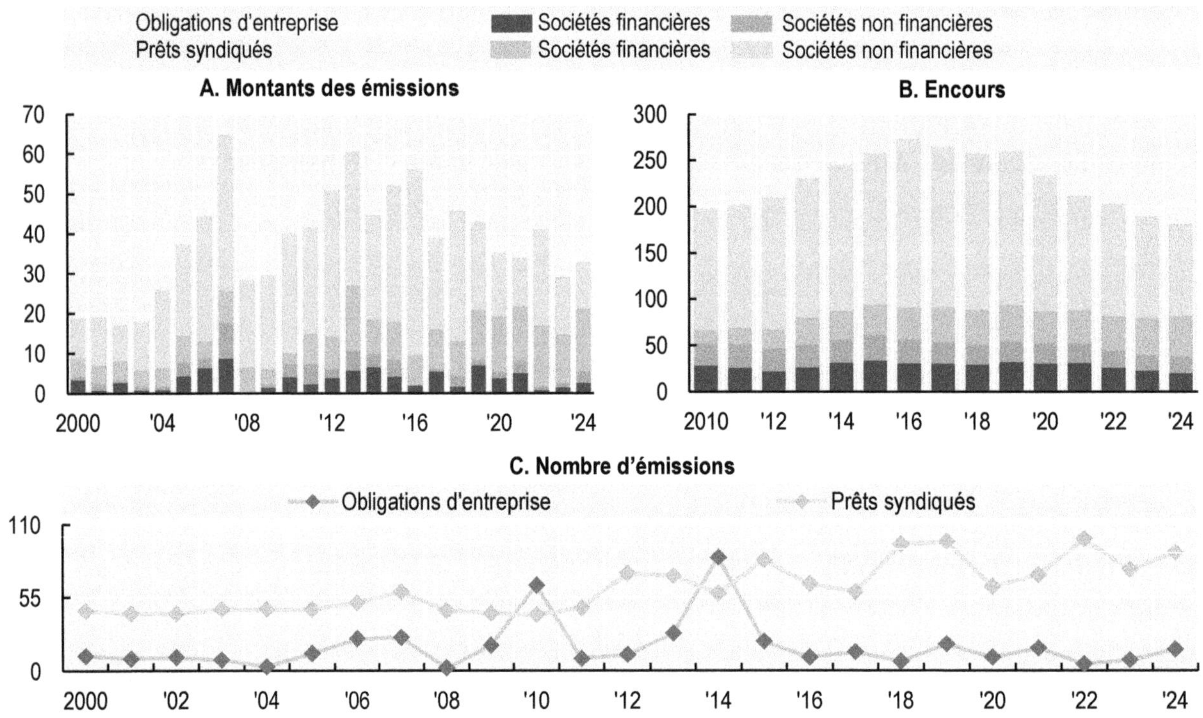

Source : Ensemble de données issu de la série sur les marchés de capitaux de l'OCDE, London Stock Exchange Group (LSEG), voir l'annexe pour obtenir de plus amples informations ; et Fonds monétaire international.

Les marchés africains de la dette présentent des différences notables en matière de structure et de développement. L'activité est fortement concentrée dans un petit nombre de pays (Graphique 3.5, partie A). À la fin de 2024, quatre économies (Afrique du Sud, Égypte, Nigéria et Maurice) représentaient à elles seules 61 % de l'encours total de la dette des entreprises du continent. La part relative des marchés des obligations d'entreprise et des prêts syndiqués varie aussi considérablement. Contrairement aux tendances mondiales, les prêts syndiqués sont généralement prédominants, même si quelques pays, dont le Maroc, la Tunisie et le Gabon, ont des marchés obligataires plus importants (partie B). Cette tendance s'explique toutefois par l'absence de marchés des prêts syndiqués dans ces pays plutôt que par le dynamisme du marché des obligations d'entreprise. En Tunisie et au Gabon, par exemple, le petit nombre d'obligations d'entreprise en circulation est émis exclusivement par des sociétés financières. Même sur les marchés les plus actifs, les émissions d'instruments de dette d'entreprise restent de taille modeste. En Afrique, l'encours de la dette d'entreprise varie de moins de 1 % du PIB dans de nombreux pays à 14 % en Afrique du Sud ; Maurice, qui affiche une valeur beaucoup plus élevée (80 %), est une exception notable. À titre de comparaison, le taux d'endettement des entreprises en pourcentage du PIB s'établit à 26 % dans les marchés émergents et à 52 % à l'échelle mondiale (partie C).

Graphique 3.5. Encours de la dette dans certains pays d'Afrique, fin 2024

Le ratio dette totale/PIB reste faible en Afrique et les marchés des prêts syndiqués sont plus importants que ceux des obligations d'entreprise

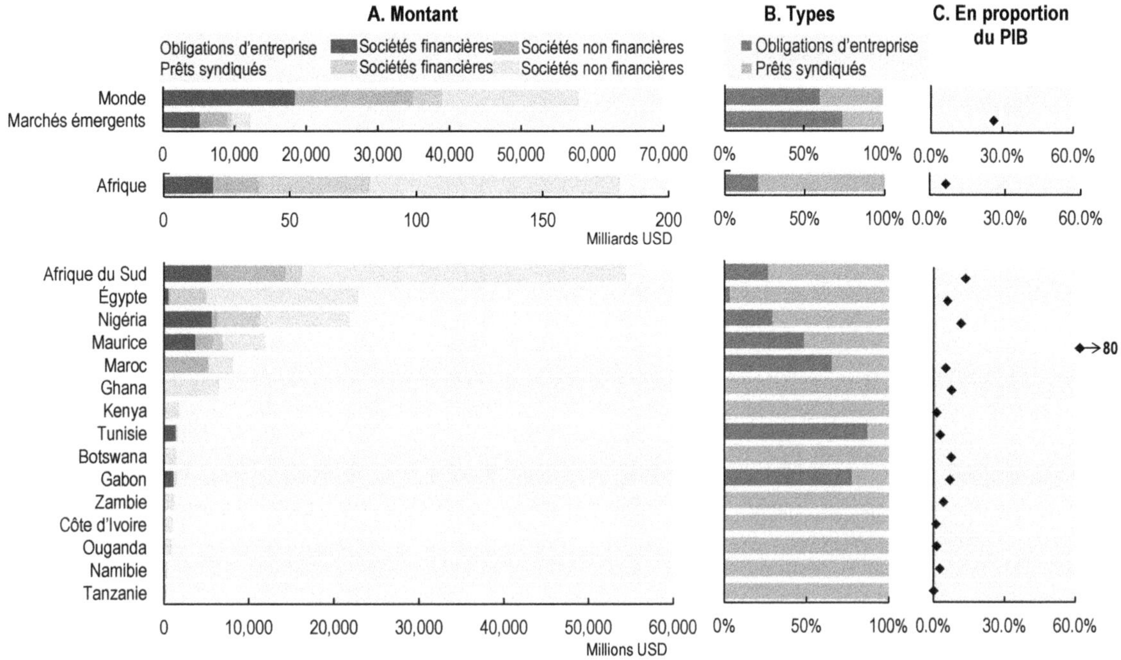

Source : Ensemble de données issu de la série sur les marchés de capitaux de l'OCDE, London Stock Exchange Group (LSEG), voir l'annexe pour obtenir de plus amples informations ; et Fonds monétaire international.

Les échéances des prêts syndiqués et des obligations d'entreprise en Afrique sont globalement comparables à celles observées dans les économies avancées (Graphique 3.6), ce qui concorde avec les données relatives à d'autres marchés émergents (Cortina, Didier et Schmukler, 2018[1]) Cela n'indique pas pour autant qu'il existe une abondance de financements à long terme dans la région. Dans le contexte africain, où le volume global de la dette d'entreprise est très limité, cette structure des échéances reflète plutôt l'ampleur et la profondeur insuffisantes des marchés de la dette d'entreprise, qui sont essentiellement réservés aux sociétés pouvant émettre des instruments à plus longue échéance.

Graphique 3.6. Échéance moyenne des instruments de dette d'entreprise, pondérée en fonction de leur valeur

Les instruments de dette émis en Afrique présentent des échéances comparables à celles observées dans les économies avancées

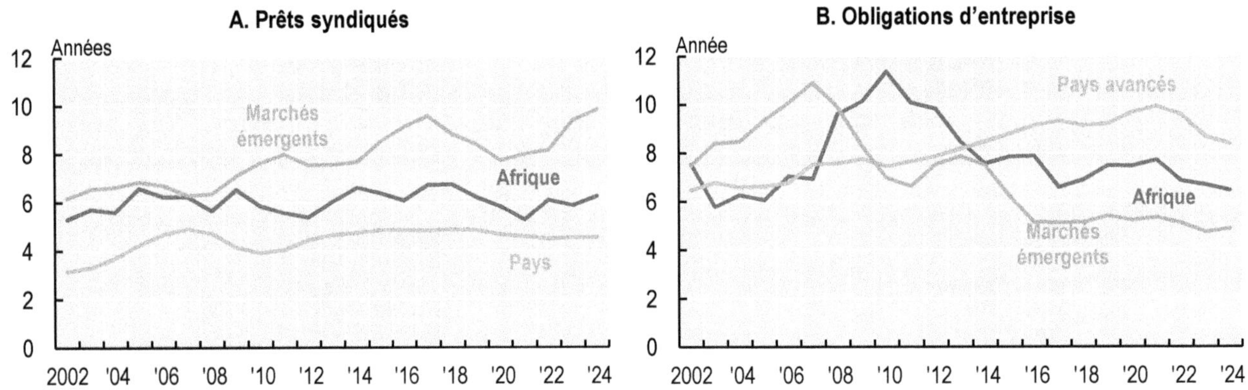

Note : Maturité moyenne pondérée en fonction de la valeur des instruments de dette émis. Moyennes mobiles sur trois ans.
Source : Ensemble de données issu de la série sur les marchés de capitaux de l'OCDE, London Stock Exchange Group (LSEG), voir l'annexe pour obtenir de plus amples informations.

La position dominante des grandes entreprises sur les marchés africains de la dette transparaît aussi clairement dans la taille des instruments de dette émis dans la région. Entre 2000 et 2024, 77 % des émissions de dette d'entreprise en Afrique dépassaient 100 millions USD, en moyenne annuelle (Graphique 3.7, partie A). En 2024, la taille médiane des émissions d'obligations d'entreprise et de prêts syndiqués était (en moyenne annuelle) de 293 millions USD et de 287 millions USD (partie B). À titre de comparaison, aux États-Unis, où se trouve un grand nombre des plus grandes entreprises mondiales, ces chiffres étaient de 432 millions USD et 267 millions USD.

Graphique 3.7. Taille des émissions d'instruments de dette d'entreprise en Afrique

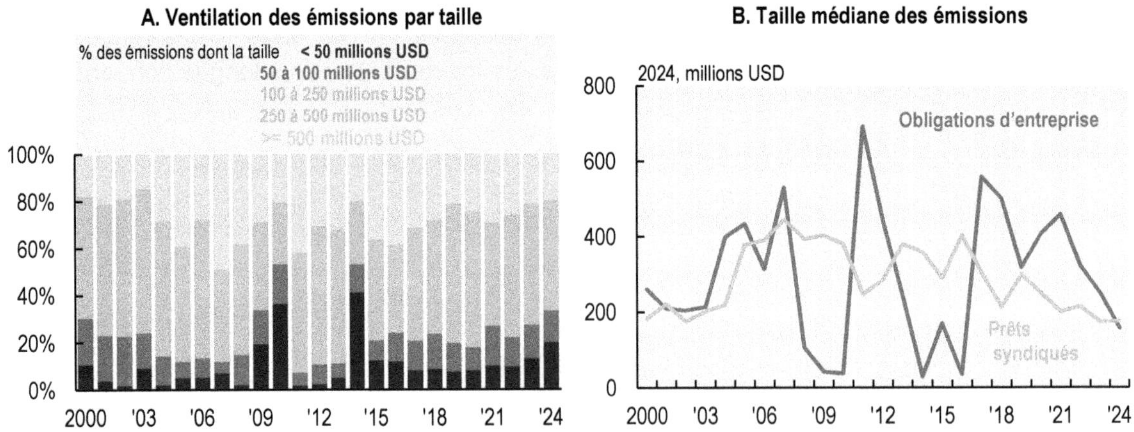

Note : La partie A du graphique comprend les obligations d'entreprise et les prêts syndiqués.
Source : Ensemble de données issu de la série sur les marchés de capitaux de l'OCDE, London Stock Exchange Group (LSEG), voir l'annexe pour obtenir de plus amples informations.

On observe une tendance similaire dans la proportion d'émissions obligataires notées par une grande agence de notation internationale. La multiplication des petits émetteurs a entraîné une hausse des émissions d'obligations non notées à l'échelle mondiale, mais pas en Afrique (Graphique 3.8). La forte proportion d'émissions notées (81 % en 2024) dans la région tient avant tout à l'accès limité des petites entreprises aux marchés.

Graphique 3.8. Proportion d'obligations non notées parmi celles émises par des sociétés non financières, moyenne mobile sur 3 ans

La majorité des obligations d'entreprise émises en Afrique sont notées

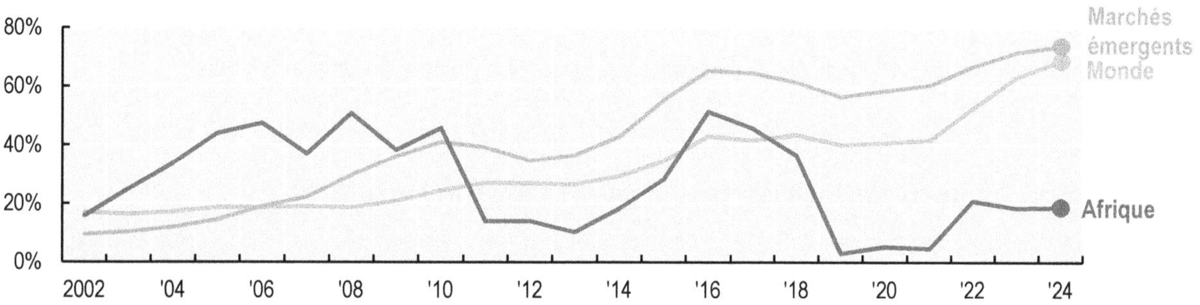

Note : Le graphique renvoie aux notations de S&P, Moody's et Fitch.
Source : Ensemble de données issu de la série sur les marchés de capitaux de l'OCDE, London Stock Exchange Group (LSEG), voir l'annexe pour obtenir de plus amples informations.

Outre les obligations d'entreprise et les prêts syndiqués, le crédit privé est un segment du marché mondial de la dette d'entreprise qui a gagné en importance ces dernières décennies (OCDE, 2025[2]). Cet essor est également visible en Afrique, mais contrairement à ce que l'on peut voir sur d'autres marchés, où les fonds proviennent généralement de gestionnaires d'actifs alternatifs ou d'investisseurs institutionnels traditionnels, le crédit privé africain est en grande partie fourni par des banques multilatérales de développement (BMD) et des institutions de financement du développement (IFD) (FSD Africa, 2018[3]). Les placements en crédit privé des investisseurs institutionnels traditionnels en Afrique demeurent limités, les portefeuilles restant très concentrés sur les titres de dette souveraine et très peu exposés aux catégories d'actifs alternatifs (voir la section 3.2.2 et le chapitre X). On explique souvent cela par le manque d'expertise et de capacités locales pour évaluer les risques liés à ce type d'actifs, ainsi que par la mise en place relativement récente de réglementations régissant les placements en actifs alternatifs.

S'agissant de la demande, le nombre limité de projets viables et d'entreprises de taille suffisante susceptibles d'attirer des investissements constitue un obstacle majeur, comme en témoigne l'évolution de la participation des investisseurs étrangers au marché africain du crédit privé. Bien que plusieurs gestionnaires internationaux d'actifs alternatifs aient lancé des fonds axés sur l'Afrique – l'un des exemples les plus récents étant le fonds BluePeak (2025[4]), qui est soutenu par des IFD européennes –, de nombreux fonds de ce type ont réduit la voilure ou quitté la région ces dernières années (WSJ, 2017[5] ; 2019[6]). La ventilation des actifs totaux sous gestion dans les fonds axés sur l'Afrique fait ressortir ce problème. Bien qu'il y ait eu une forte croissance des actifs depuis 2021 (Graphique 3.9), cette hausse est constituée pour moitié de poudre sèche (capitaux engagés qui n'ont pas encore été affectés à des investissements spécifiques). À titre de comparaison, la poudre sèche représentait moins d'un tiers du total des actifs sous gestion dans le monde en 2024. Cela montre que, malgré l'intérêt et les engagements croissants des investisseurs, d'importants obstacles subsistent pour canaliser cette demande vers des activités d'investissement réelles dans la région.

Graphique 3.9. Actifs sous gestion dans des fonds de crédit privé axés sur l'Afrique

Malgré l'augmentation récente des actifs sous gestion dans des fonds de crédit privé, une proportion importante de ces actifs n'est toujours pas investie

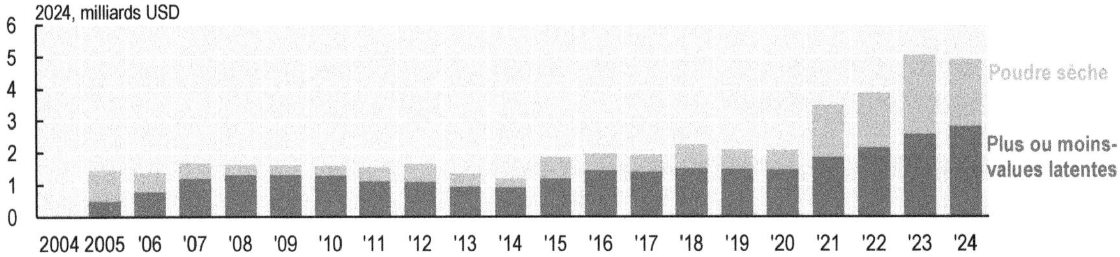

Note : Les données relatives aux actifs sous gestion correspondent aux fonds de crédit privé non cotés à capital fixe.
Source : Preqin.

3.2. Principales considérations intéressant l'action publique

À partir de la cartographie empirique établie dans la section précédente, la présente section met en évidence quatre domaines dans lesquels des réformes pourraient favoriser le développement des marchés, à savoir : la dépendance à l'égard de l'étranger, les investisseurs institutionnels nationaux, l'attraction de l'investissement international et les infrastructures de marché.

3.2.1. Dépendance à l'égard de l'étranger

Le savoir-faire et l'investissement étrangers sont des éléments fondamentaux de la mise en place de marchés de capitaux nationaux solides dans les économies émergentes, mais une dépendance excessive à l'égard d'acteurs étrangers sur les marchés de capitaux peut exposer les pays à des sorties soudaines de capitaux et à des conditions de financement instables. Elle peut en outre freiner le développement des capacités nationales. Une telle dépendance est donc susceptible de compromettre la stabilité financière et de restreindre la marge de manœuvre des autorités nationales, à mesure que celles-ci deviennent plus vulnérables à la perception des risques par les acteurs étrangers et aux tensions sur les taux de change. L'un des indicateurs les plus manifestes de la dépendance à l'égard de l'étranger est la part de la dette libellée en devises. Les marchés émergents ont vu la proportion d'instruments de dette émis par des sociétés non financières en monnaie locale augmenter au fil du temps. Si l'on exclut la Chine (où les obligations libellées en monnaie locale représentaient 96 % des émissions en 2024), la proportion d'obligations libellées en monnaie locale dans les marchés émergents s'établissait à 43 % à la fin de 2024, contre 12 % en 2000. Bien que l'Afrique ait également enregistré une hausse des émissions en monnaie locale, la majorité des instruments émis (60 % en 2024) sont toujours libellés en devises (Graphique 3.10, partie A). La plupart des emprunts en monnaie locale sont contractés sur le marché des prêts syndiqués (partie B), tandis que la proportion d'émissions d'obligations d'entreprise libellées en monnaie locale a diminué depuis 2000 (partie C).

Le dollar des États-Unis reste la monnaie principale des instruments de dette émis par des sociétés non financières en Afrique, représentant 53 % du total des émissions de dette en 2024, dont 43 % des prêts syndiqués et 100 % des obligations d'entreprise. En dehors des marchés de capitaux, le dollar des États-Unis est également couramment utilisé pour régler des transactions commerciales intra-africaines et pour fixer le prix de biens essentiels tels que le pétrole, le blé et les médicaments (Gopaldas, 2025[7]). Si l'investissement étranger influe favorablement sur l'économie, une forte concentration de l'exposition au risque de change lié à un seul pays peut limiter la capacité d'un État à agir au mieux des intérêts de la croissance nationale (Kentor et Boswell, 2003[8]). Plusieurs mesures ont déjà été prises pour réduire la dépendance à l'égard des devises. Le Fonds ALCB (*African Local Currency Bond*) est un fonds d'investissement dédié aux obligations d'entreprise en monnaie locale qui a été créé en 2012 par la banque nationale de développement allemande (KfW, *Kreditanstalt für Wiederaufbau*) et l'État fédéral allemand pour promouvoir l'émission d'obligations en monnaie locale sur le continent africain. Ce fonds agit en tant qu'investisseur panafricain de référence dans les émissions d'obligations d'entreprise en monnaie locale et fournit une assistance technique aux prestataires de services financiers. Il investit dans des entreprises actives dans les secteurs du développement dont les bénéficiaires ultimes sont les ménages à faible revenu et les micro, petites et moyennes entreprises. Outre les émetteurs locaux, les investisseurs et les intermédiaires qui réalisent des transactions innovantes sur le marché local sont également admissibles (ALCB Fund[9]). À la fin de 2024, le fonds avait investi 214 millions USD dans 39 entreprises différentes (ALCB Fund, 2024[10]).

Il existe, en dehors des marchés obligataires, des initiatives monétaires plus vastes, telles que le Système panafricain de paiement et de règlement (PAPSS, *Pan-African Payment and Settlement System*), qui a été lancé en 2022 pour faciliter les transactions transnationales en monnaies locales sur le continent (PAPSS[11]). En 2025, le PAPSS, en collaboration avec l'entreprise technologique africaine Interstellar, a annoncé la création d'une place de marché (*PAPSS Africa Currency Marketplace*) permettant d'échanger directement des monnaies africaines sans passer par des devises fortes (PAPSS, 2025[12]).

Graphique 3.10. Ventilation par monnaie de libellé des instruments de dette émis par des sociétés non financières

Les instruments de dette d'entreprise émis en Afrique sont encore principalement libellés en devises

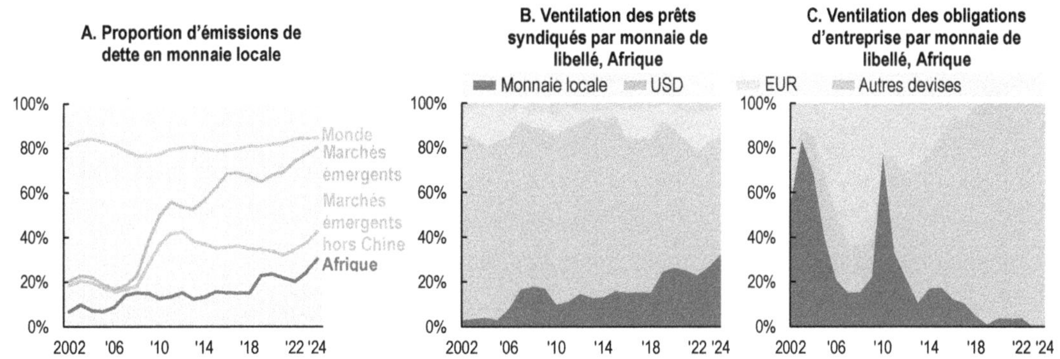

Note : Moyennes mobiles sur trois ans.
Source : Ensemble de données issu de la série sur les marchés de capitaux de l'OCDE, London Stock Exchange Group (LSEG), voir l'annexe pour obtenir de plus amples informations.

Seuls 14 pays d'Afrique ont vu des entreprises emprunter en monnaie locale sur les marchés des obligations et des prêts syndiqués entre 2000 et 2024, ce qui dénote l'utilisation limitée des monnaies locales dans les émissions de dette dans la région. Des obligations d'entreprise ont été émises en monnaie locale dans seulement cinq pays (Graphique 3.11, partie A). L'Afrique du Sud, qui est de loin le plus grand marché d'Afrique, affiche la proportion d'instruments de dette émis par des sociétés non financières en monnaie locale la plus élevée (35 %), suivie du Kenya (16 %) et du Sénégal (16 %). Seules sept économies ont enregistré une hausse de la proportion de prêts syndiqués libellés en monnaie locale entre 2000-2010 et 2011-2024 (partie B). Il est plus difficile de suivre les évolutions survenant sur les marchés des obligations d'entreprise compte tenu du sous-développement général de ce segment dans la région. Le Ghana et Maurice n'ont jamais enregistré d'émission obligataire en monnaie locale. L'Afrique du Sud, qui est le seul pays à avoir enregistré des émissions d'obligations d'entreprise en monnaie locale au cours des deux périodes considérées, affiche une tendance à la baisse de la proportion d'instruments de dette émis en monnaie locale, laquelle est passée de 38 % sur la période 2000-2010 à seulement 10 % au cours de la période 2011-2024. Le Sénégal se distingue par le fait que toutes les obligations d'entreprise émises entre 2011 et 2024 étaient libellées en monnaie locale, même si le montant global est très faible (partie C).

Lorsqu'une dette est libellée en devises, le risque de change est transféré du prêteur à l'emprunteur. La forte volatilité du taux de change de nombreuses monnaies africaines expose les émetteurs à des risques importants et crée un besoin de couverture du risque de change, laquelle est souvent extrêmement coûteuse, compte tenu de cette volatilité (BEI, 2022[13]). Un certain nombre d'initiatives internationales ont été mises en œuvre pour remédier à ce problème (voir l'Encadré 3.1). Même si les deux zones du franc CFA (UEMOA et CEMAC), ainsi que huit autres pays de la région[1], sont dotés de régimes d'arrimage *de jure* (Boris, 2025[14] ; FMI, 2004[15]), qui réduisent la volatilité du taux de change, des ajustements importants peuvent s'avérer nécessaires si l'arrimage devient insoutenable (Horrocks et al., 2025[16]).

Graphique 3.11. Ventilation par monnaie de libellé des instruments de dette émis par des sociétés non financières, 2000-2024

Depuis 2000, seuls 14 pays africains ont enregistré des émissions de dette d'entreprise en monnaie locale

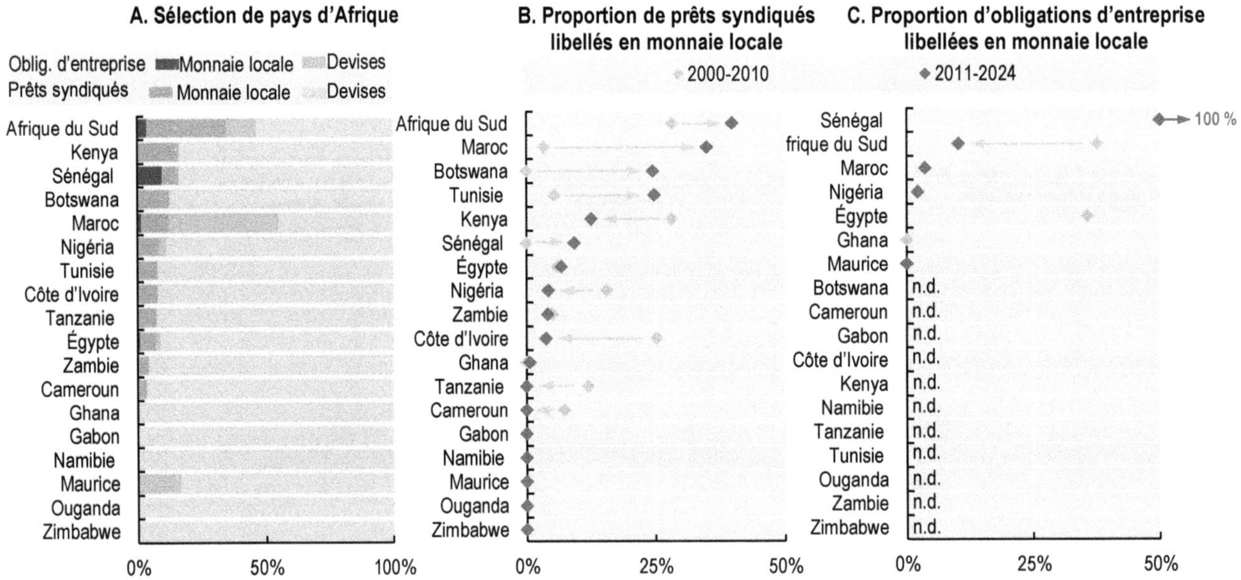

Note : Chiffres agrégés sur les périodes indiquées. Aucune obligation d'entreprise n'a été émise entre 2000 et 2024 au Botswana, au Cameroun, en Côte d'Ivoire, au Gabon, au Kenya, en Namibie, en Ouganda, en Tanzanie, en Tunisie, en Zambie et au Zimbabwe ; entre 2000 et 2010 à Maurice, au Maroc, au Nigéria et au Sénégal ; et entre 2011 et 2024 en Égypte et au Ghana.
Source : Ensemble de données issu de la série sur les marchés de capitaux de l'OCDE, London Stock Exchange Group (LSEG), voir l'annexe pour obtenir de plus amples informations.

Encadré 3.1. Outils de gestion du risque de change pour les entreprises et les investisseurs en Afrique

Plusieurs initiatives, dont *The Currency Exchange Fund* (TCX), ont été lancées pour remédier aux difficultés liées au risque de change dans les économies émergentes. Le fonds TCX a été créé en 2007, avec le concours d'institutions de financement du développement, d'organismes de microfinance et de certains États européens, pour proposer des instruments tels que des contrats à terme et des contrats d'échange de devises sur des marchés frontières et des marchés en développement, où les marchés de produits dérivés ne s'étaient pas encore développés. Le fonds propose des stratégies d'atténuation du risque de change pour toutes les monnaies africaines à l'exception de celles de l'Érythrée, de la Somalie, du Soudan, du Soudan du Sud et du Zimbabwe. Depuis 2013, il fournit une couverture des obligations de paiement découlant de titres d'emprunt libellés en monnaie locale (TCX[17]). Dans plusieurs pays africains, les entreprises ont déjà bénéficié de partenariats entre le fonds TCX et le fonds ALCB, qui soutient l'émission d'obligations d'entreprise en monnaie locale en réalisant des investissements précoces importants. Ceux-ci contribuent à renforcer la confiance des marchés et à attirer des capitaux privés supplémentaires (TCX, 2018[18]). En 2024, le fonds TCX a couvert des obligations libellées en dix monnaies africaines différentes, d'une valeur totale de 80 millions USD, dont la moitié était libellée en shillings tanzaniens. Sa présence en Afrique a été renforcée par l'offre de contrats d'échange à des taux subventionnés grâce à la composante « tarification » (*Pricing Component*) du programme de création de marchés de l'UE (*EU Market Creation Facility*), initiative conjointe du fonds TCX, de la banque nationale de développement allemande (KfW) et de la Commission européenne (TCX, 2024[19]).

Des organisations internationales ont également pris des mesures pour atténuer le risque de change et soutenir la croissance des marchés de capitaux en monnaie locale. Ainsi, la Société financière internationale (SFI) propose des financements en monnaie locale dans près de 60 monnaies des marchés émergents. Elle propose également des contrats d'échange de taux d'intérêt et de devises pour aider les emprunteurs à couvrir leurs dettes – actuelles et nouvelles – libellées en devises.

En s'approvisionnant en monnaie locale via des contrats d'échange avec les acteurs du marché, la SFI contribue au développement des marchés locaux de produits dérivés. La SFI a en outre élargi l'éventail des contreparties éligibles pour y inclure les banques centrales locales, afin de favoriser le financement en monnaie locale même dans les pays où il n'existe pas de marché des contrats d'échange (SFI, 2017[20]).

Les marchés africains de la dette d'entreprise sont dépendants à l'égard d'acteurs étrangers non seulement sur le plan monétaire, mais aussi en ce qui concerne les infrastructures et les prestataires de services. En 2024, un peu plus d'un tiers (37 %) des émissions de dette des sociétés non financières en Afrique étaient gérées par des établissements financiers africains, contre 1 % en 2000, ce qui représente une hausse importante mais témoigne encore de la persistance de lacunes structurelles dans le secteur local du conseil financier (Graphique 3.12, partie A). L'activité de conseil en Afrique est fortement concentrée dans quatre pays (l'Afrique du Sud, l'Égypte, le Nigéria et le Togo), lesquels représentent plus de 90 % de l'activité des chefs de file africains sur le marché de la dette des sociétés non financières depuis 2000 (partie B), ce qui montre bien le développement inégal des infrastructures des marchés des capitaux dans la région. L'augmentation du pourcentage de chefs de file africains a été surtout contrebalancée par un recul du rôle joué par les établissements européens, dont la part dans l'activité globale a fortement chuté, passant de 71 % à 25 % sur la même période. Les établissements asiatiques occupent quant à eux une place de plus en plus importante depuis 2015.

Graphique 3.12. Ventilation géographique des chefs de file de syndicats d'émissions de dette d'entreprise en Afrique

La plupart des émissions de dette des sociétés non financières en Afrique sont gérées par des chefs de file étrangers

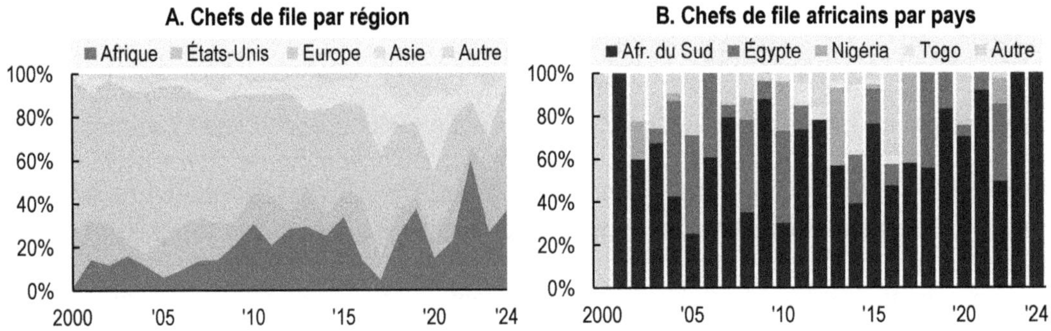

Note : Les données du graphique correspondent à la dette des sociétés non financières (émissions d'obligations d'entreprise et de prêts syndiqués). Dans la partie B, la barre indiquant 100 % pour la catégorie « Autres » en 2000 se rapporte au Ghana. Les émissions réalisées au Togo sont toutes gérées par Ecobank Transnational.
Source : Ensemble de données issu de la série sur les marchés de capitaux de l'OCDE, London Stock Exchange Group (LSEG), voir l'annexe pour obtenir de plus amples informations.

Considérations intéressant l'action publique

Le degré de dépendance à l'égard de l'étranger sur les marchés de la dette d'une économie, notamment l'utilisation de devises, dépend dans une large mesure de facteurs macroéconomiques plus vastes qui ne relèvent pas du champ du présent rapport. Il existe toutefois des mesures propres aux marchés de capitaux auxquelles les responsables de l'action publique peuvent recourir pour favoriser le développement des marchés de la dette d'entreprise en monnaie locale. Ces mesures peuvent notamment faciliter l'émergence d'instruments financiers destinés à aider les emprunteurs et les investisseurs à se couvrir contre le risque de change. Les institutions internationales offrent actuellement des solutions de couverture, mais, sur certains marchés émergents, les banques centrales locales ont joué un rôle supplémentaire en proposant des couvertures de change aux investisseurs étrangers sous la forme de contrats de change à terme non livrables, de façon à réduire le risque de change et encourager une plus grande participation étrangère (BRI, 2019[21]). Il est en outre essentiel de renforcer l'expertise locale en matière de services de conseil financier. À cette fin, les responsables de l'action publique pourraient exiger l'inclusion d'au moins une entreprise locale parmi les chefs de file de syndicats financiers, et collaborer avec des institutions internationales pour faciliter le transfert de connaissances et le renforcement des capacités.

3.2.2. Investisseurs institutionnels nationaux

Il sera impératif de constituer une réserve suffisamment large de capitaux locaux permettant de financer le secteur privé pour répondre aux besoins de financement à long terme de l'Afrique et réduire sa dépendance à l'égard des capitaux étrangers, tout en atténuant les effets des risques associés tels que la volatilité des taux de change. Selon des estimations récentes, les investisseurs institutionnels en Afrique (fonds de pension, compagnies d'assurance, fonds souverains et banques de développement) détiennent collectivement environ 1.1 billion USD d'actifs (AFC, 2025[22]). Ce montant équivaut à environ 40 % du PIB de l'Afrique en 2024. Sur ce total, environ 455 milliards USD sont détenus par des fonds de pension, tandis que les compagnies d'assurance en contrôlent 320 milliards USD environ.

La taille des capitaux institutionnels en Afrique et leur capacité à soutenir le développement économique sont fortement limitées par les faibles niveaux de revenu et les taux élevés d'emploi informel, qui s'établissent à 83 % en moyenne à l'échelle du continent et atteignent 92 % en Afrique centrale (ILOSTAT[23]). Néanmoins, du fait de tendances démographiques telles que la croissance de la population et l'augmentation de l'espérance de vie, le continent est bien placé pour mettre en œuvre des réformes qui accompagnent la croissance des actifs des investisseurs institutionnels, et notamment des fonds de pension et de l'assurance vie. Grâce à la structure de leur portefeuille actifs-passifs, ces acteurs sont particulièrement aptes à fournir des financements à long terme.

Le niveau de développement du secteur des investisseurs institutionnels varie beaucoup d'un pays africain à l'autre, et les actifs sont fortement concentrés dans un petit nombre de marchés. S'agissant du total des actifs des fonds de pension exprimé en pourcentage du PIB, deux pays se distinguent : la Namibie, où les actifs représentent 104 % du PIB – plus du double de la moyenne de l'OCDE (voir le chapitre X) – et l'Afrique du Sud, où les actifs équivalent à 96 % du PIB (Graphique 3.13). Ces cas montrent que des efforts soutenus des pouvoirs publics et des instances de réglementation peuvent encourager l'épargne retraite. En Namibie, les travailleurs du secteur formel sont nombreux à adhérer aux fonds de pension professionnels. Le système bénéficie d'incitations fiscales avantageuses : les cotisations patronales et salariales sont fiscalement déductibles jusqu'à certaines limites, les rendements sont exonérés d'impôt, et seuls les deux tiers des prestations de retraite sont imposables (IOPS, 2020[24]). En Afrique du Sud, le plus grand marché en valeur absolue, diverses réformes menées au cours de la dernière décennie avaient pour but d'améliorer les revenus à la retraite, avec entre autres le versement obligatoire d'une rente, le traitement fiscal identique de tous les produits de retraite et la promotion de l'épargne individuelle. Plus récemment, les réformes se sont employées à élargir la couverture aux travailleurs de l'économie informelle et sans couverture, et à concevoir des produits plus attractifs ciblant les jeunes épargnants (APSA, 2024[25]). Cependant, malgré une certaine progression des actifs de pension ces dernières années, leur niveau reste faible dans la plupart des pays d'Afrique, ce qui freine le développement des marchés de capitaux en général et des marchés des obligations d'entreprise en particulier.

Graphique 3.13. Actifs des fonds de pension en pourcentage du PIB dans une sélection de pays africains

Les actifs de pension restent limités dans la plupart des pays d'Afrique

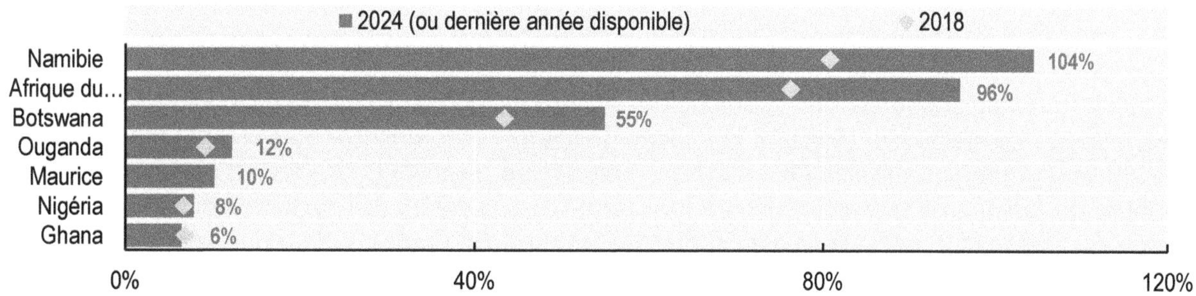

Note : Les actifs déclarés sont les suivants – Namibie : actifs des fonds de pension déclarés par la Banque de Namibie ; Afrique du Sud : fonds de retraite publics et privés déclarés par la Banque de réserve sud-africaine ; Botswana : actifs des fonds de pension déclarés par la NBFIRA ; Ouganda : actifs sous gestion des régimes de prestations de retraite déclarés par l'URBRA ; Maurice : actifs de pension privés déclarés par la Banque de Maurice ; Nigéria : actifs de fonds de pension déclarés par la RSA ; Ghana : actifs de fonds de pension privés et actifs gérés par le régime de base de la sécurité sociale (BNSSS) déclarés par la NPRA. Les données concernant Maurice en 2018 ne sont pas disponibles. Les dernières données disponibles pour le Ghana datent de 2023.
Source : Rapports des banques centrales et des autorités de réglementation.

Outre le volume total des réserves de capitaux, la répartition de ces actifs, et notamment la fraction investie dans des sociétés nationales, revêt une importance tout aussi grande. Pour promouvoir les investissements nationaux, certains pays plafonnent la proportion d'actifs qui peuvent être investis à l'étranger. Par exemple, l'Afrique du Sud fixe une limite de 45 % (Banque de réserve sud-africaine, 2022[26]) et, en 2023, le Botswana a porté son obligation d'investissements nationaux de 30 % à 38 %, entamant un relèvement progressif visant à atteindre 50 % d'ici 2027 (NBFIRA, 2023[27] ; Banque mondiale, 2023[28]). Le Ghana suit une approche plus stricte qui consiste à interdire aux fonds de pension d'investir plus de 5 % de leurs actifs à l'étranger (NPRA[29]), ce qui explique pourquoi l'investissement national des fonds de pension est beaucoup plus élevé au Ghana que dans d'autres pays africains représentés dans le Graphique 3.14.

À l'échelle du continent, les stratégies de placement nationales restent très prudentes, avec une préférence marquée pour les fonds souverains plutôt que pour les obligations d'entreprise (partie B). Comme on l'a déjà mentionné, cette tendance est liée en partie aux rendements élevés des fonds souverains, qui dissuadent les investisseurs de s'intéresser à d'autres classes d'actifs, à quoi s'ajoute le nombre réduit de sociétés suffisamment grandes pour pouvoir émettre des obligations d'entreprise.

Graphique 3.14. Répartition des actifs des fonds de pension dans une sélection de pays africains

Les fonds de pension privilégient les obligations souveraines par rapport aux obligations d'entreprise dans leur portefeuille national

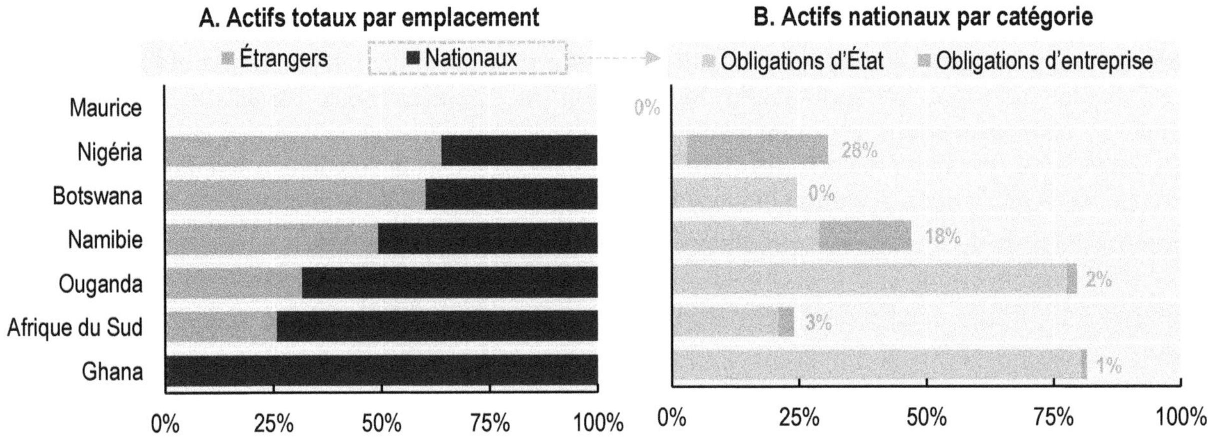

Source : Rapports des banques centrales et des autorités de réglementation.

Bien que les données relatives à la répartition des actifs d'assurance soient moins complètes, rendant les comparaisons régionales plus difficiles, le tableau d'ensemble est similaire à celui des fonds de pension, les actifs se concentrant massivement dans une poignée de pays (AFC, 2025[22]). Les actifs d'assurance vie, qui se prêtent bien à l'investissement à long terme, représentent des parts très différentes des actifs totaux d'assurance d'un pays africain à l'autre (Graphique 3.15, partie A). Leur part est plutôt faible dans la majorité des pays. À l'exception de l'Afrique du Sud, les actifs d'assurance vie représentent moins d'un tiers du PIB dans les pays analysés (et probablement à l'échelle de la région, étant donné que les pays pour lesquels des données sont disponibles possèdent généralement une base d'actifs plus étoffée). Indépendamment de la répartition du portefeuille, les investissements des compagnies d'assurance dans le secteur privé sont donc nécessairement très limités en valeur absolue.

Graphique 3.15. Actifs des compagnies d'assurance dans une sélection de pays africains

Les actifs d'assurance à long terme restent limités dans la plupart des pays d'Afrique

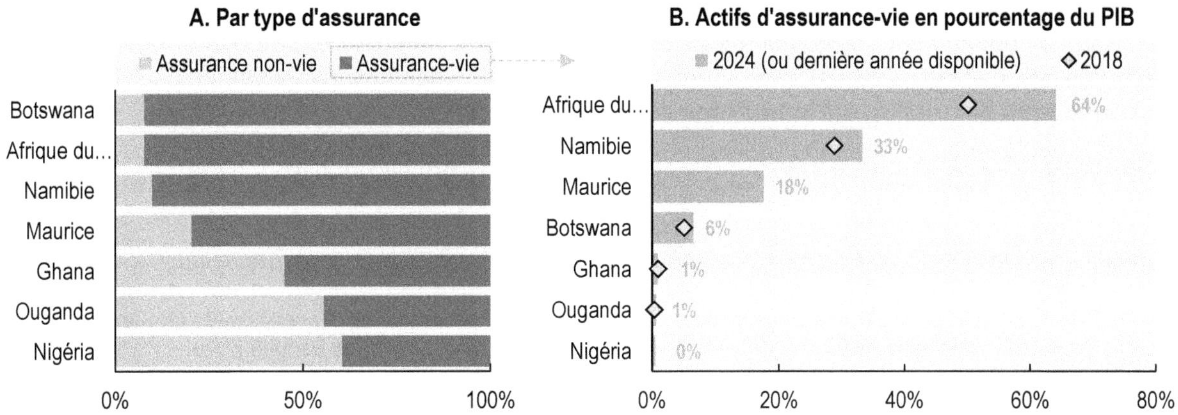

Source : Rapports des banques centrales et des autorités de réglementation.

Considérations intéressant l'action publique

Le niveau élevé d'emploi informel et la faiblesse des revenus dans une grande partie de l'Afrique constituent les principaux freins à la croissance des investisseurs institutionnels nationaux, mais des mesures sectorielles plus spécifiques peuvent aussi contribuer à orienter les capitaux vers l'investissement productif dans l'économie réelle. Pour accroître les réserves de capitaux disponibles pour l'investissement, les pouvoirs publics devraient s'attacher à étendre la couverture des régimes de retraite en soutenant le développement des fonds de pension professionnels et individuels au sein de la population active. La stratégie prudente de répartition des actifs actuellement menée par les fonds de pension, qui fait la part belle aux titres d'État, constitue aussi un obstacle de taille à l'investissement institutionnel dans les entreprises locales. Les pouvoirs publics devraient encourager des stratégies de répartition d'actifs plus diversifiées qui investissent davantage dans le secteur privé. Dans les pays où ces investissements sont plafonnés par la réglementation, une révision à la hausse des plafonds d'investissement dans les obligations d'entreprise, les actions et d'autres instruments privés pourrait soutenir cet objectif. Toutefois, il importe de souligner que, très souvent, les placements actuels des investisseurs institutionnels restent bien en-deçà des limites réglementaires. D'où la nécessité de définir une stratégie globale sur le long terme visant à développer à la fois l'économie nationale et les marchés de capitaux en parallèle, comportant des mesures propres à étoffer la réserve de projets susceptibles d'attirer les capitaux en améliorant la solvabilité, l'échelle et la visibilité des entreprises locales, afin de les rendre plus attractives aux yeux des investisseurs institutionnels.

3.2.3. Attirer l'investissement international

Les efforts destinés à promouvoir l'investissement national et à réduire la dépendance à l'égard d'acteurs étrangers dans certains domaines ne doivent pas être perçus comme incompatibles avec l'augmentation des investissements internationaux dans certains marchés de capitaux africains. Au contraire, les capitaux internationaux jouent un rôle complémentaire essentiel pour appuyer le développement des marchés nationaux. L'accroissement de l'investissement étranger n'implique pas un surcroît de dépendance dès lors qu'il s'oriente vers des marchés bien diversifiés possédant une forte composante nationale.

Les prêts étrangers à long terme au secteur privé sont limités en Afrique. Fin 2023, les entreprises africaines représentaient seulement 7 % de l'encours total des prêts à long terme concédés par des créanciers étrangers au secteur privé dans les pays africains à revenu faible et intermédiaire. Par contraste, les entreprises en Asie de l'Est et dans le Pacifique, en Amérique latine et dans les Caraïbes, absorbaient respectivement 36 % et 28 % de l'encours total (Graphique 3.16, partie A). L'Afrique est également la région où le secteur privé reçoit la part la plus faible de la dette extérieure totale, laquelle s'établissait à seulement 17 % à la fin de 2023, soit une baisse de 6 points de pourcentage par rapport à la décennie précédente (partie B), ce qui traduit une forte préférence des investisseurs pour les obligations d'État en Afrique par rapport à d'autres régions émergentes.

Graphique 3.16. Dette extérieure à long terme consentie au secteur privé en Afrique et dans d'autres marchés émergents

L'Afrique est la région émergente où le secteur privé reçoit la part la plus faible de la dette extérieure à long terme

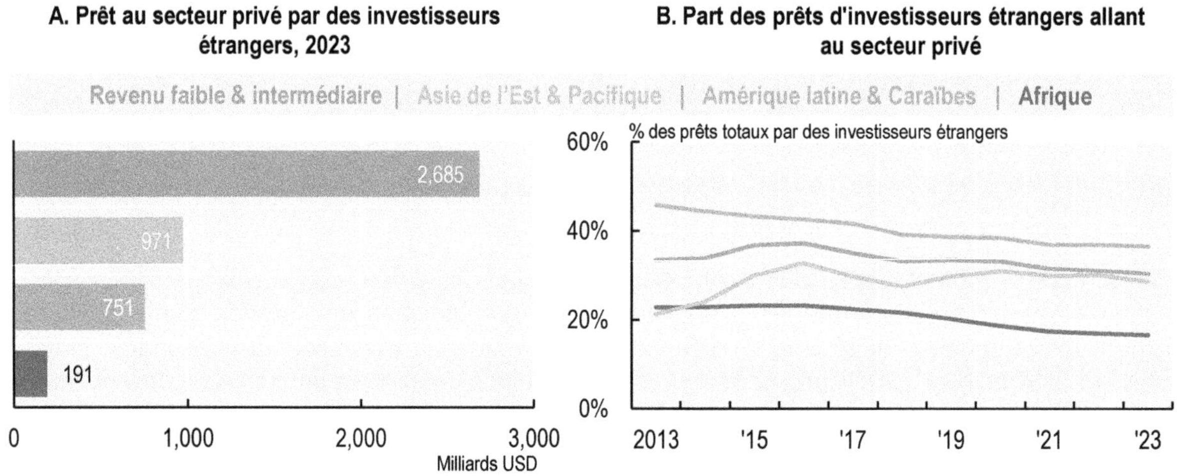

Note : Les données sont présentées pour les pays à revenu faible et intermédiaire qui communiquent leurs données au Système de notification des pays débiteurs de la Banque mondiale. Elles concernent les prêts à long terme (échéance > 1 an) consentis par tous les investisseurs étrangers (publics/multilatéraux et privés). Elles prennent en compte la dette garantie et non garantie par l'État du secteur privé. Elles excluent les allocations et crédits au titre des droits de tirage spéciaux du FMI. Encours de la dette en fin d'année.
Source : Banque mondiale, International Debt Statistics.

L'inclusion dans des indices internationaux renforce la visibilité et la crédibilité des entreprises, contribuant à attirer l'investissement international. De nombreux investisseurs institutionnels internationaux procèdent à une répartition mécanique de leurs capitaux sur la base d'indices ; aussi, dès lors qu'une entreprise est incluse dans un indice, elle bénéficie automatiquement d'une augmentation des flux d'investissement. Cette augmentation de la demande d'obligations émises par une entreprise peut faire baisser les coûts d'emprunt et, par ricochet, créer un cercle vertueux de croissance de l'entreprise et de plus forte participation des investisseurs étrangers.

Globalement, la place de l'Afrique dans l'indice JP Morgan CEMBI Broad, qui suit les obligations d'entreprise libellées en dollar des États-Unis émises par des entreprises de marchés émergents, est plus importante que sa part du PIB mondial pour les pays participants. Toutefois, cette tendance est essentiellement portée par l'Afrique du Sud, dont le poids dans l'indice est disproportionné par rapport à d'autres marchés africains et à son PIB. Si l'Afrique du Sud est exclue de l'analyse, les autres pays d'Afrique sont fortement sous-représentés dans l'indice par rapport à leur poids économique (Graphique 3.17).

Graphique 3.17. Part de l'Afrique dans l'indice JP Morgan CEMBI Broad par rapport au PIB des pays participants

Hors Afrique du Sud, l'Afrique est sous-représentée dans un grand indice obligataire par rapport à son poids économique

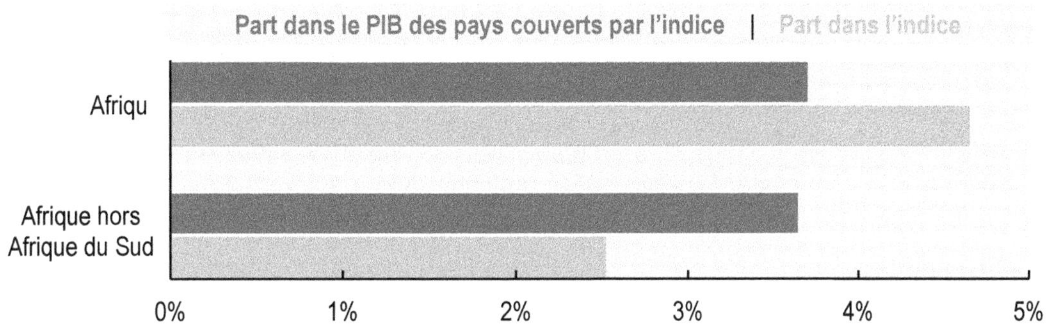

Note : Les pondérations de l'indice datent de juin 2025. L'analyse englobe 62 pays, à savoir ceux qui étaient inclus dans l'indice au moment de l'analyse. Les pondérations du PIB datent de fin 2024.
Source : Calculs de l'OCDE basés sur l'indice de JP Morgan.

En général, les indices internationaux de la dette des entreprises des marchés émergents ne comprennent que des obligations libellées en devises fortes. Étant donné que la plupart des obligations d'entreprise en Afrique sont libellées en devises, principalement en dollars des États-Unis (voir la section 3.2.1), la sous-représentation de l'Afrique illustrée dans le Graphique 3.17 est encore plus frappante.

L'un des principaux facteurs qui limitent la participation des investisseurs internationaux est l'absence de cadres adéquats de protection des investisseurs et de gouvernance d'entreprise. L'existence de droits juridiques clairement définis en faveur des investisseurs et de mécanismes d'application associés est essentielle pour réduire le risque pour les investisseurs et renforcer la crédibilité des marchés. Sur les marchés africains, où la confiance des investisseurs reste fragile et où les émissions d'obligations d'entreprise sont limitées, l'absence de protections solides des détenteurs d'obligations peut décourager l'investissement à long terme. Un exemple récent met en lumière les conséquences des lacunes dans les cadres de gouvernance et de diffusion d'informations. En 2016, un établissement financier kenyan a été mis sous séquestre puis liquidé à la suite de problèmes de liquidité, d'une mauvaise gouvernance et de prêts internes qui ont été révélés quelques mois seulement après l'émission d'une obligation de 4.8 milliards KSh (l'équivalent de 49 millions USD à l'époque). Lorsque la banque a fait défaut, les détenteurs d'obligations ont essuyé des pertes importantes. Cet événement a réduit la demande d'obligations d'entreprise dans le pays au cours des années suivantes et souligne les risques auxquels les investisseurs sont confrontés en l'absence de cadres efficaces (Reuters, 2015[30] ; BBC, 2016[31] ; Bloomberg, 2024[32]). Au-delà du renforcement des cadres de gouvernance d'entreprise pour empêcher de telles défaillances (voir le chapitre 2), la région gagnerait aussi à pouvoir s'appuyer sur des procédures d'insolvabilité plus solides. Ces procédures sont essentielles pour obtenir la confiance des investisseurs et attirer des capitaux étrangers à long terme sur les marchés africains des obligations d'entreprise.

En outre, l'harmonisation régionale des cadres réglementaires peut réduire l'incertitude juridique pour les investisseurs, notamment étrangers, et abaisser le coût des investissements transfrontières, facilitant dès lors une plus forte participation étrangère. Cet aspect est d'autant plus important que de nombreux grands investisseurs étrangers ont des portefeuilles d'actifs qui se concentrent sur de petits marchés de la région. Plus l'harmonisation régionale est poussée, moins les obligations de diligence seront lourdes et plus les obstacles au flux d'investissements internationaux nécessaires au financement des économies nationales seront minimes. La conception de cadres d'insolvabilité s'inscrit dans cette démarche. En Afrique, le cadre mis en place par l'OHADA (Organisation pour l'harmonisation en Afrique du droit des affaires), qui couvre

17 pays d'Afrique occidentale et centrale, en est un exemple éloquent. Le droit OHADA de l'insolvabilité, révisé en 2015, cherche à simplifier les procédures d'insolvabilité à l'échelle des États membres. Il a pour objectifs de préserver l'activité économique et l'emploi, de faciliter la restructuration des entreprises viables et de définir clairement l'ordre de paiement des créanciers (OHADA, 2015[33]). Cette approche harmonisée pourrait servir de modèle à d'autres régions d'Afrique et contribuer à stimuler l'investissement transfrontières en améliorant la prévisibilité et la confiance des investisseurs dans les procédures d'insolvabilité.

Au-delà de l'insolvabilité, l'harmonisation des cadres d'émission d'obligations et l'uniformisation des obligations documentaires permettraient d'améliorer la comparabilité entre émetteurs et de rationaliser le processus d'investissement. Dans le même temps, ces mesures réduiraient les coûts d'émission et simplifieraient le processus pour les entreprises qui cherchent à emprunter sur plusieurs marchés. Aussi, elles pourraient accroître l'offre et la demande d'obligations d'entreprise sur les marchés africains.

Le Règlement de l'Union européenne sur les prospectus, qui a mis en place un mécanisme de passeport transfrontière, est un exemple qui pourrait inspirer l'Afrique (même s'il n'est pas strictement comparable compte tenu des différences d'obligations juridiques). Dans ce cadre, un prospectus approuvé par un État membre peut être utilisé par tous les pays de l'UE, ce qui crée un document d'enregistrement universel valide pour toute offre au public de valeurs mobilières à travers l'Union (Union européenne, 2017[34]). Bien que des progrès soient accomplis dans certaines régions d'Afrique, avec par exemple la création de la BRVM en Afrique de l'Ouest qui fonctionne comme une bourse de valeurs mobilières partagée en étant soumise à une surveillance réglementaire harmonisée, il n'existe pas encore de régime de passeport applicable aux obligations à l'échelle du continent. La mise en place d'un tel régime marquerait une étape décisive vers l'approfondissement de l'intégration des marchés de capitaux africains et l'amélioration de l'accès aux financements sur le continent.

Le manque de transparence concernant la solvabilité des entreprises est un autre facteur qui dissuade les investisseurs, notamment ceux étrangers, d'acquérir des titres de dette d'entreprises africaines. En témoigne le recours limité aux marchés de la dette par les petites entreprises (qui n'ont souvent pas accès aux notations financières) (Graphique 3.8).

Certains pays africains s'efforcent d'améliorer leur solvabilité et de soutenir le développement des marchés obligataires au moyen de garanties directes. Citons l'exemple d'InfraCredit au Nigéria, un établissement spécialisé qui octroie des garanties de crédit à l'appui du financement des infrastructures en monnaie locale. Bénéficiant du soutien de grandes institutions telles que la Nigeria Sovereign Investment Authority, l'Africa Finance Corporation et la Banque africaine de développement, il a pour mission d'améliorer la qualité du crédit des instruments d'emprunt destinés à financer les projets d'infrastructure et de mobiliser les capitaux nationaux à long terme, notamment auprès des fonds de pension et des compagnies d'assurance. En se concentrant sur des secteurs tels que les énergies renouvelables, le logement, les télécommunications, les transports et les infrastructures hydrauliques, cet établissement a pu mobiliser plus de 300 milliards NGN (environ 190 millions USD), soutenu 12 primo-émetteurs et aidé à financer 22 projets d'infrastructure (InfraCredit[35]).

La Banque de développement de l'Afrique australe (DBSA) est un autre exemple. Même si elle n'accorde pas de garanties de crédit directes à l'appui des émissions d'obligations d'entreprise, elle poursuit l'objectif d'améliorer la qualité du crédit des émetteurs par d'autres moyens (DBSA[36]). Cela passe par l'octroi d'une dette subordonnée ou d'une garantie au premier risque, qui contribue à réduire l'exposition au risque des autres investisseurs et à rendre les projets plus attractifs. En outre, la DBSA soutient la phase de préparation et de structuration du projet, ce qui peut aider les entreprises et les projets d'infrastructure à améliorer leur profil financier et à devenir suffisamment solvables pour accéder aux marchés obligataires.

Toutefois, il convient d'observer que de nombreux pays africains n'ont guère de marge de manœuvre budgétaire pour mettre en œuvre ce type de mesures, qui sont souvent tributaires d'aides ou de garanties financières publiques. Il faut également souligner que promouvoir la diffusion d'informations sur la solvabilité d'une entreprise (en étendant la couverture des notations de crédit, par exemple) constitue une activité distincte de l'octroi de garanties de crédit, et peut se faire sans impact budgétaire.

Au niveau régional, la création de l'Agence africaine de notation de crédit (AfCRA) est une initiative récente soutenue par l'Union africaine et lancée en réponse aux préoccupations concernant les méthodes employées par les agences internationales de notation du crédit. Les gouvernements des pays africains ont critiqué ces méthodes, jugeant qu'elles perpétuaient des biais, ne tenaient pas compte du contexte propre aux économies africaines et avaient été élaborées sans collaborer suffisamment avec les autorités nationales. Pour tenter d'améliorer la situation, l'AfCRA compte proposer des évaluations plus transparentes en tenant compte des connaissances et du contexte propres aux pays africains (Union africaine, 2025[37]). Bien que l'initiative soit au départ axée sur les notations souveraines, en renforçant la confiance des investisseurs de la région, elle peut aussi accroître l'attractivité des marchés d'obligations d'entreprise. Elle pourrait également servir de modèle aux futurs projets d'établissement de cadres de notation au niveau des entreprises en Afrique. La création d'une agence de notation de crédit ayant pour mission de donner une vision plus complète que les agences de notation internationales, éclairée par le point de vue des gouvernements africains, met également en évidence une difficulté de taille dans la région : le manque d'informations fiables et complètes sur les emprunteurs nécessaires à une évaluation précise des risques, tant pour la dette souveraine que pour la dette d'entreprise.

Enfin, il est essentiel d'établir une courbe des rendements souverains aux différentes échéances pour pouvoir attirer l'investissement international (et national) et, plus largement, soutenir la croissance des marchés des obligations d'entreprise. Une courbe des rendements souverains liquide renforce la confiance des investisseurs et la transparence quant aux rendements escomptés, ce qui les aide à prendre leurs décisions de placement, tout en procurant aux entreprises en quête de fonds à long terme une base de comparaison fiable pour la fixation des prix (Grundy, van Bekkum et Verwijmeren, 2024[38]). Dans de nombreux pays africains, le sous-développement des marchés de la dette publique empêche de bâtir une courbe de référence de ce type (voir le chapitre X). L'établissement d'une courbe des rendements liquide nécessite, entre autres facteurs, de disposer d'un cadre juridique et institutionnel solide à même de garantir une émission de dette publique prévisible et transparente. Au nombre des éléments jugés essentiels à l'établissement d'un tel cadre figurent l'attribution claire du pouvoir d'emprunter, une réglementation et un contrôle efficaces des pratiques sur les marchés, une protection solide des actifs des investisseurs et le renoncement aux politiques fiscales qui découragent la participation aux marchés d'obligations d'État (FMI/Banque mondiale, 2021[39]). Au sein de l'Union économique et monétaire ouest-africaine (UEMOA), l'agence régionale *Agence UMOA-Titres* a vu le jour en 2013, dans le but d'améliorer le fonctionnement du marché des titres d'État en renforçant la transparence, la prévisibilité et la coordination entre États membres. Ces initiatives ont contribué à réduire l'incertitude des investisseurs et favorisé l'allongement progressif des échéances des obligations (FMI/Banque mondiale, 2021[39]).

Considérations intéressant l'action publique

En définitive, pour attirer davantage d'investissements étrangers vers le secteur privé en Afrique et accroître sa représentation dans les indices mondiaux, il est essentiel de mettre en œuvre des réformes juridiques et réglementaires qui réduisent le risque pour les investisseurs et leur offrent de franches incitations à investir. Cela passe par le durcissement des exigences en matière de communication d'informations afin de se conformer aux normes internationales et par l'adoption de politiques qui améliorent la disponibilité et la qualité des données des entreprises. Renforcer la protection des détenteurs d'obligations, établir des procédures d'insolvabilité plus prévisibles et promouvoir l'harmonisation réglementaire à l'échelle de la région sont autant de mesures essentielles pour asseoir la crédibilité des marchés et stimuler l'intérêt des investisseurs étrangers pour les opportunités locales. En outre, il convient de déployer des efforts pour réunir et diffuser des données sur les performances financières des entreprises existantes et sur les profils de risque/rendement des projets d'investissement passés, et pour promouvoir l'élaboration de courbes des rendements souverains de référence, en s'inspirant d'initiatives régionales existantes.

3.2.4. Infrastructures de marché

Des marchés de capitaux dynamiques nécessitent de solides infrastructures de marché sous-jacentes. Cette infrastructure garantit le dépôt sécurisé des titres, facilite la bonne tenue de registres, améliore l'exactitude des enregistrements et des règlements et abaisse les coûts de transaction. Elle atténue les risques tout en améliorant l'efficience et la transparence des opérations de marché, ce qui réduit les coûts de la levée de capitaux pour les entreprises et facilite l'allocation des fonds pour les investisseurs.

Tous les pays africains étudiés dans ce chapitre ont établi une bourse des valeurs mobilières qui facilite la cotation des actions et des obligations (Tableau 3.1). La Côte d'Ivoire et le Gabon n'ont pas de bourse nationale mais participent à des bourses régionales, respectivement la *Bourse régionale des valeurs mobilières* (BRVM)[2] et la *Bourse des valeurs mobilières d'Afrique centrale* (BVMAC)[3]. Les plateformes de transaction formelles de gré à gré pour les obligations d'entreprise sont rares, et existent uniquement en Afrique du Sud, au Kenya et au Nigéria. La plupart des obligations en Afrique sont émises auprès du public et cotées en bourse (Oluoch et Ojah, 2023[40]).

Bien que la Bourse de Namibie et la BVMAC dépendent toujours de dépositaires centraux extérieurs, elles se sont toutes deux engagées à mettre en place leur propre système. Sur la plupart des marchés, les systèmes de compensation et de règlement sont intégrés dans l'infrastructure des dépositaires centraux, à l'exception de la Bourse de Johannesburg, où les fonctions sont gérées par des entités distinctes. Les systèmes de règlement sont automatisés partout, sauf en Namibie, mais les cycles de règlement ont une durée plus longue que sur les marchés d'économies avancées, qui pour beaucoup sont passés à T+1 (États-Unis et Canada) ou prévoient de le faire (UE, Suisse, Royaume-Uni). Raccourcir les cycles de règlement peut réduire les coûts, améliorer l'efficience et atténuer les risques de crédit, de contrepartie et de règlement, notamment pendant les périodes de forte volatilité des marchés (HSBC[41]).

Tableau 3.1. Vue d'ensemble des infrastructures des marchés de capitaux dans une sélection de pays d'Afrique

Pays	Bourses	Plateformes de transaction de gré à gré pour les obligations d'entreprise	Dépositaires centraux de titres	Systèmes de compensation et de règlement
Botswana	Bourse du Botswana (BSE)	NC	Dépositaire central de titres du Botswana	Automatisé T+3
Côte d'Ivoire	*Bourse régionale des valeurs mobilières* (BRVM)	NC	Dépositaire central / Banque de règlement	Automatisé T+3
Égypte	Bourse égyptienne (EGX)	NC	Misr for Central Clearing, Depository & Registry (MCDR)	Automatisé T+2 pour les titres cotés
Gabon	*Bourse des valeurs mobilières d'Afrique centrale* (BVMAC)	NC	Banque des États de l'Afrique centrale (BEAC)	Automatisé
Ghana	Bourse du Ghana (GSE)	NC	Central Securities Company Limited	Automatisé T+3 pour les actions T+2 pour les titres à revenu fixe
Kenya	Bourse de Nairobi (NSE)	OTC Bond Market	The Central Depository & Settlement Corporation Limited (CDSC)	Automatisé T+3

Pays	Bourses	Plateformes de transaction de gré à gré pour les obligations d'entreprise	Dépositaires centraux de titres	Systèmes de compensation et de règlement
Maurice	Bourse de Maurice (SEM)	NC	Central Depository & Settlement Co. Ltd (CSD)	Automatisé T+3
Maroc	Bourse de Casablanca (CSE)	NC	Maroclear	Automatisé T+3 pour les actions
Namibie	Bourse de Namibie (NSX)	NC	NC	Manuel Institutions extérieures
Nigéria	Bourse du Nigéria (NGX)	FMDQ Securities Exchange Limited	Central Securities Clearing System Plc (CSCS)	Automatisé T+3
Afrique du Sud	Bourse de Johannesburg (JSE) Bourse de Cape Town (CTSE)	JSE OTC Bond Market	Strate	JSE Clearing and Settlement Automatisé T+3
Tanzanie	Bourse de Dar es Salaam (DSE)	NC	The CSD & Registry Company Limited (CSDR)	Automatisé T+3 pour les actions T+1 pour les obligations
Tunisie	Bourse de Tunis (BVMT)	NC	Tunisie Clearing	Automatisé T+3
Ouganda	USE ALTX (Alternative Electronic Exchange)	NC	SCD	Automatisé T+3
Zambie	Bourse de Lusaka (LUSE)	NC	Lusaka Clearing and Settlement Agency (LCSA)	Automatisé T+3 pour les actions T+1 pour les obligations
Zimbabwe	Bourse du Zimbabwe (ZSE)	NC	ZSE Depository	Automatisé T+3

Note : Le cycle de règlement de l'Égypte se rapporte aux titres enregistrés auprès du dépositaire central autres que les obligations et bons du Trésor. L'Égypte, le Ghana, le Maroc, l'Ouganda et la Tunisie ont établi des bourses de gré à gré, mais pas pour les obligations d'entreprise. En Namibie, les échanges d'actions cotées à la fois à la NSX et à la JSE sont réglés par l'intermédiaire du dépositaire central d'Afrique du Sud.
Sources : Botswana Stock Exchange, The Egyptian Exchange, Ghana Stock Exchange, Stock Exchange of Mauritius, Bourse de Casablanca, Maroclear, Namibia Securities Stock Exchange, Nigeria Exchange, Central Securities Clearing System, Johannesburg Stock Exchange, Strate, Dar es salaam Stock Exchange, CSDR, Bourse de Tunis, Tunisie Clearing, Lusaka Securities Exchange, Zimbabwe Stock Exchange, Bourse Régionale des Valeurs Mobilières, Bourse des Valeurs Mobilières de l'Afrique Central, Central Depository / Settlement Bank (DC/BR).

L'intégration régionale des marchés de capitaux peut permettre aux pays d'élargir leur base d'investisseurs, facilitant ainsi l'accès des entreprises aux financements, ainsi que de réaliser des économies d'échelle en termes d'infrastructures de marché. Une intégration plus poussée favorise aussi le transfert des bonnes pratiques et de l'expertise technique au-delà des frontières. Plusieurs pays africains ont lancé des initiatives à cet égard, souvent en collaboration avec des institutions financières. Ainsi, la Banque africaine de développement a lancé le Fonds fiduciaire pour le développement des marchés de capitaux (CMDTF) en 2019 pour soutenir ces efforts. Toutefois, au terme de sa phase initiale en 2022, l'Afrique de l'Ouest était la seule région à avoir déployé avec succès des projets financés par des ressources issues du CMDTF (Groupe de la Banque africaine de développement[42]).

Le Conseil ouest-africain pour l'intégration des marchés de capitaux, mis en place en 2013, est l'organe directeur qui gère l'intégration des marchés de capitaux du Cabo Verde, du Ghana, du Nigéria et de la Sierra Leone avec la BRVM. Le Fonds de la BafD aide la région à progresser vers la création d'un environnement unifié pour l'émission et la négociation de titres financiers via la Bourse régionale des valeurs mobilières, qui vise à donner accès à tous les courtiers qualifiés en Afrique de l'Ouest. À l'heure actuelle, les courtiers enregistrés dans n'importe quelle juridiction membre peuvent opérer auprès d'autres places boursières via des agents locaux, ce qui permet aux sociétés cotées auprès d'une bourse de voir leurs titres négociés par l'ensemble des courtiers de la région (WACMIC[43]).

La Communauté d'Afrique de l'Est (CAE) – qui comprend le Burundi, le Kenya, l'Ouganda, le Rwanda et la Tanzanie – s'emploie elle aussi à promouvoir l'intégration des marchés de capitaux. Elle a lancé la plateforme technologique des infrastructures des marchés de capitaux (CMI) destinée à relier les marchés de capitaux des pays membres. La CMI permet la négociation électronique transfrontière de titres par le biais de courtiers adhérents. Elle s'appuie sur un système de transaction automatisé, qui faisait auparavant défaut au Burundi et au Rwanda, permettant d'harmoniser les normes en vigueur dans la région (EAC[44]). En 2024, l'East African Bond Exchange a été homologuée par l'Autorité des marchés de capitaux du Kenya pour établir et exploiter une bourse de valeurs de gré à gré et agir en qualité d'organisation professionnelle autonome dans le pays. Elle a pour but de développer ses activités au-delà du Kenya dans toute la région d'Afrique de l'Est et ainsi de devenir une plateforme régionale de gré à gré pour l'achat et la vente de produits à revenu fixe, y compris les contrats de rachat, les titres du Trésor, les billets de trésorerie, les admissions d'entreprises à la cote et les actifs alternatifs (EABX, 2024[45]).

Les bourses d'Afrique du Sud, de l'Angola, du Botswana, du Lesotho, du Malawi, de Maurice, du Mozambique, de Namibie, des Seychelles, de Tanzanie, de Zambie et du Zimbabwe ont constitué le Comité des bourses de la Communauté de développement de l'Afrique australe (SADC) afin d'accroître l'attractivité des bourses de valeurs mobilières régionales auprès des investisseurs locaux et internationaux et de réduire les disparités entre les places boursières de grande et de petite taille. En 2006, les États membres ont adopté le Protocole sur les finances et l'investissement, s'engageant à supprimer les obstacles à l'activité économique infrarégionale et à harmoniser les cadres réglementaires, y compris les critères d'admission à la cote. L'intégration s'est poursuivie en 2013 avec le lancement du Système intégré de règlement électronique régional, une plateforme partagée de paiement et de règlement qui permet de réaliser des transactions transfrontières en temps réel dans la région de la SADC en utilisant le rand sud-africain (South African Institute of International Affairs, 2019[46]).

Tableau 3.2. Intégration régionale des marchés de capitaux en Afrique

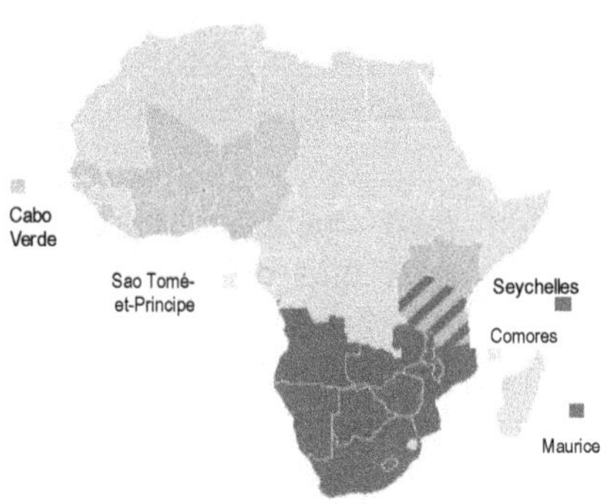

	Afrique de l'Ouest	Communauté de développement de l'Afrique australe	Communauté de l'Afrique de l'Est
Région	Afrique de l'Ouest	Communauté de développement de l'Afrique australe	Communauté de l'Afrique de l'Est
Organe de supervision	Conseil ouest-africain pour l'intégration des marchés de capitaux	Comité des bourses de la SADC	Sous-comité des marchés de capitaux de la CAE
Initiatives	Transactions transfrontières par des agents locaux	Harmoniser les cadres réglementaires (Protocole sur les finances et l'investissement) Plateforme partagée de paiement et de règlement (Système intégré de règlement électronique régional)	Transactions transfrontières de valeurs mobilières (Infrastructures des marchés de capitaux (CMI))
Objectifs	Bourse des valeurs mobilières d'Afrique de l'Ouest	Promouvoir la coopération et l'intégration au service de l'investissement transnational	Marchés de capitaux de la CAE Marché régional de gré à gré pour l'échange d'obligations en Afrique de l'Est

Note : La Tanzanie est membre de la SADC et de la CAE.
Source : Conseil ouest-africain pour l'intégration des marchés de capitaux, Communauté d'Afrique de l'Est, East African Bond Exchange, Comité des bourses de la Communauté de développement de l'Afrique australe (SADC).

Au niveau pan-africain, l'Association africaine des bourses de valeurs (ASEA) a été créée en 1993 pour promouvoir le développement des marchés de capitaux dans ses États membres en facilitant l'échange d'informations et en augmentant la visibilité afin d'attirer les flux d'investissement vers les marchés africains. Aujourd'hui, l'ASEA représente 25 places boursières dans 37 pays africains. Conformément à l'Agenda 2063 de l'Union africaine, qui considère que la création d'une bourse pan-africaine est une priorité (Union africaine[47]), l'ASEA s'est associée à la BAfD pour lancer le Projet de liaison des bourses africaines (AELP). Cette initiative vise à renforcer l'intégration régionale en permettant la négociation de valeurs mobilières transfrontières via la plateforme, un système de routage des ordres grâce auquel les courtiers peuvent placer les ordres d'investisseurs auprès d'homologues dans d'autres marchés. Testé au départ avec sept places boursières –Afrique du Sud, BRVM, Égypte, Kenya, Maurice, Maroc et Nigéria –, le projet compte aujourd'hui dix participants, avec l'intégration du Botswana, du Ghana et de l'Ouganda. Bien que ses fonctionnalités actuelles fassent penser à des efforts d'intégration analogues déployés en Afrique de l'Ouest et de l'Est, l'AELP a pour but ultime de créer une bourse pan-africaine entièrement intégrée (Oxford Business Group, 2022[48]). Pour atteindre cet objectif, il faut mettre en place les infrastructures adéquates, autres que le mécanisme d'échange proprement dit.

Considérations intéressant l'action publique

Les marchés de la dette d'entreprise en Afrique, et notamment ceux qui font intervenir des obligations d'entreprise, peuvent être sensiblement renforcés en élaborant des infrastructures de marché plus solides et plus intégrées. Animés de la volonté de développer les activités pan-africaines, les pays devraient collaborer pour mettre en place un dépositaire central intégré à l'échelon régional qui faciliterait les règlements transfrontières et réduirait les coûts correspondants. Dans ce contexte, les pays dépourvus d'un dépositaire central national pourraient sauter cette étape et rejoindre directement le système régional. Bien que de nombreux pays exploitent déjà des systèmes automatisés de paiement et de règlement, les responsables publics pourraient envisager de réduire les délais de règlement afin de se conformer aux normes internationales, ce qui contribuerait à accroître la liquidité.

À plus grande échelle, le renforcement de l'intégration des marchés régionaux permet aux pays de mutualiser les liquidités et d'attirer une base élargie d'investisseurs. Même si diverses initiatives régionales et pan-africaines visent à améliorer la connectivité du marché, les responsables publics pourraient prendre des mesures supplémentaires pour surmonter les difficultés et ainsi accélérer ce processus. Les principaux obstacles tiennent aux différences concernant les systèmes de taux de change, les degrés de libéralisation des mouvements de capitaux, les critères d'émission et les cadres juridiques, qui freinent la création d'un marché pan-africain unifié. En outre, compte tenu du rôle décisif joué par les investisseurs institutionnels sur les marchés de capitaux, les restrictions imposées à leurs portefeuilles d'actifs étrangers limitent davantage les flux d'investissement transfrontières (voir la section 3.2.2). Enfin, les responsables publics devraient s'efforcer d'améliorer les règles de transparence des données, car pour que des initiatives telles que l'AELP aient des retombées bénéfiques, les intermédiaires financiers doivent disposer d'informations fiables au sujet des opportunités sur d'autres marchés, alors que beaucoup d'entre eux peinent actuellement à obtenir les données nécessaires à la prise de décisions éclairées.

Références

AFC (2025), *State of Africa's Infrastructure Report 2025*, https://www.africafc.org/our-impact/our-publications/state-of-africa-infrastructure-report-2025. [22]

ALCB Fund (2024), *Quarterly Factsheet Q4 2024*, https://cdn.prod.website-files.com/674d781640f36d3c8f7cbc9f/680a2d1c5a7d60919eaafbfa_CygCap%20ALCBF%202024%20Q4%20Factsheet%20-%20Public.pdf. [10]

ALCB Fund (s.d.), *Supporting the development of African Capital Markets*, https://www.alcbfund.com/. [9]

APSA (2024), *A journey to reform the retirement system: South Africa's experience and prespective*, https://www.africapsa.org/wp-content/uploads/2024/02/pinBox-Book_A-Journey-to-Reform-the-Retirement-System-South-Africas.pdf. [25]

Banque de réserve sud-africaine (2022), *Exchange Control Circular No. 4/2022.* [26]

Banque mondiale (2023), *Republic of Botswana - Financial sector assessment*, https://documents1.worldbank.org/curated/en/099120523162012347/pdf/BOSIB085cdbd880a608a0009dfae732ce9d.pdf. [28]

BBC (2016), *Kenya's Chase Bank placed under receivership by CBK*, https://www.bbc.com/news/world-africa-35989394. [31]

BEI (2022), *A structural analysis of foreign exchange markets in sub-Saharan Africa*, https://www.eib.org/en/publications/economics-working-paper-2022-11. [13]

Bloomberg (2024), *Kenya Bond Tax Seen as New Hurdle for Tiny Corporate Debt Market*, https://www.bloomberg.com/news/articles/2024-06-26/kenya-bond-tax-seen-as-new-hurdle-for-tiny-corporate-debt-market. [32]

BluePeak PC (2025), *BluePeak Private Capital announces the first close of Fund II*, https://www.bluepeakpc.com/news-detail-page/12. [4]

Boris, P. (2025), *Africa's Currency Landscape: Strongest Currencies, Backing & Regimes*, https://techcultureafrica.com/african-currencies. [14]

BRI (2019), *Exchange rates and monetary policy frameworks in emerging market economies*, https://www.bis.org/speeches/sp190502.htm. [21]

Cortina, J., T. Didier et S. Schmukler (2018), *Corporate Borrowing in Emerging Markets: Fairly Long Term, but Only for a Few*, Groupe de la Banque mondiale, https://documents1.worldbank.org/curated/en/363821539842744052/pdf/130976-BRI-PUBLIC-Corporate-Borrowing-in-Emerging-Markets.pdf. [1]

DBSA (s.d.), *About us*, https://www.dbsa.org/about-us. [36]

EABX (2024), *Approval of EABX company limited*, https://www.eabxgroup.com/approval-of-eabx-company-limited-as-an-over-the-counter-securities-exchange-and-recognition-as-a-self-regulatory-organization/. [45]

EAC (s.d.), *Capital Markets Infrastructure adding value to East Africans*, https://www.eac.int/financial/capital-markets-infrastructure. [44]

FMI (2004), *Classification of Exchange Rate Arrangements and Monetary Policy Frameworks*, https://www.imf.org/external/np/mfd/er/2004/eng/0604.htm. [15]

FMI/Banque mondiale (2021), « Notes d'orientation pour le développement des marchés d'obligations souveraines en monnaie locale », *Analytical Notes*, vol. 21/001, https://doi.org/10.5089/9798400207556.064. [39]

FSD Africa (2018), *Private debt markets in Africa*, https://fsdafrica.org/publication/private-debt-markets-markets-in-africa/. [3]

Gopaldas, R. (2025), *Afriica and the push towards de-dollarisation: is it needless or necessary?*, https://www.ntu.edu.sg/cas/news-events/news/details/africa-and-the-push-towards-de-dollarisation. [7]

Groupe de la Banque africaine de développement (s.d.), *Fonds pour le développement des marchés des capitaux*, https://www.afdb.org/fr/themes-et-secteurs/initiatives-et-partenariats/fonds-pour-le-developpement-des-marches-des-capitaux. [42]

Grundy, B., S. van Bekkum et P. Verwijmeren (2024), « Complementarity of sovereign and corporate debt issuance: mind the gap », *Review of Finance*, vol. 28/4, pp. 1187-1213, https://doi.org/10.1093/rof/rfae006. [38]

Horrocks, P. et al. (2025), « Unlocking local currency financing in emerging markets and developing economies : What role can donors, development finance institutions and multilateral development banks play? », *OECD Development Co-operation Working Papers*, n° 117, OECD Publishing, Paris, https://doi.org/10.1787/bc84fde7-en. [16]

HSBC (s.d.), *T+1 Settlement Cycle*, https://www.gbm.hsbc.com/en-gb/financial-regulations/tplus1-settlement-cycle. [41]

ILOSTAT (s.d.), *Taux d'emploi informel (base de données)*, https://ilostat.ilo.org/fr/data/snapshots/informal-employment-rate/. [23]

InfraCredit (s.d.), *InfraCredit*, https://infracredit.ng/. [35]

IOPS (2020), *IOPS COUNTRY PROFILE: NAMIBIA*, https://www.iopsweb.org/resources/41536875.pdf. [24]

Kentor, J. et T. Boswell (2003), « Foreign Capital Dependence and Development: a New Direction », *American Sociology Review*, https://doi.org/10.1177/000312240306800206. [8]

NBFIRA (2023), *PENSION FUND INVESTMENT RULES, 2023*, https://www.nbfira.org.bw/wp-content/uploads/2025/01/Pension-Fund-Investment-Rules-2023-PFR-2.pdf. [27]

NPRA (s.d.), *GUIDELINES ON INVESTMENT OF PENSION SCHEME FUNDS*, https://npra.gov.gh/assets/documents/GUIDELINES-ON-INVESTMENT-OF-SCHEME-FUNDS.pdf. [29]

OCDE (2025), *Rapport sur la dette mondiale 2025 : Financer la croissance dans un environnement de marché de la dette difficile*, Éditions OCDE, Paris, https://doi.org/10.1787/e334697f-fr. [2]

OHADA (2015), *Procédures collectives d'apurement du passif*, https://www.ohada.org/procedures-collectives-dapurement-du-passif/. [33]

Oluoch, W. et K. Ojah (2023), « A survey of the Microstructure of Corporate Bond Markets in Africa », *Social Science Research Network*, https://pedl.cepr.org/sites/default/files/WP%205415%20OluochOjah%20SurveyMicrostructureCorporateBondMarketsAfrica.pdf. [40]

Oxford Business Group (2022), *African Stock Exchanges: Focus Report*, https://african-exchanges.org/sites/default/files/2024-07/ASEA_Africa_Focus_Report_.pdf. [48]

PAPSS (2025), *PAPSS and Interstellar unveil African Currency Marketplace eliminating $5 Billion trade bottleneck*, https://papss.com/media/papss-and-interstellar-unveil-african-currency-marketplace-eliminating-5-billion-trade-bottleneck/. [12]

PAPSS (s.d.), *About us*, https://papss.com/about-us/. [11]

Reuters (2015), *Kenya's Chase Bank raises 4.8 blm shillings as bond draws strong demand*, https://www.reuters.com/article/kenya-corporatebonds/kenyas-chase-bank-raises-4-8-bln-shillings-as-bond-draws-strong-demand-idUSL5N0YW10W20150610/. [30]

SFI (2017), *IFC Local Currency and Hedging Solutions*, https://www.ifc.org/content/dam/ifc/doclink/2017/201710-ifc-local-currency-and-hedging-solutions.pdf. [20]

South African Institute of International Affairs (2019), *Bridging the Divide: Integrating SADC's capital markets*, https://saiia.org.za/wp-content/uploads/2019/05/Occasional-Paper-295_Bridging-the-Divide-Integrating-SADCs-capital-markets.pdf. [46]

TCX (2024), *TCX Impact Report 2024*, https://www.tcxfund.com/wp-content/uploads/2025/06/tcx-impact-report-2024-1.pdf. [19]

TCX (2018), *Championing sustainable and innovative finance for development*, https://www.tcxfund.com/wp-content/uploads/2018/11/TCX-Theory-of-Change.pdf. [18]

TCX (s.d.), *About the fund*, https://www.tcxfund.com/about-the-fund/. [17]

Union africaine (2025), *An Africa Credit Rating Agency (AfCRA)*, https://au.int/sites/default/files/documents/44466-doc-Brief_-_Africa_Credit_Rating_Agency_AfCRA.pdf. [37]

Union africaine (s.d.), *Objectifs et domaines prioritaires de l'agenda 2063*, https://au.int/fr/agenda2063/objectifs. [47]

Union européenne (2017), *RÈGLEMENT (UE) 2017/1129 DU PARLEMENT EUROPÉEN ET DU CONSEIL*, Journal officiel de l'Union européenne, https://eur-lex.europa.eu/legal-content/FR/TXT/PDF/?uri=CELEX:32017R1129. [34]

WACMIC (s.d.), *About us*, https://wacmic.com/about-us. [43]

WSJ (2019), *Blackstone Retreats From Africa Investment Plan*, https://www.wsj.com/articles/blackstone-retreats-from-africa-investment-plan-11549370983. [6]

WSJ (2017), *Out of Africa: KKR Disbands African Private-Equity Team*, https://www.wsj.com/articles/out-of-africa-kkr-disbands-african-private-equity-team-1511519279?mod=article_inline. [5]

Annexe 3.A. Méthodologie de collecte et de classification des données

Obligations d'entreprise

Les analyses des obligations d'entreprise reposent sur un jeu de données constitué par l'OCDE à partir des données transactionnelles obtenues auprès de LSEG concernant les émissions d'obligations d'entreprise souscrites par des banques d'investissement. La base de données contient des données détaillées sur chaque obligation à partir de l'année 1980, notamment l'identité, la nationalité et le secteur d'activité de l'émetteur, le type, la structure des taux d'intérêt, la date d'échéance et la catégorie de notes de l'obligation, ainsi que le montant et l'utilisation prévue du produit tiré de l'émission.

Les obligations convertibles, les opérations enregistrées mais non réalisées, les actions privilégiées, les obligations sukuk, les obligations ayant une échéance initiale inférieure ou égale à un an ou dont la taille de l'émission est inférieure à 1 million USD sont exclues du jeu de données. La classification sectorielle est établie à partir de la classification TRBC (*Reference Data Business Classification*) de LSEG. Les montants annuels initialement recueillis en USD ont été ajustés en fonction de l'indice des prix à la consommation (IPC) des États-Unis de 2024.

Étant donné qu'une fraction importante des obligations est émise à l'échelle internationale, il n'est pas possible de rattacher systématiquement ces émissions à un pays donné. La ventilation par pays est donc effectuée sur la base du pays dans lequel l'émetteur est domicilié. Les catégories marchés développés/marchés émergents reposent sur la classification établie par le FMI.

Données relatives aux notes de crédit

Les analyses des notes de crédit reposent sur des calculs de l'OCDE réalisés à partir de données obtenues auprès de LSEG. Les calculs tiennent compte des notes octroyées par trois grandes agences de notation : S&P, Moody's et Fitch. Pour chaque obligation dont la note figure dans le jeu de données, la notation alphanumérique est transformée sur une échelle numérique composée de 21 notes, sur laquelle la note 1 correspond à la qualité de crédit la plus basse (C) et la note 21 à la qualité de crédit la plus élevée (AAA chez S&P et Fitch et Aaa chez Moody's). La catégorie spéculative compte onze échelons : cinq notes C (C à CCC+) et six notes B (B- à BB+). Et la catégorie investissement en compte dix : trois notes B (BBB- à BBB+) et sept notes A (A- à AAA).

Pour les obligations ayant plusieurs notes, on utilise la moyenne des notes disponibles. S'agissant des obligations pour lesquelles on ne dispose pas d'informations sur leur notation, on leur attribue la note moyenne de toutes les obligations émises par la même société au cours de la même année (t). Lorsque l'émetteur n'a émis aucune obligation notée au cours de l'année t, on examine dans l'ordre l'année t-1 et l'année t-2. Cette façon de procéder permet d'accroître le nombre d'obligations notées dans le jeu de données et améliore ainsi la représentativité des analyses. Lorsqu'on distingue les obligations de catégorie investissement des obligations de catégorie spéculative, la note finale est arrondie à l'entier le plus proche et les obligations dont la notation arrondie est inférieure ou égale à 11 sont classées dans la catégorie spéculative.

Données relatives aux remboursements anticipés

Les obligations qui ne sont plus en circulation parce qu'elles ont été remboursées avant leur date d'échéance sont déduites des calculs de l'encours annuel des obligations d'entreprise. Les données relatives aux remboursements par anticipation sont obtenues auprès de LSEG et concernent les obligations ayant fait l'objet d'un remboursement anticipé en raison d'une procédure de distribution finale consécutive à une défaillance, de l'exercice d'une option d'achat ou d'une option de vente, d'une liquidation ou d'un rachat. Les données sur les remboursements anticipés sont fusionnées avec les données du marché primaire des obligations d'entreprise au moyen des numéros internationaux d'identification des titres (ISIN).

Prêts syndiqués

Les analyses des prêts syndiqués reposent sur des calculs de l'OCDE fondés sur des données transactionnelles obtenues auprès de LSEG. Cette base de données contient des informations détaillées sur chaque prêt, notamment l'identité de l'emprunteur, sa nationalité et son secteur d'activité, ainsi que la structure des taux d'intérêt, la date d'échéance et le montant du prêt. La catégorie de notation de crédit est définie selon les critères suivants :

Catégorie investissement : niveau de prix initial jusqu'à 299 points de base au-dessus du taux de base.

Prêts à effet de levier : niveau de prix initial compris entre 300 et 399 points de base au-dessus du taux de base.

Prêts à fort effet de levier : niveau de prix initial supérieur de 400 points de base ou plus au taux de base.

Seuls les prêts « syndiqués » ou relevant de la catégorie « club deal » sont inclus dans l'analyse. Les opérations dont l'échéance est inférieure à 90 jours sont exclues. Les données annuelles sont établies à partir de la date de clôture, correspondant au moment où la syndication a été signée et finalisée pour tous les niveaux ou tranches. Les analyses sectorielles suivent la classification TRBC (*Reference Data Business Classification*) de LSEG, tandis que les ventilations par pays sont basées sur le domicile de l'emprunteur. Pour tenir compte de l'inflation, les montants des émissions initialement enregistrés en USD ont été ajustés en utilisant l'indice des prix à la consommation (IPC) des États-Unis de 2024.

Notes

[1] Cabo Verde, Comores, Djibouti, Érythrée, Eswatini, Lesotho, Maroc et Namibie.

[2] Pays membres : Bénin, Burkina Faso, Côte d'Ivoire, Guinée-Bissau, Mali, Niger, Sénégal et Togo.

[3] Pays membres : Cameroun, Gabon, Guinée équatoriale, République centrafricaine, République du Congo et Tchad.

4 Financement de la transition climatique en Afrique : éclairages d'une analyse de scénarios régionaux

Le présent chapitre analyse l'état actuel du financement du secteur de l'énergie en Afrique et plusieurs scénarios qui soulignent l'importance de la participation des marchés de la dette privée et publique pour atteindre les objectifs climatiques correspondant aux engagements annoncés. L'analyse de scénarios régionaux, axée sur l'Afrique du Nord et l'Afrique subsaharienne, met en évidence les possibilités et les risques pour les responsables de l'action publique. La répartition de ces scénarios par région rend également compte des variations hétérogènes de variables économiques et financières clés, telles que la croissance de l'investissement public et privé intérieur, l'investissement direct étranger, le ratio dette publique/PIB, le financement climatique international pour les pays en développement et la structure capitalistique du secteur de l'énergie, en mettant en évidence des leviers décisifs pour financer la transition climatique en Afrique.

4.1. Introduction

Le présent chapitre examine les besoins de financement pour la transition vers une économie bas carbone en Afrique, en s'appuyant sur une analyse de scénarios conforme au scénario des engagements annoncés (APS) défini par l'Agence internationale de l'énergie (AIE), et en mettant l'accent sur les obligations d'entreprise. Il a principalement pour objet de mettre en évidence les évolutions nécessaires des marchés des obligations d'entreprise, de l'intégration des marchés de capitaux régionaux, de l'investissement direct étranger et du financement climatique international pour permettre aux sociétés du secteur de l'énergie de réaliser les investissements nécessaires à la transition climatique. L'analyse examine l'Afrique du Nord et l'Afrique subsaharienne séparément.

Principaux constats

- **D'après le scénario des engagements annoncés (APS) de l'AIE, les investissements actuels dans les énergies propres doivent être multipliés par 2.4 en Afrique du Nord et par 1.8 en Afrique subsaharienne pour atteindre les objectifs fixés à l'horizon 2026.** Si les investissements dans ces régions, respectivement de 14 milliards USD et 33 milliards USD en 2024, ne satisfont pas à ces exigences, ils ont néanmoins augmenté respectivement de 16 % et 14 % par an au cours des trois dernières années, dépassant la croissance du PIB, qui a été de 3.3 % en Afrique du Nord et de 2.2 % en Afrique subsaharienne.
- **Les trajectoires d'investissement seront très différentes selon que la majeure partie des investissements seront réalisés par le secteur public ou par le secteur privé.** Les scénarios présentés ne contiennent pas de recommandations à l'intention des gouvernements, pas plus qu'ils ne représentent les projections les plus probables des évolutions futures. Leur analyse permet de quantifier les implications respectives d'un scénario où les investissements sont majoritairement le fait du secteur public et d'un scénario où les marchés de capitaux jouent le rôle principal, aidant ainsi les pouvoirs publics à en évaluer la faisabilité et à définir les mesures à prendre.
- **Dans notre scénario de référence**, reposant sur l'hypothèse que la croissance des investissements climatiques des secteurs public et privé se poursuit conformément aux tendances récentes, **l'Afrique du Nord et l'Afrique subsaharienne sont confrontées à des déficits d'investissement à moyen terme (respectivement jusqu'en 2044 et 2037), mais dégagent ensuite des excédents d'investissement** dépassant les objectifs du scénario des engagements annoncés (APS) de l'AIE. Toutefois, l'APS n'a pas les ambitions de l'Accord de Paris, qui exigent des investissements annuels nettement plus élevés jusqu'en 2050.
- **Dans le scénario où le secteur public fournit des financements supplémentaires pour répondre aux besoins d'investissement par l'émission de titres de dette** ou en apportant un soutien au financement climatique qui va au-delà du nouvel objectif chiffré collectif pour le financement de l'action climatique fixé lors de la 29e Conférence des Nations Unies sur les changements climatiques (COP29), **l'Afrique du Nord aura besoin d'un soutien supplémentaire annuel moyen de 9 milliards USD (2025-50)** lorsque la dette publique sera devenue insoutenable, **tandis que l'Afrique subsaharienne financera ses besoins d'investissement sans apports supplémentaires de financement du développement**.
- **Dans un scénario où le secteur privé procure la totalité des financements supplémentaires requis pour satisfaire les besoins d'investissement, un développement considérable des marchés de capitaux serait nécessaire en Afrique du Nord et en Afrique subsaharienne.** Cela vaut tout particulièrement pour la dette négociable des entreprises du

secteur de l'énergie dans les deux régions, qui devrait croître à des taux annuels de 20.4 % et 14.9 %, respectivement, entre 2024 et 2050.

- **Dans les trois scénarios analysés, la dette négociable des entreprises du secteur de l'énergie croît au moins trois fois plus vite que le PIB en Afrique du Nord et cinq fois plus vite en Afrique subsaharienne,** ce qui met en évidence à la fois le défi que représente la mobilisation des marchés de la dette pour la transition bas carbone et le potentiel du secteur privé pour faire progresser cette transformation.
- **L'intégration des marchés de capitaux africains pourrait jouer un rôle clé dans la transition énergétique de l'Afrique.** Le Projet de liaison des bourses africaines (*African Exchange Linkage Project*, AELP), qui s'est récemment étendu pour relier dix grandes bourses couvrant 90 % de la capitalisation boursière du continent, qui s'élève à 1 500 milliards USD, pourrait diversifier et accroître les sources de financement, en suivant des modèles d'intégration tels que celui de nuam en Amérique du Sud.

4.2. Estimations des investissements passés et futurs dans le scénario de transition climatique APS

Sont étudiés dans la présente section les investissements récents dans la transition climatique et les financements nécessaires pour réaliser le scénario des engagements annoncés de l'AIE, en retenant une segmentation par secteur énergétique et par région.

4.2.1. Investissements passés et futurs dans la transition climatique

L'AIE propose une ventilation fine, entre les sous-secteurs et les régions africaines, des investissements récents dans la transition climatique et des besoins d'investissement futurs qu'il faudra satisfaire pour atteindre les objectifs de neutralité carbone de l'Afrique du Nord et subsaharienne. Si le périmètre des activités d'investissement tracé par l'AIE couvre principalement l'atténuation du changement climatique et englobe pour partie des composantes transversales (autrement dit des investissements obéissant à la fois à des objectifs d'atténuation du changement climatique et d'adaptation au changement climatique), il n'embrasse pas complètement l'investissement dans l'adaptation au changement climatique, l'indemnisation des pertes et dommages et la préservation de la nature. Les investissements dans l'adaptation au changement climatique et la préservation de la nature n'entrent pas dans le champ de l'analyse principale qui est présentée dans ce chapitre.

Pour l'AIE, les investissements totaux dans la transition climatique sont les « investissements totaux dans les énergies propres » qu'elle ventile entre production d'électricité renouvelable, réseaux électriques, stockage par batteries, combustibles propres et captage dans l'air, efficacité énergétique et technologies d'utilisation finale dans les transports, les bâtiments et l'industrie. La production d'électricité renouvelable comprend l'énergie solaire, éolienne et nucléaire, ainsi que d'autres sources d'énergie renouvelables. Les combustibles propres comprennent l'hydrogène et les biocarburants. Le Graphique 4.1 montre que la croissance des investissements dans les énergies propres en Afrique du Nord et en Afrique subsaharienne a dépassé celle des secteurs de l'énergie à forte intensité d'émission, l'APS de l'AIE prévoyant que cette tendance se poursuive jusqu'en 2050.

En Afrique du Nord, les investissements dans les énergies propres sont passés de 10 milliards USD en 2015 à 14 milliards USD en 2024, soit un taux de croissance annuel composé (TCAC) de 3.8 %, tandis que les investissements dans les énergies à forte intensité d'émission ont diminué, passant de 46 milliards USD à 23 milliards USD sur la même période (TCAC de -7.4 %). Il convient toutefois de noter qu'il y a eu une accélération des investissements dans les énergies propres au cours des cinq dernières années, ces derniers progressant à un TCAC de 11.8 % sur la période, après une baisse des investissements entre 2015 et 2019. À l'inverse, les investissements dans les actifs à forte intensité d'émission ont diminué au TCAC de 8.1 % au cours des cinq dernières années.

En ce qui concerne l'avenir, les investissements dans les énergies propres en Afrique du Nord devront avoir atteint 89 milliards USD en 2050 (TCAC de 7.4 %), tandis que les investissements dans les énergies à forte intensité d'émission continueront de diminuer pour s'établir à 11 milliards USD (TCAC de -2.4 %).

En Afrique subsaharienne, les investissements dans les énergies propres sont passés de 19 milliards USD en 2015 à 33 milliards USD en 2024, soit un TCAC de 6.3 %, tandis que les investissements dans les énergies à fortes émissions ont diminué, passant de 78 milliards USD à 47 milliards USD sur la même période (TCAC de -5.5 %). Au cours des cinq dernières années, les investissements dans les énergies propres ont progressé à un TCAC de 14.2 %, après une baisse entre 2015 et 2019. Les investissements dans les actifs à fortes émissions en Afrique subsaharienne ont augmenté au TCAC de 5.5 % au cours des cinq dernières années, ce qui contraste avec la baisse de ces investissements en Afrique du Nord au cours de la même période

À l'avenir, les investissements dans les énergies propres en Afrique subsaharienne devront avoir atteint 202 milliards USD en 2050 (TCAC de 7.3 %), tandis que les investissements dans les énergies à fortes émissions devront tomber à 10 milliards USD (TCAC de -4.8 %).

Graphique 4.1. Estimations des investissements passés et futurs dans la transition climatique dans le scénario APS de l'AIE

L'investissement total dans les énergies propres en Afrique du Nord et en Afrique subsaharienne devra continuer d'augmenter à des taux annuels de 7.4 % et 7.3 %, respectivement, entre 2025 et 2050, pour tenir les engagements annoncés.

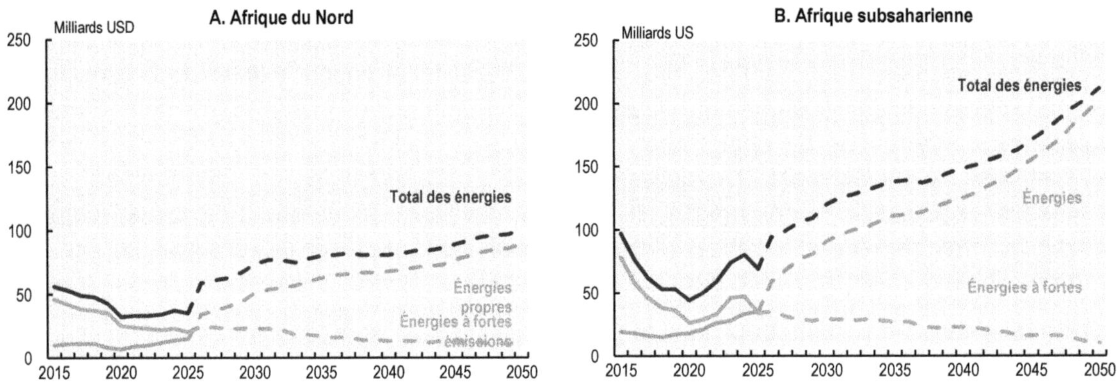

Source : Base de données propriétaires de l'AIE.

Le Graphique 4.2 présente une ventilation des investissements dans les énergies propres par secteur énergétique. En Afrique du Nord, les investissements dans la production d'électricité d'origine renouvelable sont passés de 2 milliards USD en 2019 à 5 milliards USD en 2024 (TCAC de 20.1 %) et devraient atteindre 27 milliards USD en 2050 (TCAC de 6.6 % sur la période 2024-50). Ce dernier taux masque toutefois des besoins de croissance initiaux élevés, les investissements devant quadrupler pour atteindre 20 milliards USD d'ici à 2026 avant de culminer à 28 milliards USD en 2034 (TCAC de 19.0 % de 2024 à 2034) puis de diminuer progressivement avant de repartir à la hausse entre 2041 et 2050. La production d'électricité d'origine renouvelable nécessite des investissements concentrés en début de période pour éviter que les émissions ne se pérennisent, ce qui explique un pic initial. L'augmentation suivante des besoins d'investissement dans cette catégorie est ensuite imputable aux coûts de remplacement et de réparation des premières installations solaires et éoliennes.

Les investissements dans l'efficacité énergétique et les technologies d'utilisation finale en Afrique du Nord, qui sont passés de 2 milliards USD en 2019 à 5 milliards USD en 2024 (TCAC de 20.1 %), devraient atteindre 31 milliards USD d'ici à 2050 (TCAC de 7.2 %) et croître tout au long de la période pour devenir la catégorie d'investissement dominante avant 2050. Les investissements dans les réseaux électriques sont restés relativement stables, passant de 4 milliards USD en 2019 à 5 milliards USD en 2024 (TCAC de 4.6 %), et devraient atteindre 18 milliards USD d'ici à 2050 (TCAC de 5.1 %), même s'ils se stabilisent à partir de 2040. Le stockage par batterie et les combustibles propres/le captage dans l'air restent des composantes relativement mineures, n'atteignant respectivement que 1 milliard USD et 12 milliards USD à l'horizon 2050.

En Afrique subsaharienne, les investissements dans la production d'électricité d'origine renouvelable ont plus que doublé, passant de 7 milliards USD en 2019 à 16 milliards USD en 2024 (TCAC de 18.0 %), et devraient atteindre 69 milliards USD en 2050 (TCAC de 5.8 %). Comme en Afrique du Nord, il faudra pour cela une forte croissance initiale, ces investissements devant atteindre 36 milliards USD en 2026, culminer à 50 milliards USD en 2031 (TCAC de 12.1 % de 2024 à 2031) puis se stabiliser. Les investissements dans l'efficacité énergétique et les technologies d'utilisation finale sont passés de 5 milliards USD en 2019 à 9 milliards USD en 2024 (TCAC de 12.5 %), et devraient augmenter fortement pour atteindre 97 milliards USD en 2050 (TCAC de 9.5 %), croissant toujours plus rapidement pour devenir la catégorie dominante, représentant près de la moitié du total des investissements dans les énergies propres en 2050. Les investissements dans les réseaux électriques ont plus que doublé, passant de 4 milliards USD en 2019 à 9 milliards USD en 2024 (TCAC de 17.6 %), et devraient atteindre 20 milliards USD d'ici à 2050 (TCAC de 3.1 %), croissant de manière régulière sur toute la période alors qu'ils finissent par atteindre un palier en Afrique du Nord. Le stockage par batterie passera à 10 milliards USD et les combustibles propres à 2 milliards USD en 2050, restant relativement marginaux dans la combinaison globale d'investissements des deux régions.

Graphique 4.2. Estimations des besoins d'investissement futurs par catégorie d'énergie

Alors que les investissements dans la production d'électricité d'origine renouvelable doivent croître rapidement au début avant de se stabiliser dans les années 2030, les investissements dans l'efficacité énergétique et les technologies d'utilisation finale augmentent régulièrement tout au long de la période.

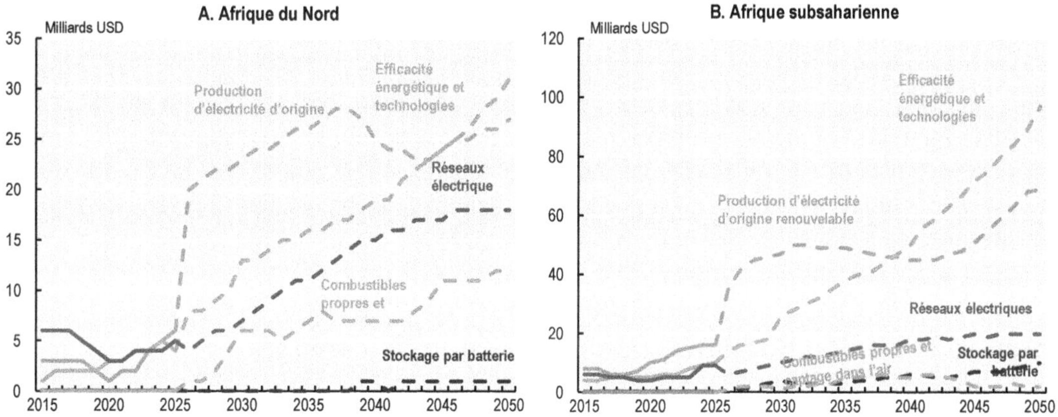

Source : Base de données propriétaires de l'AIE.

4.2.2. Méthodologie et scénario APS sous-jacent de l'AIE

L'analyse de l'Afrique repose sur le scénario APS de l'AIE, car il s'agit d'un objectif ambitieux mais pragmatique. Bien que la croissance à long terme des investissements dans les énergies propres requise dans le scénario APS (7.4 % en Afrique du Nord et 7.2 % en Afrique subsaharienne) dépasse largement les taux de croissance du PIB à long terme de ces régions (respectivement 2.2 % et 4.1 %), ces taux de croissance restent inférieurs, mais proches, de la croissance historique des investissements dans les énergies propres observée depuis 2019.

Les lecteurs doivent savoir que si l'APS intègre tous les engagements climatiques annoncés, y compris les contributions déterminées au niveau national et les engagements à long terme de neutralité carbone, il n'atteint pas la neutralité carbone à l'échelle mondiale d'ici à 2050. Au lieu de cela, les émissions mondiales devraient passer de 38 $GtCO_2$ en 2023 à 17 $GtCO_2$ en 2050. L'APS ne respecte que l'objectif de limitation du réchauffement planétaire à environ 1.7 °C d'ici à 2100, qui dépasse la limite de 1.5 °C visée par l'Accord de Paris à l'horizon 2050 (AIE, 2023[1]). Par conséquent, le scénario APS représente une trajectoire ambitieuse mais insuffisante, et des mesures supplémentaires devront être prises, au-delà des engagements actuellement annoncés, pour parvenir à une parfaite neutralité carbone d'ici le milieu du siècle.

Bien que l'on ne dispose pas de données spécifiques à l'Afrique pour le scénario de réduction à zéro des émissions nettes de CO_2 d'ici à 2050 (scénario ZEN) de l'AIE, les différences en termes de besoins d'investissement et d'ambition entre les scénarios ZEN et APS pour les économies de marché émergentes et en développement (MEED) autres que la Chine sont importantes. Dans ces économies, on estime que les besoins d'investissement dans le scénario ZEN sont supérieurs d'environ 32 % à ceux de l'APS pour la période 2026-30, de 45 % pour la période 2031-35 et de 28 % à partir de 2036.

4.3. Sources de financement des investissements réalisés récemment dans le secteur de l'énergie

La présente section a pour objet d'étudier la structure actuelle du capital des entreprises du secteur de l'énergie (qui se compose des entreprises énergétiques et des sociétés de services collectifs liés à l'énergie), en suivant la même méthode d'analyse que celle présentée au chapitre quatre du Rapport sur la dette mondiale 2025 publié par l'OCDE (OCDE, 2025[2]), et en s'intéressant tout particulièrement à l'utilisation qu'elles font des obligations classiques et des obligations durables.

4.3.1. Investissements du secteur public et du secteur privé

Des données spécifiques à l'Afrique sur la répartition des contributions publiques et privées aux investissements dans les énergies propres n'étaient pas disponibles au moment de la publication. L'analyse s'appuie donc sur des estimations pour les MEED à l'exclusion de la Chine, qui couvrent également la région Afrique. Au sein de ce groupe, on estime que les sources publiques ont représenté 22 % des investissements dans les énergies propres en 2023, une part qui est restée globalement stable ces dernières années (AIE, 2024[3] ; 2024[4]).

4.3.2. Structure du capital des entreprises du secteur de l'énergie

Si les investissements dans l'atténuation du changement climatique couvrent divers secteurs, dont l'efficacité énergétique et les technologies d'utilisation finale dans les transports, l'immobilier et l'industrie, la suite de l'analyse présentée dans cette section porte essentiellement sur celui de l'énergie (c'est-à-dire hors investissements dans l'efficacité énergétique et les technologies d'utilisation finale dans d'autres secteurs). La principale raison en est que les investissements dans la transition climatique réalisés dans ce secteur selon le scénario APS de l'AIE sont nettement plus élevés que dans d'autres scénarios ne permettant pas d'atteindre les objectifs de l'Accord de Paris, comme le scénario des politiques annoncées (STEPS), ce qui entraîne une augmentation de la taille des marchés du secteur de l'énergie. La section « Évolution des marchés d'actions et d'obligations dans le secteur de l'énergie » contient des estimations de l'évolution de la taille des marchés des actions et des obligations d'entreprises du secteur de l'énergie qui en résulte.

En revanche, il ressort de l'édition 2023 des *Perspectives des transports* (FIT, 2024[5]) qu'une part croissante des investissements liés à la transition climatique dans les transports, conformément à leur scénario d'ambitions élevées, conduit à des besoins d'investissement totaux moindres en raison d'une utilisation plus efficiente des infrastructures et du passage à des modes de transport durables. Les besoins annuels d'investissement dans les infrastructures essentielles sont estimés à l'équivalent de 1.7 % du PIB mondial d'ici à 2050 selon le scénario des ambitions inchangées, et les estimations sont à peine moins élevées (1.6 %) selon le scénario d'ambitions élevées conforme à l'Accord de Paris. C'est pourquoi il est peu probable que les investissements dans l'atténuation du changement climatique dans le secteur des transports entraînent une augmentation notable de la taille des marchés des actions et des obligations de ce secteur.

La structure du capital (autrement dit les parts respectives des différentes sources de financement) des sociétés cotées du secteur de l'énergie et de ses sous-secteurs – notamment ceux des énergies fossiles et des énergies renouvelables – varie selon la nature de leur modèle économique et du développement du secteur bancaire et des marchés de capitaux dans les pays où elles exercent leurs activités. La présente section se fonde sur les données de 55 sociétés cotées du secteur de l'énergie, couvrant l'ensemble des secteurs africains de l'énergie et des services collectifs liés à l'énergie, et propose une ventilation de leur capital entre dette négociable, dette non négociable (et autres passifs), et fonds propres. La dette non négociable comprend les prêts bancaires et les contrats de location-financement, et les autres passifs comprennent notamment les comptes créditeurs, les produits constatés d'avance, les engagements au titre du régime de retraite et d'autres avantages postérieurs à l'emploi ou encore les impôts différés.

Les résultats sont présentés suivant deux méthodes distinctes :

1. avec les obligations, la dette hors obligations et les fonds propres, qui constituent les instruments de financement des entreprises du secteur, exprimés en pourcentage de la somme de la dette et des fonds propres (Graphique 4.3, partie A) ;
2. avec les obligations, la dette hors obligations, les autres passifs et les fonds propres, exprimés en pourcentage du total des actifs (égal à la somme des fonds propres et des passifs), cette méthode donnant une vision plus complète des ressources employées par les entreprises pour financer la totalité de leurs actifs (Graphique 4.3, partie B).

La section « Évolution des marchés d'actions et d'obligations dans le secteur de l'énergie » a pour objet d'établir des estimations de l'évolution des actifs du secteur de l'énergie à partir des besoins d'investissement ressortant du scénario APS de l'AIE et, en appliquant l'identité comptable fondamentale selon laquelle le montant total des actifs est égal à celui des sources de financement, elle fait correspondre à l'accroissement des actifs du secteur un montant équivalent de sources de financement, telles que définies dans la seconde méthode.

Graphique 4.3. Structure du capital du secteur de l'énergie en Afrique en 2024

Les entreprises du secteur énergétique en Afrique ne présentent pas un niveau élevé de dette négociable, les entreprises nord-africaines recourant davantage à l'endettement sous forme de dette non négociable, tandis que les entreprises subsahariennes recourent davantage au financement par fonds propres.

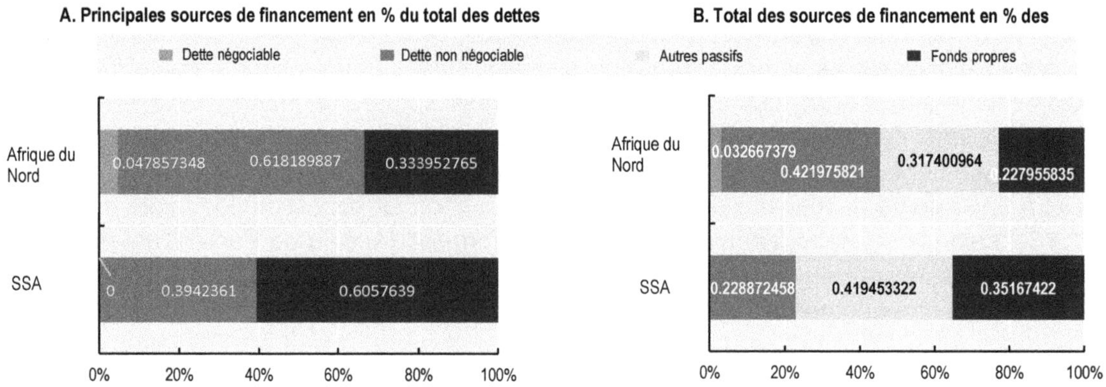

Note : Les parts correspondent aux valeurs totales pour le secteur (les grandes entreprises ayant un poids supérieur dans les calculs). Cette analyse repose sur les données financières des entreprises de 2024.
Source : Ensemble de données de l'OCDE sur la durabilité des entreprises ; LSEG.

En 2024, le financement obligataire des entreprises du secteur de l'énergie en Afrique du Nord représentait 5 % de la somme de la dette et des fonds propres, tandis que les entreprises du secteur de l'énergie en Afrique subsaharienne n'avaient pas d'encours d'obligations cotées. L'endettement était également plus élevé en Afrique du Nord, les entreprises y recourant davantage à la dette négociable et à la dette non négociable (celle-ci représentant 62 % de la somme de la dette et des fonds propres contre 39 % en Afrique subsaharienne), et moins au financement sur fonds propres (33 % contre 61 % en Afrique subsaharienne).

Lorsque l'on considère les parts relatives des différentes sources de financement des actifs totaux (en tenant compte des autres passifs), telles qu'elles sont indiquées dans la partie B du Graphique 4.3, les différences entre régions subsistent, même si les pourcentages des obligations et des fonds propres diminuent du fait de l'accroissement du dénominateur. Cet effet est particulièrement prononcé en Afrique subsaharienne, où les autres passifs sont plus importants en proportion.

4.3.3. Tendances des marchés des obligations d'entreprises et des obligations durables dans le secteur africain de l'énergie

Alors que la dette négociable des entreprises cotées du secteur de l'énergie est restée limitée à 300 milliards USD en Afrique du Nord et était inexistante en Afrique subsaharienne en décembre 2024 (graphique 4.3), les données de 2025 indiquent une tendance à la hausse. En outre, l'analyse de la dette négociable des entreprises non cotées montre une activité obligataire plus élevée, en particulier de la part d'une entreprise énergétique publique non cotée en Afrique subsaharienne.

En Afrique du Nord, une société cotée supplémentaire a émis des titres de dette négociables, portant l'encours total de la dette à 367 milliards USD en juillet 2025. De même, une entreprise d'Afrique subsaharienne (cotée au Nigéria) a émis des titres de dette négociables (même s'ils ont été émis et cotés en Europe et aux États-Unis plutôt que sur son marché intérieur) à hauteur de 650 millions USD.

Le secteur africain de l'énergie restait absent du marché des obligations durables en juillet 2025, aucun titre de ce type n'ayant été émis.

4.4. Scénarios de financement des investissements futurs dans la transition climatique

4.4.1. Méthodologie et hypothèses de scénario

Cette section décrit trois scénarios de financement des investissements futurs dans la transition climatique tous secteurs confondus, chacun offrant une perspective différente sur la façon dont les marchés financiers pourraient évoluer en fonction des choix fondamentalement différents des pouvoirs publics et du secteur privé. Il s'agit d'un Scénario de référence (ScR), d'un Scénario reposant sur le secteur public (ScSP) et d'un Scénario reposant sur les marchés de capitaux (ScMC). Chaque scénario est fondé sur des hypothèses différentes concernant la croissance de l'investissement dans l'atténuation du changement climatique, la répartition de l'investissement entre les secteurs public et privé, le financement climatique en faveur des pays en développement et l'IDE de création. Le Tableau 4.1 donne une vue synthétique des hypothèses sous-jacentes et des indicateurs de résultats sur lesquels des explications plus détaillées figurent dans les sections suivantes et à l'Annexe 4.A.

Ces scénarios n'aboutissent pas à la formulation de recommandations précises à l'intention des pouvoirs publics les invitant à adopter une stratégie en particulier, pas plus qu'ils ne représentent les projections les plus probables des évolutions à venir. En tout état de cause, le ScR peut être considéré comme plus réaliste à court terme, sachant que les marchés de capitaux devraient se situer, à long terme, quelque part entre les deux extrêmes que représentent le ScSP et le ScMC. Cela étant, l'intérêt de cet exercice d'analyse de scénarios réside pour partie dans le fait qu'il permet d'illustrer combien il serait irréaliste de trop s'en remettre soit au secteur public, soit au secteur privé.

S'en remettre pour l'essentiel à des financements publics pourrait amener à des niveaux et des dynamiques intenables d'endettement public. À l'inverse, s'appuyer à l'excès sur le secteur privé pour combler des déficits d'investissement à court et moyen terme nécessiterait que la croissance de l'investissement du secteur privé et de l'endettement sur les marchés qui l'accompagne en Afrique du Nord et subsaharienne soit sensiblement supérieure à son niveau actuel. Cette tentative d'évaluation quantitative des conséquences des stratégies donnant le rôle principal au secteur public par rapport à celles privilégiant le financement sur les marchés de capitaux permet d'en apprécier la viabilité et de définir les mesures qu'il convient de prendre.

La section suivante décrit le ScR, dans lequel la croissance de l'investissement climatique, la part des investissements du secteur public et l'IDE de création évoluent selon les tendances historiques tandis que les objectifs de financement du développement adoptés lors de la COP29 sont atteints d'ici à 2035 (CCNUCC, 2024[6]). La section qui suit contient une présentation du ScSP, dans lequel les investissements du secteur public sont censés évoluer dans le droit fil des tendances antérieures, et le secteur public intensifie sa participation au financement des besoins à couvrir pour répondre aux attentes, en termes d'investissement dans l'atténuation du changement climatique, prévues dans le scénario APS de l'AIE décrit dans la section « Méthodologie et scénario APS sous-jacent de l'AIE ». Les résultats obtenus sont une contribution du secteur public à l'investissement et des ratios dette/PIB variables, qui constituent les indicateurs de résultats selon ce scénario.

Enfin, dans le ScMC, les hypothèses posées sont que les États sont soumis à des limitations du ratio dette/PIB (60 % pour l'Afrique du Nord et 55 % pour l'Afrique subsaharienne) et que les investissements du secteur privé financés sur les marchés de capitaux sont à la hauteur des besoins prévus dans le scénario APS de l'AIE. La limite du ratio dette/PIB pour l'Afrique subsaharienne tient compte des éclairages apportés par l'analyse de viabilité de la dette du FMI pour l'Afrique subsaharienne, la méthodologie détaillée étant présentée en annexe. Concernant les pays d'Afrique du Nord, pour lesquels le FMI n'a pas réalisé d'analyse comparable de la viabilité de la dette, le seuil de 60 % du PIB prévu par les mécanismes de réduction de la dette des règles budgétaires de l'UE est appliqué (Parlement européen, 2024[7]). Le cadre de l'UE prévoit deux seuils de déclenchement, à savoir un ratio dette/PIB de 60 % et un ratio dette/PIB de 90 %. Le ScMC repose également sur l'hypothèse que l'IDE de création est multiplié par trois (en proportion de l'investissement du secteur privé) d'ici à 2035.

Contrairement au ScMC, le ScSP offre aux deux régions une plus grande flexibilité en ce qui concerne le ratio dette publique/PIB, en fixant un plafond de 75 % du ratio dette/PIB pour l'Afrique du Nord, soit le point médian entre les deux seuils de la règle budgétaire de l'UE, et de 60 % pour l'Afrique subsaharienne, ce qui correspond au seuil inférieur. En 2024, le ratio dette/PIB de l'Afrique du Nord s'établissait à 72.8 %, tandis que celui de l'Afrique subsaharienne atteignait 61.1 %. Le FMI prévoit que le ratio de l'Afrique subsaharienne, en l'absence d'emprunts supplémentaires liés à la transition climatique, passera à 54.9 % d'ici à 2030, ce qui donnera à la région une marge de manœuvre budgétaire pour se rapprocher de la limite de 60 % prévue par le ScSP.

Le ScSP et le ScMC s'appuient sur les estimations du ratio dette/PIB du FMI. Ces chiffres de référence ne prennent pas en compte les dépenses du secteur public allouées à la transition climatique figurant dans le scénario APS de l'AIE. C'est pourquoi le financement futur, par le secteur public, des investissements dans la transition climatique conformément au scénario APS de l'AIE représente un fardeau supplémentaire, en termes de dette publique, dans l'analyse de scénarios présentée dans ce chapitre. Dans tous les scénarios, le ratio dette publique/PIB est supposé rester à son niveau de référence en l'absence d'investissements dans la transition climatique, abstraction faite des pressions autres s'exerçant sur les finances publiques, comme celles résultant du vieillissement des populations (Guillemette et Turner, 2021[8]).

Tableau 4.1. Hypothèses posées par les scénarios et indicateurs de résultats

	Scénario de référence	Scénario reposant sur le secteur public	Scénario reposant sur les marchés de capitaux
Croissance de l'investissement climatique du secteur public	Moyenne sur les trois dernières années ; puis convergence avec la croissance du PIB à long terme	Besoins d'investissement satisfaits (compensation de tout déficit du côté du secteur privé)	Moyenne sur les trois dernières années jusqu'à la limite dette/PIB ; puis croissance nulle
Croissance de l'investissement climatique du secteur privé	Moyenne sur les trois dernières années ; puis convergence avec la croissance du PIB à long terme	Moyenne sur les trois dernières années ; puis convergence avec la croissance du PIB à long terme	Besoins d'investissement satisfaits (compensation de tout déficit du côté du secteur public)
Contributions du secteur public/privé (%)	Niveau constant (par rapport à celui de 2024)	Indicateur de résultat	Indicateur de résultat
Excédent/déficit d'investissement	Indicateur de résultat	Aucun / Respect des exigences du scénario APS, celles-ci étant dépassées à mesure que l'investissement du secteur privé augmente	Aucun / Respect des exigences de la norme APS, à mesure que l'investissement du secteur privé et l'IDE augmentent
IDE de création	Constant en proportion de l'investissement du secteur privé	Constant en proportion de l'investissement du secteur privé	Multiplié par trois d'ici à 2035 en proportion de l'investissement du secteur privé
Dette publique/PIB	Indicateur de résultat	Indicateur de résultat avec plafonds (75 % pour l'Afrique du Nord et 60 % pour l'Afrique subsaharienne)	Indicateur de résultat avec plafonds (60 % pour l'Afrique du Nord et 55 % pour l'Afrique subsaharienne)
Financement climatique fourni et mobilisé par les fournisseurs internationaux	Croissance linéaire jusqu'à 300 milliards USD en 2035, puis niveau constant	300 milliards USD d'ici à 2035, nouvelle augmentation lorsque les régions auront atteint leur plafond dette/PIB	Croissance linéaire jusqu'à 300 milliards USD en 2035, puis niveau constant
Ratio dettes/fonds propres des entreprises du secteur de l'énergie	Niveau constant (par rapport à celui de décembre 2024)	Niveau constant (par rapport à celui de décembre 2024)	Converge avec le ratio des MEED autres que la Chine d'ici à 2050 (OCDE, 2025[2])
Ratio dette obligataire/dette non obligataire des entreprises du secteur privé de l'énergie	Niveau constant (par rapport à celui de décembre 2024)	Niveau constant (par rapport à celui de décembre 2024)	Converge avec le ratio des MEED autres que la Chine d'ici à 2050 (OCDE, 2025[2])

	Scénario de référence	Scénario reposant sur le secteur public	Scénario reposant sur les marchés de capitaux
Tailles des marchés d'obligations et d'actions des entreprises du secteur de l'énergie	Indicateur de résultat	Indicateur de résultat	Indicateur de résultat

4.4.2. Scénario de référence

Le ScR ne nécessite pas d'investissements dans l'atténuation du changement climatique pour la réalisation des objectifs annuels définis dans le scénario APS de l'AIE ; il repose en revanche sur l'hypothèse que l'investissement croît dans un premier temps au taux moyen calculé sur les trois années précédentes (2022 à 2024) et converge vers la croissance du PIB à long terme. Le déficit d'investissement est défini comme la différence entre les projections des investissements réels et requis et le report des déficits annuels d'une année sur l'autre crée un déficit d'investissement cumulé. Ce scénario simplifié ne rend pas compte de l'accroissement des besoins d'investissement futurs résultant du report de certains investissements au cours de périodes antérieures.

Dans un premier temps, la poursuite des investissements à un rythme égal aux taux de croissance antérieurs crée des déficits de financement en Afrique du Nord et subsaharienne. Toutefois, comme le montre le Graphique 4.1, la courbe de la croissance des besoins d'investissement dans la transition climatique s'aplatit à partir de 2031 en Afrique du Nord et en Afrique subsaharienne, ce qui facilite le comblement du déficit d'investissement et à terme la production d'excédents. En Afrique subsaharienne, les besoins d'investissement repartent à la hausse à partir de 2042, mais la croissance du PIB à long terme de la région favorise le maintien de la capacité d'investissement, créant un excédent croissant au fil du temps. L'analyse repose sur l'hypothèse que les investissements dans la transition climatique convergent vers les taux de croissance du PIB à long terme.

La création d'un excédent n'indique pas que l'Afrique du Nord et l'Afrique subsaharienne parviennent à la neutralité carbone. Si les deux régions sont confrontées à des déficits d'investissement à court et moyen terme par rapport aux engagements annoncés dans le scénario APS, elles finissent par respecter et dépasser ces engagements. Toutefois, ces niveaux d'investissement restent insuffisants pour satisfaire aux besoins du scénario ZEN.

Si la croissance de l'investissement se poursuit en 2025 et 2026 au rythme moyen des trois dernières années – 16 % pour l'Afrique du Nord et 14 % pour l'Afrique subsaharienne –, on estime que l'investissement annuel prévu pour 2026 sera inférieur de 45 % aux niveaux requis en Afrique du Nord et de 27 % en Afrique subsaharienne. De même, les niveaux actuels de 2024 sont inférieurs de 59 % et 44 % aux besoins de 2026, et doivent donc être multipliés par 2.4 et par 1.8, respectivement. Le déficit d'investissement à court terme de l'Afrique du Nord, plus élevé, n'empêche pas qu'il soit comblé (en 2045), compte tenu des taux de croissance relativement élevés de l'investissement dans la région à court et moyen terme, avant qu'ils ne convergent vers le taux de croissance du PIB à long terme d'environ 1 % d'ici à 2050.

Le déficit d'investissement de l'Afrique subsaharienne, plus faible, se comble d'ici à 2038 et permet à la région de dégager un excédent cumulé plus élevé, grâce à une croissance plus forte de son PIB à long terme, d'environ 4 %, taux vers lequel converge la croissance des investissements dans les énergies propres dans le ScR. Si les tendances récentes en matière de croissance peuvent être maintenues et renforcées, les pays africains pourraient être en mesure de dépasser leurs engagements annoncés et viser à réduire l'écart par rapport aux besoins du scénario ZEN à moyen et long terme.

Le Graphique 4.4 présente des projections des investissements annuels réels et requis (axe secondaire) et du déficit ou de l'excédent cumulé qui en résulte (axe primaire). Toutefois, les projections des tendances récentes en matière d'investissement ne tiennent pas compte des pics et de l'accélération possibles de la croissance de l'investissement en raison de mégaprojets d'énergie renouvelable tels que le Grand barrage de la renaissance éthiopienne, dont la capacité installée est d'environ 5 150 MW (Webuild S.p.A., 2025[9]) et les coûts estimés à 5 milliards USD (Webuild Group, 2025[10]), qui a été principalement financé sur le marché intérieur, même si la banque chinoise Exim a financé l'achat des turbines et du matériel électrique des centrales hydroélectriques (Brookings, 2020[11]). À l'inverse, le Programme pour l'efficience et l'expansion du secteur de l'énergie en Angola, un projet de 530 millions USD visant à renforcer les infrastructures de transport et à intégrer la production d'électricité d'origine renouvelable, a été financé à hauteur de 480 millions USD par la Banque africaine de développement et de 50 millions USD par le Fonds pour un développement harmonieux en Afrique (*Africa Growing Together Fund*), un mécanisme de cofinancement soutenu par la Banque populaire de Chine (Groupe de la Banque africaine de développement, 2021[12]).

Graphique 4.4. Scénario de référence : investissements annuels prévus et requis et déficit/excédent cumulé d'investissement dans le scénario APS de l'AIE

Les investissements dans l'atténuation du changement climatique en Afrique du Nord et en Afrique subsaharienne résorbent les déficits d'investissement du scénario APS à moyen terme et dégagent des excédents cumulés avant 2050.

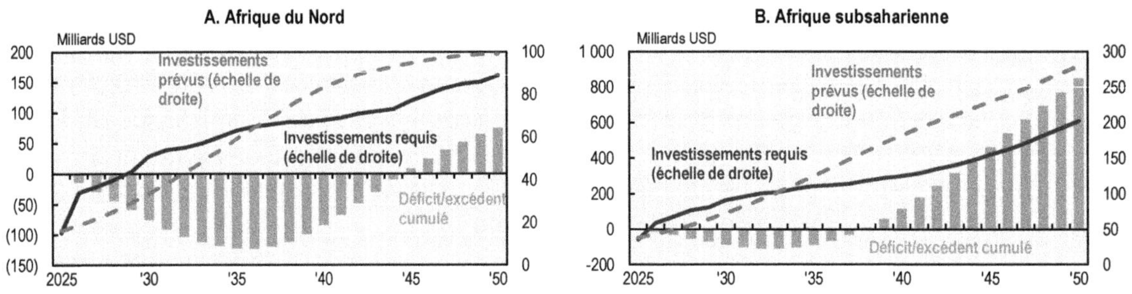

Note : Les investissements du secteur public tiennent compte des nouveaux objectifs de financement du développement fixés lors de la COP29 qui a eu lieu en novembre 2024. Le scénario est fondé sur une trajectoire d'accroissement linéaire qui portera le chiffre de 115.7 milliards USD en 2022 à 300 milliards USD en 2035, abstraction faite de la contribution du secteur privé et du financement du développement affecté à l'adaptation au changement climatique qui sont estimés en fonction de leurs parts respectives moyennes sur la période 2019–23 (OCDE, 2025[13]). Il repose également sur l'hypothèse que les parts des secteurs public et privé dans les investissements dans l'atténuation du changement climatique ne varient pas par rapport à décembre 2024 et s'inscrivent dans le prolongement des tendances récentes (IEA, 2024[16]).
Source : OCDE, base de données propriétaires de l'AIE.

4.4.3. Scénario reposant sur le secteur public

Dans le scénario reposant sur le secteur public (ScSP), l'hypothèse posée est que l'investissement du secteur privé continue de croître au rythme moyen observé sur les trois dernières années et que le secteur public procure les financements supplémentaires nécessaires pour répondre aux besoins d'investissement annuels prévus dans le scénario APS de l'AIE. Il n'y a donc pas de déficit d'investissement dans ce scénario. L'analyse repose sur l'hypothèse que tous les investissements du secteur public sont financés par la dette publique et non, par exemple, par des impôts supplémentaires. Une fois que l'investissement du secteur privé a rattrapé son retard et atteint des niveaux adéquats, l'investissement du secteur public est supposé diminuer en conséquence.

Contrairement au ScR, le ScSP prévoit une limitation à 75 % du ratio dette publique/PIB pour l'Afrique du Nord et à 60 % pour l'Afrique subsaharienne et repose sur l'hypothèse que tout investissement supplémentaire du secteur public requis au-delà de cette limite est financé par un accroissement des contributions des économies avancées au financement du développement. Le Graphique 4.5 illustre les projections qui en découlent.

Dans un premier temps, les deux régions ont besoin d'investissements accrus du secteur public de la part des gouvernements nationaux et des institutions de financement du développement, les investissements du secteur privé de ces régions et l'IDE augmentant progressivement au fil du temps. Alors que l'Afrique du Nord a besoin d'un soutien financier supplémentaire à l'appui du développement, les niveaux d'endettement actuels approchant le plafond de 75 % du PIB, la marge de manœuvre budgétaire plus importante de l'Afrique subsaharienne, dont les niveaux d'endettement sont inférieurs à 60 %, lui permet de financer les besoins du scénario APS principalement par emprunt public intérieur complété par le financement climatique multilatéral.

L'Afrique du Nord aura besoin d'une contribution totale de l'investissement du secteur public de 49 % en 2026, soit près de huit fois le niveau de 2024 (cet accroissement résultant principalement de financements du développement supplémentaires), avant de diminuer par la suite. De même, en Afrique subsaharienne, la contribution du secteur public sera de 41 % en 2026, soit trois fois plus qu'en 2024.

Alors que le secteur public nord-africain devrait soutenir les investissements dans les énergies propres de l'APS jusqu'en 2050, le secteur privé de l'Afrique subsaharienne devrait investir suffisamment pour couvrir ces besoins à partir de 2039. Cohérentes avec les résultats du ScR, ces données donnent à penser que, bien que l'Afrique subsaharienne soit confrontée à des défis importants à court terme et ait besoin d'un soutien politique soutenu comme ces dernières années, elle peut dépasser les objectifs de l'APS à long terme.

Le ScSP, ainsi que le ScMC, s'appuient sur les estimations de référence du ratio dette/PIB du FMI. Ces chiffres de référence ne prennent pas en compte les dépenses du secteur public allouées à la transition climatique figurant dans le scénario APS de l'AIE. C'est pourquoi le financement futur, par le secteur public, des investissements dans la transition climatique conformément au scénario APS de l'AIE représente un fardeau supplémentaire, en termes de dette publique, dans l'analyse de scénarios présentée dans ce chapitre.

Enfin, l'investissement direct étranger joue un rôle très différent dans le financement des énergies propres d'une sous-région d'Afrique à l'autre. En Afrique du Nord, il représente environ 34 % de l'investissement total, tandis qu'en Afrique subsaharienne ce taux est plus proche de 9 %. Le ScSP maintient l'IDE total dans le secteur de l'énergie à un niveau constant en pourcentage de l'ensemble des investissements énergétiques.

Graphique 4.5. Solution apportée par le secteur public : contributions à l'investissement dans l'atténuation du changement climatique et limitation du ratio dette/PIB

Le financement du secteur public devrait augmenter sensiblement à court terme dans les deux régions et couvrir au moins 40 % du financement total sur la période 2026-32 en Afrique du Nord et 2026-28 en Afrique subsaharienne.

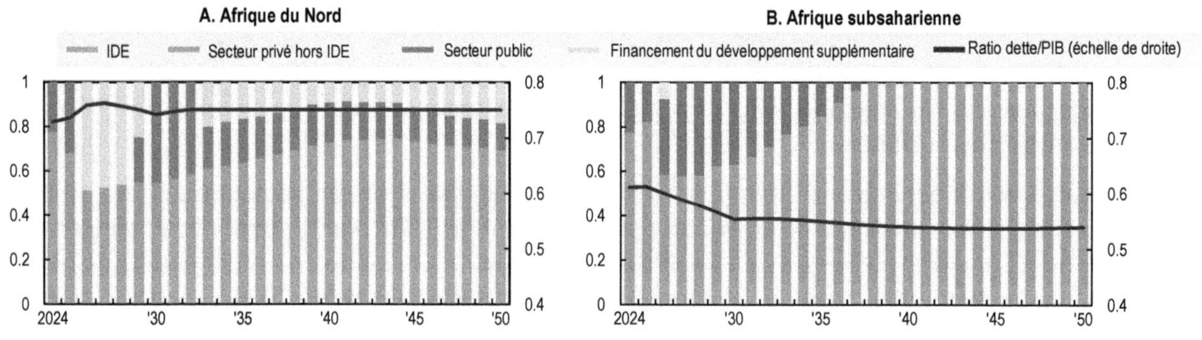

Note : Les investissements du secteur public tiennent compte des nouveaux objectifs de financement du développement fixés lors de la COP29 qui a eu lieu en novembre 2024. L'IDE a représenté environ 34 % du total des investissements en Afrique du Nord et 9 % en Afrique subsaharienne en moyenne au cours des trois dernières années. Le scénario est fondé sur une trajectoire d'accroissement linéaire qui portera le chiffre de 115.7 milliards USD en 2022 à 300 milliards USD en 2035, abstraction faite de la contribution du secteur privé et du financement du développement affecté à l'adaptation au changement climatique qui sont estimés en fonction de leurs parts respectives moyennes sur la période 2019–23 (OCDE, 2025[13]).

Source : OCDE, base de données propriétaires de l'AIE.

4.4.4. Scénario reposant sur les marchés de capitaux

Le scénario reposant sur les marchés de capitaux (ScMC) se fonde sur l'hypothèse que les projections d'investissements sont en phase avec les besoins annuels décrits dans le scénario des engagements annoncés (APS, *Announced Pledges Scenario*) de l'AIE. À la différence du scénario de référence (ScR) et du scénario reposant sur le secteur public (ScSP), le ScMC impose une limitation plus stricte du ratio dette souveraine/PIB, fixée à 60 % pour l'Afrique du Nord et à 55 % pour l'Afrique subsaharienne.

Lorsque la limite d'endettement en proportion du PIB est atteinte, le déficit d'investissement résiduel est comblé au moyen d'investissements privés financés par les marchés de capitaux. C'est pourquoi la répartition entre les contributions des secteurs public et privé demeure inchangée tant que la limite d'endettement en proportion du PIB n'est pas atteinte, puis ces contributions deviennent des indicateurs de résultats correspondant aux investissements nécessaires pour concrétiser les objectifs d'atténuation du changement climatique.

Pour atteindre les niveaux d'investissement requis, il faudrait que le taux de croissance annuel composé (TCAC) de l'investissement total du secteur privé (investissement intérieur et IDE) soit d'environ 77 % en Afrique du Nord et 51 % en Afrique subsaharienne de 2024 à 2026, étant donné que leur ratio dette/PIB limite l'investissement de leur secteur public en 2025 et 2026, au début de la période considérée.

Mesuré en proportion des investissements du secteur privé, l'IDE de création est supposé tripler d'ici à 2035, dans la mesure où il est présumé dans le ScMC que les sociétés financières et non financières pourront plus aisément réaliser des investissements transnationaux. À mesure que l'IDE et l'investissement intérieur du secteur privé s'étoffent au fil du temps, les régions affichent des excédents d'investissement, comme dans le ScR.

Dans le ScMC, les proportions d'actions, d'obligations et d'instruments de dette non négociables dans les financements sont supposées converger vers les niveaux tendanciels observés dans les autres marchés émergents et économies en développement (MEED) hors Chine, comme indiqué dans le

Rapport sur la dette mondiale 2025 de l'OCDE (OCDE, 2025[2]). Cela repose implicitement sur l'hypothèse que la qualité du cadre réglementaire applicable aux marchés de capitaux en Afrique atteindra un niveau comparable à celui qui prévaut dans les principaux MEED autres que la Chine, tandis que la part des financements concessionnels dans les financements totaux diminuera en conséquence.

Le Graphique 4.6 illustre l'évolution des sources de financement des sociétés cotées du secteur de l'énergie en Afrique à partir de décembre 2024. Il faudrait que le montant total des financements à long terme de l'Afrique du Nord soit multiplié par 22.4 d'ici à 2050, c'est-à-dire augmente au TCAC de 12.6 %, et la taille des marchés obligataires devrait être multipliée par 55.6 sur la même période, ce qui équivaut à un TCAC de 16.7 %. Or, le TCAC du PIB devrait ressortir à 2.2 % selon les projections.

En Afrique subsaharienne, le montant total des financements à long terme devrait être multiplié par 26.5 d'ici à 2050, c'est-à-dire augmenter au TCAC de 13.4 %. Alors qu'en décembre 2024, aucune société cotée d'Afrique subsaharienne n'avait de dette négociable à rembourser, il faudrait que la région se dote d'un marché sous-jacent d'une taille approximative de 52 milliards USD, trois fois supérieure à celle du marché de l'Afrique du Nord en 2050.

La différence en valeur absolue à l'horizon 2050 et l'augmentation plus rapide des financements de l'Afrique subsaharienne s'expliquent par deux facteurs. Premièrement, les besoins d'investissements cumulés totaux de l'Afrique subsaharienne dans l'APS sont égaux à 3 700 milliards USD, soit un niveau supérieur de 32 % aux 2 800 milliards USD auxquels ces besoins s'établissent pour l'Afrique du Nord. Deuxièmement, le recours plus important de l'Afrique du Nord à l'IDE réduit son besoin de trouver des financements sur les marchés de capitaux intérieurs.

Graphique 4.6. Solution apportée par les marchés de capitaux : évolution des sources de financement dans le secteur de l'énergie

Il faudrait que le montant des instruments de financement à long terme utilisés par les sociétés cotées soit multiplié par 22.4 en Afrique du Nord et 26.5 en Afrique subsaharienne entre 2024 et 2050 (ce qui correspond à des TCAC de 12.7 % et 13.4 %).

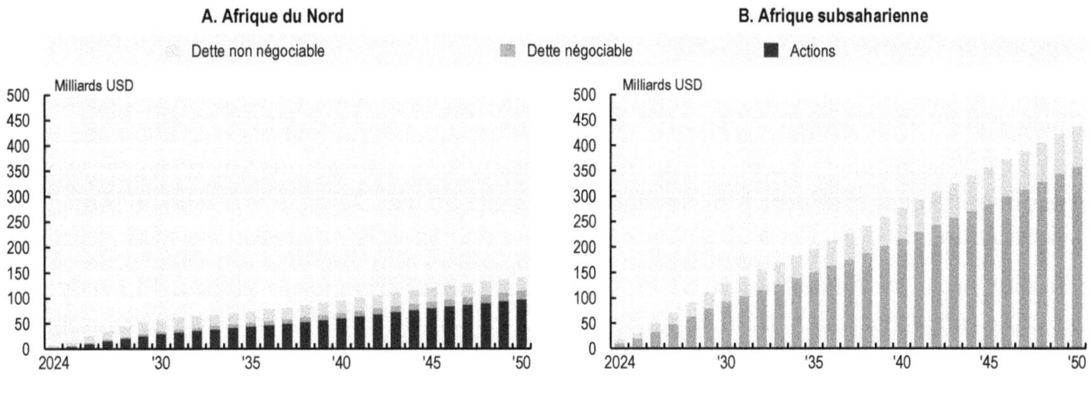

Note : les chiffres ne tiennent pas compte des passifs autres que les dettes. Les actions sont mesurées à leur valeur comptable.
Source : OCDE ; base de données propriétaire de l'Agence internationale de l'énergie (AIE) ; et LSEG.

L'analyse présentée dans le Graphique 4.6 ci-avant porte tout d'abord sur la valeur comptable des obligations et des instruments de dette non obligataires des sociétés cotées du secteur de l'énergie en décembre 2024, ainsi que sur la valeur comptable de leurs actions (pour en savoir plus sur la structure de leur capital, se reporter à la section « Investissements du secteur public et du secteur privé »). Elle tient compte des nouveaux financements par capitaux propres et par emprunt nécessaires pour satisfaire les besoins d'investissement dans les énergies propres et les actifs énergétiques à forte intensité d'émission d'après l'APS de l'AIE. L'analyse se fonde sur l'hypothèse que les entreprises dégageront chaque année un bénéfice (autrement dit, que leurs produits seront supérieurs à leurs charges), de sorte qu'elles seront en mesure de réinvestir l'équivalent du montant des amortissements, qui resteront constants, en pourcentage des actifs immobilisés, tout au long de la période considérée. Les sources de financement par capitaux propres peuvent être, dans le cadre de l'analyse, soit le réinvestissement de bénéfices, soit l'émission d'actions nouvelles, de sorte qu'aucune hypothèse n'est posée concernant la rentabilité future des entreprises du secteur de l'énergie.

Analyser le secteur de l'énergie suppose en effet de considérer qu'à mesure que les actifs énergétiques considérés dans leur ensemble (qui recouvrent à la fois des actifs à faible et à forte intensité d'émission) se déprécient, les actifs existants, dont l'intensité d'émission est relativement forte, sont progressivement remplacés par des actifs à faible intensité d'émission dont le poids relatif croît, compte tenu des parts respectives des actifs à faible et à forte intensité d'émission dans les investissements prévus selon l'APS de l'AIE. En outre, le ScMC repose sur l'hypothèse que les sociétés cotées financeront 45 % du total des investissements futurs du secteur privé. D'après la Banque européenne d'investissement (BEI), le capital-investissement, le capital-risque et l'investissement en infrastructures représentent environ 55 % de la totalité des fonds levés par les sociétés en Afrique, tandis que les 45 % restants sont imputables aux marchés de capitaux (BEI, 2024[14]).

4.4.5. Investissements transnationaux et financements climatiques provenant de fournisseurs internationaux

Dans tous les scénarios, on prend en compte les investissements transnationaux en Afrique du Nord et en Afrique subsaharienne en minorant leurs besoins d'investissement intérieur (tels qu'ils sont définis dans l'APS de l'AIE) d'un montant correspondant à l'IDE. Dans le ScR et le ScSP, l'IDE de création est supposé rester constant en proportion des investissements du secteur privé en Afrique du Nord et en Afrique subsaharienne, respectivement.

Entre 2022 et 2024, l'IDE dans les énergies renouvelables en Afrique du Nord et en Afrique subsaharienne a représenté en moyenne 34 % et 9 % des investissements énergétiques totaux, respectivement. Ces pourcentages ont été appliqués aux investissements attendus dans le secteur de l'énergie au cours de la période considérée dans le ScR et le ScSP.

Dans le ScMC, le ratio entre IDE et investissements totaux prévus dans l'APS triplera d'ici à 2050, pour atteindre environ 101 % en Afrique du Nord et 28 % en Afrique subsaharienne. Ce scénario permet à l'IDE d'excéder 100 % des investissements totaux prévus dans l'APS, car les besoins d'investissement selon l'APS resteront nettement inférieurs aux besoins annuels et cumulés selon le scénario de réduction à zéro des émissions nettes de CO_2 d'ici à 2050 dans le secteur de l'énergie au niveau mondial (scénario ZEN).

On estime l'IDE total en Afrique du Nord et en Afrique subsaharienne en 2024 à 14 milliards USD et 7 milliards USD respectivement, dont 6 milliards USD et 4 milliards USD peuvent être attribués aux investissements dans les énergies propres.

Le Graphique 4.7 montre l'IDE de création en Afrique du Nord et en Afrique subsaharienne dans chacun des trois scénarios. En Afrique du Nord, selon le ScMC, l'IDE total augmente au TCAC de 10.7 % et atteint 90 milliards USD en 2050 (ce qui représente une multiplication par 14.1 de la valeur correspondante de 2024). En revanche, dans le ScR et le ScSP, l'IDE de création augmente au TCAC de 6 % environ et ne dépasse pas 33 milliards USD. À titre de comparaison, l'augmentation observée dans les MEED au cours des dix dernières années a représenté une multiplication par 2.2 (correspondant à un TCAC de 9.3 %) (CNUCED, 2025[15]). Ces résultats indiquent qu'un renforcement de la résilience des marchés de capitaux et des cadres institutionnels peut sensiblement améliorer le potentiel d'attraction de l'investissement étranger de l'Afrique, réduisant du même coup le recours du continent à des financements publics étrangers supplémentaires pour atteindre les objectifs de l'APS et du scénario ZEN.

Graphique 4.7. IDE énergétique total dans tous les scénarios en Afrique du Nord et en Afrique subsaharienne

L'IDE énergétique total se hisse à 90 milliards USD en Afrique du Nord et à 56 milliards USD en Afrique subsaharienne dans le ScMC, ce qui correspond à des taux de croissance annuels composés de 10.7 % et 11.4 %, respectivement.

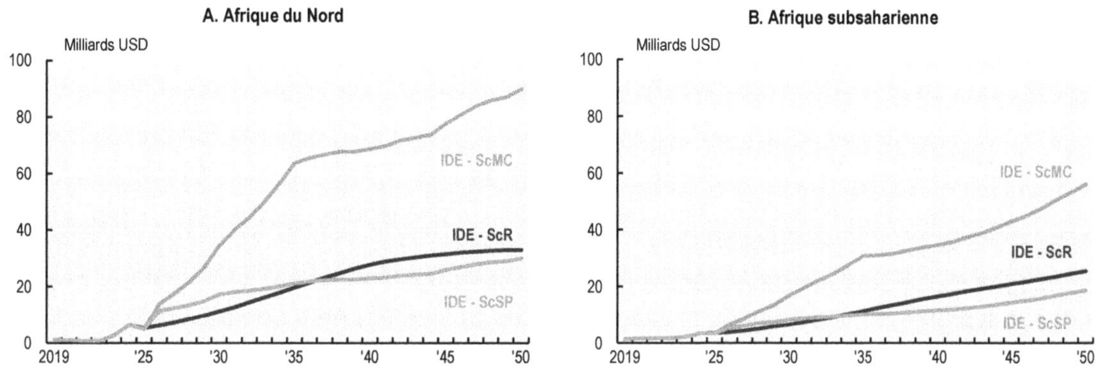

Source : OCDE ; base de données propriétaire de l'Agence internationale de l'énergie (AIE) ; et Conférence des Nations Unies sur le commerce et le développement (CNUCED) (2025[15]), base de données du *Rapport sur l'investissement dans le monde 2025*, https://unctad.org/fr/publication/rapport-sur-investissement-dans-le-monde-2025.

4.4.6. Évolution des marchés d'actions et d'obligations dans le secteur de l'énergie

Les investissements s'accompagnent dans chaque scénario d'une évolution différente des marchés d'actions et d'obligations dans les deux régions qui sont analysées dans le présent chapitre. La part de chaque source de financement – actions, obligations, instruments de dette non obligataires et autres passifs – dans le secteur de l'énergie a été déterminée au moyen d'une analyse de la structure du capital de 55 sociétés cotées dans les domaines des entreprises énergétiques et des services collectifs liés à l'énergie, dont 10 sociétés domiciliées en Afrique du Nord et 45 domiciliées en Afrique subsaharienne (voir la section précédente intitulée « *Structure du capital des entreprises du* secteur de l'énergie »).

En décembre 2024, le ratio entre la dette obligataire et les actifs totaux des sociétés cotées du secteur de l'énergie s'établissait à 3 % en Afrique du Nord et à 0 % en Afrique subsaharienne. Ces pourcentages restent constants dans le ScR et le ScSP, mais ils convergent vers celui qui caractérise la structure du capital des entreprises des MEED autres que la Chine dans le ScMC, pour le rejoindre à l'horizon 2050.

Comme indiqué dans la section « Sources de financement des investissements réalisés récemment dans le secteur de l'énergie », les sociétés non cotées domiciliées en Afrique subsaharienne détiennent un volume relativement important de dette négociable. Cela tient à une entreprise publique non cotée établie en Afrique du Sud, dont l'encours de la dette négociable se monte à 11.7 milliards USD (ce qui représente 25 % de ses actifs totaux), sachant que 74 % de cette dette prend la forme de titres d'emprunt cotés sur les marchés de capitaux intérieurs. Cette entreprise étant en situation de surendettement – ainsi que l'illustrent les mesures répétées d'allègement et de restructuration de sa dette prises par les pouvoirs publics – le niveau de sa dette négociable a été normalisé dans le cadre de l'analyse à 9 % de ses actifs totaux en 2024. Cela correspond à 4.1 milliards USD, dont on suppose que 74 % (3.1 milliards USD) prennent la forme de titres d'emprunt cotés sur les marchés de capitaux intérieurs. Cet ajustement permet d'aligner le bilan de cette société sur les structures de capital couramment observées dans les principaux MEED autres que la Chine.

La projection présentée dans cette section concernant les marchés boursiers se fonde au départ sur la valeur comptable des actions et l'encours total d'obligations en décembre 2024. On intègre ensuite dans l'analyse les investissements dans les énergies propres et les actifs énergétiques à forte intensité d'émission prévus par l'APS de l'AIE, en posant l'hypothèse d'un amortissement constant en pourcentage des actifs immobilisés. Comme dans le Graphique 4.6, cela implique que le montant des amortissements est effectivement « réinvesti » et que la diminution prévue des investissements dans les actifs à forte intensité d'émission compense partiellement l'augmentation des besoins d'investissement dans les énergies propres. Ce réinvestissement peut être effectué soit directement, par une entreprise énergétique opérant à la fois dans le domaine des combustibles fossiles et dans celui des énergies propres, soit indirectement, par un investisseur qui utilise les revenus financiers tirés d'entreprises exploitant les énergies fossiles pour financer des entreprises d'énergie propre.

Évolution des marchés d'obligations dans le secteur de l'énergie

Les graphiques suivants décrivent l'évolution des marchés d'obligations et d'actions dans les trois scénarios et dans les régions considérées. Nous prenons en compte dans l'analyse des données de 2024 relatives aux obligations émises par des sociétés cotées et non cotées du secteur de l'énergie, et posons l'hypothèse que le montant de l'encours d'obligations émises par les sociétés non cotées croît au même rythme que celui des sociétés cotées pour dresser un tableau de l'évolution du marché obligataire dans son ensemble.

Graphique 4.8. Évolution des marchés d'obligations d'entreprises du secteur de l'énergie dans tous les scénarios

Il faudrait que l'ensemble des marchés d'obligations d'entreprises du secteur de l'énergie augmente au TCAC de 20.4 % en Afrique du Nord et de 14.9 % en Afrique subsaharienne dans le ScMC d'ici à 2050 pour que soient tenus les engagements de l'APS.

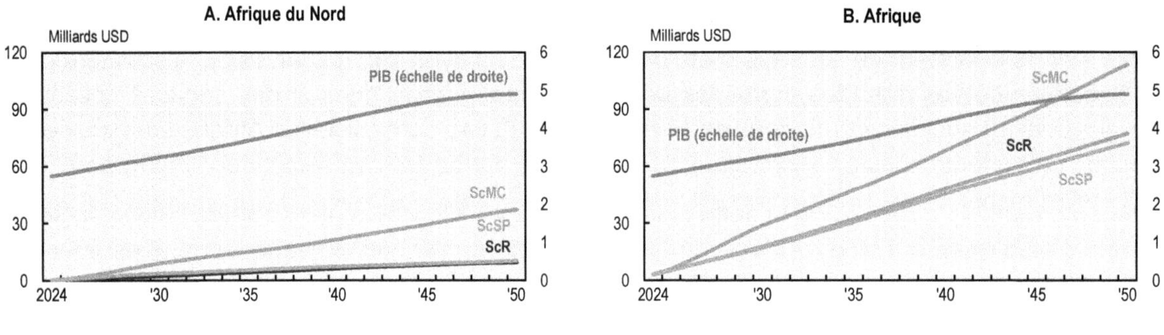

Note : le PIB est mesuré en volume sur la base des parités de pouvoir d'achat (PPA) de 2015. Les courbes représentant l'évolution tendancielle de l'encours d'obligations dans le scénario de référence (ScR) et dans le scénario reposant sur le secteur public (ScSP) se superposent dans la partie A.
Source : OCDE ; base de données propriétaire de l'Agence internationale de l'énergie (AIE) ; et LSEG.

En Afrique du Nord, les marchés obligataires du secteur de l'énergie ont représenté 0.3 milliard USD en 2024 et ce montant devrait atteindre 10 milliards USD selon le ScR et le ScSP, et 37 milliards USD selon le ScMC, d'ici à 2050. Cela correspond à un facteur multiplicateur de l'ordre de 30 dans le ScR et le ScSP (soit un TCAC d'environ 14-15 %) et de 124 dans le ScMC (soit un TCAC de 20 %). À titre de comparaison, le TCAC du PIB prévu sur la même période est de 2.2 %.

En Afrique subsaharienne, la valeur corrigée des marchés obligataires du secteur de l'énergie s'est établie à 3.1 milliards USD en 2024, et elle devrait atteindre 77 milliards USD selon le ScR, 72 milliards USD selon le ScSP, et 114 milliards USD selon le ScMC d'ici à 2050. Leur valeur serait ainsi multipliée par 25, 24 et 37.5, ce qui correspondrait à des TCAC de 13 %, 13 % et 15 %, respectivement. Or, le TCAC du PIB devrait ressortir à 4.0 % selon les projections.

L'évolution correspondant au ScMC diverge, car le ratio entre IDE et investissements totaux en Afrique du Nord triple, en passant de 34 % à plus de 100 %, d'ici à 2050, ce qui réduit la nécessité d'un développement des marchés de capitaux intérieurs. Néanmoins, dans la mesure où le ScMC permet aux investissements d'excéder les besoins correspondant à l'APS (compte tenu de l'augmentation de l'IDE ainsi que de l'investissement intérieur du secteur privé) et repose sur l'hypothèse d'une convergence de la structure du capital des entreprises vers celle des MEED autres que la Chine – 9 % des investissements étant financés par des instruments de dette négociables –, les marchés de capitaux d'Afrique du Nord continuent de se développer nettement, même si cette expansion est atténuée par l'effet compensatoire de l'accroissement de l'IDE.

Le point de départ de l'Afrique subsaharienne est plus élevé que celui de l'Afrique du Nord – en raison d'une entreprise publique d'énergie dont l'encours de la dette négociable intérieure (normalisée) était supérieur à 3 milliards USD en 2024 –, ce qui ancre la croissance régulière de la valeur prévue de ses marchés obligataires ainsi que la différence en valeur absolue correspondante. Cette base bien établie, conjuguée aux besoins d'investissements plus élevés de la région dans l'APS de l'AIE, se traduit par une mobilisation globale de capitaux et une croissance du marché obligataire requises pour étayer le développement et la transition énergétiques de la région qui sont nettement plus importantes.

4.4.7. Évolution des marchés d'obligations durables d'entreprises du secteur de l'énergie

En décembre 2024, il n'existait pas encore d'obligations durables d'entreprises du secteur de l'énergie sur les marchés africains. Les chiffres qui suivent sont des estimations de la taille du marché des obligations durables par région, fondées sur l'hypothèse que ce marché finance intégralement les nouveaux investissements dans les énergies propres. Il est supposé que les investissements dans les actifs à forte intensité d'émission sont financés par des obligations classiques. Enfin, l'analyse repose sur l'hypothèse que l'amortissement des obligations classiques existantes est linéaire et fondé sur leur échéance moyenne pondérée.

En Afrique du Nord, la valeur des marchés d'obligations durables du secteur de l'énergie devrait se hisser à 6.7 milliards USD selon le ScR, à 6.3 milliards USD selon le ScSP, et à 34 milliards USD selon le ScMC d'ici à 2050. Il faudrait que la part des obligations durables dans les marchés obligataires du secteur de l'énergie considérés dans leur ensemble passe de 0 % en 2024 à 71 % dans le ScR, à 63 % dans le ScSP, et à 94 % dans le ScMC d'ici à 2050. Au cours de la même période, en augmentant à un TCAC de 9-10 % en fonction du scénario, le montant des instruments de dette négociables classiques atteindrait 3-4 milliards USD, compte tenu du recours persistant à des sources d'énergie à forte intensité d'émission dans l'APS.

En Afrique subsaharienne, la valeur des marchés d'obligations durables du secteur de l'énergie devrait se hisser à 62 milliards USD selon le ScR, à 55 milliards USD selon le ScSP, et à 91 milliards USD selon le ScMC d'ici à 2050. Il faudrait que la part des obligations durables passe de 0 % en 2024 à 80 % dans le ScR, à 77 % dans le ScSP, et à 81 % dans le ScMC d'ici à 2050. Les marchés d'obligations classiques du secteur de l'énergie devraient augmenter à un TCAC de 7-8 %, compte tenu là encore de l'utilisation persistante par la région de sources d'énergie à forte intensité d'émission dans l'APS.

Graphique 4.9. Évolution du marché des obligations durables et des obligations classiques selon le ScMC

Il faudrait que la part du marché des obligations durables dans le secteur de l'énergie se hisse à 90 % en Afrique du Nord et à 81 % en Afrique subsaharienne d'ici à 2050 dans le ScMC.

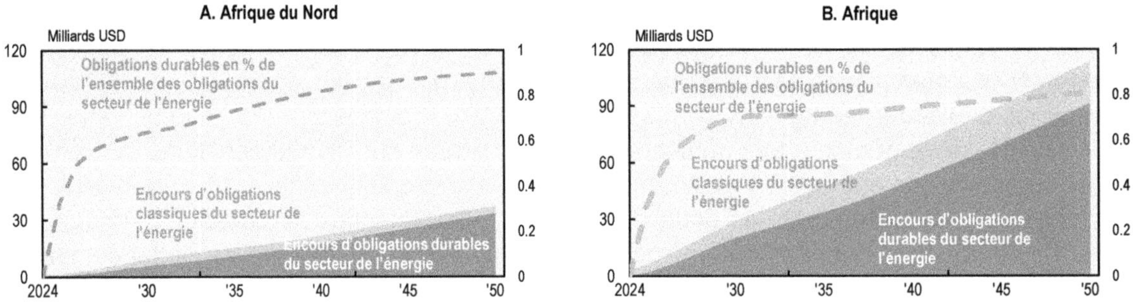

Note : le PIB est mesuré en volume sur la base des parités de pouvoir d'achat (PPA) de 2015.
Source : OCDE ; base de données propriétaire de l'Agence internationale de l'énergie (AIE) ; et LSEG.

Évolution des marchés d'actions dans le secteur de l'énergie

En Afrique du Nord, les marchés d'actions du secteur de l'énergie ont représenté au total 10 600 milliards USD en 2024 et leur taille devrait être multipliée par 7.1 (soit un TCAC de 7.8 %) selon le ScR, 7.5 (soit un TCAC de 8.1 %) selon le ScSP, et 10.1 (soit un TCAC de 9.3 %) selon le ScMC. En Afrique subsaharienne, la valeur des marchés d'actions du secteur de l'énergie s'est établie à 11 900 milliards USD en 2024, et leur taille devrait être multipliée par 21.5 (soit un TCAC de 12.5 %) selon le ScR, 20.2 (soit un TCAC de 12.2 %) selon le ScSP, et 25.9 (soit un TCAC de 13.3 %) selon le ScMC.

Étant donné que les économies africaines, et celles d'Afrique du Nord en particulier, devraient être moins tributaires des financements concessionnels garantis à long terme dans le ScMC, la structure du capital de leurs entreprises devrait se caractériser par des besoins de financement sous forme d'actions plus élevés, comparables à ceux des autres MEED. En conséquence, le développement des marchés de capitaux est plus rapide dans le ScMC.

Graphique 4.10. Évolution des marchés d'actions du secteur de l'énergie dans tous les scénarios

La valeur des marchés d'actions du secteur de l'énergie est multipliée par 10.1 en Afrique du Nord et par 25.9 en Afrique subsaharienne selon le ScMC, compte tenu de l'augmentation des besoins de financement sous forme d'actions parallèlement au recul des financements concessionnels sur tout le continent.

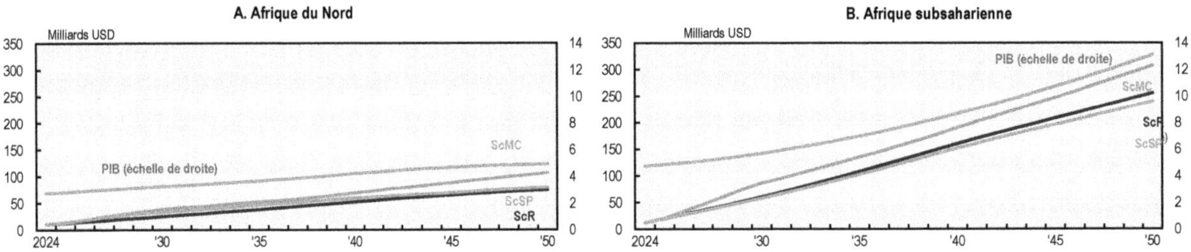

Note : les actions sont mesurées à leur valeur de marché ; le PIB est mesuré en volume sur la base des parités de pouvoir d'achat (PPA) de 2015.
Source : OCDE ; base de données propriétaire de l'Agence internationale de l'énergie (AIE) ; et LSEG.

4.5. Considérations relatives à l'action publique

Les derniers chiffres relatifs aux investissements liés à la transition climatique en Afrique brossent un tableau mitigé. Les investissements totaux dans les énergies propres se sont établis à 14 milliards USD en Afrique du Nord et à 33 milliards USD en Afrique subsaharienne en 2024, enregistrant une augmentation de 15.7 % et de 14.2 % par an au cours des trois dernières années, supérieure à une croissance du PIB qui a été de 3.3 % et de 2.2 %, respectivement. Néanmoins, ces investissements récents ne représentent que la moitié environ des besoins prévus d'investissement de 34 milliards USD en Afrique du Nord et de 59 milliards USD en Afrique subsaharienne d'ici à 2026 selon l'APS de l'AIE. Combler cet écart soulève de sérieuses difficultés pour ces deux régions à moyen terme, mais la trajectoire prévue de croissance de leurs investissements leur permet à terme d'atteindre des niveaux d'investissement supérieurs à leurs engagements annoncés. Même si le niveau des investissements requis pour ramener à zéro les émissions nettes d'ici à 2050 restera sans doute nettement plus élevé, ces résultats sont encourageants.

En outre, se focaliser uniquement sur les besoins d'investissement dans la transition climatique donne un tableau incomplet de la tâche à accomplir. L'investissement étranger en Afrique a bondi de 75 % pour atteindre un sommet sans précédent de 97 milliards USD en 2024, le continent représentant 6 % de l'IDE mondial, alors que cette proportion s'établissait à 4 % l'année précédente (CNUCED, 2025[16]), ce qui montre la confiance grandissante des investisseurs à l'égard de l'Afrique. De même, des mégaprojets dont le financement a pu être assuré par les pouvoirs publics via l'émission d'obligations, comme le Grand barrage de la renaissance éthiopien d'un montant de 5 milliards USD, dont la construction a été dans une large mesure financée par des ressources intérieures et une émission d'obligations d'État à laquelle ont souscrit la population et les institutions locales (Webuild Group, 2025[10]), illustrent le potentiel de financement intérieur du continent.

Deuxièmement, limiter les investissements nécessaires à l'horizon 2050 uniquement à la réalisation de la transition vers la neutralité carbone ou à la concrétisation des engagements annoncés par les pays revient à ignorer le besoin plus vaste d'investir dans le secteur de l'énergie dans les régions africaines où la population augmente ou dans les économies dynamiques, en Afrique subsaharienne en particulier.

L'analyse de scénarios permet d'évaluer de manière pragmatique la difficulté de financer les investissements nécessaires selon l'APS qui contribuent à la transition vers la neutralité carbone, tout en prenant en compte les points susmentionnés. Les trajectoires de financement seront différentes selon que ce sera le secteur public ou le secteur privé qui financera l'essentiel des investissements. Selon le scénario de référence, reposant sur l'hypothèse que les tendances récentes observées en matière de croissance des investissements climatiques et d'investissement du secteur public se prolongent, l'Afrique du Nord et l'Afrique subsaharienne sont en bonne voie pour tenir leurs engagements annoncés d'ici à 2044 et 2037, et afficher ensuite des excédents d'investissement. Néanmoins, ces investissements restent en deçà du niveau requis pour ramener à zéro les émissions nettes.

Dans le scénario où le secteur public fournit les financements supplémentaires nécessaires pour atteindre le niveau d'investissement requis – en émettant des titres de dette ou en apportant un soutien qui va au-delà du nouvel objectif chiffré collectif pour le financement de l'action climatique fixé lors de la 29e Conférence des Nations Unies sur les changements climatiques (COP29) –, l'Afrique du Nord aurait besoin de 9 milliards USD de plus par an en moyenne entre 2025 et 2050. Ce besoin se matérialise une fois que l'émission de dettes publiques supplémentaires devient intenable à partir de 2026. En revanche, l'Afrique subsaharienne peut satisfaire en grande partie ses besoins d'investissement sans apports supplémentaires de financement du développement. Le ratio dette/PIB de l'Afrique du Nord se hisse de 73 % en 2024 à 75 % en 2026, tandis que celui de l'Afrique subsaharienne recule de 61 % en 2024 à 54 % en 2050. Cette baisse tient à la réduction des déficits budgétaires (FMI, 2025[17]) et à une forte croissance du PIB à long terme, de l'ordre de 4 % jusqu'en 2050 (OCDE, 2025[18]).

Dans le scénario inverse, où le secteur privé apporte les financements supplémentaires nécessaires pour satisfaire les besoins d'investissement, les niveaux d'endettement public restent stables ou diminuent, mais il faudrait que les marchés de capitaux se développent considérablement. Cela vaut tout particulièrement pour la dette négociable des entreprises du secteur de l'énergie, qui devrait croître entre 2024 et 2050 à un rythme annuel estimé à 20.4 % en Afrique du Nord et à 14.9 % en Afrique subsaharienne. Une telle croissance est en théorie réalisable, mais elle excéderait même celle, pourtant remarquable, des marchés d'obligations d'entreprise chinois au cours de la dernière décennie (soit 12 % par an en moyenne). Une augmentation annuelle de 15 % ou 20 % exigerait des conditions macroéconomiques favorables, une intégration des marchés de capitaux et une amélioration sensible des cadres réglementaires en Afrique du Nord et en Afrique subsaharienne.

Dans chacun des trois scénarios présentés dans ce chapitre, l'augmentation de la dette négociable des entreprises du secteur de l'énergie est au moins trois fois plus rapide que la croissance du PIB en Afrique du Nord et cinq fois en Afrique subsaharienne. En Afrique du Nord, la dette négociable des entreprises du secteur de l'énergie devrait croître beaucoup plus vite que le PIB. Alors que le PIB augmente de 2.2 % par an sur le long terme, la dette négociable croît de 14.2 % dans le scénario de référence (ScR), de 14.5 % dans le scénario reposant sur le secteur public (ScSP), et de 20.4 % dans le scénario reposant sur les marchés de capitaux (ScMC). En Afrique subsaharienne, la tendance est similaire, mais va de pair avec un taux de croissance du PIB plus élevé, de 4 % par an. La dette négociable devrait augmenter de 13.2 % dans le ScR, de 12.9 % dans le ScSP et de 14.9 % dans le ScMC.

Le potentiel de croissance du marché des obligations durables est même encore plus important que celui du marché obligataire dans son ensemble, compte tenu de la contribution des obligations durables au financement des investissements dans la transition climatique. En Afrique du Nord, il n'existait pas d'obligations durables ayant été émises par des entreprises du secteur énergétique en décembre 2024, mais leur part de la dette négociable devrait atteindre un niveau compris entre 62 % et 90 % d'ici à 2050, selon le scénario. L'extrémité haute de cette fourchette correspond à une réduction des investissements dans les énergies à forte intensité d'émission et à une hausse correspondante de l'investissement direct étranger, dans le ScMC. En Afrique subsaharienne, cette proportion passe également de zéro en 2024 à un niveau compris entre 77 % et 81 % en 2050.

Ces scénarios mettent en lumière l'immense défi que représente la mobilisation des marchés de la dette pour financer la transition vers une économie bas carbone. Ils confirment toutefois aussi que le secteur privé peut être un moteur de cette transformation. Pour libérer ce potentiel, il sera essentiel d'intégrer les marchés de capitaux et de réformer la réglementation financière. S'ils bénéficient de politiques intelligentes et de marchés qui fonctionnent bien, les pays peuvent mobiliser les investissements intérieurs nécessaires et continuer d'attirer des investissements étrangers conséquents pour alimenter leur croissance et bâtir un système financier qui soit non seulement résilient, mais aussi porteur d'une transition durable. Les économies africaines pourraient grandement bénéficier d'une intégration de leurs marchés de capitaux dans l'optique de mobiliser des fonds pour la transition climatique. Faire le lien entre les marchés et les réserves d'épargne des différents pays au service de l'investissement pourrait permettre de réduire les coûts d'emprunt, d'étoffer les bases d'investisseurs, d'intégrer les liquidités sous-utilisées, d'élargir l'éventail des possibilités d'investissement, de favoriser une affectation plus efficiente des ressources en capital, de réduire la dépendance à l'égard de l'aide extérieure, et d'améliorer la résilience aux chocs externes du grand marché ainsi créé. Tous ces avantages sont cruciaux pour combler le déficit de financement des énergies propres et de l'action climatique.

Des efforts visant à étoffer et intégrer les marchés de capitaux sont déjà en cours en Afrique. Le Projet de liaison des bourses africaines (AELP) est un projet commun de l'Association africaine des bourses de valeurs (ASEA) et de la Banque africaine de développement (BAfD), destiné à faciliter les transactions internationales sur valeurs mobilières à l'échelle du continent (AELP, s.d.[19]). La mise en œuvre concrète de l'AELP a débuté en 2022 et il réunit dix bourses, parmi lesquelles figurent les plus grandes d'Afrique :

la Bourse de Johannesburg (JSE, *Johannesburg Stock Exchange*), la bourse nigériane (NEL, *Nigerian Exchange Limited*), la Bourse de Casablanca, la Bourse égyptienne (ESE, *Egyptian Stock Exchange*), la Bourse régionale des valeurs mobilières (BRVM) et la Bourse de Nairobi. Cet ensemble représente 90 % de la capitalisation boursière d'Afrique, plus de 1 500 milliards USD et plus de 2 000 entreprises réunies sur une seule et même plateforme (Societe Generale, 2023[20]).

Des régions situées en dehors de l'Afrique ont réussi à intégrer leurs marchés de capitaux. En Amérique du Sud, les bourses de Santiago, de Lima et de Colombie sont réunies en un seul marché boursier appelé Nuam. Créé en 2022, ce marché s'est étoffé, représente aujourd'hui une capitalisation boursière de 450 milliards USD, et regroupe plus de 445 émetteurs d'actions et 345 émetteurs de titres à revenu fixe. En collaboration avec Morgan Stanley Capital International (MSCI), Nuam a lancé un fonds indiciel correspondant à 56 sociétés cotées au Chili, au Pérou et en Colombie, qui permet aux investisseurs locaux et étrangers d'investir dans un portefeuille diversifié pour la région, représentant une capitalisation boursière totale approximative de 319 milliards USD (Nuam Exchange, s.d.[21]). Ce marché unifié offre des débouchés accrus aux courtiers, davantage d'options et de possibilités de diversification aux investisseurs, un meilleur accès aux financements aux émetteurs régionaux, et la possibilité de réaliser des gains d'efficience opérationnelle aux acteurs du marché (BNP Paribas, 2024[22]).

Références

AELP (s.d.), *African Exchanges Link Project, About*, https://africanexchangeslink.com/about-aelp/ (consulté le 2025). [19]

AIE (2024), *Base de données.* [3]

AIE (2024), *World Energy Investment 2024*, https://www.iea.org/reports/world-energy-investment-2024. [4]

AIE (2023), *Perspectives énergétiques mondiales 2023*, https://www.iea.org/reports/world-energy-outlook-2023. [1]

Banque mondiale (2017), *Morocco: Noor Ouarzazate Concentrated Solar Power Complex*, https://ppp.worldbank.org/sites/default/files/2022-02/MoroccoNoorQuarzazateSolar_WBG_AfDB_EIB.pdf. [27]

BEI (2024), *La finance en Afrique*, https://www.eib.org/fr/publications/online/all/finance-in-africa-2023. [14]

BNP Paribas (2024), , https://securities.cib.bnpparibas/latam-capital-market/. [22]

Brookings (2020), *The controversy over the Grand Ethiopian Renaissance Dam*, https://www.brookings.edu/articles/the-controversy-over-the-grand-ethiopian-renaissance-dam/. [11]

CCNUCC (2024), *New collective quantified goal on climate finance*, https://unfccc.int/documents/644460. [6]

CNUCED (2025), *Afrique : les investissements étrangers atteignent un niveau record en 2024*, https://unctad.org/fr/press-material/afrique-les-investissements-etrangers-atteignent-un-niveau-record-en-2024. [16]

CNUCED (2025), *Rapport sur l'investissement dans le monde 2025.* [15]

FIT (2024), *Perspectives des transports FIT 2023*, Éditions OCDE, Paris, https://doi.org/10.1787/32bbcca5-fr. [5]

FMI (2025), « Fonds monétaire international », *Le cadre de viabilité de la dette établi par la Banque mondiale et le FMI pour les pays à faible revenu*, https://www.imf.org/fr/about/factsheets/sheets/2023/imf-world-bank-debt-sustainability-framework-for-low-income-countries (consulté le 2025). [23]

FMI (2025), *General government gross debt data*, https://www.imf.org/external/datamapper/GGXWDG_NGDP@WEO/NAQ/SSQ/AFQ. [25]

FMI (2025), *Perspectives économiques régionales : Afrique subsaharienne, avril 2025.* [17]

Groupe de la Banque africaine de développement (2021), *Angola: African Development Bank funds $530 million electricity project to expand renewable energy and regional connectivity*, https://www.afdb.org/en/news-and-events/press-releases/angola-african-development-bank-funds-530-million-electricity-project-expand-renewable-energy-and-regional-connectivity-42723. [12]

Guillemette, Y. et D. Turner (2021), « The long game: Fiscal outlooks to 2060 underline need for structural reform »*, OECD Economic Policy Papers*, n° 29, Éditions OCDE, Paris, https://doi.org/10.1787/a112307e-en. [8]

Hornstein, A. (2024), *Economic growth and foreign direct investment in Asia: When investors imperfectly fulfil approved investment plans*, Elsevier B.V. on behalf of The Asia Economic Community Foundation, https://doi.org/10.1016/j.aglobe.2024.100093. [26]

Nuam Exchange (s.d.), *Nuam Exchange, page d'accueil*, https://www.nuamx.com/en (consulté le 2025). [21]

OCDE (2025), *Base de données des Perspectives économiques*, https://www.oecd.org/fr/data/indicators/real-gdp-long-term-forecast.html. [18]

OCDE (2025), *Financement du développement lié au climat*, https://webfs.oecd.org/climate/ (07/2025). [13]

OCDE (2025), *Rapport sur la dette mondiale 2025 : Financer la croissance dans un environnement de marché de la dette difficile*, Éditions OCDE, Paris, https://doi.org/10.1787/e334697f-fr. [2]

Parlement européen (2024), *De nouvelles règles fiscales européennes approuvées par les députés*, https://www.europarl.europa.eu/news/fr/press-room/20240419IPR20583/de-nouvelles-regles-fiscales-europeennes-approuvees-par-les-deputes. [7]

Parlement européen (2024), *De nouvelles règles fiscales européennes approuvées par les députés*, https://www.europarl.europa.eu/news/fr/press-room/20240419IPR20583/de-nouvelles-regles-fiscales-europeennes-approuvees-par-les-deputes (consulté le 2025). [24]

Societe Generale (2023), , *Afrique : La consolidation des principales bourses semble prendre forme avec le lancement de l'interconnexion de 7 bourses africaines en novembre dernier*, https://www.securities-services.societegenerale.com/fr/insights/views/news/afrique-consolidation-principales-bourses-semble-prendre-forme-lancement-interconnexion-bourses-afri/ (consulté le 2025). [20]

Webuild Group (2025), *GERD - The Dream of a Nation*, https://www.webuildgroup.com/library/gerd/. [10]

Webuild S.p.A. (2025), *Grand Ethiopian Renaissance Dam Project*, https://media.webuildgroup.com/sites/default/files/2025-09/GERD_brochure%20ING%20-%20versione%20web_Sept%202025.pdf. [9]

Annexe 4.A. Méthodologies d'analyse de scénarios

Ce chapitre intègre des analyses de l'Agence internationale de l'énergie (AIE), du Fonds monétaire international (FMI), des Nations Unies et de l'OCDE dans différents domaines, concernant par exemple les projections macroéconomiques, le financement climatique et la coopération pour le développement. Y sont notamment examinés les structures de financement des entreprises du secteur de l'énergie ainsi que des scénarios de financement qui s'écartent d'un « scénario de référence ». Ces scénarios ne permettent pas de prédire effectivement l'avenir, mais ils peuvent aider les responsables publics et les investisseurs à évaluer les options raisonnablement envisageables en fonction des priorités retenues par les pouvoirs publics.

La méthodologie appliquée dans le présent ouvrage est dans une large mesure identique à celle du chapitre quatre du *Rapport sur la dette mondiale 2025* publié par l'OCDE. Nous expliquons dans cette annexe en quoi l'analyse présentée ici s'écarte de la méthodologie du *Rapport sur la dette mondiale 2025*, soit en raison de la disponibilité de données de meilleure qualité spécifiques à l'Afrique, soit en raison des limites des données.

Hypothèses macroéconomiques

Limites de l'endettement du secteur public et émission de dette

Pour les besoins de l'analyse, une distinction a été établie entre les émissions de dette publique non liées aux objectifs climatiques (qui sont implicitement prises en compte dans les ratios dette/PIB du scénario de référence du FMI) et le surcroît d'investissement du secteur public nécessaire pour atténuer le changement climatique selon les besoins d'investissement prévus dans le scénario des engagements annoncés (APS, *Announced Pledges Scenario*) de l'AIE.

Dans le scénario reposant sur les marchés de capitaux (ScMC), un plafond est fixé pour le ratio dette/PIB de chaque région, limitant sa possibilité de financer la lutte contre le changement climatique en émettant des titres d'emprunt. Les États peuvent émettre de la dette à hauteur de la croissance du produit intérieur brut (émission de dette liée à la croissance), de manière que le ratio dette/PIB reste stable. En l'absence de cette émission de dette publique, le ratio dette/PIB diminuerait au fil du temps. En revanche, les États ne peuvent procéder à des émissions de titres d'emprunt qui porteraient leur ratio dette/PIB au-dessus du plafond fixé (dette faisant augmenter le ratio d'endettement).

Dans le scénario reposant sur le secteur public (ScSP), le ratio dette/PIB est plafonné à 75 % pour l'Afrique du Nord et à 60 % pour l'Afrique subsaharienne. L'hypothèse retenue est que les États émettent de la dette liée à la croissance et de la dette faisant augmenter le ratio d'endettement sans lien avec la transition climatique conformément aux estimations du FMI, qui prévoit que le ratio dette/PIB se hissera de 72.8 % en 2024 à 74.5 % en 2030 en Afrique du Nord. À compter de 2030, on suppose que toute émission de dette liée à la croissance permettant de maintenir le ratio dette/PIB à 74.5 % est sans rapport avec le climat, et que les pays n'enregistrent pas de déficits faisant augmenter leur ratio d'endettement qui seraient sans lien avec l'investissement dans l'atténuation du changement climatique, comme indiqué dans la section précédente. Le FMI estime que le niveau de référence du ratio dette/PIB de l'Afrique subsaharienne passera de 61.1 % en 2024 à 54.9 % en 2030. D'après le rapport du FMI *Perspectives économiques régionales : Afrique subsaharienne*, la dette publique de la région s'est stabilisée et a commencé à diminuer du fait de la réduction des déficits primaires. Ces efforts d'ajustement budgétaire devraient se poursuivre et réduire encore le ratio dette/PIB de la région (FMI, 2025[17]).

Inversement, les investissements dans l'atténuation du changement climatique sont liés à l'émission de dette faisant augmenter le ratio d'endettement (de 72.8 % à 75 % au fil du temps) et en partie à l'émission de dette liée à la croissance maintenant le ratio d'endettement à 75 % (ainsi, l'Afrique du Nord atteint temporairement son plafond de dette en proportion du PIB pendant quatre ans à partir de 2027, avant que la croissance du PIB n'offre de nouveau des marges de manœuvre au secteur public), diminuée de l'émission de dette liée à la croissance qui maintiendrait le ratio d'endettement à 72.8 % en l'absence d'investissements liés à l'atténuation du changement climatique.

Nous nous appuyons sur les orientations relatives à la limitation de la dette publique et à sa gouvernance tirées de ressources du FMI et du Parlement européen.

Le Fonds monétaire international fournit des seuils et des repères concernant la charge de la dette par le biais de son cadre de viabilité de la dette (CVD) destiné aux pays à faible revenu (PFR) (FMI, 2025[23]).

La liste correspondante de pays à faible revenu établie par le FMI inclut 38 des 49 pays d'Afrique subsaharienne. Par conséquent, nous appliquons le CVD à l'analyse régionale de l'Afrique subsaharienne. Ces pays sont classés en fonction de leur capacité d'endettement, qui peut être faible, moyenne ou élevée, sachant que les seuils d'endettement associés à ces trois catégories s'établissent respectivement à 35 %, 55 % et 70 % du PIB.

Bien que le FMI ne fournisse pas de liste exhaustive relative au classement de l'ensemble des 38 PFR, il produit des rapports précis sur la dette de chacun d'eux. Les cinq rapports les plus récents ont été publiés en 2021 sur le Kenya, Madagascar et la Guinée-Bissau, et en 2020 sur la République centrafricaine et le Rwanda. La capacité d'endettement de la Guinée-Bissau et de la République centrafricaine y était jugée faible, celle du Kenya et de Madagascar moyenne, et celle du Rwanda élevée. Dans la mesure où le classement de ces quelques pays semble raisonnablement symétrique, nous avons décidé de considérer que l'ensemble de l'Afrique subsaharienne avait une capacité d'endettement moyenne, et d'appliquer la limite correspondante de 55 % fixée par le FMI au ratio dette/PIB de la région.

Étant donné que le FMI n'intègre aucun pays d'Afrique du Nord dans son cadre de viabilité de la dette, nous suivons les orientations du Parlement européen en matière de gouvernance de la dette publique, qui fixe à 60 % du PIB le seuil à partir duquel il convient de prendre des mesures de réduction de la dette (Parlement européen, 2024[24]).

À titre de référence, le ratio de la dette brute des administrations publiques au PIB mesuré pour les pays d'Afrique qui fournissaient au FMI ce type de données s'établissait à 67 % en 2024. Il était de 73 % pour l'Afrique du Nord et de 64 % pour l'Afrique subsaharienne. Les deux plus grandes économies d'Afrique subsaharienne, l'Afrique du Sud et le Nigéria, affichaient des ratios dette publique/PIB de 76 % et 53 %, respectivement, en 2024. L'Égypte et l'Algérie, qui sont les deux plus grandes économies d'Afrique du Nord pour lesquelles on dispose de données, affichaient quant à elles des ratios dette publique/PIB de 91 % et 46 %, respectivement, en 2024 (FMI, 2025[25]).

Investissements transnationaux

Méthodologie relative à l'investissement direct étranger

Sachant que l'on ne dispose pas de données annuelles sur l'investissement direct étranger (IDE) dans le secteur de l'énergie qui soient aisément accessibles, nous utilisons dans le cadre de cette analyse comme approximation de ces dépenses en capital les montants annoncés des projets d'IDE de création par pays de destination, tels qu'ils figurent dans le *Rapport sur l'investissement dans le monde* de la Conférence des Nations Unies sur le commerce et le développement (CNUCED) (2025[15]). Les montants annoncés de ces projets correspondent à un large éventail de secteurs et représentent des engagements d'investissement qui, dans leur globalité, s'étalent généralement sur de nombreuses années. Ils ne se traduisent pas nécessairement par des dépenses effectives, en raison de retards de mise en œuvre des projets, de modifications de leur ampleur, voire d'annulations. En outre, les investissements étrangers intègrent souvent une part modeste, plus lente à se concrétiser, de financement local.

Pour prendre en compte ces nuances, nous avons effectué dans le cadre de l'analyse présentée dans ce chapitre divers ajustements : la part des projets liés à l'énergie, mesurés à partir d'estimations de l'AIE, dans la formation brute de capital fixe totale, mesurée à partir de données de la Banque mondiale, varie de 16 % à 36 % en Afrique du Nord et de 12 % à 25 % en Afrique subsaharienne selon l'année ; on utilise un taux de réalisation de 84 % calculé à partir de travaux de recherche empiriques sur l'achèvement des projets d'IDE dans les économies en développement d'Afrique, d'Asie et d'Amérique latine de 2003 à 2020 (Hornstein, 2024[26]) ; et on pose l'hypothèse que la part du financement local est de 15 %, ce qui correspond approximativement aux tendances observées en matière de cofinancement dans le cadre de projets tels que le complexe solaire de Noor-Ouarzazate, au Maroc, pour lequel les financements étrangers ont été complétés par des investissements locaux (Banque mondiale, 2017[27]).

Enfin, l'analyse se fonde sur l'hypothèse d'un calendrier de décaissement couvrant une période de sept ans, la part des fonds investis étant de 35 % la première année, puis de 25 %, 15 %, 10 %, 7 %, 5 % et enfin 3 % les années suivantes. Cela tient au fait que dans la plupart des projets de production d'électricité d'origine renouvelable, l'essentiel des dépenses en capital doit généralement être engagé au cours des deux ou trois années consécutives à l'approbation du projet, ce qui correspond aux phases d'aménagement du site, d'achat des équipements et de construction. Néanmoins, certains investissements dans les infrastructures énergétiques, consistant par exemple à étendre le réseau électrique ou à le moderniser, se caractérisent généralement par des profils de décaissement plus longs, dus à des périodes prolongées de planification, d'organisation et d'intégration.

Méthodologie relative au financement du développement

On pose l'hypothèse que le financement du développement lié au climat augmente de manière linéaire dans chacun des trois scénarios, pour atteindre, d'ici à 2035, le nouvel objectif chiffré collectif pour le financement de l'action climatique fixé lors de la 29e Conférence des Nations Unies sur les changements climatiques (COP29). Le ScSP est le seul scénario dans lequel des apports supplémentaires de financement du développement lié au climat sont fournis aux pays d'Afrique du Nord et d'Afrique subsaharienne, à partir du moment où ces pays atteignent leur plafond dette/PIB, fixé par hypothèse à 75 % et 60 %, respectivement. Nous décrivons précisément dans cette annexe la méthodologie utilisée. L'analyse porte principalement sur les apports de financement climatique du secteur public (fournis de manière bilatérale ou par le biais d'institutions multilatérales) axés sur l'atténuation du changement climatique. Elle exclut donc du total pris en compte au titre du nouvel objectif chiffré collectif pour le financement de l'action climatique les investissements du secteur privé mobilisés grâce aux financements climatiques publics (ces investissements étant intégrés dans l'IDE), ainsi que tout investissement dans l'adaptation au changement climatique n'entrant pas dans le périmètre des scénarios.

Le financement du développement lié au climat réduit le fardeau pesant sur le secteur public en Afrique du Nord et en Afrique subsaharienne dans les différents scénarios. L'émission de dettes liées au financement du développement est attribuée aux pays émetteurs (les économies avancées et les MEED ne faisant pas partie de l'Afrique du Nord ni de l'Afrique subsaharienne) dans les trois scénarios, et ce principalement pour quatre raisons : (i) une partie du financement du développement prend la forme de dons ou d'apports assortis de conditions libérales qui ne créent aucun endettement ou qui donnent lieu à une dette dont le service est plus facile à assumer ; (ii) une partie des prêts octroyés au titre du financement du développement servent à financer directement des projets, et ne créent pas de dette publique en Afrique du Nord et en Afrique subsaharienne ; (iii) affecter les émissions de dettes liées au financement du développement à la fois aux régions émettrices et aux régions bénéficiaires reviendrait à comptabiliser deux fois le même investissement ; et (iv) ce chapitre porte essentiellement sur le développement des marchés d'obligations publiques, et les prêts accordés aux États africains n'entrent pas dans ce périmètre.

Le Graphique d'annexe 4.A.1 montre le niveau de référence du financement du développement (conforme aux objectifs de la COP29) dans tous les scénarios, ainsi que le surcroît de financement du développement nécessaire selon le ScSP.

Graphique d'annexe 4.A.1. **Financement du développement affecté à l'atténuation du changement climatique en Afrique du Nord et en Afrique subsaharienne**

Selon le ScSP, le montant annuel moyen d'apports supplémentaires de financement du développement fournis par le secteur public serait de 12 milliards USD sur la période 2026-29 pour l'Afrique du Nord et de 6 milliards USD en 2025 pour l'Afrique subsaharienne.

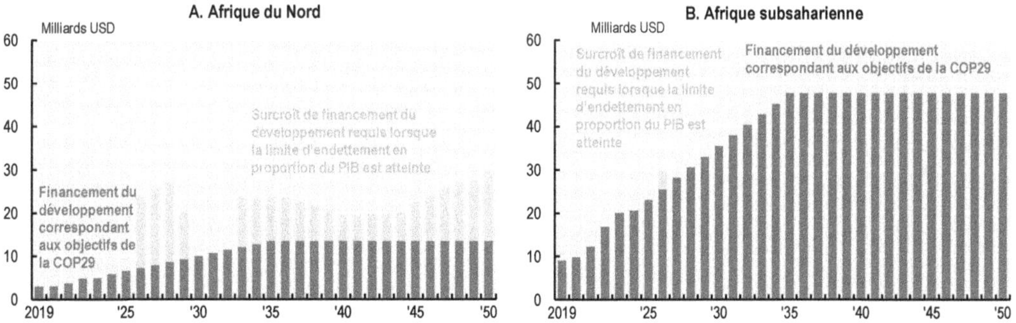

Source : OCDE ; et base de données propriétaire de l'Agence internationale de l'énergie (AIE).

Hypothèses relatives aux marchés de capitaux

Évolution des marchés de capitaux en Afrique du Nord et en Afrique subsaharienne dans le ScMC

Dans le ScMC, la structure du capital des entreprises d'Afrique du Nord et d'Afrique subsaharienne converge progressivement vers celle des entreprises des MEED autres que la Chine (OCDE, 2025[2]) d'ici à la fin de 2050, suivant une trajectoire logarithmique. En 2035, 70 % de l'ajustement aura eu lieu, ce mouvement de convergence se déroulant de manière accélérée initialement avant de ralentir à l'approche du point de parité.

Estimation de l'évolution future des marchés d'obligations et d'actions

Les projections de l'évolution des marchés des obligations et des actions des entreprises du secteur de l'énergie sont établies sur la base de l'identité comptable fondamentale selon laquelle la valeur des actifs totaux est égale à la somme des dettes totales et des fonds propres. Elles reposent également sur la structure du capital présentée dans la section « **Sources de financement des investissements réalisés** récemment dans le secteur de l'énergie ».

Par ailleurs, l'analyse repose sur les valeurs des actifs totaux et des actifs immobilisés des entreprises du secteur de l'énergie, ainsi que sur les valeurs d'amortissement correspondantes, en décembre 2024. Pour les obtenir, nous avons agrégé les données disponibles pour toutes les sociétés cotées du secteur de l'énergie telles qu'elles ont été définies ci-avant.

Nous avons ensuite intégré dans les projections calculées pour les différents scénarios la valeur totale des futurs investissements énergétiques que le secteur privé devrait engager selon la trajectoire définie dans le scénario ZEN de l'AIE, ce qui se traduit par une augmentation des actifs, tout en posant l'hypothèse d'un taux d'amortissement constant des actifs immobilisés. L'augmentation des actifs totaux qui en résulte est ensuite convertie en instruments de financement dans les proportions indiquées à la section « **Sources de financement des investissements réalisés** récemment dans le secteur de l'énergie » (suivant la méthodologie appliquée pour la partie B du **Graphique 4.3**).

Les points de départ retenus pour les obligations et les actions cotées sont les valeurs de l'encours obligataire total des entreprises du secteur de l'énergie et de leur capitalisation boursière totale en décembre 2024. Le niveau des investissements futurs dépassant celui des amortissements, les actifs totaux des entreprises du secteur énergétique s'accroissent, ce qui rend nécessaire une augmentation correspondante de leurs instruments de financement. L'analyse des données relatives aux marchés de capitaux provient de LSEG.

5 Marchés obligataires en monnaie locale au service du financement du développement en Afrique

Au cours des deux dernières décennies, la dette souveraine négociable des pays d'Afrique a considérablement augmenté, en grande partie grâce à des conditions macro-financières favorables et à une forte demande de titres de dette émis par des marchés émergents et des économies en développement (MEED). Depuis 2022, le paysage du financement, se caractérisant par une hausse des coûts d'emprunt, un affaiblissement de la demande extérieure et la montée des incertitudes géopolitiques et commerciales, s'est toutefois nettement complexifié. Dans le même temps, l'accès à des prêts bénéficiant d'un soutien public est devenu plus restreint, ce qui a conduit de nombreux pays africains à recourir plus largement à des financements de marché plus coûteux. Ces évolutions, conjuguées à d'importants besoins de refinancement, risquent de porter le coût du service de la dette à des niveaux outrepassant la capacité budgétaire de certains emprunteurs souverains. Dans ce contexte, il va être essentiel de consolider les cadres de gestion de la dette et de développer progressivement les marchés obligataires en monnaie locale pour contribuer à assurer la viabilité budgétaire et la résilience financière.

5.1. Introduction

Le présent chapitre a pour objet d'examiner la situation des marchés de la dette souveraine sur le continent africain, notamment les tendances en matière d'émission, les coûts d'emprunt, l'accès aux marchés étrangers et l'évolution des notations de crédit. Les analyses reposent principalement sur les données de marché disponibles concernant les émissions d'obligations par des administrations centrales, sachant que des précisions méthodologiques sont fournies en annexe.

Principaux messages

- **En Afrique, les émetteurs souverains doivent assumer des besoins et des contraintes de financement d'ordres divers**. Contrairement à la plupart des pays développés, dont les besoins d'emprunt sont en grande partie couverts par l'émission d'obligations libellées en monnaie locale, un grand nombre d'économies d'Afrique combinent émissions d'obligations libellées en monnaie locale et en devises, prêts bilatéraux et financements concessionnels.
- **À la fin de 2024, 60 % seulement des pays africains affichaient un encours d'obligations souveraines**, soit le chiffre le plus faible toutes régions confondues. L'explication de ce constat réside probablement dans la proportion élevée des petites économies à faible revenu sur le continent plutôt que dans des choix explicites des pouvoirs publics.
- **Entre 2007 et 2024, le montant des émissions annuelles de dette souveraine des pays africains a grimpé de 70 à 350 milliards USD, et celui de l'encours de la dette obligataire de 160 à 730 milliards USD**. Les émissions obligataires ont triplé, en pourcentage du PIB, portées de 5 % à 15 %, soit le niveau le plus élevé parmi les MEED ; pourtant, l'Afrique ne représente toujours que 1 % des émissions mondiales d'obligations souveraines contre 3 % du PIB mondial.
- **La dette négociable des pays d'Afrique est composée, à hauteur d'environ 60 %, d'obligations à taux fixe libellées en monnaie locale.** Cependant, cette part est principalement imputable à quelques grands émetteurs, la part médiane des titres de dette à taux fixe dans les pays africains s'établissant à 40 %, soit le chiffre le plus faible toutes régions confondues, sachant que ces pays recourent plus volontiers les bons du Trésor et aux titres de dette libellés en devises et n'émettent quasiment pas de dette à taux variable.
- **La durée moyenne jusqu'à l'échéance de l'encours de la dette varie de deux ans à plus de dix ans**. Dans les pays qui émettent le plus et le plus fréquemment, comme l'Afrique du Sud, le Kenya, le Maroc et le Nigéria, les durées moyennes jusqu'à l'échéance restent généralement plus longues.
- **C'est en Afrique que la dette négociable représente la plus faible part de la dette publique totale, toutes régions confondues, soit 25 %**. Dans les grandes économies et celles qui émettent principalement des obligations libellées en monnaie locale, la part de la dette négociable est généralement plus élevée. Les pays africains émettent également sur un éventail plus large de lignes obligataires et recourent moins fréquemment que les économies avancées à des opérations de rachats d'obligations ou de réouverture, ce qui rend plus difficile la constitution de lignes de référence liquides.
- **En 2024, environ 80 % des pays africains notés ont été classés dans la catégorie à haut risque ou dans une catégorie inférieure**, soit la proportion la plus élevée toutes régions confondues. Seuls le Botswana et Maurice se situent dans la catégorie investissement. La Côte d'Ivoire et les Seychelles sont, depuis 2007, les seuls pays s'étant hissés dans la catégorie spéculative à avoir conservé cette position. De fait, environ la moitié de l'encours de la dette

africaine présente un risque élevé et la part de cette dette relevant de la catégorie investissement est négligeable par comparaison avec d'autres régions.

- **En 2024, les rendements réels des obligations en monnaie locale émises par des pays africains ont atteint 5 %, soit leur plus haut niveau depuis au moins 2007, et beaucoup plus que les taux d'intérêt effectifs réels d'environ 1 %,** ce qui s'explique par la baisse des coûts des emprunts bénéficiant d'un soutien public. Pour refinancer l'ensemble de la dette aux taux du marché actuels sans modifier les trajectoires des ratios dette/PIB, il faudrait donc que les soldes primaires augmentent en moyenne de 2.5 % du PIB, ce qui réduirait considérablement la marge de manœuvre budgétaire.
- **Les rendements des obligations libellées en USD émises par des pays africains sont montés à 9 % en 2024, contre 7 % en 2007, et sont désormais les plus élevés toutes régions confondues**. Le nombre de pays africains émettant sur des marchés étrangers a fortement diminué en 2022 et 2023. Malgré un rebond en 2024, le montant net de la dette extérieure est resté négatif année après année depuis 2022.

5.2. Vue d'ensemble des émissions souveraines et des niveaux d'endettement

Au cours des deux dernières décennies, la dette souveraine négociable des pays d'Afrique a nettement augmenté, en grande partie grâce à des conditions macro-financières favorables et à une forte demande, de la part des investisseurs, de titres de dette émis par des marchés émergents et des économies en développement (MEED). Contrairement à la plupart des économies développées, dont les besoins d'emprunt sont principalement couverts par l'émission d'obligations en monnaie locale, un grand nombre de pays d'Afrique combinent émissions d'obligations libellées en monnaie locale et en devises, prêts bilatéraux et financements concessionnels.

Fin 2024, environ 60 % des 51 pays africains sur lesquels porte l'analyse avaient un encours de dette obligataire (Graphique 5.1, partie A)[1]. Pour 12 d'entre eux, il s'agissait uniquement d'un encours de dette sur des marchés étrangers, pour 11 autres, d'un encours uniquement sur des marchés locaux, et pour 7 autres, d'un encours se répartissant entre marchés étrangers et marchés locaux. Pour les 21 pays restants, aucune donnée sur des obligations en circulation n'était disponible auprès de LSEG, ce qui signifie que ceux-ci ne sont pas des émetteurs souverains. C'est en Afrique orientale et centrale, sous-régions dans lesquelles les pays à faible revenu sont les plus nombreux, que la part des émetteurs souverains est la plus faible (50 % dans les deux cas), et en Afrique australe qu'elle est la plus élevée (80 %).

Les pays d'Afrique sont, parmi les MEED, ceux dans lesquels la part des émetteurs souverains est la plus faible, ce qui témoigne de l'existence d'une corrélation entre les émissions souveraines d'une part, et le poids économique du pays et le revenu par habitant d'autre part (Graphique 5.1, parties B et C). Tous les MEED dont le PIB est supérieur à 1 000 milliards USD sont des émetteurs souverains, et plus de 90 % de ceux dont le PIB se situe entre 300 milliards USD et 1 000 milliards USD également. En revanche, 60 % environ seulement des pays dont le PIB est inférieur à 300 milliards USD émettent des obligations souveraines. Sur le continent africain, plus de 95 % des MEED appartenaient en 2024 à ce groupe de pays à faible PIB. Les niveaux de revenu sont également un paramètre qui entre en ligne de compte : environ 85 % des MEED à revenu élevé et à revenu intermédiaire de la tranche supérieure et de la tranche inférieure sont des émetteurs souverains, mais cette proportion tombe à environ 60 % parmi les pays à faible revenu. L'Afrique se distingue aussi à cet égard puisqu'elle compte la plus forte proportion de pays à faible revenu, soit environ 35 %, contre seulement 2.5 % dans les autres régions.

Bien qu'au sein du groupe des MEED, le continent africain soit celui qui accueille le plus grand nombre de pays à faible revenu et la plus faible proportion d'émetteurs souverains, il représente, dans la catégorie des pays à faible revenu et à revenu intermédiaire de la tranche inférieure, la plus large proportion d'émetteurs. Cela signifie qu'en neutralisant l'incidence du revenu, l'Afrique compte plus d'émetteurs souverains que les autres régions. La faible proportion globale d'émetteurs sur le continent résulte donc plutôt de contraintes structurelles que de choix des pouvoirs publics.

Graphique 5.1. Émetteurs souverains en Afrique et comparaison avec d'autres régions

A. Émetteurs souverains en Afrique par marché d'émission (2024)

En monnaie locale et en devises	Uniquement en devises	Uniquement en monnaie locale
Bénin	Angola	Algérie
Côte d'Ivoire	Cameroun	Botswana
Égypte	République du Congo	Burkina Faso
Eswatini	Gabon	Guinée-Bissau
Ghana	Mozambique	Malawi
Kenya	Rwanda	Mali
Maroc	Seychelles	Maurice
Namibie		Niger
Nigéria		Tanzanie
Sénégal		Togo
Afrique du Sud		Tunisie
Zambie		Ouganda

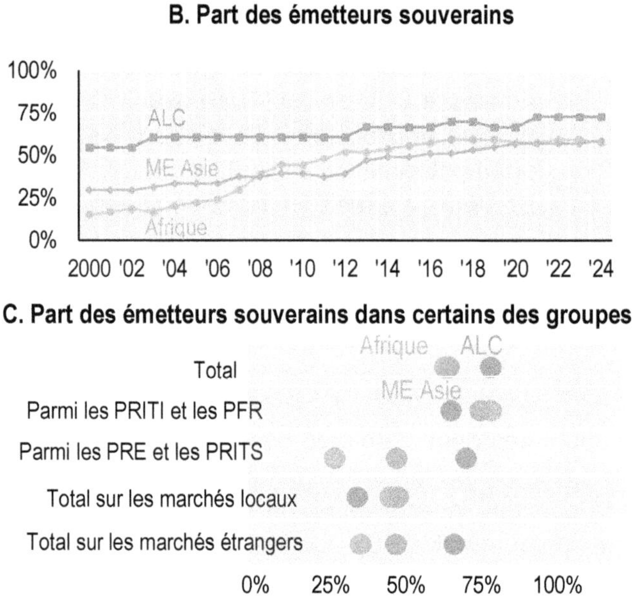

Note : La partie A montre tous les pays ayant des obligations souveraines en circulation fin 2024. Les pays non représentés ne sont pas des émetteurs ou les données les concernant ne sont pas disponibles. La partie B illustre la part des émetteurs souverains en 2024, ventilée par région et par groupe de revenu. La partie C montre, pour chaque année, la proportion de MEED émetteurs dans le total des émissions de la région.

Source : LSEG ; et calculs de l'OCDE.

Les émissions de dette souveraine et les niveaux d'endettement ont sensiblement augmenté en Afrique entre 2007 et 2024. Le montant des émissions annuelles a été porté de 70 milliards USD à 350 milliards USD, et l'encours de la dette négociable de 160 milliards USD à 730 milliards USD (Graphique 5.2, parties A et B). Cette progression place le continent en deuxième position, sur la période, dans le classement des régions (Graphique 5.3, partie A). L'Afrique est de ce fait passée, dans le classement des régions en fonction de la valeur des émissions annuelles des émetteurs souverains, exprimée en pourcentage du PIB, de la dernière place en 2007 à la première en 2024 (Graphique 5.3, partie B).

Graphique 5.2. Montants des émissions et de l'encours d'obligations souveraines

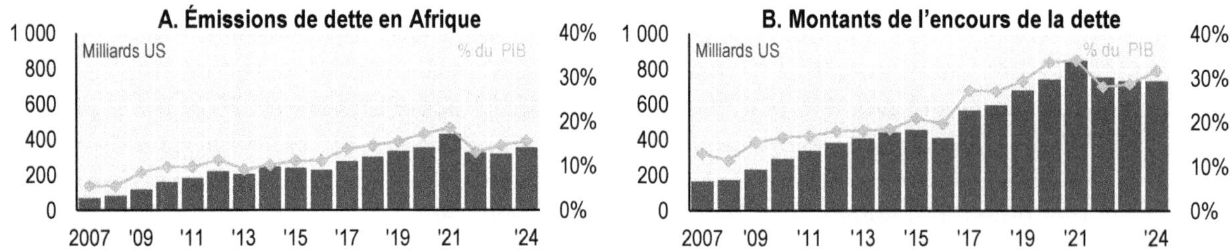

Source : LSEG ; et calculs de l'OCDE.

La hausse a été particulièrement marquée sur la période 2011-2021, lorsque les émissions annuelles et le ratio encours de la dette/PIB ont doublé en Afrique. Plusieurs facteurs ont contribué à cette envolée, qui a également touché les MEED d'autres régions. Premièrement, l'accès aux marchés s'est amélioré grâce à une plus grande solidité des fondamentaux, favorisée par le niveau élevé des réserves de change accumulées pendant la flambée des prix des produits de base au début des années 2010. Cela a été en particulier le cas des économies africaines tributaires des exportations de pétrole, de ressources minérales et de produits agricoles (Afreximbank, 2025[1]). Deuxièmement, une amélioration de la crédibilité de la politique monétaire, à la faveur de l'adoption, à une plus large échelle, de cadres de maîtrise de l'inflation et de régimes de taux de change flottants, a également permis d'élargir l'accès aux marchés (Kalemli-Ozcan et Unsal, 2024[2]). Troisièmement, les politiques monétaires accommodantes mise en œuvre dans les économies avancées, se caractérisant par des taux d'intérêt bas et un assouplissement quantitatif, ont conduit certains investisseurs à s'orienter vers des titres de dette émis par des MEED pour obtenir des rendements réels positifs, ce qui a eu pour effet d'accroître la base d'investisseurs. Enfin, les chocs externes, notamment la crise financière mondiale et la pandémie, ont accru les besoins budgétaires (BAfD, 2025[3]).

Si le niveau d'endettement a atteint des sommets dans l'ensemble de la région, la répartition entre les pays y est plus uniforme que dans d'autres régions. En 2024, les cinq premiers et les dix premiers émetteurs représentaient respectivement 79 % et 91 % de l'encours total de la dette de la région, contre 86 % et 97 % respectivement dans d'autres régions (Graphique 5.3, partie C). Cela tient non seulement à la diminution du nombre de grandes économies en Afrique, mais aussi à la présence de nombreux émetteurs dont l'encours de dette atteint des niveaux significatifs.

Graphique 5.3. Principales tendances des émissions et encours d'obligations souveraines

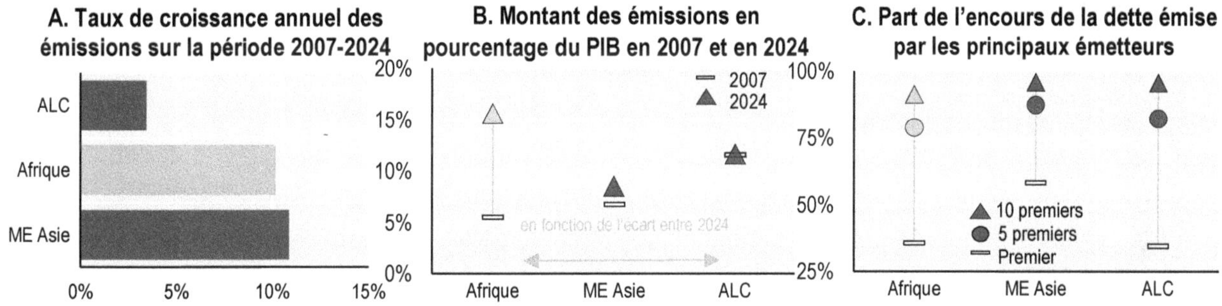

Note : Les chiffres par région tiennent compte uniquement des MEED.
Source : LSEG ; et calculs de l'OCDE.

La majorité (environ 60 %) de la dette négociable des pays d'Afrique se compose d'obligations à taux fixe libellées en monnaie locale (Graphique 5.4, parties A et B). Ces dernières sont les obligations qui présentent le risque le plus faible pour l'émetteur, en particulier lorsqu'elles sont assorties d'échéances longues. Elles sont primordiales pour élaborer des courbes de rendement sans risque de crédit, ce qui est fondamental pour les marchés obligataires en monnaie locale et ce qui fait de la transparence de la dette une question majeure pour le développement des marchés de capitaux locaux (Encadré 5.1). La part médiane de la dette à taux fixe en Afrique, qui est un indicateur plus représentatif pour la plupart des pays de la région, s'établit à environ 80 %, soit le pourcentage le plus élevé toutes régions confondues. Pour quatre des plus grands émetteurs – l'Afrique du Sud, l'Algérie, le Kenya et le Maroc –, la dette à taux fixe représente 75 %, ou plus, du total ; l'Égypte pour sa part, qui est le deuxième émetteur d'Afrique pour la dette globale, fait figure d'exception puisque sa dette à taux fixe représente moins de 25 % du total de sa dette.

La part relativement faible de la dette à taux variable des pays d'Afrique mérite également d'être notée. Les obligations indexées sur l'inflation peuvent être utiles pour étendre la courbe des rendements et développer des segments de marché spécifiques. Elles sont particulièrement intéressantes dans le cas de pays ayant connu par le passé une forte inflation, ou encore pour capter la demande sur des segments de marché s'adressant à des investisseurs ayant des engagements indexés sur l'inflation, comme des fonds de pension et des compagnies d'assurance. Parce que les investisseurs paient une prime pour se protéger de l'inflation, les obligations indexées sur l'inflation peuvent représenter une solution plus efficace par rapport à leur coût tant dans les économies avancées (OCDE, 2024[4]) que dans les MEED (Cardozo et Christensen, 2024[5]). Si les hausses imprévues de l'inflation entraînent une augmentation des charges d'intérêts dans le cas d'obligations indexées sur l'inflation, celle-ci est généralement couverte, dans une certaine mesure, par un accroissement simultané des recettes fiscales lié à la montée de l'inflation. Outre les économies avancées, certaines MEED, en particulier dans la région d'Amérique latine et des Caraïbes, s'appuient largement sur ces instruments dans leurs programmes de financement.

Graphique 5.4. Composition, par instrument, de l'encours de la dette

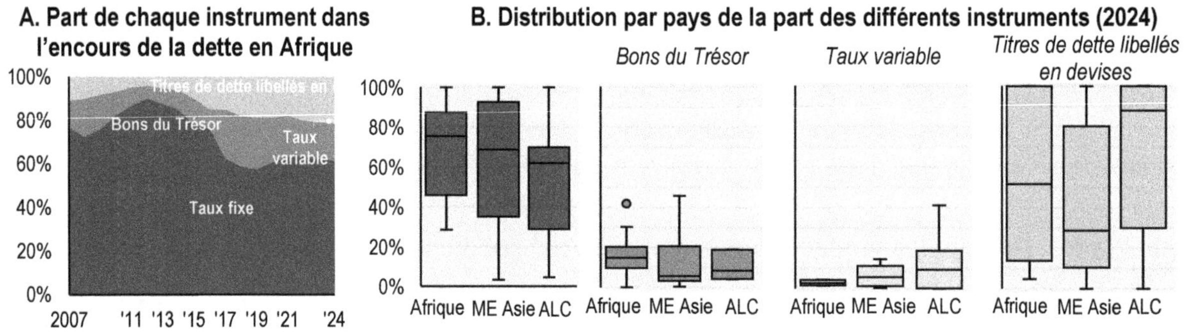

Note : Les obligations à taux variables renvoient aux obligations à taux variables et aux obligations indexées sur l'inflation. Les chiffres relatifs aux régions tiennent compte uniquement des MEED.
Source : LSEG ; et calculs de l'OCDE.

La durée moyenne pondérée jusqu'à l'échéance des titres de dette négociable est de 7.4 ans, soit environ un an de moins qu'en Asie et six mois de moins qu'en Amérique latine et dans les Caraïbes (Graphique 5.5, partie A). Ce chiffre est en légère progression par rapport à celui de 2016 qui était d'environ 6.7 ans. Cette pente ascendante traduit principalement une augmentation des émissions de dette en devises étrangères, lesquelles sont en principe assorties d'échéances plus longues que les titres libellés en monnaie locale, sachant que les durées moyennes jusqu'à l'échéance pour les deux types de dette sont restées relativement stables depuis 2016 : approximativement 6.5 à 6.9 ans pour les titres de dette libellés en monnaie locale et 10 à 11 ans pour les titres en devises étrangères (Graphique 5.5, partie C).

Ces moyennes régionales masquent d'importantes variations de la durée moyenne jusqu'à l'échéance pour les titres émis par des émetteurs souverains de pays africains. Dans certains pays, la durée moyenne jusqu'à l'échéance ne dépasse pas deux ans, et dans d'autres, elle excède 10 ans (Graphique 5.5, partie B). Pour les pays qui émettent des volumes relativement plus importants de titres de dette et le font à une fréquence plus grande, comme l'Afrique du Sud, le Kenya, le Maroc et le Nigéria, les durées moyennes jusqu'à l'échéance sont plus longues aussi bien sur les marchés en monnaie locale que sur les marchés en devises étrangères. L'Algérie et l'Égypte font figure d'exceptions. Bien qu'elles fassent partie des plus gros émetteurs en Afrique, la durée moyenne jusqu'à l'échéance pour leurs titres de dette libellés en monnaie locale reste courte : trois ans environ dans le cas de l'Algérie et moins de deux ans dans celui de l'Égypte. En Égypte, la durée moyenne jusqu'à l'échéance est inférieure à deux ans depuis 2017 et n'a pas dépassé trois ans depuis 2007. En Algérie, elle était d'à peu près huit ans en 2007 avant de diminuer jusqu'en 2016, et est restée inférieure à quatre ans depuis cette date. À l'inverse, de nombreux petits émetteurs n'opèrent que sur un seul marché, soit en monnaie locale, soit en devises, mais les échéances de leurs titres de dette sont très variables.

Graphique 5.5. Durée jusqu'à l'échéance de l'encours de la dette

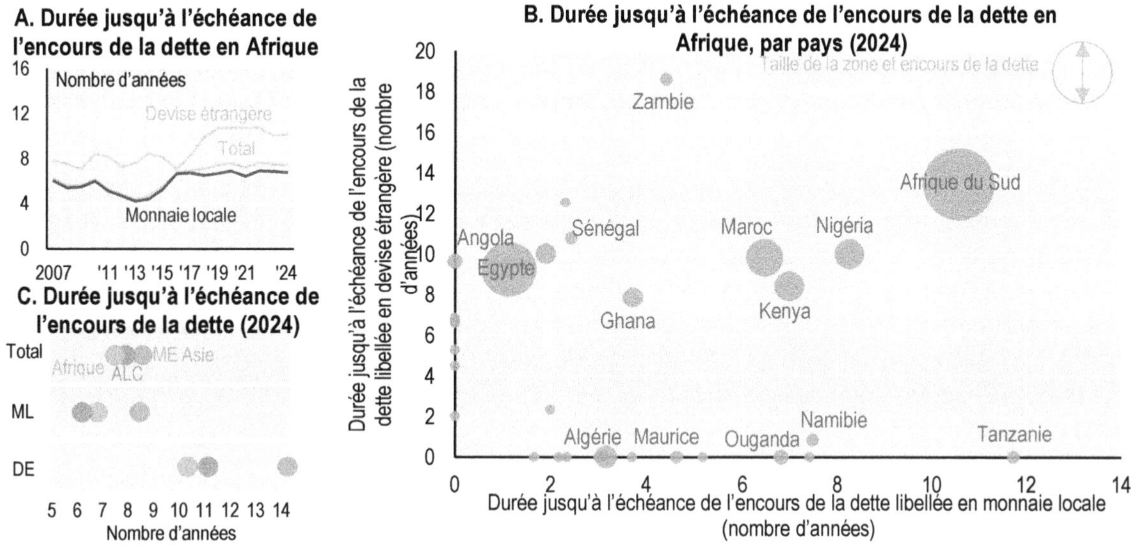

Note : Les chiffres par région tiennent compte uniquement des MEED. ML pour monnaie locale et DE pour devise étrangère.
Source : LSEG ; et calculs de l'OCDE.

Encadré 5.1. Transparence des données relatives aux titres de dette négociables libellés en monnaie locale dans une sélection de pays

Il est essentiel que des données exactes sur l'encours de la dette et les activités d'émission soient communiquées en temps voulu par les émetteurs pour renforcer la confiance des investisseurs et améliorer l'accès au marché. La communication de ces données permet également de repérer précocement les facteurs de vulnérabilité potentielle liés à l'endettement, de réduire les asymétries d'information et de faire en sorte de faciliter la reddition de comptes par les agents publics. L'encadré a été établi à partir de données librement accessibles auprès de sources officielles des 15 plus grands pays d'Afrique et constitue une ressource qui vient compléter les efforts déployés actuellement pour améliorer la transparence des données sur la dette. Il est principalement consacré à la dette négociable en monnaie locale, et complété par l'Annexe 5.B dans laquelle sont présentées des conclusions par pays, et contient une synthèse des conclusions générales. Dans l'ensemble, les données relatives à la dette sont dûment notifiées, mais la transparence dans des domaines essentiels pourrait encore être améliorée.

Des informations sur la composition de l'encours de la dette sont généralement disponibles auprès de sources officielles. Tous les pays sur lesquels porte l'analyse fournissent une ventilation de la dette entre dette extérieure et dette intérieure, même si les définitions utilisées pour effectuer le classement entre ces deux catégories (résidence de l'investisseur ou monnaie, par exemple) ne sont pas claires dans tous les cas. Tous les émetteurs publient également la composition, par instrument (bons du Trésor, obligations, etc.), de la dette négociable en monnaie locale, mais à peu près la moitié d'entre eux ne fournissent pas de ventilation de la dette non négociable (entre prêts, pensions, arriérés), ce qui compromet une analyse plus approfondie.

Les données sur les calendriers et les résultats des adjudications sur le marché primaire sont généralement facilement accessibles, mais elles sont parfois obsolètes. Les délais de publication des résultats sont variables, mais en général, ceux-ci sont publiés le jour même de l'émission. Dans certains cas, les calendriers d'adjudication ne sont pas à jour et à peu près la moitié seulement des pays tiennent un calendrier des émissions à venir dans l'année.

Tous les pays publient, sous une forme ou une autre, un rapport sur la dette, et la plupart d'entre eux un document distinct sur la Stratégie à moyen terme en matière de dette. En règle générale, le montant du service de la dette intérieure pour les années précédentes apparaît également dans le rapport sur la dette. En revanche, environ un tiers seulement des pays sur lesquels porte l'analyse publient des informations sur la base d'investisseurs.

L'accès à des données récentes sur l'encours de la dette est limité dans à peu près la moitié des pays (Graphique 5.6, partie A). La facilité d'accès à ces données varie également selon les pays. Dans certains, elles sont inaccessibles pour de très nombreuses périodes ou sont présentées dans des formats ne se prêtant pas facilement à des comparaisons. En outre, on observe dans quelques pays des incohérences entre les différentes sources de données. Il arrive par exemple que les valeurs mentionnées pour l'encours total des obligations au titre d'une même année soient différentes selon les publications.

Graphique 5.6. Transparence et disponibilité des données pour les titres de dette négociables en monnaie locale

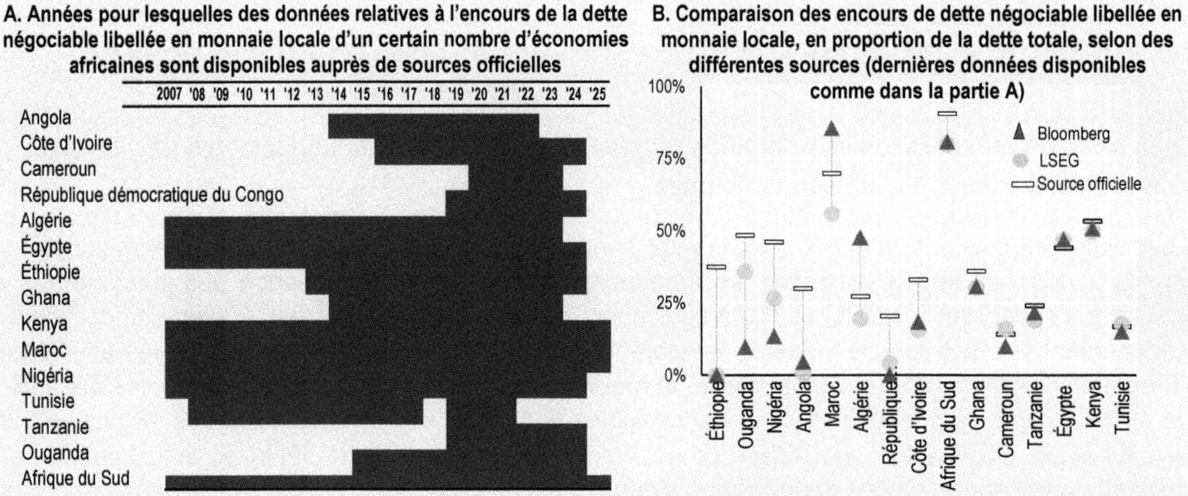

Note : Les données relatives à 2025 présentées dans la partie A du graphique correspondent à une période quelconque pouvant aller jusqu'à juin 2025. Dans la partie B, les données utilisées sont les données les plus récentes disponibles auprès de sources officielles, comme celles présentées dans la partie A, sauf pour l'Angola, où les données issues de LSEG sont limitées à 2019. Les données sont considérées comme manquantes lorsqu'on ne dispose pas de données récentes auprès de la source indiquée. Dans les calculs, ce sont les données du FMI relatives à la dette totale qui figurent au dénominateur.

Source : G7 et Club de Paris (2023), « Preliminary Findings from the G-7 and Paris Club Countries Debt Data Sharing Exercise », https://thedocs.worldbank.org/en/doc/6e72b0ded996306fa01f5db7a0c38b19-0050052021/related/G7-and-Paris-Club-Data-Reconciliation-Exercise-April-2023.pdf ; Banque mondiale (octobre 2024). *Debt Reporting Heat Map - 2024.* Extrait de https://www.worldbank.org/en/topic/debt/brief/debt-transparency-report/2024.

D'autres discordances apparaissent lorsque l'on compare les données provenant de sources officielles et celles provenant de deux sources tierces, à savoir Bloomberg et LSEG (Graphique 5.6, partie B).

Pour un peu plus d'un tiers des pays considérés, l'écart entre deux sources est de six points de pourcentage, voire moins, ce qui permet d'appréhender avec précision ce que représente réellement le fardeau de la dette. Pour un autre tiers cependant, l'écart entre les données de marché et les données tirées de sources officielles excède 25 points de pourcentage de la dette totale. Compte tenu de l'importance de la fiabilité des données sur la dette publique, les fournisseurs de données de marchés et les bureaux de gestion de la dette pourraient dans ces conditions se concerter pour résoudre les problèmes d'incohérence.

5.3. Principaux moteurs du développement des marchés d'obligations souveraines

L'un des points essentiels sur lequel les MEED se distinguent des économies avancées est la structure de l'emprunt public. Les MEED s'appuient davantage sur des sources hors marché, comme les prêts des institutions multilatérales, les créanciers bilatéraux et les banques privées. Dans les économies avancées en revanche, il existe une concordance étroite entre les besoins de financement et les émissions obligataires sur le marché, puisque les responsables de la gestion de la dette font appel aux marchés pour financer quasiment l'intégralité des besoins d'emprunt. Dans de nombreux MEED cependant, la décision d'émettre des obligations est prise en considérant non seulement les besoins d'emprunt, mais aussi la disponibilité d'autres sources de financement, notamment de l'accès à des prêts, et n'est donc pas le produit d'un mécanisme de financement normal, mais plutôt d'un choix politique.

Bien que les emprunts hors marché coûtent généralement moins cher, ils offrent moins de flexibilité et d'autonomie financière. Entre 2000 et 2020, le taux d'intérêt moyen des obligations libellées en devises ressortait à 6 % en Afrique, contre 3 % pour les prêts consentis par des banques chinoises et 1 % pour ceux accordés par des prêteurs (Mihalyi et Trebesch, 2023[6])multilatéraux. Néanmoins, les prêts ne suffisent souvent pas pour couvrir les besoins de financement des emprunteurs souverains : en effet, les montants sont limités, le montage prend du temps et une telle opération comporte un risque de change. Les prêts concessionnels peuvent également être pré-affectés à certains types de dépenses ou de projets, d'où une latitude réduite dans l'utilisation des fonds.

Le développement d'un marché obligataire local implique la création d'une vaste infrastructure informationnelle, juridique et institutionnelle. Une fois qu'une infrastructure solide et sûre a été mise en place et que les marchés ont pris leur essor, les pouvoirs publics peuvent, avec le temps, émettre des volumes plus importants d'obligations étant donné qu'ils ont accès à une base de créanciers plus large que s'ils devaient compter sur un nombre limité de prêteurs. En outre, les instruments de marché sont généralement assortis de restrictions moins sévères, quant à l'utilisation des fonds, que les prêts bénéficiant d'un soutien public, voire ne comportent aucune restriction, ce qui autorise une plus grande souplesse budgétaire. En outre, les obligations libellées en monnaie locale, en particulier, contribuent à atténuer les chocs externes en réduisant les décalages en termes de devises ou d'échéances (Eichengreen et Hausmann, 1999[7]).

Il est important que les émetteurs souverains mettent au point des instruments fongibles pouvant faire office de titres de référence liquides, et ainsi contribuer à réduire les primes de liquidité et, partant, les coûts de financement. La mise en circulation de plusieurs obligations de référence couvrant l'ensemble de la courbe des rendements favorise également le développement du marché intérieur au sens où elle permet d'avoir une courbe de rendements sans risque indispensable à la découverte des prix des titres du secteur privé. À mesure que les économies se développent et que les besoins de financement public augmentent, la dépendance à l'égard des marchés obligataires a tendance à croître.

L'Afrique, qui compte un grand nombre de pays à revenu faible et de pays à revenu intermédiaire de la tranche inférieure ainsi que de petites économies, est, de toutes les régions, celles qui affiche la plus faible dette négociable rapportée à la dette publique totale (Graphique 5.7, partie A). Celle-ci a généralement augmenté au fil du temps, pour atteindre un pic en 2022, soit plus d'un quart, avant de diminuer depuis dans un contexte de dégradation des conditions sur les marchés mondiaux[2]. Les pays à revenu intermédiaire de la tranche supérieure du continent affichent en général une dette négociable plus élevée que ceux d'autres régions appartenant au même groupe de revenu alors que c'est l'inverse pour les pays à revenu intermédiaire de la tranche inférieure (Graphique 5.7, partie B). À la différence de ce qui est observé en Asie, les pays africains à revenu intermédiaire de la tranche supérieure affichent une part de dette négociable beaucoup plus élevée que ceux de la tranche inférieure.

Graphique 5.7. Dette négociable rapportée à la dette publique totale

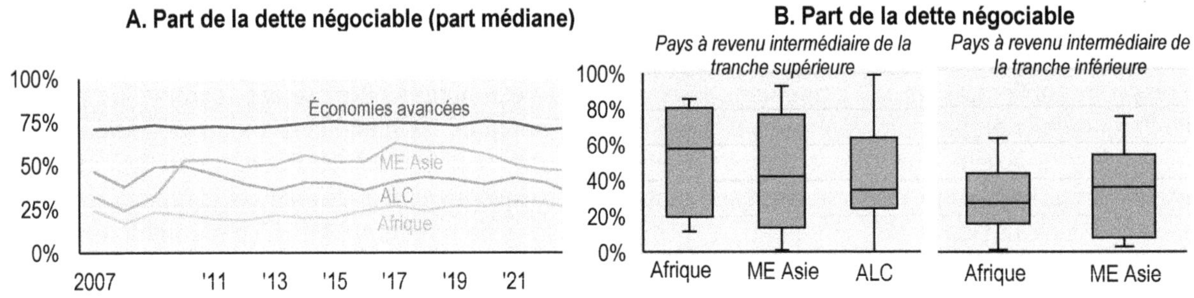

Source : LSEG, Perspectives de l'économie mondiale du FMI, avril 2025, Statistiques de la BRI relatives aux titres de dette, comptes financiers de l'OCDE et calculs de l'OCDE.

Les deux variables qui sont fortement corrélées avec la part de la dette négociable en Afrique sont la taille de l'économie (PIB) et la part des obligations libellées en monnaie locale dans le total de la dette négociable (Graphique 5.8, partie A). Les grandes économies sont généralement mieux placées pour émettre des titres de dette libellés dans leur propre monnaie à l'étranger, ce qui leur permet d'élargir la base d'investisseurs et de réduire les risques (Eichengreen, Hausmann et Panizza, 2022[8]) inhérents aux liens entre l'émetteur souverain et les banques[3].Maurice et la Namibie constituent des exceptions notables : bien qu'il s'agisse d'économies d'assez petite taille, elles affichent des parts de dette négociable qui restent supérieures à 60 %. En outre, aucun pays d'Afrique dont la part des obligations libellées en monnaie locale est inférieure à 25 % de la dette négociable totale n'a une dette négociable supérieure à 20 % de la dette publique totale. À l'inverse, dans tous les cas où la dette négociable excède 60 % de la dette, les obligations libellées en monnaie locale représentent plus de 75 % de la dette négociable, ce qui montre combien les marchés en monnaie locale sont importants pour la capacité de financement.

La capacité de l'État à percevoir des recettes joue également un rôle essentiel dans le développement des marchés d'obligations souveraines. Dans les pays qui sont trop tributaires de l'aide publique au développement (APD), la part de la dette négociable est généralement plus faible ; dans tous ceux dont l'APD a représenté plus de 5 % du PIB en 2024, la part dette négociable était d'environ 40 %, voire moins (Graphique 5.8, partie B). En revanche, les pays dont la part de dette négociable représentaient plus de la moitié de la dette publique totale présentaient tous des ratios impôts/PIB supérieurs à 15 % (Graphique 5.8, partie C), ce qui atteste le lien existant entre la capacité de lever des impôts et l'accès au marché obligataire.

Graphique 5.8. Moteurs du développement des marchés d'obligations souveraines

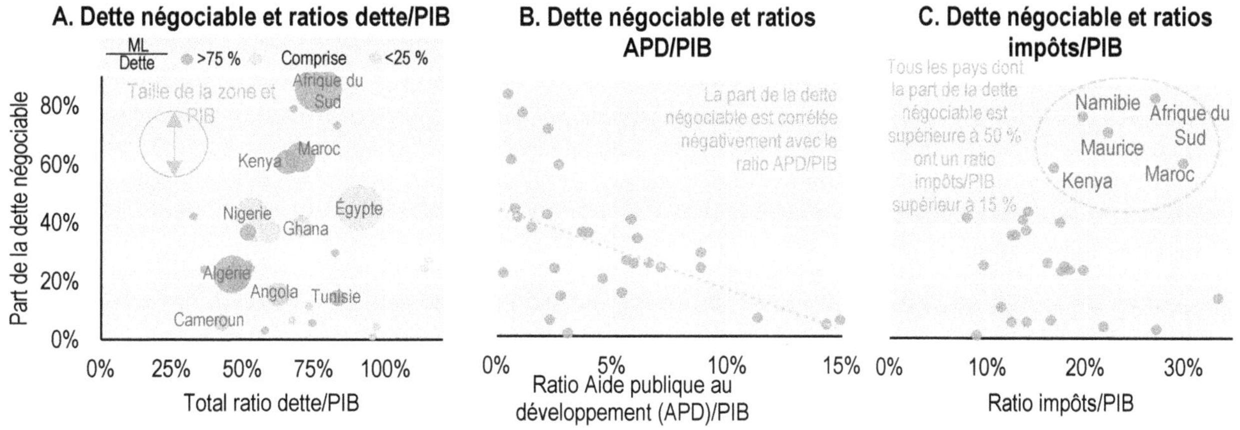

Note : Les données présentées sont celles de 2024 ou 2023 selon la disponibilité. ML désigne la dette libellée en monnaie locale.
Source : LSEG, Perspectives de l'économie mondiale du FMI, avril 2025 Comptes financiers de l'OCDE, ensemble de données de l'OCDE sur l'aide publique au développement, Statistiques des recettes publiques de l'OCDE, et calculs de l'OCDE.

Les notes de crédit sont un autre paramètre déterminant pour le développement des marchés obligataires, au sens où elles constituent une référence qui prédétermine souvent les décisions des investisseurs internationaux. Plusieurs investisseurs institutionnels, en particulier, ne peuvent investir que dans des titres dont la note est supérieure à un seuil donné[4]. Les notations de crédit influent donc directement à la fois sur la taille de la base d'investisseurs à disposition d'un émetteur souverain, et sur le coût de l'emprunt. L'obtention d'une note favorable auprès de l'une des trois principales agences de notation peut donc représenter un moment charnière pour les emprunteurs souverains qui cherchent à se financer sur les marchés.

La plupart des pays africains doivent faire face à des difficultés considérables à cet égard, soit parce que leur note de risque de crédit est élevée, soit parce qu'aucune note de crédit ne leur a encore été attribuée, soit parce qu'ils ne sont pas des émetteurs souverains actifs (Graphique 5.9, partie A). Fin 2024, le Botswana et Maurice étaient les seuls pays d'Afrique classés dans la catégorie investissement tandis que l'Afrique du Sud, la Côte d'Ivoire, le Maroc et les Seychelles relevaient de la catégorie spéculative[5]. Les 24 autres émetteurs souverains africains notés étaient considérés comme présentant un risque élevé ou équivalent à un risque de défaut[6]. Ils subissent de ce fait des coûts d'emprunt plus élevés et pâtissent d'un accès limité aux capitaux des investisseurs institutionnels qui ont une aversion pour le risque, ce dont témoignent également leurs parts dans certains indices obligataires (voir Encadré 5.2).

Encadré 5.2. Poids de l'Afrique dans les indices obligataires des marchés émergents

Les indices obligataires sont des indices de référence qui permettent de suivre la performance d'une sélection d'obligations partageant des caractéristiques ou des orientations thématiques communes, et de réaliser des investissements passifs dans un large éventail d'obligations. Ils servent en outre de référence pour les mandats de gestion active. Les indices obligataires jouent donc un rôle important au sens où ils créent une demande structurelle pour les instruments de dette entrant dans la composition des portefeuilles. Parmi les indices courants de l'exposition des investisseurs à la dette souveraine des marchés émergents figurent l'indice JP Morgan Emerging Market Bond Global Diversified Index (JPM EMBIGD), l'indice JP Morgan Government Bond Index Emerging Market (GBI-EM) Global Diversified, l'indice MSCI Emerging Markets Sovereign Bond Index (MESBI) et l'indice FTSE Emerging Markets Government Bond Index (FTSE EMGBI).

Bien que les critères pris en compte varient selon les indices, ces derniers intègrent généralement des instruments de dette souveraine de marchés émergents répondant à des exigences minimales en termes de volume et de liquidité : en principe 500 millions USD par émission et une échéance résiduelle de plus d'un an, l'accès aux titres pour les investisseurs étrangers et une note de crédit comprise dans une certaine fourchette (généralement supérieure au risque de défaut, mais inférieure à AAA). Certains indices incluent uniquement des émissions libellées en monnaie locale et d'autres uniquement des émissions libellées en USD.

La pondération des pays dans un indice dépend généralement de leur part totale de l'encours de la dette éligible. De ce fait, les pays dont l'encours de dette négociable est plus élevé représentent souvent une part plus importante de l'indice. Pour des indices comme JPM EMBI et JPM GBI-EM, les pondérations par pays sont également plafonnées, ce qui garantit une exposition plus diversifiée.

La part de la dette africaine dans tous ces indices reste inférieure à 15 %. L'EMBI FTSE attribue une part d'environ 12.5 % à l'Europe centrale et orientale, au Moyen-Orient et à l'Afrique (CEEMA). Alors que le JPM GBI-EM Global Diversified (relatif à la dette sur les marchés locaux) ne prend en compte que l'Afrique du Sud, ce qui porte le poids total du continent à seulement 7 %, le JPM EMBI Global Diversified (relatif à la dette libellée en USD) couvre 15 pays africains, dont la pondération totale atteint 12 % seulement.

Pour accroître leur part dans ces indices, les pays africains peuvent, dans la mesure du possible, privilégier le développement d'indices de référence liquides en procédant à des émissions obligataires atteignant le montant minimum à atteindre pour figurer dans les indices. En outre, la suppression des contrôles des mouvements de capitaux peut permettre, le cas échéant, aux investisseurs étrangers d'avoir accès plus facilement à leurs titres de dette, d'autant que certains pays ont été exclus des indices par le passé en raison de problèmes de convertibilité. Les pays devraient également mettre l'accent sur les notations de crédit sachant que les émissions notées comme présentant un risque de défaut sont exclues.

Source : FTSE Russell (2025[13]), FTSE Emerging Markets Government Bond Index (EMGBI) Factsheet ; MSCI (2025[14]), MSCI Emerging Markets Sovereign Bond Index (MESBI), https://www.msci.com/documents/1296102/182d7ae4-0f37-23c4-ffca-57a6fe57eaa6 ; JP Morgan (2023[15]), J.P. Morgan EMBI Global Diversified Index, https://www.jpmorgan.com/content/dam/jpm/cib/complex/content/markets/composition-docs/gbi-em-gd-factsheet.pdf

La forte proportion de pays à haut risque en Afrique n'a pas notablement varié au cours des quinze dernières années, le continent ayant systématiquement représenté la plus forte proportion de ces pays (Graphique 5.9, parties B et C). Depuis la flambée des prix des produits de base au milieu des années 2010, la qualité du crédit s'est dégradée en Afrique, les pays à haut risque représentant près de 80 % des pays notés à la fin de 2024. Dans d'autres régions, cette proportion a fluctué autour de la moitié des pays notés. Les deux seuls pays d'Afrique qui sont passés de la catégorie à haut risque à la catégorie spéculative et qui ont conservé ce rang jusqu'à présent sont la Côte d'Ivoire (2015) et les Seychelles (2015). Toutes les révisions à la hausse opérées depuis 2007 ont été suivies de révisions à la baisse ultérieures. L'Égypte, le Gabon et le Nigéria ont vu leur note dégradée, respectivement en 2011, 2016 et 2015, et ont été rétrogradés de la catégorie spéculative à la catégorie à haut risque, tandis que la Namibie, la Tunisie et l'Afrique du Sud sont sorties de la catégorie investissement au cours des quinze dernières années, respectivement en 2017, 2012 et 2017. La Namibie et la Tunisie ont depuis subi une nouvelle rétrogradation dans la catégorie des pays à haut risque.

Graphique 5.9. Évolutions des notes de crédit en Afrique et comparaison avec d'autres régions

A. Notes de crédit en Afrique (2024)

Catégorie investissement BBB	Haut risque	
Botswana	Angola	République du Congo
Maurice	Bénin	Rwanda
Catégorie spéculative BB	Burkina Faso	Sénégal
Côte d'Ivoire	Cameroun	Tanzanie
Maroc	Égypte	Togo
Seychelles	Eswatini	Tunisie
Afrique du Sud	Gabon	Ouganda
	Kenya	Très haut risque ou risque
	Malawi	Éthiopie
	Mali	Ghana
	Mozambique	Niger
	Namibie	Zambie
	Nigéria	

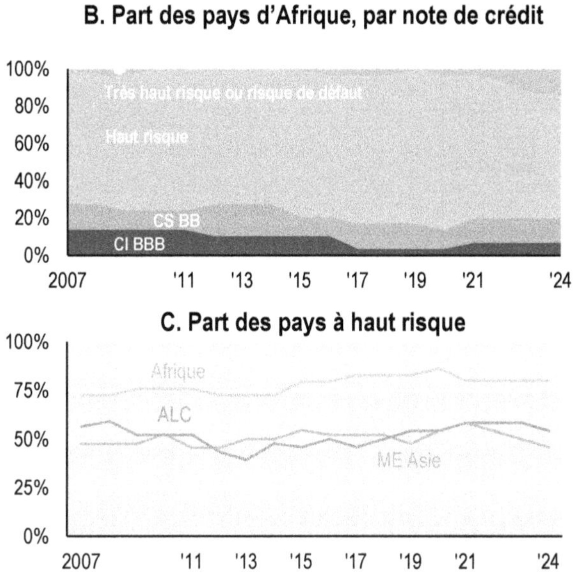

Note : Dans la partie A, les pays auxquels aucune note de crédit n'a été attribuée et ceux pour lesquels la note de crédit n'est pas disponible dans l'ensemble de données considéré n'apparaissent pas. Dans la partie C, seuls les pays dont la note de crédit a conduit à un classement dans une catégorie inférieure à la catégorie à haut risque sont pris en compte. Les chiffres relatifs aux régions tiennent compte uniquement des MEED.

Source : LSEG ; et calculs de l'OCDE.

Le fait que l'Afrique soit la région qui compte la plus forte proportion de pays à faible revenu et à revenu intermédiaire de la tranche inférieure n'explique pas entièrement qu'elle représente une plus forte part des pays à haut risque. En effet, plus de 85 % des pays à revenu intermédiaire de la tranche inférieure du continent africain ont obtenu une note de crédit correspondant à la catégorie à haut risque, voire à une catégorie inférieure, à la fin de 2024, contre moins de 65 % des pays d'autres régions appartenant au même groupe de revenu (Graphique 5.10, partie A). Conséquence, environ la moitié de l'encours total de la dette de l'Afrique est classée à haut risque, contre 10 % de celle de l'Amérique latine et des Caraïbes et une part négligeable de celle des pays émergents et en développement d'Asie (Graphique 5.10, partie B). Dans les autres régions en outre, près de la moitié, ou plus de la moitié, de l'encours total de la dette a été émis par des pays relevant de la catégorie investissement. En Afrique, cette part est négligeable.

Un certain nombre de raisons ont été avancées pour tenter d'expliquer les disparités observées dans les notations de crédit et, en conséquence, dans les coûts d'emprunt, entre les pays d'Afrique et des autres régions. L'une de ces explications est que l'architecture financière mondiale induit des biais, résultant notamment des réformes de la réglementation mises en œuvre à la suite de la crise financière mondiale, qui ont rendu les agences de notation plus circonspectes, de sorte que les notations prudentes peuvent parfois ne pas refléter pleinement les fondamentaux des pays (Cash et Khan, 2024[9] ; Gwaindepi, 2025[10]). Parmi les autres raisons, on peut citer le manque de transparence du processus budgétaire, le poids considérable du secteur informel, un développement limité du secteur financier, la faiblesse des institutions publiques, les risques politiques et l'effet de contagion des défauts de paiement de la dette et des difficultés économiques rencontrées par les pays (Gbohoui, Ouedraogo et Some, 2023[11] ; BAfD, 2025[3] ; Alter et al., 2025[12]) africains. Quelles qu'en soient les causes, les conséquences des notations de crédit pèsent lourdement sur les coûts d'emprunt des pays africains et sur leur accès au financement (voir encadré 5.2).

Graphique 5.10. Notes de crédit des pays et encours de la dette

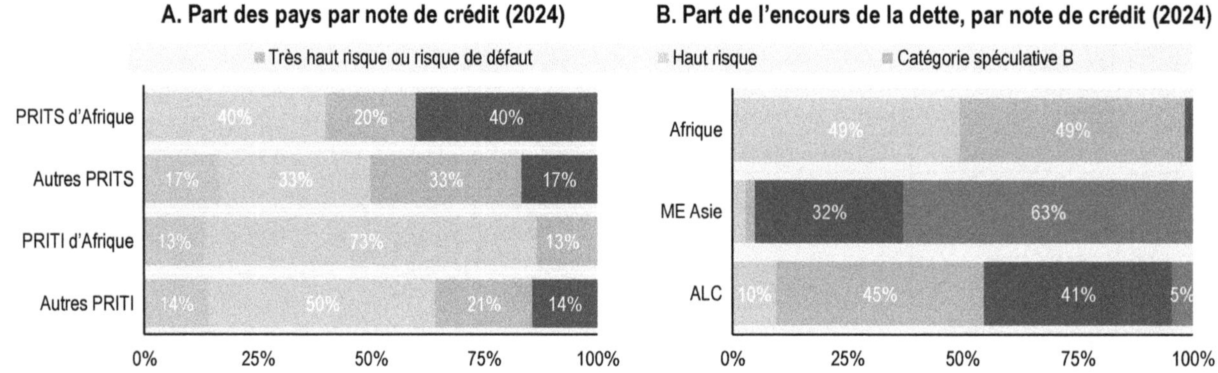

Note : PRITS* hors Chine. Les chiffres relatifs aux régions tiennent compte uniquement des MEED.
Source : LSEG ; et calculs de l'OCDE.

5.4. Analyse comparative des coûts de la dette en monnaie locale et en devises

Les dynamiques du coût de la dette sont très différentes selon que celle-ci est libellée en monnaie locale ou en devises. Les rendements des obligations souveraines libellées en monnaie locale définissent le taux de rendement de référence sans risque tenant compte de l'inflation, des rendements réels, des primes d'échéance et d'un risque de crédit limité. Lorsque la majeure partie de la dette est libellée en monnaie locale, son coût est un indicateur de solvabilité déterminant car les risques de liquidité sont minimes eu égard à la capacité de l'État à émettre de la monnaie. Les taux d'intérêt réels déterminent les coûts d'emprunt et la viabilité des finances publiques. Cela signifie que même si les rendements nominaux sont élevés, les taux réels négatifs (lorsque l'inflation dépasse les rendements nominaux) peuvent permettre de conserver des ratios dette/PIB stables, malgré des déficits primaires et des coûts d'emprunt nominaux élevés. En revanche, les obligations libellées en devises ne représentent généralement qu'une faible part de la dette souveraine, la principale préoccupation étant le risque de liquidité qui conditionne la capacité du pays de se procurer les devises nécessaires pour faire face à ses engagements. Les rendements de ces obligations présentent, par rapport à la courbe des rendements du pays qui émet la monnaie, un écart correspondant à la prime que les investisseurs exigent pour couvrir ce risque.

En 2024, les rendements réels estimés des obligations en monnaie locale émises en Afrique ont atteint leur plus haut niveau depuis au moins 2007, soit près de 5 % (Graphique 5.11, partie A). Si ce chiffre reste inférieur aux taux réels en Amérique latine et dans les Caraïbes, il est en revanche supérieur aux taux réels dans les pays émergents d'Asie, lesquels avoisinaient 2.5 % en 2024. Les pays appartenant aux catégories à haut risque et spéculative offrent généralement des taux de rendement plus élevés (Graphique 5.11, partie C) et, compte tenu de la part importante qu'ils représentent en Afrique, le fait que les rendements réels restent inférieurs à ceux observés en Amérique latine et dans les Caraïbes mérite d'être souligné. L'une des raisons probables de cet état de fait est que l'Amérique latine et les Caraïbes ont connu, depuis les années 80, des épisodes d'hyperinflation plus fréquents que le continent africain où ceux-ci ont été plus rares et généralement circonscrits à des économies de petite taille comme le Zimbabwe. C'est pourquoi l'Afrique a bénéficié, pour sa dette en monnaie locale, de coûts d'emprunt réels relativement plus bas au regard de son profil de risque de crédit. Ce constat souligne à quel point la crédibilité de la politique monétaire compte dans la détermination du coût des emprunts souverains.

Graphique 5.11. Coût réel des obligations libellées en monnaie locale

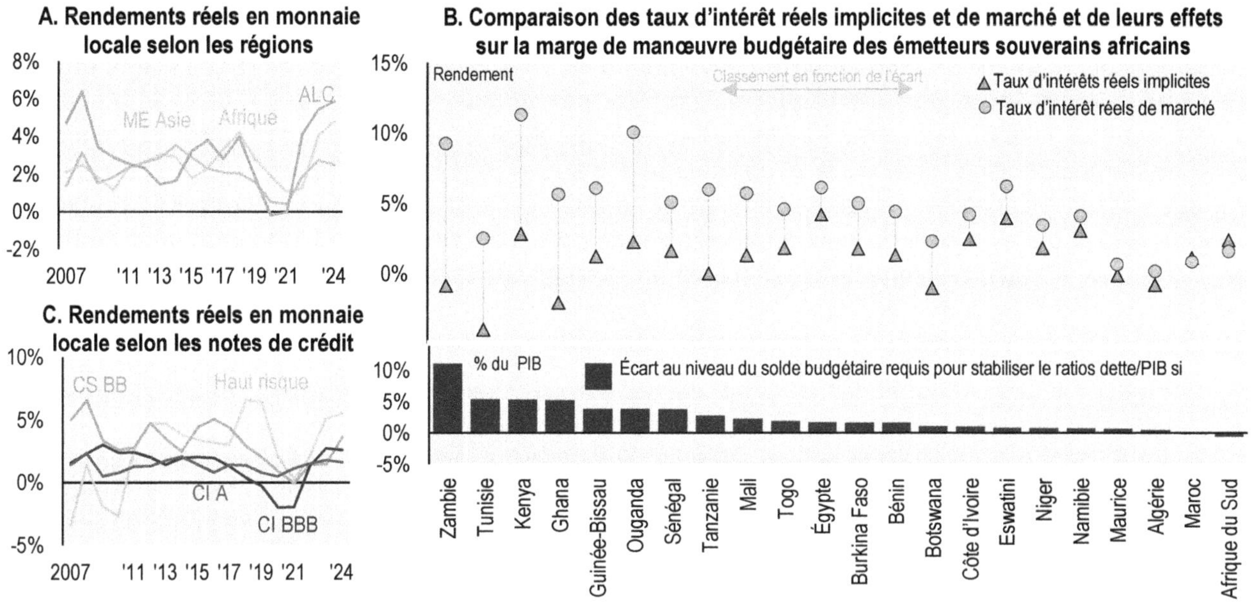

Note : 1) Les chiffres correspondent à un échantillon d'obligations dont le rendement à l'échéance sur le marché primaire est disponible dans LSEG. Toutes les valeurs sont des moyennes pondérées en fonction des montants des émissions de titres de dette de chaque pays. Les taux d'intérêt de marché réels sont des estimations étant donné qu'ils ne peuvent être calculés précisément que pour les obligations arrivées à échéance. Ces estimations ont été obtenues en ajustant les rendements nominaux d'un échantillon de titres émis sur le marché primaire en fonction de l'inflation observée et prévue sur la période allant de 2007 à 2030. Les obligations qui ne sont pas prises en compte dans la partie A sont celles qui arrivent à échéance après 2030, car on ne dispose pas de données relatives au rendement à l'échéance au moment de l'émission dans LSEG, et celles émises par des pays ayant connu récemment des épisodes d'hyperinflation. 2) Les chiffres relatifs aux régions tiennent compte uniquement des MEED. 3) On trouve dans la partie B des estimations du solde primaire qui permettrait de stabiliser les ratios dette/PIB, établies à partir des taux de croissance et d'inflation pour la dernière année disponible figurant dans les prévisions du FMI (2030) et du taux d'intérêt effectif implicite appliqué à la dette en 2024, d'après les données communiquées par le FMI. 4) Dans la partie C, les MEED de toutes les régions sont pris en compte

Source : LSEG, Statistiques des recettes publiques de l'OCDE, Perspectives de l'économie mondiale du FMI, avril 2025, et calculs de l'OCDE.

Le développement des marchés obligataires en monnaie locale peut accroître la souplesse budgétaire et permettre d'amortir des chocs externes, mais les progrès doivent être graduels sachant que les coûts des émissions sur ces marchés sont plus élevés que le coût actuel de la dette africaine. Les prêts bilatéraux et concessionnels ont contribué au maintien des taux d'intérêt effectifs réels à un niveau proche de zéro, voire en territoire négatif, dans au moins sept pays d'Afrique émetteurs d'emprunts souverains, soit environ un tiers de l'échantillon couvert par l'analyse (Graphique 5.11, partie B). Le taux d'intérêt effectif réel moyen en Afrique ressort à environ 1 %, soit bien en deçà des rendements réels des obligations en monnaie locale qui s'établissent en moyenne à près de 5 %. Seule l'Afrique du Sud a des taux de marché réels nettement inférieurs aux taux effectifs réels du fait que la majeure partie de sa dette est déjà négociable. Si tous emprunts étaient refinancés aux taux du marché, les pays africains devraient relever leurs soldes primaires de 2.5 points de pourcentage du PIB en moyenne pour stabiliser leurs ratios dette/PIB, ce qui limiterait considérablement la marge de manœuvre budgétaire disponible pour financer les dépenses et les investissements publics, sachant que les pays africains ont des ratios impôts/PIB d'environ 15 %. Dans le cas le plus extrême, si le Zimbabwe émettait de nouveau sa dette aux taux du marché, sa marge de manœuvre budgétaire pourrait se trouver réduite de près de 10 points de pourcentage du PIB.

Les rendements à l'émission des obligations libellées en USD ont aussi atteint des niveaux sans précédent en Afrique en 2024, soit près de 9 %, quatre pays, à savoir l'Angola, le Cameroun, le Kenya et le Nigéria, émettant des obligations dont les rendements excèdent 10 % (Graphique 5.12, parties A et B). C'est le chiffre le plus élevé, toutes régions confondues, les moyennes pondérées dans les autres régions demeurant inférieures à 7 % au titre de la même année. L'année 2024 ne fait pas exception : depuis 2010, l'Afrique a systématiquement assuré des rendements obligataires plus élevés, avoisinant en moyenne 7 % sur la période 2014-2023, contre approximativement 5 %, voire moins, dans les MEED d'autres régions. Ces coûts élevés ne peuvent s'expliquer uniquement par les niveaux de revenu. Les pays africains à revenu intermédiaire de la tranche inférieure par exemple servent des rendements supérieurs d'environ un point de pourcentage à ceux offerts par des pays d'autres régions appartenant à la même catégorie sur des obligations libellées en devises émises entre 2022 et 2024 (Graphique 5.12, partie C). L'un des principaux facteurs à l'origine de cette augmentation des coûts d'emprunt est la forte proportion de pays à haut risque en Afrique, le risque de crédit jouant un rôle essentiel sur les marchés de la dette libellée en devises.

Graphique 5.12. Coût nominal des emprunts libellés en devises étrangères

A. Rendement moyen à l'émission des obligations libellées en USD, pondéré en fonction du montant de l'émission

	2007	'08	'09	'10	'11	'12	'13	'14	'15	'16	'17	'18	'19	'20	'21	'22	'23	'24
Angola	6.9	5.5							8.0			8.8	8.5			8.8		11.0
Bénin																		8.4
Côte d'Ivoire								5.6	6.6		6.3							8.2
Cameroun									9.7									10.5
République démocratiqu	6.0																	
Egypte				6.0			4.0		6.0	5.7	6.8	7.0	7.4	7.3	6.6			
Ethiopie								6.6										
Gabon	8.2						6.4		6.9		6.8			6.6	7.0			
Ghana	8.5						8.0	8.2	10.8	9.1	6.3	8.1	8.3	7.2	7.9			
Kenya								6.2				7.8	7.6		6.3			10.3
Maroc						4.6	4.5							3.3			6.4	
Namibie					5.7				5.4									
Nigéria					7.0		5.8				7.2	8.0			7.3	8.4		10.1
Rwanda							6.9								5.5			
Sénégal			9.2		9.1			6.2			6.3	6.8						8.9
Seychelles				8.0								6.5						
Tanzanie							8.2											
Afrique du Sud	5.9		6.7	5.6	6.3	4.7	6.1	5.5		4.7	5.3	6.0	5.4			6.6		7.5

Rendement < 6 | 6< Rendement < 8 | 8< Rendement < 10 | Rendement > 10

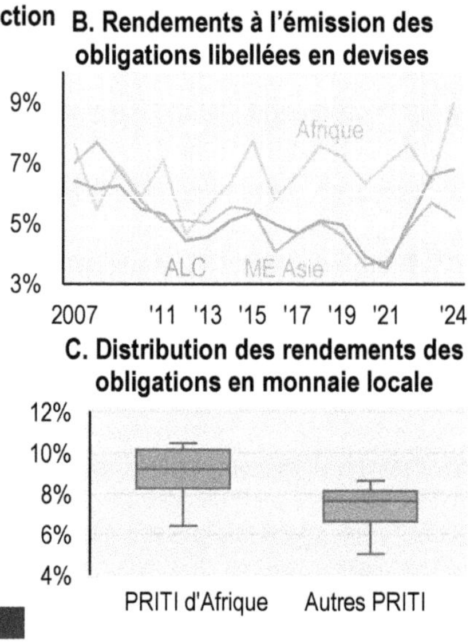

Source : LSEG ; et calculs de l'OCDE.

L'un des effets de la récente hausse des rendements a été que de nombreux pays d'Afrique ont décidé de ne pas émettre, ou n'ont pas été en mesure d'émettre, de la dette, sur des marchés étrangers en 2022-2023 (Graphique 5.13, parties A et B). Les euro-obligations sont souvent émises en grandes quantités pour assurer une liquidité suffisante du marché, mais lever de tels montants à un coût élevé qui peut se révéler hors de portée pour certains emprunteurs souverains. Les pays ont également tendance à suivre un calendrier moins régulier pour leurs émissions d'euro-obligations que pour leurs émissions obligataires en monnaie locale ; certains émetteurs n'optent pour le marché que lorsque les conditions sont plus favorables, parfois même ils ne procèdent à aucune émission pendant plusieurs années. Ainsi, seuls quatre pays africains ont émis sur des marchés étrangers en 2022 (Afrique du Sud, Angola, Égypte et Nigéria), et ils n'ont été que trois en 2023 (Côte d'Ivoire, Égypte et Maroc), contre dix en 2021. C'est le recul le plus marqué toutes régions confondues, qui s'est traduit par le fait que les emprunts nets de l'Afrique sur les marchés étrangers ont été négatifs pendant plusieurs années consécutives, pour la première fois depuis avant 2007 (Graphique 5.13, partie C)[7].

En 2024, un bref fléchissement des rendements en USD a conduit certains emprunteurs souverains africains à concentrer en début de période les émissions sur les marchés étrangers qui constituent une source importante de devises, mais cela n'a pas suffi à faire passer les emprunts nets sur les marchés étrangers en territoire positif. Bien que l'année 2024 ait été celle pendant laquelle le nombre de pays africains ayant émis des titres sur des marchés étrangers a été le plus élevé depuis 2007, les emprunts étrangers nets sont restés négatifs. Ces émissions servent principalement à assurer des remboursements plutôt qu'à procurer de nouveaux financements. En revanche, les émissions nettes sur les marchés en monnaie locale ont certes diminué, mais sont restées positives, ce qui met en évidence leur importance pour l'autonomie et la souplesse budgétaires et pour l'atténuation de la vulnérabilité extérieure.

La cessation partielle des émissions sur les marchés étrangers en 2022-2023 a également touché les pays qui émettent principalement en euros. Si les obligations en USD ont souvent la préférence en raison de leur liquidité et de la profondeur de la base d'investisseurs, certains pays émettent majoritairement des titres en euros, comme le Bénin, la Côte d'Ivoire et le Sénégal. Ces pays ont traditionnellement donné leur préférence aux émissions en euros afin d'atténuer les risques d'asymétrie monétaire grâce à l'arrimage à l'euro du franc CFA dans le cadre de l'union monétaire ouest-africaine. Même eux ont toutefois cessé d'émettre des obligations libellées en devises en 2022-23, ce qui témoigne de la forte baisse de la demande de titres de dette des MEED parmi les investisseurs des économies avancées.

Graphique 5.13. Effet récent de l'évolution des conditions de marché sur les émissions d'obligations libellées en devises

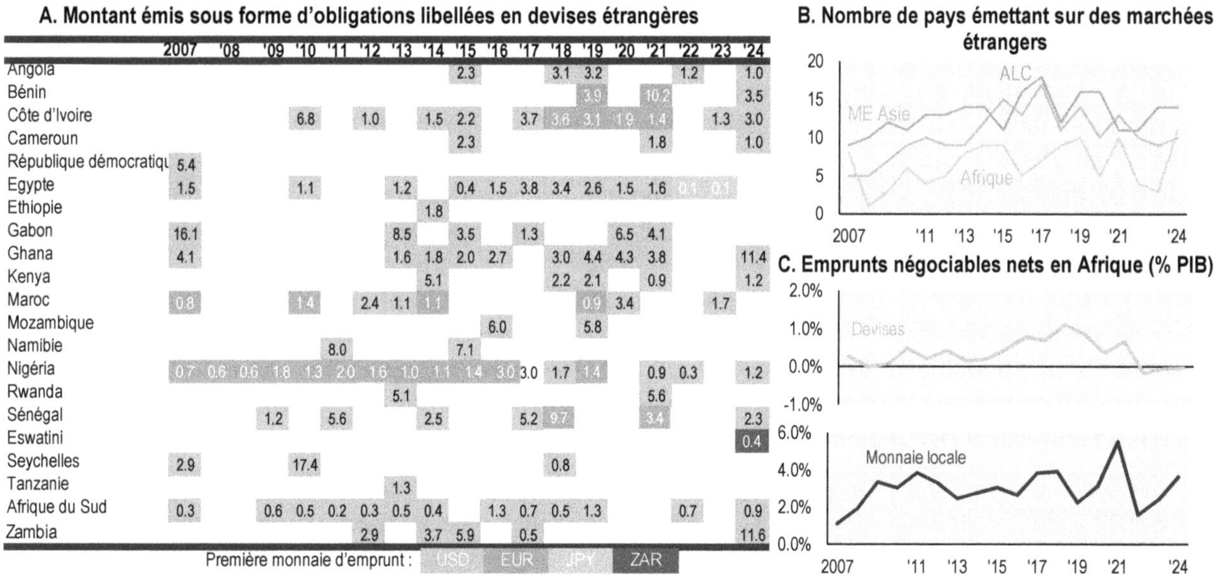

Source : LSEG ; et calculs de l'OCDE.

Graphique 5.14. Comparaison entre le coût des émissions en monnaie locale et des émissions en devises en Afrique

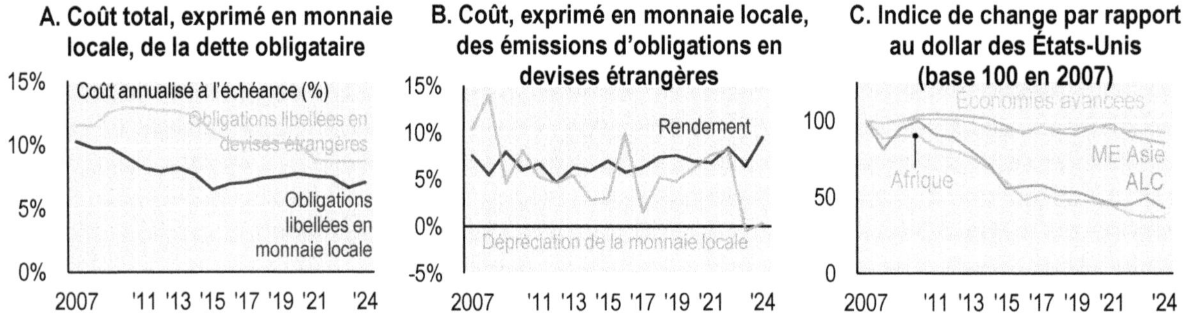

Note : Dans toutes les parties, il est fait référence uniquement aux pays africains, sauf lorsqu'une répartition régionale pour les pays faisant partie des MEED est présentée. Le coût de la dette libellée en devises étrangères, exprimé en monnaie locale, est estimé à l'aide d'une formule consistant à multiplier le rendement annuel à l'émission de l'obligation par la dépréciation annualisée de la monnaie locale par rapport à la monnaie dans laquelle l'obligation est libellée. Pour les obligations qui ne sont pas encore arrivées à échéance, le taux de change à la fin de 2024 est supposé rester constant jusqu'à l'échéance. L'indice de change correspond à une moyenne pondérée en fonction du PIB de 2024.
Source : LSEG ; et calculs de l'OCDE.

Bien que les rendements des emprunts en devises étrangères soient généralement plus faibles que ceux des emprunts en monnaie locale dans les pays africains, le coût, exprimé en monnaie locale, des emprunts en devises est souvent supérieur à celui des emprunts en monnaie locale en raison de la dépréciation monétaire (Graphique 5.14, partie A)[8]. Plus précisément, une ventilation des coûts, exprimés en monnaie locale, à partir de 2007 montre que, si les moyennes pour le rendement s'établissent aux alentours de 7 % par an, une dépréciation moyenne de 6 % des monnaies locales porterait le coût total des émissions en devises à plus de 10 % par an sur la période allant de 2007 à 2021 (Graphique 5.14, partie B). En 2023 et 2024, l'effet de la dépréciation monétaire a été minime, probablement parce que les émissions étaient récentes et que le phénomène de dépréciation est généralement progressif. De fait, entre 2007 et 2024, les monnaies africaines se sont peu à peu dépréciées par rapport au dollar des États-Unis et ont perdu au total 65 % de leur valeur sur la période (Graphique 5.14, partie C).

Comparée à d'autres régions, l'Afrique se singularise par le fait que les coûts de portage médians pour les obligations libellées en devises, une fois convertis en monnaie locale, ont excédé ceux supportés pour les obligations en monnaie locale en 2024 (Graphique 5.15, partie A). L'explication est que les économies d'Afrique sont, parmi les MEED, celles qui affichent les rendements des obligations libellées en monnaie étrangère les plus élevés, même si les effets de la dépréciation de leurs monnaies nationales sont comparables à ceux subis par les pays d'Amérique latine et des Caraïbes (Graphique 5.14, partie C et Graphique 5.15, partie C). Le continent africain se distingue par le coût nominal élevé de sa dette en devises, même si les rendements réels en monnaie locale restent inférieurs à ceux observés en Amérique latine et dans les Caraïbes. De ce fait, emprunter en monnaie locale est généralement moins coûteux et moins risqué pour la plupart des pays africains qu'emprunter en devises sur les marchés.

En 2024, les coûts de portage pour les émissions en devises excédaient ceux supportés pour des émissions en monnaie locale dans 13 des 16 pays d'Afrique pour lesquels on disposait de données concernant les deux marchés (Graphique 5.15, partie B). Les exceptions ont été le Bénin, qui émet principalement en euros et dont la monnaie est arrimée à l'euro ; le Kenya, qui a cessé d'émettre des obligations en devises en 2021 avant le récent essor des rendements ; et la Tanzanie, dont la dernière émission d'obligations en devises remonte à 2013, lorsque les rendements étaient beaucoup plus faibles. Dans certains cas, les coûts annuels de portage pour les émissions en devises, exprimés en monnaie locale, étaient nettement plus élevés, atteignant jusqu'à 25 % (comme au Ghana). Ces tendances indiquent que les obligations libellées en devises émises en Afrique ont été non seulement généralement plus coûteuses, mais aussi plus risquées, une dépréciation de la monnaie dans des scénarios de crise pouvant déclencher de fortes hausses des coûts.

Malgré ces difficultés, les pays africains restent incités à émettre des obligations en devises. Celles-ci servent de référence pour les emprunts en devises du secteur privé, peuvent procurer des devises en l'absence de prêts concessionnels et coûtent généralement moins cher à court terme, sachant que la dépréciation de la monnaie s'étale dans le temps et que les taux nominaux initiaux sont inférieurs aux rendements en monnaie locale. Cette dynamique peut temporairement gonfler la marge de manœuvre budgétaire, ce qui peut également être intéressant du point de vue de l'économie politique.

Graphique 5.15. Coûts de portage

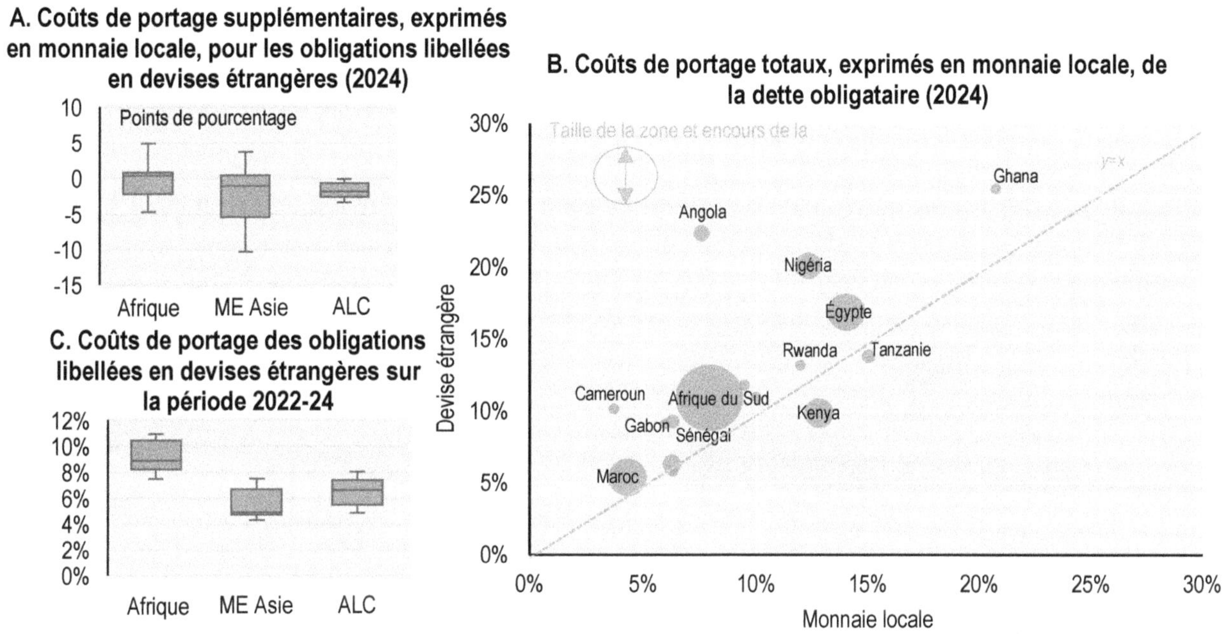

Note : Le coût de la dette libellée en devises étrangères, exprimé en monnaie locale, est estimé à l'aide d'une formule consistant à multiplier le rendement annuel à l'émission de l'obligation par la dépréciation annualisée de la monnaie locale par rapport à la monnaie dans laquelle l'obligation est libellée. Pour les obligations qui ne sont pas encore arrivées à échéance, le taux de change à la fin de 2024 est supposé rester constant jusqu'à l'échéance. Les coûts de portage sont estimés selon la même approche, mais en fonction de l'encours de la dette obligataire à la fin de chaque année.
Source : LSEG ; et calculs de l'OCDE.

5.5. Rôle de la gestion de la dette dans le développement des marchés obligataires en monnaie locale

La gestion de la dette souveraine est intrinsèquement liée au développement des marchés des titres d'État, à travers le choix et la conception des instruments, les stratégies d'émission, la régularité de la communication avec les marchés, ainsi qu'un engagement de transparence. Les services de gestion de la dette favorisent l'élargissement d'une base d'investisseurs en titres de dette souveraine, tant au niveau local qu'international, et l'amélioration de la liquidité du marché en mettant à disposition des titres de référence utilisés comme garanties et actifs sûrs. Ils contribuent également à diversifier la base d'investisseurs en promouvant des programmes d'émission de titres de dette souveraine destinés aux particuliers (Encadré 5.1), favorisant ainsi la mobilisation de l'épargne nationale et la résilience du marché. Une base d'investisseurs variée et des instruments liquides renforcent la capacité des émetteurs souverains à attirer une demande constante pour leurs titres, à se financer même en période de tension et à bénéficier de primes de liquidité sur leurs émissions d'obligations, réduisant ainsi le coût des intérêts.

L'un des principaux outils utilisés en matière de gestion de la dette pour améliorer la liquidité du marché et obtenir des primes de liquidité consiste à émettre des titres de référence liquides couvrant l'ensemble de la courbe des rendements. Ces titres sont des lignes obligataires conçues pour atteindre une certaine taille sur des échéances clés, de manière à permettre aux grands investisseurs d'effectuer des transactions sans perturber les prix de manière significative. Ils contribuent ainsi à réduire les coûts de transaction et à répondre aux besoins des investisseurs institutionnels. Au-delà des primes de liquidité et de la demande qu'ils génèrent pour les titres souverains, les titres de référence jouent un rôle dans la formation des prix pour les emprunteurs privés, qui s'appuient sur la courbe des rendements des titres souverains comme repère pour fixer les prix de leurs propres obligations. En l'absence de titres de référence en monnaie locale, le secteur privé peut recourir à des emprunts en devises étrangères, ce qui accroît la vulnérabilité de l'économie aux chocs mondiaux et à l'asymétrie de devises. En période de crise, cette fragilité peut se transmettre à l'émetteur souverain, affectant l'activité économique, les recettes fiscales et même le profil de risque souverain[9].

Graphique 5.16. Nombre d'échéances de référence pour les émissions réalisées en 2024

		Échéance		
		CT	MT	LT
PRITS	Botswana	2	2	2
	Algérie	6	0	1
	Maurice	3	1	2
	Namibie	2	3	5
	Afrique du Sud	3	4	7
PRITI	Bénin	2	2	0
	Côte d'Ivoire	3	1	0
	Égypte	1	0	0
	Kenya	4	1	1
	Maroc	4	1	3
	Nigéria	4	2	1
	Sénégal	1	0	0
	Eswatini	6	2	0
	Tunisie	2	2	0
	Tanzanie	0	1	4
	Zambie	3	2	1

		Échéance		
		CT	MT	LT
PFR	Burkina Faso	3	0	0
	Guinée-Bissau	1	0	0
	Mali	2	0	0
	Malawi	0	1	0
	Niger	2	0	0
	Togo	2	0	0
	Ouganda	3	2	3
	Médiane des PRITS africains	*3*	*2*	*2*
	Médiane des PRITI africains	*3*	*1*	*0*
	Médiane des PFR africains	*2*	*0*	*0*
	Médiane des économies avancées	*2*	*1*	*1*

Note : la méthode de calcul du nombre de titres de référence est expliquée à l'Annexe 5.C. Le court terme correspond aux échéances inférieures à 7 ans, le moyen terme couvre celles comprises entre 7 et 13 ans et le long terme celles supérieures à 13 ans.
Source : LSEG ; et calculs de l'OCDE.

Certains pays africains répartissent leurs émissions sur un éventail de lignes obligataires plus large que les économies avancées, ce qui complique la constitution de titres de référence clés disposant de volumes substantiels (Graphique 5.16). Plus précisément, dans les économies avancées, le nombre médian d'obligations de référence est de deux pour les échéances jusqu'à 7 ans (segment court de la courbe des rendements), d'un pour les échéances comprises entre 7 et 14 ans (segment moyen), et d'un pour celles supérieures à 14 ans (segment long). En comparaison, les pays africains affichent des médianes plus élevées : respectivement trois, deux et deux. Cette configuration s'explique par l'influence de quelques pays qui émettent un nombre plus important de lignes obligataires, certains d'entre eux, comme l'Afrique du Sud, la Namibie et la Tanzanie, ayant quatre lignes ou plus avec des volumes significatifs sur les segments à moyen ou long terme.

La création d'obligations de référence ne consiste pas uniquement à concentrer les émissions sur des lignes obligataires clés. Les émissions significatives d'obligations de référence obligent les émetteurs à gérer des calendriers de remboursement incluant des remboursements substantiels du principal. Cela nécessite souvent de recourir à des instruments tels que les rachats de titres anticipés afin de réduire les liquidités nécessaires à ces paiements, généralement effectués l'année de l'échéance (OCDE, 2025[13]). Ces rachats peuvent également permettre de soutenir la liquidité des lignes obligataires qui ne servent plus de référence, voire de les retirer entièrement de la circulation, en particulier lorsqu'ils s'accompagnent de nouvelles émissions d'obligations (opérations de conversion) (OCDE, 2023[14]). En outre, la constitution de lignes obligataires significatives requiert souvent plusieurs réouvertures, car atteindre le volume souhaité en une seule émission serait peu pratique et coûteux.

En Afrique, une part plus faible des émetteurs procède à des rachats d'obligations et les réouvertures y représentent une fraction moindre des emprunts par rapport aux MEED d'autres régions (Graphique 5.17, parties A et B). En 2024, seuls 33 % environ des émetteurs souverains africains ont procédé à des rachats d'obligations arrivant à échéance dans l'année (souvent pour des raisons de gestion de trésorerie). Ce taux, le plus faible parmi les régions, se situe au même niveau que celui des émetteurs asiatiques. Concernant les obligations dont l'échéance dépasse un an, la proportion d'émetteurs souverains africains ayant procédé à des rachats reste également la plus faible, à seulement 17 %, en raison d'une baisse significative de ce type d'opérations en 2024. De même, depuis 2015, la part des emprunts négociables provenant de réouvertures est la plus basse en Afrique par rapport aux autres régions (Graphique 5.17, partie C) ; dans plus de la moitié des pays africains, ces réouvertures représentaient environ 20 % ou moins des emprunts négociables en 2024. Ce niveau est beaucoup moins élevé que celui observé dans d'autres régions, où les emprunts sur les marchés réalisés *via* des réouvertures représentent souvent au moins la moitié du total (Graphique 5.17, partie D).

Graphique 5.17. Stratégies de gestion de la dette axées sur l'émission d'obligations de référence libellées en monnaie locale

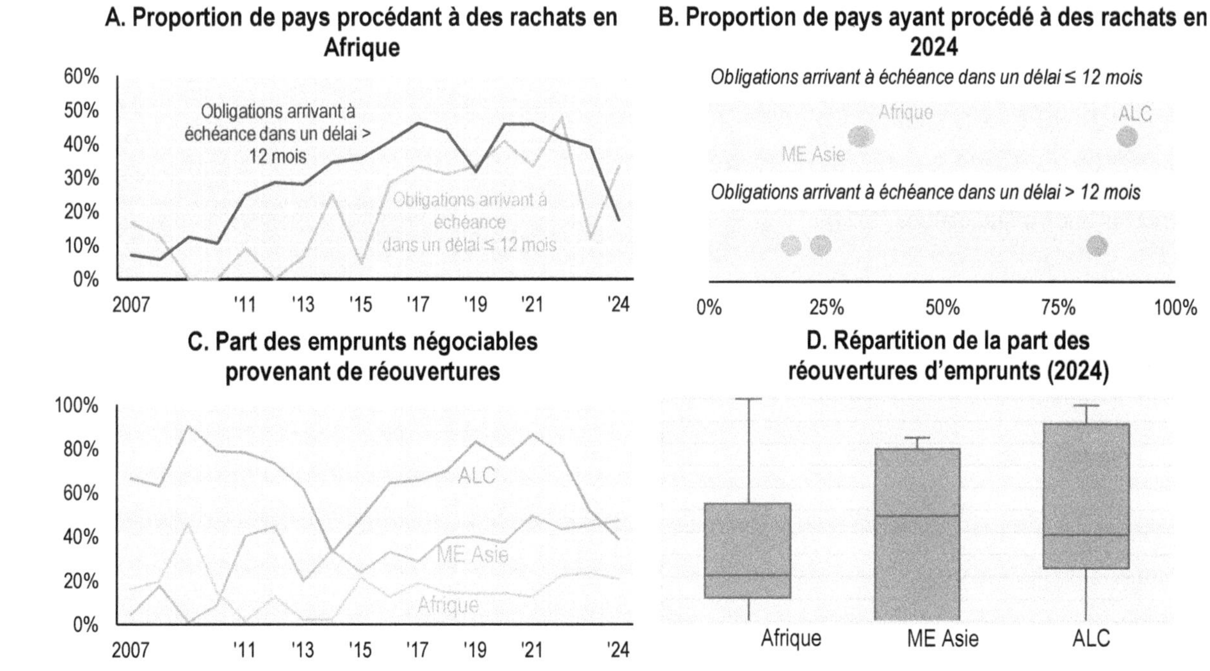

Source : LSEG ; et calculs de l'OCDE.

Un autre moyen d'améliorer la liquidité des marchés consiste à adopter un calendrier d'émission fondé sur la régularité et la prévisibilité. À cet effet, il s'agit non seulement de publier des calendriers d'émission à l'avance, mais également d'organiser des adjudications de volumes comparables pour une même ligne obligataire et de maintenir une fréquence d'émission régulière pour certaines émissions. Ces pratiques permettent aux investisseurs de mieux planifier et gérer leurs portefeuilles, favorisant une participation accrue et une formation des prix plus efficace sur le marché primaire. Par ailleurs, une meilleure prévisibilité réduit l'incertitude et renforce la confiance du marché, contribuant à l'émergence d'un marché secondaire plus liquide et plus profond au fil du temps. Si une telle approche peut s'avérer plus simple à mettre en œuvre pour les émetteurs bénéficiant d'un accès fiable au marché, d'autres devront, dans une certaine mesure, recourir à des émissions opportunistes, selon les conditions du marché. Néanmoins, les initiatives visant à instaurer des pratiques plus prévisibles peuvent, à terme, permettre d'élargir et de stabiliser la base d'investisseurs, renforçant la fiabilité de l'accès au marché grâce à un effet de rétroaction positive.

Dans les pays africains, pour une même ligne obligataire, la taille des adjudications fluctue généralement davantage que dans les MEED d'autres régions, tandis que la fréquence des émissions reste similaire (Graphique 5.18, parties A et C). La taille des adjudications des émetteurs souverains africains, à l'exception du Mexique et de l'Ouganda, présente une variabilité plus forte que celle observée dans les économies avancées (Graphique 5.18, partie B). Ces variations ne posent pas nécessairement problème si elles sont conformes aux programmes d'émissions. Des changements imprévus peuvent cependant accentuer l'incertitude et fragiliser la confiance des marchés, au détriment de la liquidité. Lorsque ces ajustements résultent d'émissions opportunistes — émettre davantage de titres quand les conditions sont favorables et réduire en période défavorable —, les investisseurs peuvent les anticiper, ce qui finit par peser sur la demande et la liquidité.

Graphique 5.18. Prévisibilité des adjudications sur le marché des obligations en monnaie locale

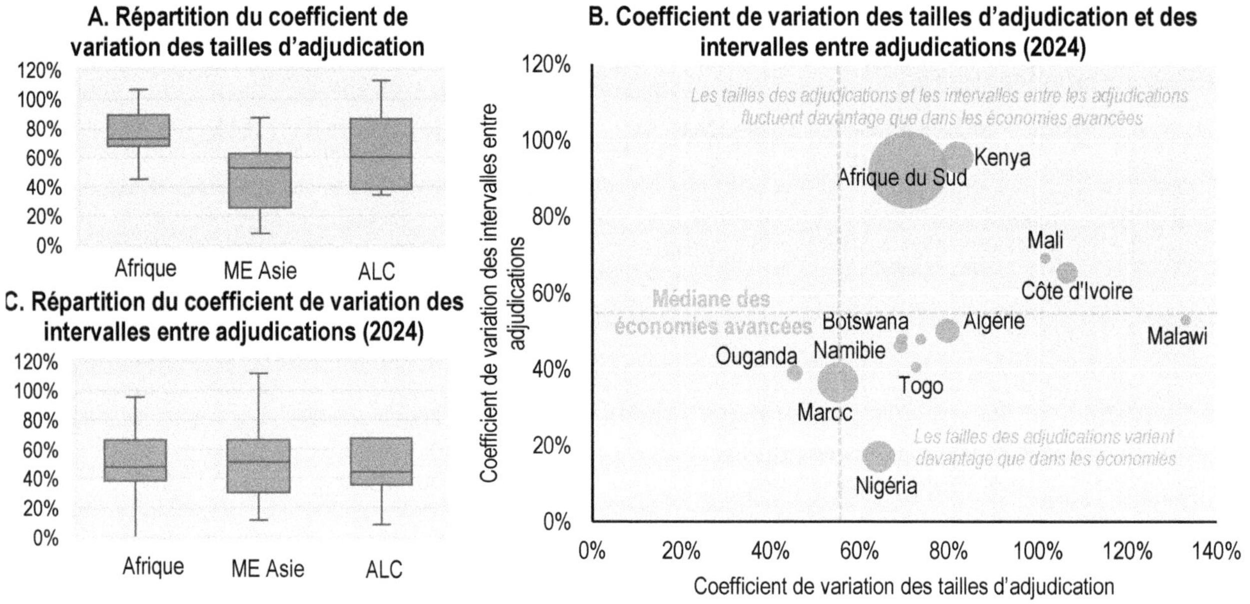

Note : l'Annexe 5.D contient des graphiques sur les émissions par adjudication permettant de comparer les pratiques d'émission de certaines économies avancées et africaines.
Source : LSEG ; et calculs de l'OCDE.

La variation du volume des adjudications s'explique également par des capacités de gestion de trésorerie insuffisantes. En l'absence d'une gestion de trésorerie performante, les émissions doivent répondre à des besoins immédiats de liquidités, ce qui complique la planification des émissions ou la détermination de la taille des adjudications. Il est donc essentiel, pour la prévisibilité et la transparence des émissions, de pouvoir disposer de prévisions fiables concernant les flux de trésorerie de l'État. À l'inverse, une fonction de gestion de trésorerie solide permet à l'État de dissocier l'émission d'obligations des contraintes de trésorerie à court terme, assurant ainsi le respect des calendriers d'émission et renforçant la prévisibilité pour les investisseurs.

Si les émetteurs souverains peuvent influer de manière significative sur le développement des marchés des obligations souveraines par leurs opérations sur le marché primaire, les politiques et actions d'autres parties prenantes — banques centrales, autorités de régulation des marchés financiers, prestataires d'infrastructures de négociation, de paiement, de compensation et de règlement — s'avèrent également tout aussi déterminantes. Ces acteurs jouent un rôle essentiel dans la création des conditions préalables nécessaires au développement du marché : un environnement macroéconomique crédible caractérisé par une inflation modérée, des politiques budgétaires stables et un niveau d'épargne suffisant, un marché monétaire actif soutenu par la banque centrale et un cadre réglementaire transparent, une liquidité forte sur le marché secondaire grâce à un volume adéquat de titres et des intermédiaires fiables, ainsi que des infrastructures et un cadre juridique robustes assurant la protection des investisseurs et l'intégrité du marché (Hashimoto et al., 2021[15]). L'expansion des marchés des obligations souveraines s'inscrit dans une stratégie globale qui requiert un engagement politique et une étroite coordination entre les autorités et les acteurs du marché.

Encadré 5.3. Programmes et produits de dette souveraine destinés aux investisseurs individuels dans certains pays africains

Pour permettre aux investisseurs individuels d'accéder plus facilement aux marchés de la dette souveraine, de nombreux émetteurs déploient des programmes spécifiques qui comprennent généralement des produits sur mesure, des plateformes numériques et des campagnes de communication ciblées. Ces programmes visent à attirer les investisseurs individuels, souvent moins informés des possibilités d'investissement dans les titres de dette souveraine et moins disposés à acquérir ce type de produit sur le marché secondaire, voire moins susceptibles de le faire. La participation directe apparaît aussi comme une approche plus efficace pour atteindre les ménages dans les pays où les solutions d'épargne collective et produits assimilés destinés aux particuliers sont limités. Plusieurs pays africains ont lancé de tels programmes et/ou produits, le Kenya figurant parmi ceux où la participation des investisseurs est la plus élevée au monde.

L'Afrique est en retard par rapport à d'autres régions en ce qui concerne l'accès aux services bancaires formels, avec un taux de détention de comptes bancaires particulièrement faible en Afrique centrale et de l'Ouest. La capacité des pouvoirs publics à recourir aux circuits bancaires traditionnels pour placer leurs obligations s'en trouve restreinte. La région figure toutefois parmi les plus grands utilisateurs de services financiers numériques et mobiles au monde, offrant ainsi aux émetteurs souverains une occasion unique d'adopter des stratégies de financement public plus inclusives et appuyées par la technologie (OCDE, 2024[16]). Dans ce contexte, la commercialisation d'obligations auprès des particuliers grâce à des solutions financières numériques et aux innovations de la fintech peut constituer un complément précieux au programme de financement, tout en assurant l'éducation financière des populations. Le **Kenya** se distingue par un fort taux de participation des investisseurs individuels. Les autorités kenyanes encouragent activement les particuliers à investir dans les titres d'État grâce à des initiatives comme la plateforme mobile d'émission d'obligations M-Akiba. Lancée en 2017 dans le but de renforcer l'inclusion financière, M-Akiba permet aux particuliers d'investir dans des obligations publiques *via* leurs téléphones mobiles, avec un investissement minimum de 3 000 KSH (30 USD environ). En juin 2024, les investisseurs individuels détenaient approximativement 17 % de la dette souveraine du Kenya, contre 13 % en juin 2023, où cette part s'établissait à 13 %, ce qui traduit une progression notable et un engagement croissant de cette catégorie d'investisseurs.

En **Afrique du Sud**, le programme RSA Retail Savings Bonds, lancé en 2004, propose des obligations à taux fixe et indexées sur l'inflation à des investisseurs individuels, avec un minimum d'investissement de 1 000 ZAR (approximativement 20 USD). Ce programme ne suscite cependant pas un fort intérêt : les investisseurs individuels ne détiennent en effet qu'environ 0.3 % de la dette souveraine nationale. Le programme sud-africain de vente de titres souverains aux investisseurs individuels est en cours de refonte, en cohérence avec la stratégie globale de transformation numérique du Trésor national.

Au **Nigéria**, le FGN Savings Bond (obligations d'épargne de l'État fédéral nigérian) est un instrument de placement qui permet aux investisseurs individuels de prêter des fonds au gouvernement fédéral du Nigéria. En 2025, des obligations à taux fixe de deux et trois ans ont été proposées, avec un investissement minimum de 5 000 NIG (environ 3 USD) et maximum de 50 000 000 NIG (environ 30 000 USD). En septembre 2024, les investisseurs individuels détenaient approximativement 0.1 % de la dette souveraine du Nigéria.

L'**Égypte** envisage activement la possibilité d'émettre des produits de dette souveraine destinés aux particuliers. Le ministère des Finances a annoncé son intention de commercialiser des obligations destinées aux particuliers en 2025, dans le cadre de sa stratégie visant à diversifier les instruments de dette publique et à renforcer l'inclusion financière.

Source : Foxall & Policino (2025), *Sovereign retail debt programmes and instruments: A review of country practises*, https://www.oecd.org/en/publications/sovereign-retail-debt-programmes-and-instruments_e2a782d0-en.html ; FSD Africa (2024), *The story of Kenya's m-akiba: selling treasury bonds via mobile*, https://fsdafrica.org/blog/the-story-of-kenyas-m-akiba-selling-treasury-bonds-via-mobile/ ; Trésor national, République du Kenya (2024), *Annual public debt report 2023-24*, https://www.treasury.go.ke/wp-content/uploads/2024/11/Annual-Public-Debt-Management-Report-.pdf ; Gouvernement d'Afrique du Sud (2025), *RSA Retail Savings Bond*, https://www.rsaretailbonds.gov.za/Home.aspx ; Gouvernement d'Afrique du Sud (2025), *Treasury invites bids for Structured Debt Advisory to support RSA Retail Bonds Programme*, https://www.gov.za/news/media-statements/treasury-invites-bids-structured-debt-advisory-support-rsa-retail-bonds.

5.6. Principales considérations intéressant l'action publique

La forte augmentation de la dette souveraine négociable africaine depuis 2007 s'est produite dans un contexte macro-financier bien plus favorable. Plus précisément, les marchés africains des obligations souveraines ont connu une expansion significative : le ratio dette négociable/PIB est ainsi passé de 13 % en 2007 à 30 % en 2024. Pour l'essentiel, cette croissance a eu lieu au cours des dix dernières années, une période durant laquelle les taux d'intérêt mondiaux étaient bas et où l'envolée des prix des produits de base a soutenu la demande pour les titres de dette des MEED. Ces conditions ont permis aux banques centrales de constituer des réserves de change et d'améliorer leurs instruments de politique monétaire, réduisant ainsi le coût du service de la dette. Depuis 2022 cependant, le contexte macro-financier s'est nettement détérioré : les coûts d'emprunt se sont envolés atteignant des niveaux jamais vus depuis plusieurs décennies dans les économies avancées et les MEED, tandis que les tensions géopolitiques et les perturbations commerciales engendrent un regain d'incertitudes. En parallèle, les emprunts ont atteint des niveaux historiques en 2024 dans les pays de l'OCDE et devraient encore augmenter en 2025 (OCDE, 2025[17]), dépassant le pic enregistré durant la pandémie de COVID-19 et réduisant la demande pour les titres des MEED.

Par ailleurs, les bailleurs publics, habituellement une source de financement à moindre coût, diminuent leurs prêts et subventions aux MEED. L'APD provenant des pays de l'OCDE, essentielle pour de nombreux pays africains, qu'elle soit fournie directement ou par l'intermédiaire de prêts multilatéraux, est en recul : la baisse est estimée à 7.1 % en 2024 et les projections font état d'un nouveau repli compris entre 9 % et 17 % en 2025, sur la base d'enquêtes réalisées par l'OCDE (OCDE, 2025[18]). La Chine, qui octroie des prêts à l'Afrique à des taux préférentiels (Mihalyi et Trebesch, 2023[6]), a également réduit ses prêts ces dernières années (Afreximbank, 2025[1]). En outre, alors que certains pays passent du statut de pays à revenu faible à celui de pays à revenu intermédiaire, ils perdent l'accès à certains prêts concessionnels. C'est le cas, depuis 2007, du Bénin, de la Côte d'Ivoire, du Ghana, du Kenya, du Nigéria, du Sénégal, de la Tanzanie, de la Zambie et du Zimbabwe.

L'ampleur des besoins de refinancement sous l'effet de l'augmentation de la dette, conjuguée à une réduction de l'aide publique poussera probablement les pays africains à se tourner davantage vers les marchés, ce qui risque d'alourdir sensiblement le coût du service de la dette. Si l'ensemble de la dette devait être refinancée aux taux du marché actuels, les pays devraient augmenter leurs soldes primaires de 2.5 % du PIB en moyenne pour stabiliser le ratio dette/PIB, les taux d'intérêt effectifs réels étant proches de 1 %, un niveau bien inférieur aux rendements réels du marché local qui avoisinent les 5 %. La dette en devises est encore plus coûteuse, du fait de rendements élevés : 80 % des émetteurs souverains africains notés sont classés à haut risque ou dans une catégorie immédiatement inférieure, contre environ la moitié pour les MEED d'autres régions.

Dans cet environnement difficile, le développement de marchés obligataires locaux plus profonds est essentiel pour réduire les vulnérabilités financières, renforcer l'efficacité de la politique monétaire et encourager l'investissement. La mise en œuvre d'une stratégie à long terme, associée à une coordination étroite entre les autorités budgétaire, monétaire et réglementaire, sera nécessaire pour y parvenir. Dans ce contexte, il est essentiel d'adopter une gestion prudente de la dette et d'accroître progressivement les émissions d'obligations libellées en monnaie locale. À mesure que les prêts bénéficiant d'un soutien public diminuent, les emprunteurs souverains africains devront probablement faire davantage appel aux marchés, d'où l'importance de renforcer leurs capacités d'imposition pour répondre à la hausse de la charge de la dette. Il demeure cependant important de maximiser le recours aux emprunts concessionnels, car leur coût réduit libère des marges de manœuvre budgétaire qui permettent de financer des dépenses axées sur la croissance et le développement.

Les emprunteurs souverains peuvent également envisager plusieurs options pour accroître la liquidité, faire baisser les coûts et diversifier leur base d'investisseurs, comme : l'émission d'obligations indexées sur l'inflation, déjà largement utilisées par certains MEED pour réduire les coûts si l'inflation reste conforme à l'objectif fixé ; la concentration des émissions sur des lignes obligataires de référence ; un recours accru aux rachats et réouvertures ; une stabilisation de la taille des adjudications ; l'élaboration de programmes d'émission de titres de dette destinés aux particuliers. Dernier point, la coordination avec les banques centrales, les autorités de réglementation des marchés et les fournisseurs de systèmes de négociation, de paiement, de compensation et de règlement s'avère tout aussi importante pour consolider les fondations des marchés d'obligations souveraines et élargir la base d'investisseurs locaux, en particulier à un moment où les investisseurs étrangers absorbent des volumes records d'obligations dans un contexte de besoins budgétaires élevés et de resserrement quantitatif (OCDE, 2025[17]). Cet environnement exigeant nécessite une action décisive de la part des pouvoirs publics pour renforcer la viabilité de la dette et la résilience financière.

Références

Afreximbank (2025), « African Debt Outlook: A Ray of Optimism », *Market Updated Volume 3*, https://www.afreximbank.com/reports/african-debt-outlook-a-ray-of-optimism/. [1]

Alter, A. et al. (2025), « Navigating the Evolving Landscape of External Financing in Sub-Saharan Africa », *Document de travail du FMI, n° 2025/139*, https://doi.org/10.5089/9798229016100.001. [12]

BAfD (2025), « Rapport technique et opérationnel du Mécanisme africain de stabilité financière », https://www.afdb.org/en/documents/african-financing-stability-mechanism-afsm-technical-and-operational-report. [3]

Cardozo, C. et J. Christensen (2024), « The Benefit of Inflation-Indexed Debt: Evidence from an Emerging Bond Market », *Federal Reserve Bank of San Francisco Working Paper 2023-04*, https://doi.org/10.24148/wp2023-04. [5]

Cash, D. et M. Khan (2024), « Rating the globe: reforming credit rating agencies for an equitable financial architecture », *United Nations University, Centre for Policy Research*, https://unu.edu/cpr/report/rating-globe-reforming-credit-rating-agencies-equitable-financial-architecture. [9]

Eichengreen, B. et R. Hausmann (1999), « Exchange Rates and Financial Fragility », *NBER Working Paper No. 7418*, https://doi.org/10.3386/w7418. [7]

Eichengreen, B., R. Hausmann et U. Panizza (2022), « Yet it Endures: The Persistence of Original Sin », *Open Economies Review, vol. 34, n° 1, pp. 1-42*, https://doi.org/10.1007/s11079-022-09704-3. [8]

Escolano, J. (2010), « A Practical Guide to Public Debt Dynamics, Fiscal Sustainability, and Cyclical Adjustment of Budgetary Aggregates », https://www.imf.org/external/pubs/ft/tnm/2010/tnm1002.pdf. [19]

Gbohoui, W., R. Ouedraogo et Y. Some (2023), « Sub-Saharan Africa's Risk Perception Premium: In the Search of Missing Factors », *Document de travail du FMI, WP/23/130*, https://www.imf.org/en/Publications/WP/Issues/2023/06/23/Sub-Saharan-Africas-Risk-Perception-Premium-In-the-Search-of-Missing-Factors-534885. [11]

Gwaindepi, A. (2025), « How can the global sovereign debt architecture work better for African countries? », *Danish Institute for International Studies (DIIS), DIIS Report vol. 2025, n° 03*, https://research.diis.dk/portal/en/publications/how-can-the-global-sovereign-debt-architecture-work-better-for-african-countries(735e60fb-c75d-4ad1-b2b5-ad540f1e93b4).html. [10]

Hashimoto, H. et al. (2021), « Developing Government Local Currency Bond Markets », *Fonds monétaire international et Banque mondiale*, https://documents1.worldbank.org/curated/en/790921615526044752/pdf/Guidance-Note-for-Developing-Government-Local-Currency-Bond-Markets.pdf. [15]

Kalemli-Ozcan, S. et F. Unsal (2024), « Global Transmission of FED Hikes: The Role of Policy Credibility and Balance Sheets », *NBER Working Paper No. w32329*, https://ssrn.com/abstract=4794379. [2]

Mihalyi, D. et C. Trebesch (2023), « Who lends to Africa and how? Introducing the Africa Debt Database », *Kiel Working Paper, No. 2217*, https://ideas.repec.org/p/zbw/ifwkwp/2217.html. [6]

OCDE (2025), « Données préliminaires de l'aide publique au développement en 2024 », *Detailed Summary Note*, https://one.oecd.org/document/DCD(2025)6/fr/pdf. [18]

OCDE (2025), *Managing Government Cash: A Review of Practices in OECD Countries*, Éditions OCDE, Paris, https://doi.org/10.1787/7675eb58-en. [13]

OCDE (2025), *Rapport sur la dette mondiale 2025 : Financer la croissance dans un environnement de marché de la dette difficile*, Éditions OCDE, Paris, https://doi.org/10.1787/e334697f-fr. [17]

OCDE (2024), *Fintech Lending in Sub-Saharan Africa*, https://www.oecd.org/content/dam/oecd/en/topics/policy-sub-issues/digital-finance/FinTech-lending-in-Sub-Saharan-Africa.pdf. [16]

OCDE (2024), *Rapport sur la dette mondiale 2024 : Les marchés obligataires dans un contexte de dette élevée*, Éditions OCDE, Paris, https://doi.org/10.1787/63ccad6c-fr. [4]

OCDE (2023), *OECD Sovereign Borrowing Outlook 2023*, Éditions OCDE, Paris, https://doi.org/10.1787/09b4cfba-en. [14]

Notes

[1] Cette analyse se fonde sur les données disponibles dans LSEG.

[2] La dégradation des conditions financières pourrait faire baisser la part de la dette négociable de deux manières : premièrement, parce qu'elle incite les pays à interrompre les émissions d'obligations ou à modifier la composition de leurs portefeuilles d'instruments d'emprunt au profit d'instruments moins coûteux ; et deuxièmement, parce qu'elle réduit la valeur de marché des obligations entrant dans la composition de leur portefeuille de dette.

[3]Une dépendance excessive à l'égard des banques locales en tant qu'acquéreurs d'obligations souveraines peut également être source de risques en raison du lien entre l'émetteur souverain et les établissements bancaires. Lorsque les banques nationales détiennent de grandes quantités de titres de dette publique nationale et que de ce fait, le secteur public et le secteur financier sont étroitement liés, les tensions qui se manifestent dans l'un des deux peuvent déstabiliser l'autre. Une chute de la valeur des obligations souveraines affaiblit les institutions financières qui les détiennent et accroît les risques pesant sur la stabilité financière. Si ces institutions ont besoin d'un soutien public, les tensions budgétaires qui en résultent peuvent ébranler encore davantage la confiance dans l'état des finances publiques, induisant ainsi des effets négatifs sur les prix des obligations qui risquent d'enclencher un processus auto-entretenu.

[4] Ces seuils à partir desquels les investissements sont considérés comme éligibles varient généralement de BBB- à BBB+, selon l'investisseur.

[5] Un risque élevé correspond à une note de crédit inférieure ou égale à B, tandis qu'un risque très élevé ou un risque de défaut correspondent à une note inférieure ou égale à CCC.

[6] Fin 2024, 30 pays d'Afrique avaient été notés par au moins l'une des trois principales agences de notation. L'Afrique du Sud a été la première à se voir attribuer une note en 1994. En 2000, ils étaient six pays sur le continent à avoir été notés, puis 20 en 2006 et 30 en 2019.

[7] L'émission nette (c'est-à-dire le montant émis moins le montant remboursé au cours d'une période donnée) est un indicateur du risque marginal auquel s'exposent les investisseurs. Bien que ce chiffre net ne rende pas pleinement compte de la dépendance des émetteurs à l'égard des investisseurs étrangers,

étant donné que certains achètent leurs obligations directement sur le marché local plutôt que sur les marchés internationaux, il donne une bonne idée de la demande étrangère.

[8]Le coût d'un emprunt libellé en devises pour les MEED se décompose en deux éléments : le rendement nominal et l'effet de change. Les rendements des emprunts libellés en monnaie locale contractés par des MEED sont généralement plus élevés que ceux des emprunts libellés en devises, étant donné que la prime de risque de change est calculée en tenant compte de l'instabilité macroéconomique et de l'inflation, lesquelles sont plus élevées dans ces économies. Cependant, comme le dollar américain a eu tendance à s'apprécier au fil du temps par rapport aux monnaies des MEED, le coupon et le paiement du principal se sont généralement mis à coûter plus chers une fois convertis en monnaies locales (c'est l'effet de change).

[9] C'est pourquoi le concept de « péché originel » doit être appréhendé en tenant compte non seulement du risque souverain, mais aussi de l'exposition globale du pays aux actifs et aux passifs (Eichengreen et Hausmann, 1999[7]).

Annexe 5.A. Méthodologie générale

Données relatives aux marchés primaires d'obligations souveraines et catégorisation des pays

Les données relatives aux marchés primaires d'obligations souveraines sont tirées de calculs originaux de l'OCDE reposant sur des données provenant du *London Stock Exchange Group* (LSEG), qui fournit des données internationales au niveau des titres sur les nouvelles émissions d'obligations souveraines. L'ensemble de données porte sur des obligations émises par des marchés émergents souverains pendant la période comprise entre le 1er janvier 2000 et le 31 décembre 2024 et comprend des émissions à court et à long terme. Les obligations à court terme (« bons du Trésor ») sont des titres dont l'échéance est inférieure ou égale à 365 jours, sans toutefois être inférieure à 33 jours ; en effet, les titres à moins de 33 jours sont émis à des fins de gestion de trésorerie et ont été exclus des calculs. Les obligations émises par les banques centrales qui ne jouent aucun rôle dans le financement du budget de l'État ont aussi été exclues. Les données comprennent des informations détaillées sur chaque émission obligataire, notamment le produit de l'émission, la date d'échéance, le taux d'intérêt et la structure en devises.

La définition des marchés émergents utilisée dans le présent rapport est conforme à celle de la catégorie des économies de marché émergentes et en développement (MEED) retenue par le FMI dans ses Perspectives de l'économie mondiale. Les définitions régionales sont également les mêmes que celles du FMI et les catégories de revenu utilisées (revenu élevé, faible revenu, revenu intermédiaire de la tranche inférieure et revenu intermédiaire de la tranche supérieure) sont celles qui sont utilisées par la Banque mondiale en 2024 et sont fonction des niveaux de RNB par habitant. Les émetteurs souverains des MEED sont les suivants :

- Pays à revenu élevé (PRE) : Arabie saoudite (Moyen-Orient et Asie centrale, MECA) Bahamas (région Amérique latine et Caraïbes, ALC), Bahreïn (MECA), Barbade (ALC), Bulgarie (MEED d'Europe), Chili (ALC), Émirats arabes unis (MECA), Fédération de Russie (MEED d'Europe), Hongrie (MEED d'Europe), Koweït (MECA), Oman (MECA), Panama (ALC), Pologne (MEED d'Europe), Qatar (MECA), Roumanie (MEED d'Europe), Seychelles (Afrique subsaharienne, ASS), Trinité-et-Tobago (ALC), Uruguay (ALC).
- Pays à revenu intermédiaire de la tranche supérieure (PRITS) : Afrique du Sud (ASS), Albanie (MEED d'Europe), Algérie (MECA), Argentine (ALC), Arménie (MECA), Azerbaïdjan (MECA), Bélarus (MEED d'Europe), Belize (ALC), Bosnie-Herzégovine (MEED d'Europe), Botswana (ASS), Brésil (ALC), Chine (MEED d'Asie), Colombie (ALC), Costa Rica (ALC), El Salvador (ALC), Équateur (ALC), Fidji (MEED d'Asie), Gabon (ASS), Géorgie (MECA), Grenade (ALC), Guatemala (ALC), Guinée équatoriale (ASS), Indonésie (MEED d'Asie), Irak (MECA), Jamaïque (ALC), Kazakhstan (MECA), Macédoine du Nord (MEED d'Europe), Malaisie (MEED d'Asie), Maldives (MEED d'Asie), Maurice (ASS), Mexique (ALC), Moldova (MEED d'Europe), Mongolie (MEED d'Asie), Monténégro (MEED d'Europe), Namibie (ASS), Paraguay (ALC), Pérou (ALC), République dominicaine (ALC), Serbie (MEED d'Europe), Suriname (ALC), Thaïlande (MEED d'Asie), Türkiye (MEED d'Europe), Ukraine (MEED d'Europe), Venezuela (ALC).
- Pays à revenu intermédiaire de la tranche inférieure (PRITI) : Angola (ASS), Bangladesh (MEED d'Asie), Bénin (ASS), Bolivie (ALC), Cameroun (ASS), Côte d'Ivoire (ASS), Égypte (MECA), Ghana (ASS), Honduras (ALC), Inde (MEED d'Asie), Jordanie (MECA), Kenya (ASS), Liban (MECA), Maroc (MECA), Myanmar (MEED d'Asie), Nicaragua (ALC), Nigéria (ASS), Ouzbékistan (MECA), Pakistan (MECA), Papouasie–Nouvelle-Guinée (MEED d'Asie), Philippines (MEED d'Asie),

République démocratique populaire lao (MEED d'Asie), Sénégal (ASS), Sri Lanka (MEED d'Asie), Swaziland (ASS), Tanzanie (ASS), Tunisie (MECA), Viet Nam (MEED d'Asie), Zambie (ASS).

- Pays à faible revenu (PFR) : Burkina Faso (ASS), Congo (ASS), Éthiopie (ASS), Guinée-Bissau (ASS), Malawi (ASS), Mali (ASS), Mozambique (ASS), Niger (ASS), Ouganda (ASS) Rwanda (ASS), Tchad (ASS), Togo (ASS), Yémen (MECA).

La classification géographique des pays figurant dans le Graphique 5.1 et le Graphique 5.9 est conforme aux *Codes standard des pays et des zones à usage statistique* définis par les Nations Unies :

- Afrique du Nord : Algérie, Égypte, Maroc, Tunisie.
- Afrique de l'Est : Éthiopie, Kenya, Malawi, Maurice, Mozambique, Ouganda, Rwanda, Seychelles, Tanzanie, Zambie.
- Afrique de l'Ouest : Bénin, Burkina Faso, Côte d'Ivoire, Ghana, Guinée-Bissau, Mali, Niger, Nigéria, Sénégal, Togo.
- Afrique centrale : Angola, Cameroun, Gabon, République du Congo.
- Afrique australe : Afrique du Sud, Botswana, Eswatini, Namibie.

Certaines émissions obligataires ont fait l'objet d'une réouverture. Dans ce cas, les données initiales ne portent que sur le montant total de l'émission (montant d'origine plus réouverture). Pour pouvoir déterminer le montant à l'émission des lignes obligataires ayant fait l'objet d'une réouverture, des données spécifiques sur les montants en cours à la date de chaque réouverture des lignes concernées ont été obtenues individuellement auprès de LSEG. Les données relatives à une réouverture ne portant que sur l'encours à la date concernée, on a soustrait de celui-ci l'encours calculé à la date précédente, de façon à obtenir le montant émis à chaque fois. Les montants à l'émission ainsi calculés ont été convertis à l'aide des taux de change du dollar des États-Unis à la date de l'opération tels que communiqués par LSEG. Dans un souci de cohérence et de comparabilité, la même méthode a été utilisée pour toutes les émissions, y compris celles qui n'ont pas fait l'objet d'une réouverture.

LSEG fournit des données sur marché d'émission de chaque titre obligataire. Lorsque cette variable est disponible, le marché d'émission est classé dans la catégorie « national » si LSEG le classe comme « national » ou « national (autres) » et dans la catégorie « étranger » dans tous les autres cas.

L'encours des dettes en monnaie locale est converti en USD sur la base des taux de change en vigueur à la fin de l'année. Les offres d'échange et certains emprunts obligataires figurant dans l'ensemble de données ont été manuellement exclus lorsqu'ils ne possédaient pas de code d'identification (ISIN, RIC ou CUSIP) et lorsqu'il n'a pas été possible de les confirmer par comparaison avec des données publiques de source officielle.

Données relatives aux notes de crédit

LSEG fournit des informations sur les notations émanant de trois grandes agences de notation : Fitch, Moody's et S&P. Pour chaque pays pour lequel des informations sur la note figurent dans l'ensemble de données, une valeur de 1 est attribuée à la note correspondant à la qualité de crédit la plus basse (C ou inférieure) et de 21 à la note correspondant à la qualité de crédit la plus élevée (AAA pour S&P et Fitch et Aaa pour Moody's). La catégorie spéculative correspond aux notes équivalentes ou inférieures à BB+ pour Fitch et S&P, et équivalentes ou inférieures à Ba1 pour Moody's.

La note en question est ensuite attribuée à chaque titre obligataire concerné émis par ce pays (à la date de l'émission ou de la transaction). Si des notations attribuées par plusieurs agences sont disponibles, on recourt à la moyenne de celles-ci. Les notes finales sont catégorisées comme suit : les notes égales ou supérieures à 15 sont classées dans la catégorie investissement A (CI A) ; les notes comprises entre 12 et 14 sont classées dans la catégorie investissement BBB (CI BBB) ; les notes comprises entre 9 et 11 sont classées dans la catégorie spéculative BB (CS BB) ; et les notes inférieures à 9 sont classées dans la catégorie à haut risque B (B et inférieure). Dans la catégorie à haut risque, une note équivalente ou inférieure à 3.5 correspond à une situation de défaut ou de risque très élevé de défaut.

Lors du calcul du nombre de relèvements et de dégradations, les données concernant les notations sont analysées sur une base mensuelle, à l'exclusion de celles qui sont égales à 1. Si un pays s'est vu attribuer plusieurs notes par la même agence au cours d'un même mois, on retient la plus récente. L'analyse de la qualité de la dette pondérée se base sur les notations décernées par trois agences de notation (Fitch, Moody's et S&P). On applique à la totalité de l'encours de la dette d'un pays donné sa notation à la fin de la l'année considérée. Pour chaque catégorie de pays, on calcule ensuite la moyenne pondérée par l'encours de la dette correspondant à chaque catégorie de notation des mesures de la qualité de la dette pondérée

Rendements des marchés primaires

Le calcul des rendements des marchés primaires repose sur les données de LSEG concernant les prix et les rendements de chaque émission. Ces données ne sont disponibles que pour un nombre limité d'obligations.

Les rendements et les prix sont intégrés à notre base de données sur la base du code d'identification de l'obligation et de la date d'émission de celle-ci. Lorsque plusieurs prix ou rendements sont disponibles pour la même obligation à la même date d'émission, on retient la valeur moyenne.

Lorsqu'un rendement ou un prix a le même code d'identification qu'une obligation, mais une date d'émission différente, on prend en compte le prix ou le rendement dont la date d'émission est la plus proche du code d'identification de cette obligation, dans une fourchette de cinq jours après ou avant, en commençant par un jour plus tard, suivi d'un jour plus tôt, et ainsi de suite.

Lorsque les rendements ne sont pas directement accessibles, ils sont calculés à l'aide du prix correspondant et du paquet R appelé jrvFinance. Les prix inférieurs à 0 ou supérieurs à 999 sont exclus. Par ailleurs, les rendements supérieurs à 100 ou inférieurs à -5 sont exclus. Les rendements qui sont plus de 10 fois supérieurs aux rendements annuels médians de chaque émetteur, pour le même type d'instrument et la même catégorie d'échéance, sont également exclus.

Modèle de calcul du ratio dette/PIB stabilisant le solde primaire

Le solde primaire permettant une stabilisation de la dette est calculé conformément à la méthodologie décrite par Escolano (2010[19]), en utilisant les données issues des *Perspectives de l'économie mondiale* du FMI d'avril 2025 pour la dernière année connue (2030), pour l'ensemble des variables à l'exception du taux d'intérêt effectif réel, basé sur les données de 2024 ou sur une estimation des rendements réels du marché.

$$\mathrm{pb} = d \times \left(\frac{1 + ip}{1 + g} - 1\right)$$

pb est le solde primaire des administrations publiques en pourcentage du PIB, *d* l'encours de la dette des administrations publiques en pourcentage du PIB, *ip* le taux d'intérêt effectif réel et *g* la croissance du PIB réel.

Annexe 5.B. Transparence des données

Graphiques de disponibilité des données — Graphique 5.6

Partie A : la dette négociable libellée en monnaie locale correspond à la somme des obligations et des bons du Trésor émis en monnaie locale. Les années pour lesquelles les données relatives à la dette négociable libellée en monnaie locale, et couvrant les bons du Trésor et les obligations, sont facilement consultables sur un site officiel (ministère des Finances, Trésor public, banque centrale), apparaissent en bleu dans le graphique.

Partie B : les données utilisées correspondent à la dernière année pour laquelle des informations provenant de sources officielles sont disponibles, comme indiqué dans la partie A. La part de la dette négociable libellée en monnaie locale est calculée en rapportant le total de cette dette provenant de chaque source (officielle, Bloomberg et LSEG) à l'encours total de la dette négociable publié par le FMI pour cette même année.

Il est possible que les gouvernements comptabilisent certains titres comme des bons du Trésor et des obligations, même s'ils ne sont pas négociables. Cela peut expliquer pourquoi les données officielles sont généralement supérieures à celles fournies par Bloomberg et LSEG.

Tableau de transparence de la dette — Tableau d'annexe 5.B.1

Les données utilisées dans ce tableau proviennent des sites officiels d'administrations publiques (Trésor public, ministère des Finances ou Banque centrale généralement). Un tiret signifie que les données ne sont pas disponibles ou accessibles sur ces sites.

La colonne « Ventilation dette négociable » correspond à la ventilation de l'encours de la dette négociable par instrument (bons du Trésor et obligations). La colonne « Ventilation dette non négociable » correspond à la ventilation de l'encours de la dette non négociable entre titres et engagements (emprunts, arriérés, par exemple).

La colonne « Dernier calendrier d'adjudication » indique la dernière année pour laquelle un calendrier officiel d'adjudication est disponible en ligne. Un tiret signifie que les annonces relatives aux adjudications à venir sont irrégulières ou publiées au cas par cas. De même, la colonne « Derniers résultats d'adjudication » indique la dernière année pour laquelle des résultats d'adjudication sont disponibles sur un site officiel.

La colonne « Résultats des adjudications : prix/rendements » précise si les résultats publiés incluent les rendements et/ou les prix.

La colonne « Dernier rapport annuel sur la dette » indique la dernière année pour laquelle un rapport annuel est consultable sur un site officiel. Lorsque les rapports mensuels ou trimestriels sont suffisamment complets, l'année la plus récente est retenue.

La colonne « Stratégie de gestion de la dette à MT » indique le nombre d'années à venir couvertes par la stratégie, tandis que la colonne « Dernière stratégie de gestion de la dette à MT » précise l'année la plus récente pour laquelle une stratégie officielle est consultable en ligne.

La colonne « Langue » mentionne la langue des documents relatifs à la dette, mais pas celle des sites web.

Les liens ci-après correspondent aux principales sources utilisées :

- www.dgpp.mf.gov.dz
- www.ugd.minfin.gov.ao
- www.bodiva.ao
- www.dgtcfm.cm
- www.dgb.cm
- www.dgf.gouv.ci
- www.tresor.gouv.ci
- www.umoatitres.org
- www.dgdp.cd
- www.mof.gov.eg
- www.cbe.org.eg
- www.nbe.gov.et
- www.mofed.gov.et
- www.mofep.gov.gh
- www.bog.gov.gh
- www.centralbank.go.ke
- www.treasury.go.ke
- www.finances.gov.ma
- www.bkam.ma
- www.dmo.gov.ng
- www.treasury.gov.sa
- www.bot.go.tz
- www.mof.go.tz
- www.finances.gov.tn
- www.finance.go.ug
- www.bou.or.ug

Tableau d'annexe 5.B.1. Données concernant la dette publique, provenant de sources officielles et facilement accessibles

Pays	Ventilation dette négociable	Ventilation dette non négociable	Calendrier d' adjudication	Dernier calendrier d' adjudication	Résultats des adjudications : prix/rendements	Rapport annuel sur la dette	Dernier RA	Stratégie de gestion de la dette à MT	Dernière stratégie de gestion de la dette à MT	Service de la dette intérieure	Base d' investisseurs nationaux	Source des données	Langue du document
Algérie	Oui	–	Annuel	2024	Oui	–	–	–	–	–	–	Min. Fin.[1], Banque d'Algérie	Français
Angola	Oui	Oui	Mensuel	2025	Oui	Rapport annuel	2022	2 prochain es années	2024	5 dernières années, 25 prochai	–	Min. Fin., Bodiva[2]	Anglais, portugais
Cameroun	Oui	Oui	Trimestriel	2025	Oui	Rapport annuel, bulletins	2025	2 prochain es années	2024	2 dernières années	–	Min. Fin., BEAC[3]	Français
Côte d'Ivoire	Oui	–	Mensuel	2024	Oui	Rapport annuel	2024	4 prochain es années	2023	5 prochain es années	Oui	Min. Fin, UMOA-Titres[4]	Anglais | Français
République du Congo	Oui	Oui	–	–	Oui	Rapports annuels et trimestriels	2023	2 prochain es années	2020	4 dernières années, 3 prochain	–	DGDP[5]	Français
Égypte	Oui	Oui	Hebdomad aire	2025	Oui	Le rapport annuel de la banque	2020	3 prochain es années	2020	6 dernières années	Oui	Min. Fin., CBE	Anglais, arabe
Éthiopie	Oui	Oui		2025	Oui	Rapport annuel	2024	5 prochain es années	2016	4 dernières années	–	Min. Fin., NBE[7]	Anglais
Ghana	Oui	–	Trimestriel	2024	Oui	Rapport annuel	2023	3 prochain es années	2024	–	Oui	Min. Fin., Bank of Ghana	Anglais
Kenya	Oui	Oui	Annuel	2025	Oui	Rapport annuel	2024	3 prochain es années	2025	5 dernières années	Oui	Min. Fin., CBK[8]	Anglais

Pays	Ventilation dette négociable	Ventilation dette non négociable	Calendrier d' adjudication	Dernier calendrier d' adjudication	Résultats des adjudications : prix/rendements	Rapport annuel sur la dette	Dernier RA	Stratégie de gestion de la dette à MT	Dernière stratégie de gestion de la dette à MT	Service de la dette intérieure	Base d' investisseurs nationaux	Source des données	Langue du document
Maroc	Oui	–	–		Oui	Bulletins mensuels	2023			–	–	Min. Fin., Bank Al-Maghrib	Anglais, français, arabe
Nigéria	Oui	Oui	Trimestriel	2025	Oui	Rapport annuel, bulletins	2020	3 prochain es années	2020	–	–	Bureau de gestion de la dette[9]	Anglais
Afrique du Sud	Oui	–	Annuel	2026	Oui	Rapport annuel, dans le	2024	2 prochain es années	2024	3 prochain es années	Oui	Min. Fin., SARB[10]	Anglais
Tanzanie	Oui	–	Semestriell e	2025	Oui	Rapports trimestriels	2024	2 prochain es années	2024	–	–	Min. Fin., Bank of Tanzania	Anglais
Tunisie	Oui	–	Annuel	2018	Oui	Rapports annuels et mensuels	2019	Inclus dans le rapport annuel	2019	7 dernières années	–	Min. Fin., BCT[11]	Français, arabe
Ouganda	Oui	Oui	Annuel	2025	Oui	Rapport annuel	2024	4 prochain es années	2025	6 dernières années	–	Min. Fin., BOU[12]	Anglais

Notes du tableau
[1]Désigne un service de l'administration chargé de la gestion de la dette (ministère des Finances, Trésor public, etc.). Dans ce tableau, sont exclues les banques centrales.
[2] Bourse des valeurs de l'Angola
[3] Banque des États de l'Afrique Centrale
[4] Agence régionale de gestion et de promotion des titres publics de la zone UMOA
[5] Direction générale de la dette publique
[6] Banque centrale d'Égypte
[7] Banque nationale d'Éthiopie
[8] Banque centrale du Kenya
[9] Service de gestion de la dette publique
[10] Banque de réserve sud-africaine
[11] Banque Centrale de Tunisie
[12] Banque centrale d'Ouganda

Annexe 5.C. Lignes obligataires de référence

Méthodologie d'identification

Une méthode quantitative a été utilisée pour comptabiliser les pics d'émission qui se distinguent nettement selon l'échéance, afin de mesurer le degré de concentration (par rapport aux obligations de référence) ou de dispersion des émissions d'obligations souveraines de chaque pays.

Étape 1 — Estimation de la densité par noyau (Kernel Density Estimation)

Pour chaque pays, une distribution lissée des émissions par échéance a été estimée à l'aide d'une fonction de densité par noyau pondérée :

$$f(t) = \text{density}(\text{time\_to\_maturity},\ \text{weights} = \text{AmountIssued},\ \text{adjust} = a)$$

Où :

- t est la durée jusqu'à l'échéance (en années)
- $AmountIssued$ est la pondération de chaque émission
- a est le paramètre de lissage (variable d'ajustement de la largeur de bande, définie à 0.1)

Étape 2 — Détection des pics

Les maxima locaux (pics) de la densité estimée $f(t)$ sont détectés en utilisant la méthode conventionnelle reposant sur la dérivée seconde :

$$\text{Peak at } t_i \Leftrightarrow f'(t_{i-1}) > 0 \text{ et } f'(t_i) < 0$$

Seuls sont conservés les pics $f(t_i)$dont la t_i respecte le critère de proéminence relative :

$$f(t_i) > \theta \cdot \max\big(f(t)\big)$$

Où :

- $\theta = 0.1$ i est le seuil de hauteur relative (10 % de la densité maximale, par exemple)

Étape 3 — Filtrage des pics significatifs

Afin de ne retenir que les pics distincts (et non des petites bosses contiguës), une règle d'espacement minimum est appliquée :

$$|t_i - t_j| \geq \delta \quad \forall i \neq j$$

Où :

- $\delta = 0.5$ année est la distance horizontale minimale requise entre les pics
- Si deux pics sont proches de δ, seul le plus élevé est retenu.

Étape 4 — Classification par tranche d'échéance

Les pics sont classés par tranche d'échéance : court terme : $t < 7$; moyen terme : $7 \leq t < 13$; long terme *:* $t \geq 13$

Données par pays

Les graphiques présentés ci-dessous mettent ces pics en évidence.

Graphique d'annexe 5.C.1. Densité des volumes d'émission par échéance des obligations en 2024 dans certaines économies avancées

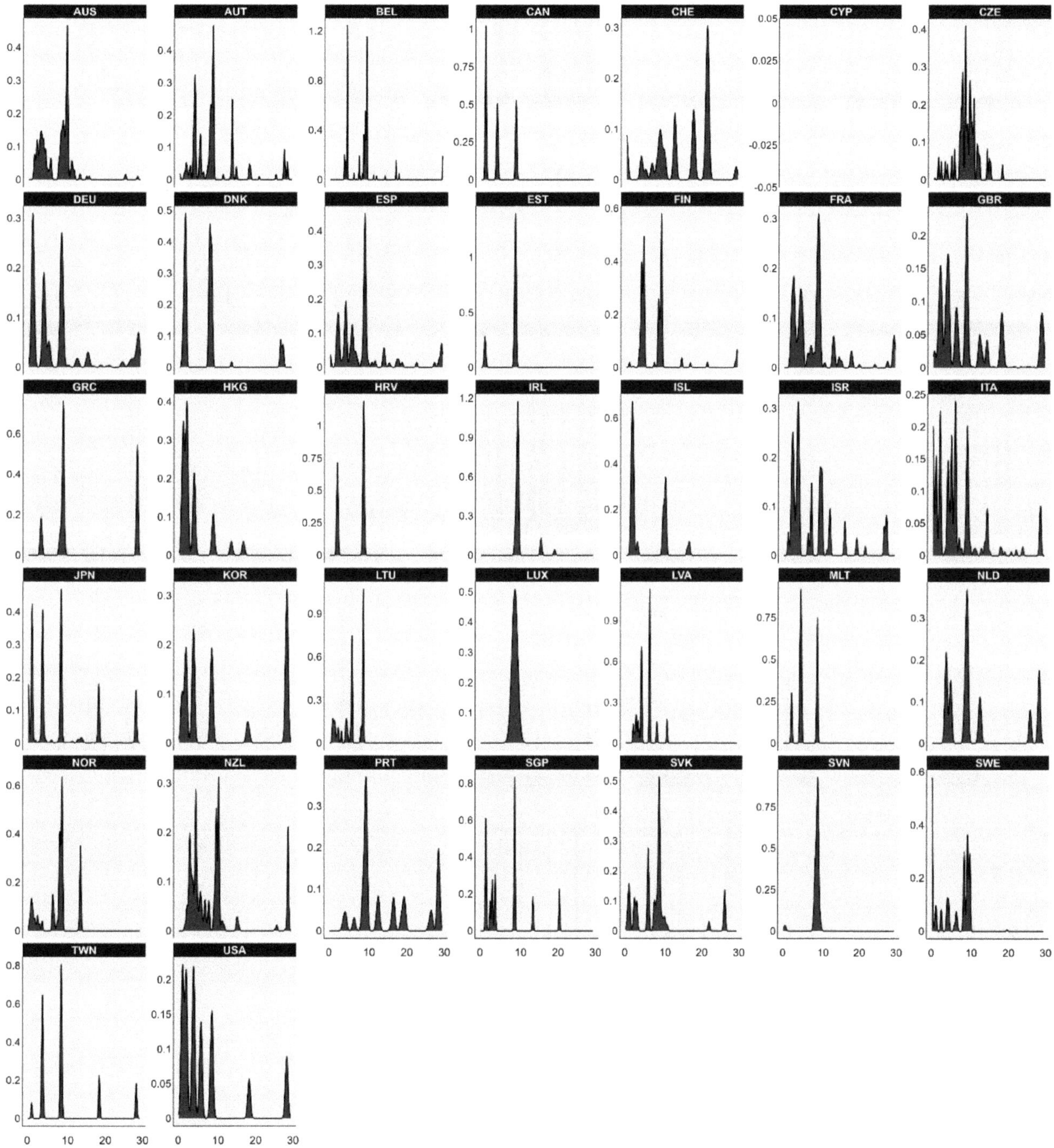

Source : LSEG ; et calculs de l'OCDE. Note : l'axe des abscisses représente le nombre d'années jusqu'à l'échéance à la date d'émission. L'axe des ordonnées représente la *densité* de probabilité empirique et non la probabilité empirique elle-même. L'aire sous la courbe de densité sur l'axe des abscisses est égale à 1. La densité est pondérée par les volumes d'émission.

Graphique d'annexe 5.C.2. Densité des volumes d'émission par échéance des obligations en 2024 dans certaines économies africaines

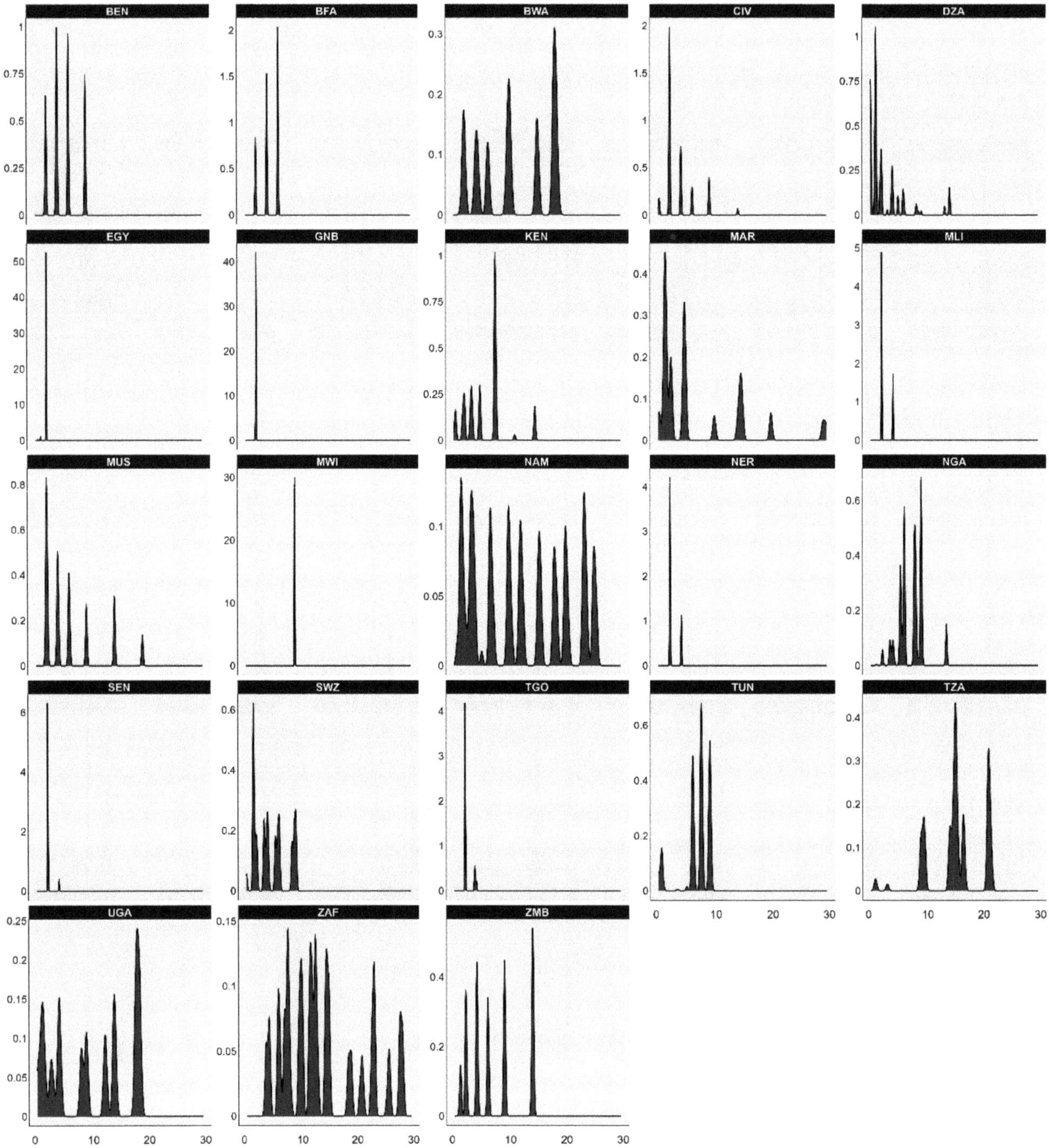

Source : LSEG ; et calculs de l'OCDE. Note : l'axe des abscisses représente le nombre d'années jusqu'à l'échéance à la date d'émission. L'axe des ordonnées représente la *densité* de probabilité empirique et non la probabilité empirique elle-même. L'aire sous la courbe de densité sur l'axe des abscisses est égale à 1. La densité est pondérée par les volumes d'émission.

Annexe 5.D. Modèles d'adjudication

Graphique d'annexe 5.D.1. Tailles des adjudications par échéance en 2024 dans certaines économies avancées

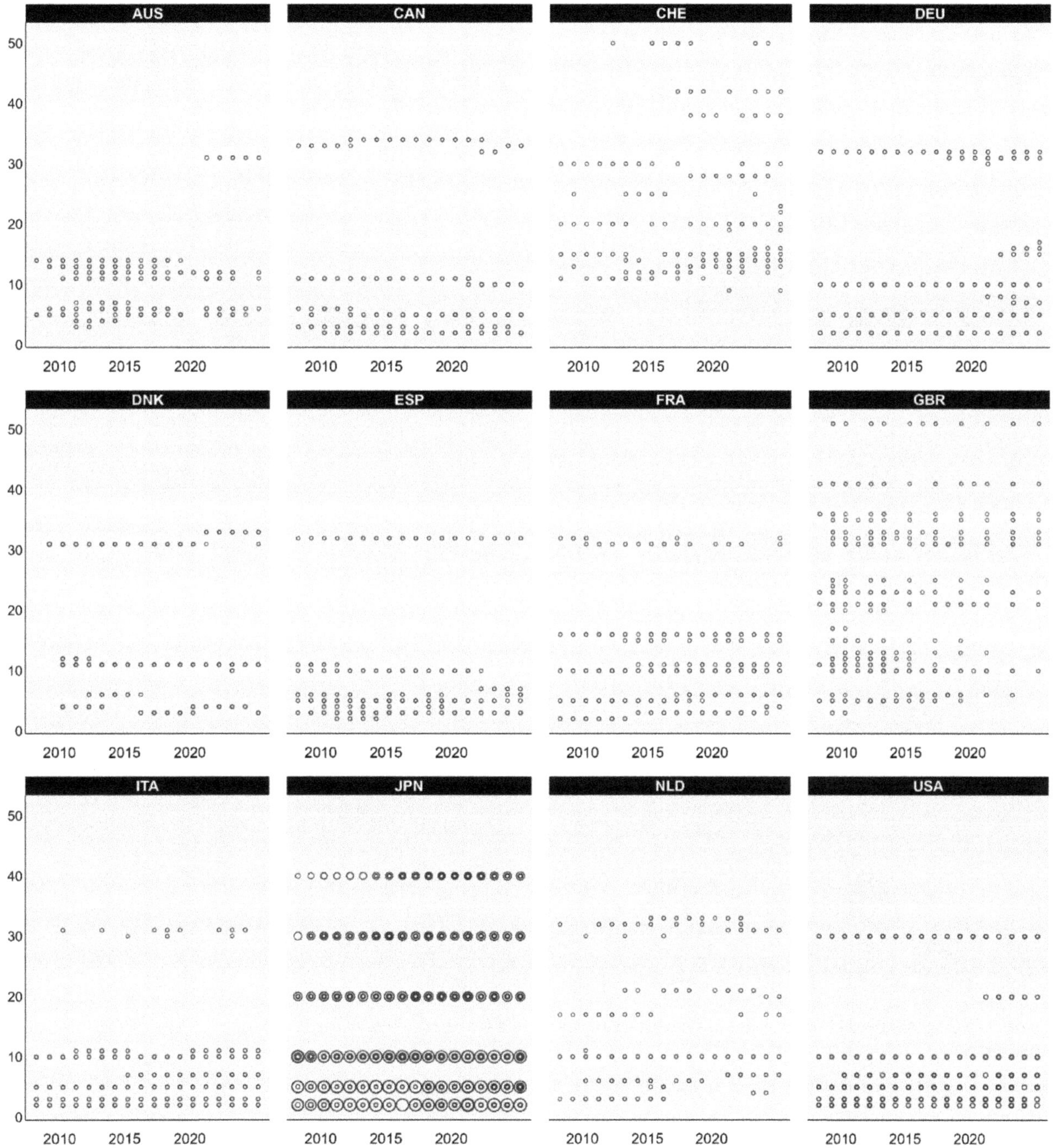

Source : LSEG ; et calculs de l'OCDE. L'axe des ordonnées représente les échéances, la taille des bulles est proportionnelle au montant des adjudications.

Graphique d'annexe 5.D.2. Tailles des adjudications par échéance en 2024 dans certaines économies africaines

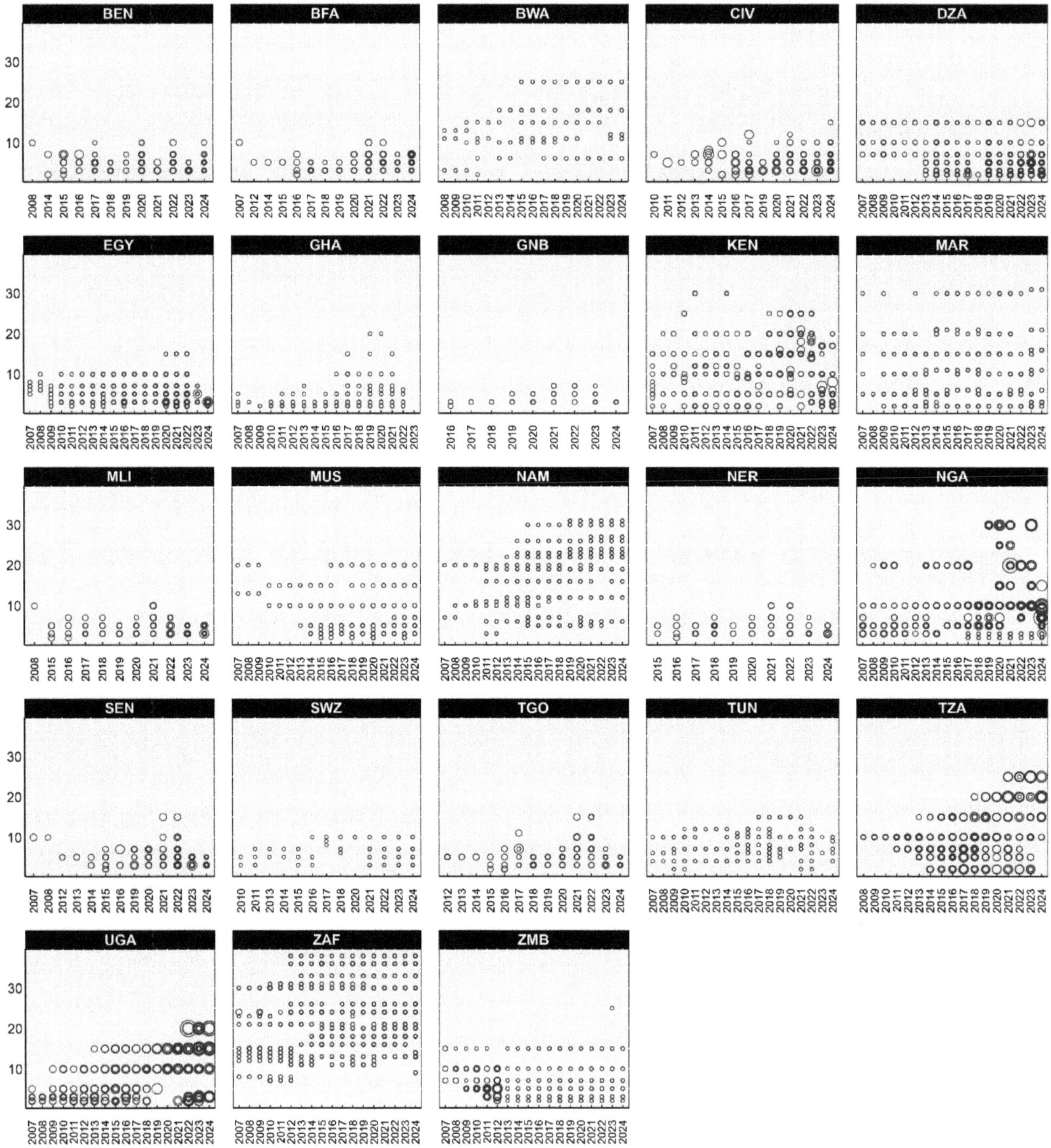

Source : LSEG ; et calculs de l'OCDE. L'axe des ordonnées représente les échéances, la taille des bulles est proportionnelle au montant des adjudications.

6 Les cadres de gouvernance des entreprises publiques, fondement du développement des marchés de capitaux

On trouvera dans ce chapitre une analyse des cadres de gouvernance des entreprises publiques en place dans certains pays africains. Cette analyse s'appuie sur les Lignes directrices de l'OCDE sur la gouvernance des entreprises publiques, notamment en ce qui concerne les motifs justifiant l'actionnariat public et la question de l'État dans son rôle d'actionnaire. Les recommandations sur ces questions sont essentielles pour jeter les bases de politiques efficaces en matière d'actionnariat public, qui sont elles-mêmes nécessaires pour favoriser le développement des marchés de capitaux. Les principales recommandations portent sur une justification explicite et transparente de la présence de l'État au capital de sociétés cotées en bourse, une véritable séparation des fonctions actionnariales et des fonctions touchant à l'action publique et à la réglementation, ainsi que l'avènement d'un actionnariat public professionnel et dynamique.

Principaux messages

- L'importance des entreprises publiques en Afrique souligne la nécessité de mettre en place des cadres d'actionnariat public solides : sur les 100 entreprises africaines réalisant les plus gros chiffres d'affaires, 44 sont détenues ou contrôlées par l'État, dont les 5 premières de ce classement, et elles mènent leur activité dans des secteurs clés tels que l'exploitation minière, l'énergie et les télécommunications.
- Les Lignes directrices de l'OCDE sur la gouvernance des entreprises publiques fournissent des conseils aux pouvoirs publics dans ce domaine. L'accent y est mis sur la nécessité d'énoncer de manière transparente les motifs qui justifient l'actionnariat public et d'établir des politiques actionnariales claires garantissant la redevabilité, la confiance du public et l'efficacité de la gouvernance. En l'absence de ces fondements, l'application d'autres principes tels que l'indépendance des conseils d'administration, la publication d'informations, la redevabilité et la protection des actionnaires minoritaires risque de rester fragmentée et infructueuse.
- Plusieurs pays africains ont mis en place des cadres juridiques régissant l'actionnariat public, dont les caractéristiques et les objectifs sont distincts, et certaines réformes récentes visaient à actualiser les normes de gouvernance applicables aux entreprises publiques.
- Bien souvent, toutefois, les motifs d'actionnariat et les politiques actionnariales ne sont pas formulés de façon uniforme ; seuls quelques pays disposent d'un cadre d'actionnariat intégré, tandis que les autres s'appuient sur des prescriptions éparses ou de nature sectorielle.
- Lorsqu'il est mis en œuvre avec intégrité et redevabilité et que cette mise en œuvre s'accompagne de garde-fous clairement établis contre tout abus d'influence, un dispositif d'actionnariat public centralisé ou coordonné peut faciliter la séparation des responsabilités en matière d'actionnariat, de réglementation et d'action publique, et permettre ainsi l'avènement d'un actionnariat public professionnel et dynamique. Or, le modèle d'actionnariat prédominant dans les pays africains est l'actionnariat dispersé, dans le cadre duquel les entreprises publiques sont supervisées par plusieurs ministères et organismes publics qui se coordonnent de façon apparemment limitée. Ce modèle donne souvent lieu à une fragmentation de la surveillance, à une incohérence des pratiques de gouvernance et à un défaut d'harmonisation des stratégies.
- Un régime d'actionnariat plus solide, renforcé par des niveaux élevés d'intégrité et de redevabilité, peut favoriser une amélioration de la gouvernance des entreprises publiques, qui peut à son tour aider celles-ci à accéder aux marchés de capitaux et se traduire par un accroissement de la transparence, de la discipline financière et de la confiance des investisseurs.

6.1. Introduction : Le lien entre bonne gouvernance des entreprises publiques et développement des marchés de capitaux

L'efficacité des cadres régissant l'actionnariat public et la gouvernance d'entreprise est une condition préalable essentielle pour que les entreprises publiques contribuent au développement des marchés de capitaux. En introduisant en bourse des entreprises publiques, l'État peut non seulement améliorer les performances de ces entreprises, mais aussi renforcer les marchés de capitaux en attirant des investissements privés et en élargissant les possibilités d'investissement, au bénéfice de la profondeur et de la liquidité des marchés. L'application de normes de gouvernance rigoureuses permet d'améliorer la publication d'informations et de favoriser un traitement équitable de tous les actionnaires. C'est particulièrement le cas en Afrique, où les marchés boursiers restent étroits et non liquides : entre 2000 et 2024, les entreprises africaines n'ont levé que 201.9 milliards USD sur les marchés d'actions cotées, soit seulement 1 % du montant total au niveau mondial (voir le chapitre 2).

Outre l'émission d'actions, les entreprises publiques sont également d'importants émetteurs d'obligations d'entreprise, ce qui ouvre des perspectives de diversification des instruments disponibles et d'accroissement de l'attractivité des marchés nationaux pour les investisseurs étrangers et institutionnels. Cependant, le développement des marchés de la dette d'entreprise en Afrique ne fait que commencer, l'encours de la dette des entreprises étant inférieur à 15 % du produit intérieur brut (PIB) dans la quasi-totalité des 15 pays analysés au chapitre 3 (contre un encours de 52 % à l'échelle mondiale). Quatre pays représentent à eux seuls 61 % de l'encours de la dette des entreprises du continent.

L'importance économique des entreprises publiques rend leur gouvernance cruciale. Sur les 100 entreprises africaines réalisant les plus gros chiffres d'affaires, 44 sont détenues ou contrôlées par l'État, dont les 5 premières de ce classement. Ces entreprises dominent des secteurs stratégiques comme les industries extractives, l'énergie, la finance, les transports, les télécommunications et les services collectifs de distribution. Toutefois, beaucoup d'entreprises publiques africaines souffrent de lacunes persistantes : résultats financiers médiocres, endettement élevé, abus d'influence de la part d'acteurs politiques et manque de transparence. Par exemple, 40 % des quelque 300 entreprises publiques d'Afrique subsaharienne étaient déficitaires en 2017-18, tandis que les grandes entreprises, en général, avaient peu de liquidités et étaient surendettées (Wezel et Carvalho, 2022[1]). Des défaillances sur le plan de la gouvernance, caractérisées notamment par la fragilité des contrôles internes, l'opacité, le népotisme, l'ingérence politique et des divergences d'objectifs, sont observées à grande échelle (Mutize et Tefera, 2020[2]). Ces problèmes sapent directement la crédibilité des entreprises publiques en tant qu'intervenants sur le marché et limitent leur capacité à soutenir le développement des marchés de capitaux.

L'efficacité des cadres d'actionnariat et de gouvernance est par conséquent d'une importance capitale. Les *Lignes directrices de l'OCDE sur la gouvernance des entreprises publiques* (ci-après « les Lignes directrices de l'OCDE ») constituent la principale norme internationale à cet égard. Leurs chapitres I et II, respectivement consacrés aux motifs qui justifient l'actionnariat public et au rôle d'actionnaire de l'État, sont particulièrement pertinents. Ils jettent les bases conceptuelles et institutionnelles de la gouvernance des entreprises publiques en précisant les raisons pour lesquelles l'État est présent au capital d'entreprises, les objectifs qu'il poursuit et l'organisation des responsabilités actionnariales. En l'absence d'un cadre d'actionnariat explicite et d'objectifs clairement définis, les efforts déployés pour renforcer l'application d'autres principes de gouvernance des entreprises publiques (tels que l'indépendance des conseils d'administration, la publication d'informations, la redevabilité et la protection des actionnaires minoritaires) risquent de rester fragmentés et infructueux.

Une bonne gouvernance d'entreprise est donc une condition nécessaire au développement des marchés de capitaux grâce à l'introduction en bourse et à l'émission de titres de dette d'entreprises publiques, mais elle n'est pas à elle seule une condition suffisante. Les réformes qui influent directement sur la confiance des investisseurs, comme la professionnalisation des conseils d'administration, la publication d'informations financières crédibles et la réduction de l'ingérence politique, reposent sur des cadres de gouvernance solides sans lesquels l'entrée en bourse et l'émission d'obligations d'entreprises publiques risquent de ne créer qu'une activité de courte durée sur le marché, au lieu de contribuer à un approfondissement durable des marchés de capitaux.

Cela étant, certains facteurs complémentaires sont tout aussi importants. Si elle ne s'accompagne pas de réformes plus générales telles qu'un renforcement des droits de propriété, l'engagement d'une lutte contre la corruption, un renforcement des compétences institutionnelles et la mise en place d'une infrastructure en bonne et due forme de marchés de capitaux, l'introduction en bourse d'entreprises publiques risque de ne pas révéler pleinement son potentiel. L'une des principales exigences de l'introduction en bourse d'entreprises publiques en Afrique réside dans la nécessité de disposer d'une infrastructure de marché de capitaux suffisante pour la gestion de volumes de transactions importants, en évaluant précisément la demande des investisseurs et en procédant à l'introduction en bourse dans des conditions de marché adéquates, par exemple dans une situation de stabilité macroéconomique et de croissance (Banque mondiale, 2021[3]).

Le présent rapport aborde un grand nombre de ces réformes plus générales. Le chapitre 2 porte sur les marchés d'actions cotées et les cadres de gouvernance d'entreprise au sens large en Afrique. En ce qui concerne les marchés d'actions cotées, les principaux messages encouragent un élargissement en matière de participation des émetteurs (notamment grâce à l'introduction en bourse d'entreprises publiques) et un renforcement de l'intégration régionale au moyen, par exemple, de cotations croisées. On préconise également dans ce chapitre d'intensifier la concurrence entre les courtiers et de simplifier les barèmes de frais de gestion pour réduire les coûts de transaction, et d'attirer des investisseurs institutionnels, notamment par le biais de réformes des systèmes de retraite. Parallèlement, les principales recommandations relatives à la gouvernance d'entreprise visent à renforcer les droits des actionnaires minoritaires, de même que la redevabilité et la transparence, à accroître l'indépendance des conseils d'administration et à améliorer la communication d'informations sur leur composition, et à rendre la surveillance et l'application de la réglementation plus efficaces.

Les conclusions du chapitre 3 sont aussi pertinentes compte tenu du rôle potentiel des entreprises publiques dans le développement des marchés de la dette d'entreprise en Afrique. Parmi les grandes priorités figurent : la promotion de l'émission de titres de dette en monnaie locale afin de réduire la dépendance à l'égard des emprunts en devises ; le développement du socle d'investisseurs institutionnels nationaux, en particulier les fonds de pension ; la mise en concordance des obligations d'information avec les normes internationales en vue de permettre une évaluation des risques plus fiable et de fournir des incitations à l'investissement plus évidentes ; le renforcement et l'intégration des infrastructures de marché en faveur d'une efficience et d'une résilience accrues des marchés de la dette.

Le présent chapitre donne un coup de projecteur sur la gouvernance des entreprises publiques. Comme dans le reste du rapport, l'analyse se concentre sur un échantillon de pays africains à revenu intermédiaire, qui devraient afficher un certain niveau de développement économique, institutionnel et des marchés de capitaux. Cette orientation permet non seulement d'obtenir des éclairages plus utiles sur les pratiques de gouvernance des entreprises publiques, mais aussi d'assurer un certain degré d'homogénéité et de comparabilité entre les cas examinés.

La suite du chapitre est structurée de la façon suivante : la section 6.2 offre une vue d'ensemble du paysage et de l'importance relative des entreprises publiques dans un échantillon de pays africains à revenu intermédiaire. Dans la section 6.3, on passe en revue les principales dispositions juridiques régissant les entreprises publiques, notamment les lois-cadres qui servent de moteur aux réformes de l'actionnariat public comme les privatisations. On s'y intéresse ensuite à l'existence ou à l'absence de politiques globales sur les entreprises publiques, car de telles politiques sont importantes pour définir les motifs et les objectifs généraux de l'actionnariat public, et définir les priorités de l'État ainsi que les rôles et responsabilités respectifs des services de l'État intervenant dans leur concrétisation. Le chapitre se poursuit par une présentation des modèles d'actionnariat public et un examen de leurs caractéristiques. La section 6.4 fait état des principaux messages et des recommandations.

6.2. Vue d'ensemble du paysage des entreprises publiques en Afrique

Dans les Lignes directrices de l'OCDE, on entend par « entreprise publique » toute entreprise reconnue comme telle en vertu de la législation nationale et dans laquelle l'État exerce des droits d'actionnaire ou de contrôle, que ce soit par l'intermédiaire d'une participation majoritaire ou d'autres moyens d'influence tels que des droits de vote spéciaux, une représentation au conseil d'administration ou d'autres dispositifs qui lui conféreraient une influence déterminante. Les entreprises publiques peuvent prendre la forme de sociétés par actions, de sociétés à responsabilité limitée et de sociétés en commandite par actions, ainsi que de sociétés de service public créées en vertu d'une législation spécifique dès lors que leur objet et leurs activités, ou une large part de leurs activités, présentent un caractère économique (OCDE, 2024[4]). Ces formes ont des implications importantes pour l'introduction en bourse des entreprises publiques (voir la section 6.3.1).

Dans la pratique, cependant, le recours à cette définition pour analyser l'importance du secteur des entreprises publiques dans différents pays pose des problèmes d'ordre méthodologique. Pour déterminer si l'État exerce un *contrôle* sur une entreprise, il est souvent nécessaire d'évaluer au cas par cas la structure de l'actionnariat, les droits de vote, la représentation au conseil d'administration et d'autres modalités, ces informations n'étant pas systématiquement disponibles dans tous les pays considérés. En outre, il est difficile de dresser un tableau exhaustif du paysage des entreprises publiques en Afrique, compte tenu du manque de données comparables, complètes et fiables. Les évaluations internationales sont rares et la couverture des pays est très variable.

C'est pourquoi on s'appuie dans la présente section, aux fins d'une analyse de portée internationale, sur un indicateur de substitution ciblant les entreprises d'un échantillon de pays africains dans lesquelles l'État[1] détient une participation effective correspondant à 25 % minimum du capital. Ce seuil représente un compromis pragmatique. Un seuil de 50 % ou plus exclurait de nombreuses entreprises dans lesquelles l'État est susceptible d'exercer une forte influence sans détenir une participation majoritaire ; à l'inverse, en fixant un seuil plus bas égal à 10 %, on risquerait de prendre en compte beaucoup d'entreprises dans lesquelles l'influence de l'État est potentiellement négligeable[2]. En optant pour un seuil de 25 %, on obtient donc une approximation raisonnable, tout en sachant que ce taux ne permet probablement pas d'englober toutes les entreprises qui seraient considérées comme des entreprises publiques en vertu des Lignes directrices de l'OCDE, ni d'écarter toutes les entreprises dans lesquelles l'État joue un rôle limité. Cette section s'appuie également sur les informations relatives aux 500 plus grandes entreprises d'Afrique au regard de leur chiffre d'affaires[3].

Il ressort de l'analyse que 5 869 entreprises publiques mènent une activité dans des pays africains à revenu intermédiaire, l'Afrique du Sud représentant 60 % de ces entreprises, suivie de l'Égypte avec 11 % et de l'Algérie avec 6 % (Tableau 6.1)[4]. En outre, selon le classement de 2024 de *The Africa Report* relatif aux *plus grandes entreprises africaines au regard de leur chiffre d'affaires*, 44 des 100 premières entreprises sont publiques (The Africa Report, 2024[5]). Elles sont implantées pour l'essentiel en Afrique du Sud, même si l'Égypte, le Nigéria et l'Algérie en accueillent aussi une proportion importante (Graphique 6.1). Ces 44 entreprises publiques ont réalisé en 2023 un chiffre d'affaires total de 300.5 milliards USD, qui est supérieur au chiffre d'affaires total des 56 autres entreprises, de droit privé, classées selon le même critère.

Tableau 6.1. Ventilation d'un échantillon de pays africains en fonction du nombre d'entreprises publiques au niveau national et de la part de ces entreprises dans le nombre total d'entreprises publiques recensées dans l'échantillon continental

Nombre d'entreprises (2023)

Pays	Nombre d'entreprises publiques	Part du nombre total d'entreprises publiques
Afrique du Sud	3 537	60.3 %
Algérie	355	6.0 %
Botswana	94	1.6 %
Côte d'Ivoire	74	1.3 %
Égypte	620	10.6 %
Gabon	42	0.7 %
Ghana	52	0.9 %
Kenya	71	1.2 %

Pays	Nombre d'entreprises publiques	Part du nombre total d'entreprises publiques
Maroc	229	3.9 %
Maurice	86	1.5 %
Namibie	43	0.7 %
Nigéria	148	2.5 %
Ouganda	54	0.9 %
Seychelles	19	0.3 %
Tanzanie	77	1.3 %
Tunisie	125	2.1 %
Zambie	57	1.0 %
Zimbabwe	186	3.2 %
Total	**5 869**	**100.0 %**

Note : on recense les entreprises publiques en appliquant une méthode de filtrage en plusieurs étapes, qui permet de retenir uniquement les entreprises dans lesquelles des entités publiques comme l'administration centrale ou des collectivités territoriales, des ministères, des organismes publics spécialisés ou d'autres entreprises publiques détiennent une participation effective correspondant à 25 % minimum de l'ensemble du capital.
Source : Bureau van Dijk (2024[6]), *base de données Orbis.*

Graphique 6.1. Ventilation d'un échantillon de pays africains en fonction du nombre d'entreprises publiques figurant parmi les plus grandes d'Afrique au regard de leur chiffre d'affaires qui y ont leur siège

Nombre d'entreprises (2023)

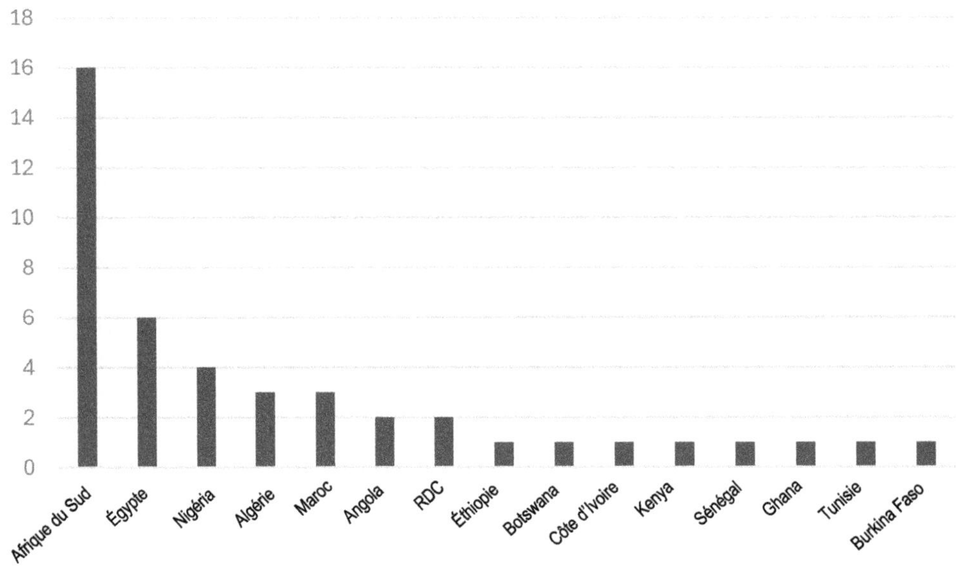

Note : RDC = République démocratique du Congo. Le classement des 100 premières entreprises africaines au regard de leur chiffre d'affaires a été établi à partir de données émanant de *The Africa Report*. On a recensé les entreprises publiques en appliquant une méthode de filtrage en plusieurs étapes aux données d'entreprise regroupées dans la base Orbis, cette méthode ciblant les entreprises dans lesquelles des composantes de l'administration centrale ou des collectivités territoriales, comme des ministères, des organismes publics spécialisés ou d'autres entreprises publiques, détiennent une participation effective correspondant à 25 % minimum de l'ensemble du capital. Lorsque les données recherchées ne figuraient pas dans la base Orbis, on a obtenu des informations sur l'actionnariat grâce aux rapports annuels et à d'autres sources secondaires de façon à déterminer la composition du capital.
Source : Bureau van Dijk (2024[6]), *base de données Orbis* ; *The Africa Report* (2024[7]), *Africa's Top 500 Companies*, https://www.theafricareport.com/in-depth/africas-top-500-companies.

Sur les 44 premières entreprises publiques africaines au regard de leur chiffre d'affaires, 23 % mènent leur activité dans le secteur minier, 20 % dans le secteur de l'énergie et 16 % dans celui des télécommunications (Graphique 6.2). Si les grandes entreprises privées sont également présentes dans les secteurs minier et de l'énergie, l'actionnariat public y est néanmoins plus courant. En revanche, d'une manière générale, les secteurs d'activité des entreprises privées africaines, parmi lesquels l'automobile, la santé, les médias et la métallurgie, forment un éventail plus large.

Les secteurs minier et de l'énergie sont les plus importants en termes de chiffre d'affaires (Graphique 6.3). Les entreprises pétrolières, gazières et minières représentent plus de 59 % du chiffre d'affaires total généré par les 44 entreprises publiques figurant parmi les 100 plus grandes entreprises africaines. Ce constat tient en grande partie au géant algérien de l'énergie SONATRACH, la plus grande des entreprises publiques et de toutes les entreprises du continent, qui représente à lui seul 14.7 % du chiffre d'affaires total des 100 premières entreprises africaines. En outre, les entreprises publiques jouent un rôle prédominant dans le secteur des télécommunications.

Graphique 6.2. Ventilation par secteur économique et par actionnariat des 100 plus grandes entreprises africaines au regard de leur chiffre d'affaires

2023

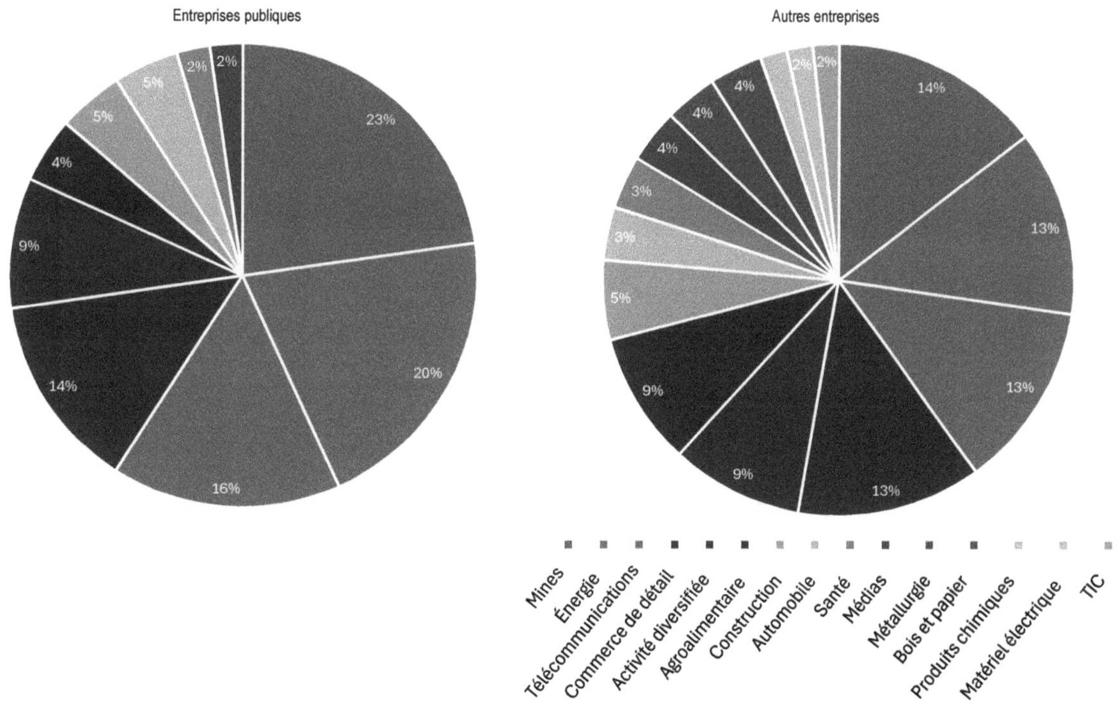

Note : le classement des 100 premières entreprises africaines au regard de leur chiffre d'affaires a été établi à partir de données émanant de *The Africa Report*. On a recensé les entreprises publiques en appliquant une méthode de filtrage en plusieurs étapes aux données d'entreprise regroupées dans la base Orbis, cette méthode ciblant les entreprises dans lesquelles des entités publiques, comme des ministères, des organismes publics spécialisés ou d'autres entreprises publiques, détiennent une participation effective correspondant à 25 % minimum de l'ensemble du capital. Lorsque les données recherchées ne figuraient pas dans la base Orbis, on a obtenu des informations sur l'actionnariat grâce aux rapports annuels et à d'autres sources secondaires de façon à déterminer la composition du capital.
Source : Bureau van Dijk (2024[6]), *base de données Orbis* ; *The Africa Report* (2024[7]), *Africa's Top 500 Companies*, https://www.theafricareport.com/in-depth/africas-top-500-companies.

Les 5 plus grandes des 100 premières entreprises africaines selon le critère du chiffre d'affaires sont soit entièrement détenues par l'État, soit contrôlées par celui-ci. Quatre d'entre elles sont des compagnies pétrolières nationales, et une seule, la SASOL, entreprise à vocation mondiale spécialisée dans les produits chimiques et l'énergie, est cotée aussi bien à la Bourse de Johannesburg (JSE) qu'à la Bourse de New York (NYSE), l'État sud-africain en étant un actionnaire de premier plan (Tableau 6.2)[5].

Graphique 6.3. Ventilation des secteurs économiques associés aux 100 plus grandes entreprises africaines au regard de leur chiffre d'affaires, en fonction du chiffre d'affaires total réalisé dans chacun de ces secteurs par les entreprises publiques et par les autres entreprises, respectivement

2023, en milliards USD

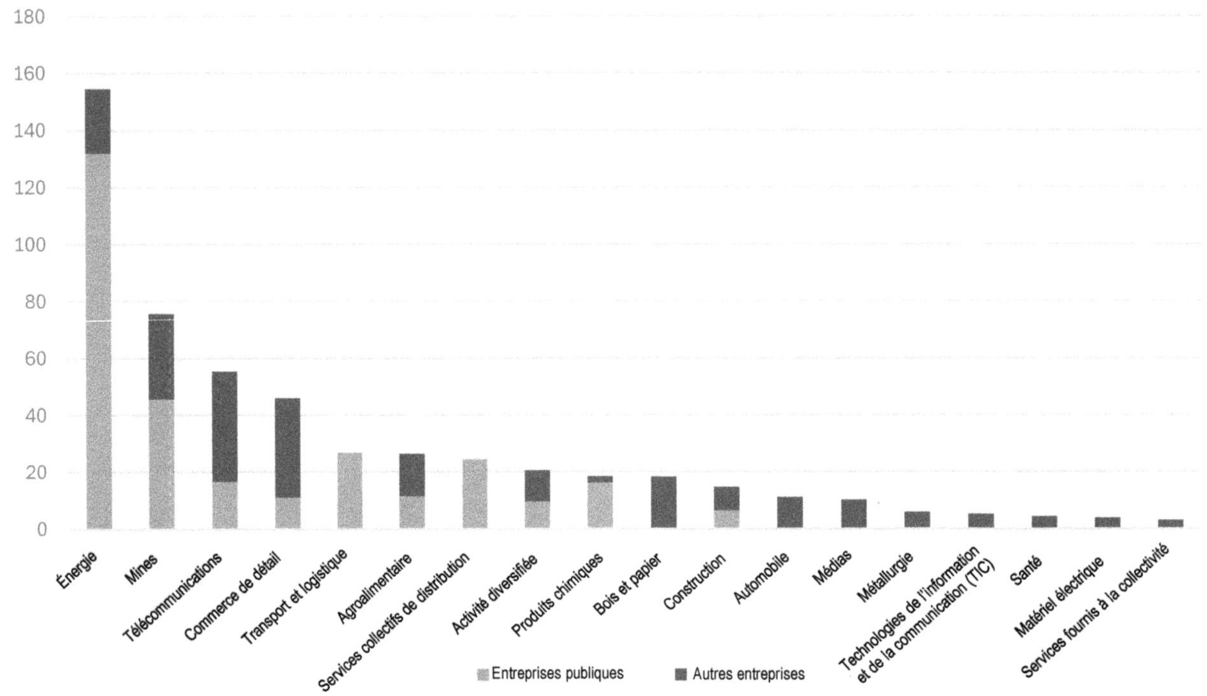

Note : le classement des 100 premières entreprises africaines au regard de leur chiffre d'affaires a été établi à partir de données émanant de *The Africa Report*. On a recensé les entreprises publiques en appliquant une méthode de filtrage en plusieurs étapes aux données d'entreprise regroupées dans la base Orbis, cette méthode ciblant les entreprises dans lesquelles des entités publiques, comme des ministères, des organismes publics spécialisés ou d'autres entreprises publiques, détiennent une participation effective correspondant à 25 % minimum de l'ensemble du capital. Lorsque les données recherchées ne figuraient pas dans la base Orbis, on a obtenu des informations sur l'actionnariat grâce aux rapports annuels et à d'autres sources secondaires de façon à déterminer la composition du capital.
Source : Bureau van Dijk (2024[6]), *base de données Orbis* ; *The Africa Report* (2024[7]), *Africa's Top 500 Companies*, https://www.theafricareport.com/in-depth/africas-top-500-companies.

Tableau 6.2. Classement des cinq plus grandes entreprises publiques d'Afrique au regard de leur chiffre d'affaires

Classement en 2024	Entreprise	Secteur	Forme juridique	Description	Pays	Pourcentage d'actionnariat public	Entité publique actionnaire
1	SONATRACH	Énergie	SA	Groupe intégré présent dans le secteur des hydrocarbures, et compagnie pétrolière nationale.	Algérie	100 %	Administration centrale
2	NNPC	Énergie	SARL	Compagnie pétrolière nationale publique	Nigéria	100 %	Administration centrale

Classement en 2024	Entreprise	Secteur	Forme juridique	Description	Pays	Pourcentage d'actionnariat public	Entité publique actionnaire
				disposant d'une licence exclusive d'exploitation dans le secteur pétrolier national.			
3	SASOL	Produits chimiques	SA	Créée en 1950 en tant que société spécialisée dans l'exploitation du charbon, du pétrole et du gaz ; introduite à la JSE en 1979 et cotée à la NYSE depuis 2003. Participation indirecte de l'État à son capital.	Afrique du Sud	8.5 % de participation directe ; plus de 25 % de participation dans certaines succursales	Administration centrale
4	Eskom	Services collectifs de distribution	Entreprise à statut législatif	Premier producteur national d'électricité et entreprise publique au sens de la Loi sur les sociétés nº 71 de 2008.	Afrique du Sud	100 %	Administration centrale
5	Sonangol	Énergie	Entreprise à statut législatif	Compagnie pétrolière nationale créée par décret présidentiel.	Angola	100 %	Ministère des Ressources minières, du Pétrole et du Gaz et ministère des Finances

Note : le classement des 100 premières entreprises africaines au regard de leur chiffre d'affaires a été établi à partir de données émanant de *The Africa Report*. On a recensé les entreprises publiques en appliquant une méthode de filtrage en plusieurs étapes aux données d'entreprise regroupées dans la base Orbis, cette méthode ciblant les entreprises dans lesquelles des composantes de l'administration centrale ou des collectivités territoriales, comme des ministères, des organismes publics spécialisés ou d'autres entreprises publiques, détiennent une participation effective correspondant à 25 % minimum de l'ensemble du capital. Lorsque les données recherchées ne figuraient pas dans la base Orbis, on a obtenu des informations sur l'actionnariat grâce aux rapports annuels et à d'autres sources secondaires de façon à déterminer la composition du capital.
Source : Bureau van Dijk (2024[6]), *base de données Orbis* ; *The Africa Report* (2024[7]), *Africa's Top 500 Companies*, https://www.theafricareport.com/in-depth/africas-top-500-companies.

Cette analyse donne un aperçu de l'envergure et de l'importance stratégique des entreprises publiques en Afrique. Elle montre que les entreprises publiques figurent parmi les plus grandes entreprises africaines et mènent leur activité dans des secteurs stratégiques. Toutefois, très peu de ces grandes entreprises publiques ont recours aux marchés de capitaux malgré leur taille et leur importance économique, comme en témoigne la cotation en bourse d'une seule des cinq plus grandes entreprises publiques. Par ailleurs, il est signalé au chapitre 2 qu'à la fin de 2024, l'Afrique comptait 122 entreprises publiques cotées en bourse en Afrique, soit 5 % du nombre d'entreprises publiques cotées dans le monde et 7 % du total de celles cotées dans les marchés émergents, et seulement 2 % des 5 869 entreprises publiques recensées dans ce chapitre. Sur le plan de la capitalisation boursière, ces 122 entreprises publiques africaines cotées représentent seulement 0.6 % de la valeur totale des entreprises publiques cotées dans le monde et 0.8 % de la valeur de celles cotées dans les marchés émergents (voir le graphique 2.6). Cette situation contraste avec ce qu'on observe en matière d'entreprises publiques et de développement des marchés de capitaux en Asie, étant donné que les titres de 70 % des entreprises publiques cotées dans le monde s'échangent sur les marchés boursiers asiatiques, les transactions correspondantes représentant 26 % de la capitalisation totale de ces marchés et bien plus que les 5 % observés dans d'autres régions (OCDE, 2025[8]).

6.3. Cadres, politiques et pratiques d'actionnariat public

Les Lignes directrices de l'OCDE donnent des indications pour évaluer et améliorer les fondements juridiques, réglementaires et institutionnels de l'actionnariat public en promouvant des pratiques professionnelles et transparentes en matière d'actionnariat, une concurrence loyale, l'égalité de traitement des investisseurs, la publication d'informations, la transparence et la redevabilité, l'efficacité des conseils d'administration des entreprises publiques, et la pérennité de l'actionnariat public. Dans les sections suivantes, on passe en revue les informations librement accessibles au sujet d'un échantillon de pays africains, en s'appuyant sur les chapitres I et II des Lignes directrices de l'OCDE. On s'y penche sur les principaux cadres juridiques régissant les entreprises publiques, sur l'existence ou l'absence de politiques globales d'actionnariat public et sur les dispositifs institutionnels d'actionnariat public et de surveillance des entreprises publiques. Ces éléments jouent un rôle essentiel dans l'optique d'un actionnariat public efficace, qui s'avère lui-même crucial pour étayer le développement des marchés de capitaux.

6.3.1. Cadres juridiques applicables aux entreprises publiques

De nombreux pays ont adopté des cadres juridiques généraux applicables aux entreprises publiques qui définissent le rôle d'actionnaire de l'État, précisent les dispositifs institutionnels et établissent des exigences en matière de gouvernance des entreprises publiques. Ces cadres fixent souvent des normes harmonisées sur des questions telles que la composition du conseil d'administration, les obligations relatives à la publication d'informations, le suivi des performances et la redevabilité. Il est important de noter que de tels cadres peuvent contribuer à régir une fonction primordiale de l'État (à savoir l'exercice de droits d'actionnaire pour le compte des citoyens), tout comme des cadres juridiques spécifiques régissent d'autres fonctions de l'État telles que la passation de marchés publics ou la gestion des finances publiques.

L'existence d'un cadre juridique spécifique applicable aux entreprises publiques est tout particulièrement nécessaire dans les cas où ces entreprises ne relèvent pas du droit des sociétés. Dans de nombreux pays (y compris des pays africains), les entreprises publiques sont créées en vertu de lois spéciales ou dotées d'un statut particulier, et non pas soumises aux dispositions générales du droit des sociétés, ce qui a des conséquences sur leur rôle dans le développement des marchés de capitaux (voir l'Encadré 6.1). En pareil cas, un cadre juridique spécifique devient essentiel pour fixer les normes de gouvernance et de redevabilité que le droit des sociétés imposerait normalement, en garantissant l'application aux entreprises publiques de règles et de modalités de gouvernance explicites. En l'absence d'un tel cadre, les modalités de gouvernance risquent d'être fragmentées, incohérentes ou soumises à l'arbitraire politique, ce qui peut à la fois nuire à la transparence et saper la confiance des investisseurs. Même lorsque les entreprises publiques sont créées sous le régime des sociétés par actions ou à responsabilité limitée, et donc soumises au droit des sociétés, l'existence de cadres spécifiques applicables à ces entreprises demeure importante pour qu'on tienne compte des particularités de l'actionnariat public, par exemple en clarifiant les mécanismes de coordination de l'actionnariat, en conciliant les objectifs commerciaux et stratégiques, et en veillant à une redevabilité suffisante.

Encadré 6.1. Formes juridiques des entreprises publiques et implications pour les marchés de capitaux

Les entreprises publiques mènent leur activité sous diverses formes juridiques, qui ont toutes des implications distinctes pour la gouvernance et l'accès aux marchés de capitaux. Les sociétés par actions (SA) correspondent généralement à la seule forme adaptée à la cotation d'actions, car elles permettent la négociation des actions et l'exercice des droits d'actionnaire. Les sociétés à responsabilité limitée (SARL) peuvent émettre des obligations mais sont soumises à des contraintes en matière d'émission d'actions. En règle générale, les sociétés à statut législatif ne peuvent pas accéder directement aux marchés d'actions ou d'obligations et doivent souvent être transformées en sociétés commerciales préalablement à leur introduction en bourse. Ce processus peut s'avérer politiquement sensible et mobiliser beaucoup de ressources, car il nécessite une restructuration des modalités de gouvernance, le calcul d'une valorisation adéquate et une clarification des droits d'actionnaire.

En Afrique francophone, par exemple, la distinction entre ces formes juridiques est particulièrement pertinente dans le cas des établissements publics organisés en établissements publics à caractère industriel et commercial (EPIC) ou en établissements publics à caractère administratif (EPA), dont les caractéristiques juridiques sont plus proches de celles des sociétés à statut législatif que de celles des SA ou des SARL. Ces formes offrent aux États la possibilité de poursuivre des objectifs de politique publique, tout en limitant l'accès direct aux marchés de capitaux, ce qui soulève la question de la transformation en sociétés commerciales des entreprises publiques qui visent à attirer des investisseurs.

Les réformes mises en œuvre dans plusieurs pays, dont des pays d'Afrique, témoignent de la prise de conscience grandissante de l'utilité de cadres juridiques spécifiques applicables aux entreprises publiques. Bien que les Lignes directrices de l'OCDE n'imposent pas de modèle juridique précis, elles encouragent les pouvoirs publics à adopter des cadres juridiques simplifiés et normalisés qui garantissent le respect par les entreprises publiques de principes clairs et prévisibles. Ces cadres juridiques peuvent être complétés par des politiques d'actionnariat public qui énoncent les motifs justifiant l'actionnariat public et définissent les priorités nationales en matière de réforme. Dans certains pays ou territoires, la politique actionnariale et le cadre juridique sont réunis en un unique instrument, ce qui contribue à rendre le rôle d'actionnaire de l'État plus cohérent et plus clair (OCDE, 2024[4]).

Les pays africains ont adopté des approches diverses en matière de cadres juridiques régissant l'actionnariat public, compte tenu de leurs différences en termes de priorités et de contexte historique. Les objectifs visés par l'intermédiaire de ces cadres sont divers, qu'il s'agisse d'accentuer l'orientation commerciale des entreprises publiques, de promouvoir le développement du secteur privé, notamment grâce à la privatisation, et de renforcer la gouvernance et les dispositifs institutionnels aux fins de l'actionnariat public (Tableau 6.3), entre autres objectifs. Certaines des toutes premières réformes remontant aux années 1980 et 1990 ont été engagées en Algérie et en Égypte, par exemple, pour faire évoluer les entreprises publiques d'une gestion centralisée vers une orientation commerciale. Dans quelques cas, ces réformes ont également abouti à des privatisations plus ou moins réussies à l'échelle du continent, étant donné que les entreprises publiques continuent de jouer un rôle important dans la plupart des économies africaines, même plusieurs décennies après l'adoption des lois sous-tendant ces premières réformes.

Au cours des dernières années, plusieurs autres pays ont engagé des réformes plus globales qui conjuguent aspects institutionnels et aspects juridiques. Certains ont mis en place des dispositifs d'actionnariat centralisé ou coordonné, ou conféré davantage d'autonomie à ces dispositifs, sous l'effet d'une tendance régionale plus générale à la professionnalisation de l'actionnariat public (voir le Tableau 6.5). En adoptant un cadre juridique révisé et en se dotant d'un dispositif institutionnel centralisé ou coordonné, de nombreux pays se sont employés à remédier à la fragmentation de leur portefeuille d'entreprises publiques et à assurer une meilleure surveillance, une meilleure gestion et un meilleur suivi des performances. Par exemple, le Maroc s'est récemment attaché à transformer ses entreprises publiques à vocation commerciale qui menaient leur activité en tant que sociétés à statut législatif en sociétés dotées de la personnalité morale, dans le but d'accroître leur efficience et de renforcer leur exposition aux forces du marché. La nouvelle loi marocaine a également porté création d'un organisme public centralisé qui est chargé de gérer les participations de l'État, d'établir des contrats d'objectifs et d'entériner les normes de gouvernance. Dans le même ordre d'idées, l'Afrique du Sud est en train d'examiner un projet de loi portant création d'une société holding centralisée afin de consolider l'actionnariat des entreprises publiques.

D'autres pays, comme la Côte d'Ivoire, le Ghana, le Kenya, la Namibie, l'Ouganda, les Seychelles, la Tanzanie, la Tunisie et le Zimbabwe, ont adopté des cadres juridiques qui définissent les structures de gouvernance en fonction, notamment, de la représentation de l'État et des responsabilités institutionnelles, du fonctionnement et de la composition du conseil d'administration, du cadre de performances, et de la remontée d'information financière. Ces cadres juridiques mettent l'accent sur l'amélioration de la surveillance, de la redevabilité et de la transparence.

L'ensemble de ces approches illustre la variété des réformes juridiques et institutionnelles en cours sur le continent, depuis les lois héritées des dernières décennies jusqu'à la refonte stratégique plus récente des dispositifs institutionnels axée sur une professionnalisation et une coordination accrues de l'actionnariat. Quel que soit le modèle d'actionnariat, de nombreux pays africains s'efforcent de codifier le rôle d'actionnaire de l'État et de le rendre plus cohérent et plus clair pour les marchés et les parties prenantes.

Tableau 6.3. Présentation succincte de la législation en matière d'actionnariat public dans un échantillon de pays africains

Caractéristiques générales des lois relatives à l'actionnariat public dans différents pays d'Afrique

Pays	Principale(s) loi(s) régissant les entreprises publiques	Description succincte
Afrique du Sud	Projet de Loi sur les entreprises publiques nationales	L'Afrique du Sud examine actuellement un projet de Loi sur les entreprises publiques nationales, dans lequel il est proposé de créer une société holding chargée d'assurer la gestion centralisée des intérêts de l'État dans l'ensemble des entreprises publiques. Ce projet de loi vise à simplifier la surveillance et la gouvernance en regroupant les participations au sein d'une entité unique. En 2024, le ministère des Entreprises publiques, qui était auparavant responsable d'une catégorie d'entreprises publiques, a été dissous, ses fonctions ayant été transférées au ministère pour la Planification, le Suivi et l'Évaluation afin de soutenir la mise en œuvre de la réforme envisagée. Le projet de loi est toujours en cours d'examen parlementaire et continue de faire l'objet d'une consultation publique. La Loi sur les entreprises nº 71 de 2008 comporte des références aux entreprises publiques, qu'elle intègre dans le cadre général du droit des sociétés.
Algérie	Loi nº 88-01 de 1988 sur les entreprises publiques économiques Loi nº 88-02 de 1988 relative à la planification de l'économie	Ces lois visaient à faire évoluer l'orientation des entreprises publiques, qui jouaient un rôle central dans les efforts d'industrialisation depuis l'indépendance du pays, de telle sorte que ces entreprises favorisent un renforcement de l'économie de marché en créant de la valeur ajoutée au lieu d'assurer la prestation de services publics. Elles ont contribué à jeter les bases d'une loi de plus vaste portée sur l'investissement en 2022 (Le Programme UE-OCDE sur l'Investissement en Méditerranée, 2024[9]).
Côte d'Ivoire	Loi-cadre nº 2020-886 de 2020 et Décret nº 2021-29 de 2021	Ces textes définissent le cadre juridique et les règles de mise en œuvre de la gouvernance des entreprises publiques. La Loi-cadre s'applique aux entreprises dans lesquelles l'État détient une participation financière, y compris les entreprises publiques entièrement détenues par l'État et les entreprises dans lesquelles celui-ci détient une participation majoritaire ou minoritaire. Le Décret fixe les règles opérationnelles de mise en application de la Loi et regroupe les règles de

Pays	Principale(s) loi(s) régissant les entreprises publiques	Description succincte
		gouvernance, les dispositions relatives à la représentation de l'État et à l'établissement de contrats de performances, ainsi que les modalités de contrôle par l'État.
Égypte	Loi nº 97 de 1983 et loi nº 203 de 1991, modifiée par la loi nº 185/2020 ; loi nº 170 de 2025	Ces lois sur l'actionnariat public s'appliquent à une catégorie d'entreprises publiques égyptiennes. La loi nº 97 de 1983 était celle qui s'appliquait au secteur public traditionnel du pays, dominé par l'État, et qui régissait les autorités publiques et les entreprises directement contrôlées par ces dernières dans un cadre non commercial. La loi nº 203 de 1991, modifiée en 2020, a transformé la majorité des entreprises publiques en sociétés commerciales, en les soumettant au droit commercial et en confiant leur gestion à des sociétés holding, l'objectif explicite étant de les préparer à être privatisées et vendues au secteur privé (OCDE, 2024[10]). La loi nº 170 d'août 2025 abroge l'article 27 de la loi nº 97 de 1983 qui interdisait aux organismes publics et aux banques publiques de négocier des titres de participation dans des entreprises du secteur public, sauf entre eux. Elle impose également la création d'une unité spéciale, placée sous l'autorité du Conseil des ministres, chargée de superviser l'actionnariat public (Soliman, Hashish & Partners, 2025[11]).
Ghana	Loi nº 990 de 2019 relative à l'Agence chargée de la gestion des participations de l'État et de la gouvernance	Cette loi porte création de l'Agence ghanéenne chargée de la gestion des participations de l'État et de la gouvernance (SIGA), qui a pour mission de surveiller les entreprises publiques et d'autres entités désignées et d'encadrer leurs performances. Bien qu'elle vise à renforcer la redevabilité, l'efficience et la gouvernance des différentes entités publiques, il s'agit avant tout d'un outil de surveillance et de gestion des performances, et non d'une loi sur l'actionnariat au sens strict. La loi nº 990 de 2019 ne définit pas de façon exhaustive le rôle, les droits et les responsabilités de l'État actionnaire de la même manière qu'une politique ou loi expressément consacrée à l'actionnariat.
Kenya	Loi nº 11 de 1986 sur les sociétés publiques (chap. 446)	Le secteur kényan des entreprises publiques est régi par la Loi sur les sociétés publiques (chap. 446) et les règles complémentaires relatives aux finances publiques, qui couvrent la création d'entités publiques, la nomination de leur conseil d'administration et la surveillance de ces entités. Si ces textes encadrent la création d'entreprises publiques et leur gouvernance, ils jouent néanmoins davantage le rôle de cadres administratifs et réglementaires, et non celui d'une loi spécifique sur l'actionnariat définissant le rôle et les droits de l'État actionnaire.
Maroc	Loi-cadre nº 50-21 de 2021	La loi-cadre marocaine nº 50-21 de 2021 pose les fondements juridiques de la réforme des entreprises publiques en instaurant une approche centralisée et stratégique de l'actionnariat public. Elle porte création de l'Agence nationale de gestion stratégique des participations de l'État et de suivi des performances des établissements et entreprises publics (ANGSPE), qui est chargée de gérer les participations publiques. Cette loi définit les principes de restructuration des entités publiques, de transformation en sociétés commerciales des entreprises qui remplissent certaines conditions, et d'entérinement des contrats de performances et des normes de gouvernance.
Namibie	Loi de 2019 sur la gouvernance des entreprises publiques	Cette loi établit un cadre juridique applicable à la gestion et à la surveillance des entreprises publiques. Elle porte création du Conseil de gouvernance des entreprises publiques, qui est présidé par le Président de la République de Namibie, et qui a le pouvoir d'approuver les cadres de gouvernance, les accords de performances et les plans de restructuration des entreprises publiques. La Loi prévoit un classement des entreprises en plusieurs catégories selon qu'elles ont une vocation commerciale ou non, et elle fixe des règles concernant la nomination des conseils d'administration, l'évaluation des performances et la remontée d'information financière. Elle a pour objet de rationaliser la surveillance et de définir, dans un cadre unifié, les responsabilités des ministères sectoriels et des conseils d'administration en matière de gouvernance.
Nigéria	Loi de 1999 sur les entreprises publiques (privatisation et transformation en sociétés commerciales), Loi de 1959 portant création de la « société du ministère des Finances » (*Ministry of Finance Incorporated*, ou MOFI) et Loi de finances de 2023	La Loi de 1999 sur les entreprises publiques établit un classement de ces entreprises en plusieurs catégories selon le critère de leur privatisation totale ou partielle ou de leur transformation en société commerciale, auquel cas l'État reste propriétaire de l'entreprise, qui est toutefois censée mener son activité de manière rentable. Elle porte en outre création du Bureau des entreprises publiques, qui est chargé des privatisations et de la transformation en sociétés commerciales et qui assure le secrétariat du Conseil national des privatisations. En complément, la Loi relative à la société MOFI et la Loi de finances autorisent la société MOFI à exercer les droits attachés à la qualité d'actionnaire de l'État dans les entreprises publiques et à veiller au respect des codes de gouvernance d'entreprise, ainsi qu'à fournir des services de conseil sur la création de valeur ajoutée et les plans d'amélioration des performances

Pays	Principale(s) loi(s) régissant les entreprises publiques	Description succincte
		financières.
Ouganda	Loi de 1993 sur la réforme et la privatisation des entreprises publiques, modifiée en 2005	Adoptée en 1993 et modifiée en 2005, cette loi définit le cadre institutionnel du suivi et de la gestion des entreprises publiques, en confiant au ministère des Finances, de la Planification et du Développement économique (MoFPED) la responsabilité du suivi économique stratégique en lien avec les entreprises publiques. Elle énonce les principes de fonctionnement, notamment en ce qui concerne la préparation des plans opérationnels et leur communication au MoFPED et au ministère sectoriel de tutelle. En outre, la Loi impose au conseil d'administration de chaque entreprise publique de présenter des rapports semestriels sur leurs activités au MoFPED et au ministre de tutelle.
Seychelles	Loi de 2023 sur les entreprises publiques	Cette loi renouvelle le mandat de la Commission de surveillance des entreprises publiques, vise à renforcer le cadre de gouvernance relatif à la surveillance et au suivi des entreprises publiques, et précise les rôles et responsabilités, notamment ceux des conseils d'administration et des organismes publics chargés de la surveillance des entreprises publiques.
Tanzanie	Loi de 1992 sur les sociétés publiques	Cette loi établit le cadre juridique applicable à la création d'entreprises publiques ainsi qu'à leur gestion et à leur surveillance. Elle définit les rôles et responsabilités des principales autorités impliquées dans l'actionnariat public, y compris les mécanismes de suivi des performances, de remontée d'information financière et de surveillance par l'État. Elle énonce également les procédures de restructuration ou de dissolution des entreprises publiques.
Tunisie	Loi n° 89-9 de 1989 sur les entreprises publiques	Le cadre juridique applicable aux entreprises publiques repose principalement sur la loi n° 89-9 de 1989, qui régit les entreprises et établissements publics. Cette loi définit les lignes directrices relatives à la création, à la gouvernance et au fonctionnement des entreprises publiques, y compris leurs obligations en matière de gestion financière et de remontée d'information financière.
Zimbabwe	Loi de 2018 sur la gouvernance des entreprises publiques	La loi de 2018 fixe un cadre juridique pour la gouvernance des entités publiques, dont les entreprises publiques. Elle énonce les principes et les obligations en matière de redevabilité et de transparence, ainsi que les normes applicables au conseil d'administration et à la direction de ces entités.

Note : le tableau 2.2 offre un aperçu des cadres juridiques et réglementaires africains en matière de gouvernance d'entreprise.

6.3.2. Raisons d'être de l'actionnariat public et politiques d'actionnariat public

La formulation claire des *raisons d'être* qui justifient le recours à l'actionnariat public constitue un pilier de la bonne gouvernance des entreprises publiques. Ce sont ces raisons d'être qui permettent de déterminer pour quelles entreprises il convient de recourir à l'actionnariat public, de guider les décisions relatives à l'affectation des ressources et aux priorités d'investissement et de définir les critères d'évaluation des performances des entreprises publiques. Sans raisons d'être claires, il existe un risque que les entreprises publiques fonctionnent sans but clair, auquel cas il est difficile de leur faire rendre des comptes ou d'évaluer si l'actionnariat public sert encore l'intérêt général.

Les raisons d'être de l'actionnariat public varient selon les pays et les secteurs. Elles peuvent être d'ordre social, économique ou stratégique : fournir des biens publics, remédier aux défaillances du marché, servir des objectifs de développement national ou gérer des monopoles naturels, par exemple. Par temps de crise, par exemple lors de secousses financières ou pendant la pandémie de COVID-19, certains pays ont aussi pris des participations dans le capital d'entreprises en difficulté pour sauver des emplois ou préserver la stabilité financière, souvent dans la perspective de sortir ensuite du capital une fois la situation rétablie. Par ailleurs, la privatisation est pertinente quand le motif qui justifiait à l'origine l'actionnariat public ne tient plus (OCDE, 2024[12]).

En Afrique, on constate une tendance intéressante : le recours à des raisons d'être sectorielles bien définies, plutôt qu'à des raisons d'être liées à l'économie dans son ensemble (Tableau 6.4). Les raisons d'être liées à l'économie dans son ensemble font référence à des fonctions traditionnelles de l'État telles que la correction des défaillances du marché ou la fourniture de biens publics, tandis que les raisons d'être sectorielles tiennent à la volonté de développer certains secteurs ou de remplir des objectifs spécifiques de développement. Les raisons d'être varient selon les pays d'Afrique examinés, mais on constate certaines caractéristiques communes :

- ***Correction des défaillances du marché et fourniture de biens publics.*** Par exemple, la Côte d'Ivoire, l'Égypte, le Ghana, le Kenya, Maurice et la Namibie évoquent la fourniture de biens et services non fournis ou insuffisamment fournis par les entreprises du secteur privé.
- ***Objectifs stratégiques ou liés au développement.*** Par exemple, l'Égypte, le Ghana, le Kenya, le Maroc et la Namibie font référence, parmi les raisons d'être de leur recours à l'actionnariat public, à l'existence de secteurs ou d'actifs stratégiques.
- ***Programmes généraux de développement.*** Maurice, le Maroc et la Namibie s'inscrivent dans une démarche plus large, puisque les raisons d'être évoquées englobent l'intégration du continent africain, la stimulation de l'investissement et la compétitivité, aux côtés de motifs plus traditionnels tels que la volonté de préserver la souveraineté nationale et d'assurer un développement territorial équilibré.
- ***Raisons d'être implicites ou sectorielles.*** L'Afrique du Sud, l'Algérie, le Botswana, la Tunisie et la Zambie ont formulé des raisons d'être sectorielles au sein du mandat de certaines entreprises publiques.

La formulation de raisons d'être au niveau de l'entreprise elle-même est particulièrement importante pour développer les marchés de capitaux en attirant les investisseurs. Les investisseurs (qu'il s'agisse d'actionnaires potentiels ou de détenteurs d'obligations potentiels) ont besoin de comprendre pourquoi l'État reste actionnaire d'une entreprise, et quels sont les objectifs que celle-ci est censée poursuivre. Cette clarté les aide, par exemple, à évaluer l'orientation stratégique de l'entreprise ainsi que les conflits potentiels entre ses objectifs purement commerciaux et les objectifs stratégiques fixés par les autorités. Des raisons d'être transparentes et formulées à l'échelle de l'entreprise réduisent donc les asymétries d'information, ce qui rend l'investissement dans les entreprises publiques plus attractif et facilite l'accès de celles-ci aux marchés de capitaux, que ce soit par une introduction en bourse, par l'émission d'obligations ou par la réalisation de partenariats avec des capitaux privés. Par exemple, dans le cas de la Sonatrach, qui est la plus grande entreprise publique de la région et dont l'État algérien est actionnaire unique, l'objectif consiste à mobiliser toutes les ressources de l'entreprise pour assurer la sécurité énergétique de l'Algérie et pour répondre aux besoins du marché local des hydrocarbures (Sonatrach, 2025[13]).

La nécessité, pour les entreprises publiques, de concilier leur intérêt économique et l'intérêt général entraîne des défis de gouvernance uniques, y compris des risques d'ingérence politique indue, de faible redevabilité et de manque d'autonomie — d'autant plus que, contrairement aux actionnaires, les citoyens ne peuvent pas sortir du capital des entités insuffisamment performantes ou mal gérées. Des politiques d'actionnariat claires et transparentes sont donc essentielles pour définir les objectifs de l'actionnariat public, pour mettre en place des structures de gouvernance efficaces, pour assurer la redevabilité et pour donner confiance à la population. D'après un rapport de 2024 de l'OCDE, seulement la moitié des pays examinés sont dotés d'une politique générale d'actionnariat public, même si certains pays, y compris en Afrique, ont mis en œuvre une réforme en ce sens cette année (OCDE, 2024[12]).

La politique d'actionnariat public est un cadre général dans lequel l'État énonce les raisons d'être et les objectifs qui motivent sa participation au capital des entreprises publiques. Cette politique peut être énoncée au sein d'un document général unique ou être formulée dans des sources multiples. Un document unique, concis et de portée générale présente des avantages clairs par rapport à des sources fragmentaires. Quand les dispositions qui régissent la politique actionnariale sont dispersées entre des sources telles que des politiques sectorielles, des plans nationaux ou les lois instituant les diverses entreprises publiques, on aboutit souvent à des objectifs redondants ou incompatibles, à une attribution peu claire des responsabilités et à des risques accrus d'interventions indues, ce qui pèse sur la transparence, la cohérence et l'efficacité de la gouvernance des entreprises publiques (OCDE, À paraître[14]). Le Tableau 6.4 présente une vue d'ensemble des raisons d'être de l'actionnariat public et des politiques formulées en la matière dans une sélection de pays africains. Parmi les approches souvent suivies, on peut citer :

- ***Les politiques actionnariales d'ensemble.*** L'Égypte, le Ghana, le Kenya, le Maroc, la Namibie et la Zambie se sont dotés de documents stratégiques officiels qui définissent le rôle de l'État actionnaire, qui énoncent les attentes en termes de performances et qui précisent les responsabilités en matière de gouvernance. Ces politiques, qui font souvent référence aux Lignes directrices de l'OCDE sur la gouvernance des entreprises publiques, ont été définies au cours des deux ou trois dernières années. Leur émergence reflète une prise de conscience croissante du besoin de professionnaliser l'actionnariat public, de renforcer la transparence et de dépolitiser la gestion des entreprises.
- ***Les politiques partielles ou incitatives.*** Pour son cadre de gouvernance des entreprises publiques, Maurice s'appuie sur des notes d'orientation. La Côte d'Ivoire fournit des textes de référence par l'intermédiaire de sa Direction générale du portefeuille de l'État. Ces documents précisent certaines règles de gouvernance, mais on ne peut pas considérer qu'ils constituent des cadres d'action.
- ***Les approches sectorielles ou ponctuelles.*** D'autres pays sont dépourvus de document stratégique unique en matière d'actionnariat public, et s'appuient sur un patchwork de lois sectorielles ou de cadres de gouvernance. Avec une telle approche fragmentée, il peut être difficile d'assurer une supervision cohérente de l'actionnariat public et d'assurer la redevabilité, surtout quand l'actionnariat est dispersé entre plusieurs ministères ou autorités officielles.

La formulation de raisons d'être claires et de politiques d'ensemble cohérentes pour l'actionnariat public peut favoriser le développement des marchés de capitaux en Afrique en renforçant la transparence, la prévisibilité et la confiance des investisseurs. Une énonciation claire par l'État des motifs qui justifient sa décision d'être actionnaire de certaines entreprises — qu'il s'agisse de remédier aux défaillances du marché, de fournir des biens publics ou de servir des priorités stratégiques nationales — contribue à réduire l'incertitude quant au rôle futur de l'État dans l'économie. C'est particulièrement important pour les investisseurs potentiels qui envisagent de participer à des marchés où des entreprises publiques fonctionnent ou sont partiellement cotées. Des politiques d'actionnariat cohérentes et positionnant l'État comme un actionnaire professionnel et comptable de ses actes peuvent aussi permettre de dépolitiser la gouvernance des entreprises publiques, d'améliorer leurs performances et de créer des conditions propices à des privatisations partielles, y compris par des introductions en bourse. Toutefois, comme cela a déjà été souligné, des raisons d'être et des politiques claires et transparentes en matière d'actionnariat public constituent des conditions nécessaires, mais non suffisantes, pour assurer le développement des marchés de capitaux. Les autres politiques structurelles à mener englobent le renforcement des cadres régissant la concurrence et la mise en place d'une neutralité concurrentielle entre les entreprises publiques et les entreprises privées, ainsi que d'autres réformes axées sur les marchés de capitaux et évoquées dans le reste de ce rapport.

Tableau 6.4. Raisons d'être de l'actionnariat public et politiques d'actionnariat public dans une sélection de pays

Politique d'actionnariat public ou aspects de la politique d'actionnariat public d'une sélection de pays

Pays	Raisons d'être de l'actionnariat public	Politiques d'actionnariat public
Algérie	Absence de raison d'être globale. Des raisons d'être peuvent être formulées pour certaines entreprises. Par exemple, le site internet de la Sonatrach indique que l'entreprise est garante de la sécurité énergétique nationale (Sonatrach, 2025[15]).	Il n'existe pas de politique explicite formulée dans un document stratégique unique. Un certain nombre de textes législatifs et réglementaires et de réformes ont été adoptés au cours des dernières décennies afin de promouvoir une économie plus concurrentielle. Ainsi, l'Algérie a mis en place un modèle de

Pays	Raisons d'être de l'actionnariat public	Politiques d'actionnariat public
		sociétés par actions dotées d'une plus grande autonomie. En outre, des fonds de participation ont été créés pour opérer une distinction entre le rôle économique et le rôle politique de l'État, en parallèle à la création d'organismes de gestion des participations publiques tels que le Conseil national des participations de l'état et la Direction générale du secteur public marchand (Le Programme UE-OCDE sur l'Investissement en Méditerranée, 2024[9]).
Botswana	Absence de raison d'être globale. Selon l'Agence d'évaluation et de privatisation des entreprises publiques du Botswana (PEEPA), les entreprises publiques concourent à la réalisation d'objectifs aussi bien sociaux qu'économiques, politiques et commerciaux, y compris, entre autres, le développement des infrastructures, la fourniture de services, y compris des services collectifs en réseau, la promotion de l'investissement, la recherche-développement et la facilitation de la vie économique. (OCDE, 2018[16])	Il n'existe pas de politique explicite formulée dans un document stratégique unique, même s'il semble qu'une telle politique ait été programmée en 2023 (Africa Press, 2023[17]). Au cours des dernières décennies, la priorité a été de libéraliser et de privatiser les secteurs dominés par l'État, avec l'adoption d'une politique de privatisation en 2000 et d'un plan directeur de privatisation en 2005. Cependant, les résultats ont été limités (Fonds monétaire international, 2023[18]).
Côte d'Ivoire	Description générale d'une raison d'être pour l'actionnariat public : une entreprise publique est créée dans le but de promouvoir certaines activités d'intérêt général de nature industrielle ou commerciale non couvertes ou insuffisamment couvertes par le secteur privé, ou dans le but d'assurer des services non commerciaux d'intérêt général (DGPE, 2025[19]).	Il n'existe pas de politique explicite formulée dans un document stratégique unique. Plusieurs textes de référence sont publiés sur le site internet de la Direction générale du portefeuille de l'État (DGPE) (DGPE, 2025[19]).
Égypte	La Politique d'actionnariat public de 2022 comporte une rubrique consacrée à ses principaux objectifs et lignes directrices qui énonce les raisons d'être de cet actionnariat, parmi lesquelles la présence dans des secteurs où l'État est l'unique acteur, y compris ceux où « le secteur privé est réticent à se positionner ». La politique énonce également des critères pour l'actionnariat public liés, entre autres, à la sécurité nationale, aux secteurs technologiques prioritaires et à l'attractivité d'un secteur pour les investisseurs privés. (République arabe d'Égypte, 2022[20])	L'Égypte a publié en décembre 2022, puis actualisé en août 2023, une nouvelle Politique d'actionnariat public qui énonce un plan de désinvestissement sur 3 à 5 ans. Cette politique fournit des raisons d'être pour la poursuite ou l'accroissement de l'actionnariat public dans des secteurs stratégiques tels que l'alimentation, l'énergie, le logement, le transport, l'éducation et la santé. Si elle énonce des objectifs généraux de désinvestissement, elle ne précise pas le nombre d'entreprises qui seraient cédées, l'ampleur du désengagement de l'État, les cadres juridiques applicables ni les futures structures d'actionnariat (OCDE, 2024[10]).
Ghana	La Politique d'actionnariat public de 2023 comporte une rubrique qui détaille les objectifs et les raisons d'être de cet actionnariat, y compris la correction des défaillances du marché, le contrôle des actifs et secteurs nationaux stratégiques et la poursuite d'objectifs stratégiques (Ministry of Finance, République du Ghana, 2023[21]).	La Politique d'actionnariat public confère à l'Agence chargée de la gestion des participations de l'État et de la gouvernance (la SIGA) le pouvoir de définir le rôle de l'État actionnaire, de fixer des règles en matière de performances et de dividendes, de définir des normes pour la gouvernance des conseils d'administration et d'assurer un suivi transparent de l'ensemble des entreprises publiques et des autres entités étatiques (Ministry of Finance, République du Ghana, 2023[21]).
Kenya	La Politique d'actionnariat public de 2023 énonce des motifs de privatisation des entreprises publiques si plus rien ne justifie leur existence en tant qu'entités qui prodiguent des biens et services publics ne pouvant être fournis de façon compétitive et efficiente par le marché, qui favorisent les intérêts économiques et stratégiques nationaux, qui assurent des activités marchandes au sein de monopoles naturels et qui améliorent l'accès aux services publics, surtout pour les territoires ou populations dont l'accès à ces services est inexistant ou insuffisant. (The National Treasury and Economic Planning, Gouvernement du Kenya, 2023[22])	La Politique d'actionnariat public fournit des détails sur ses objectifs, les dispositifs et buts institutionnels, la redevabilité et la transparence, la privation, la création d'entreprises publiques, le fonctionnement et les responsabilités des conseils d'administration et les obligations en lien avec les politiques publiques, entre autres (The National Treasury and Economic Planning, Gouvernement du Kenya, 2023[22]).
Maurice	Publiées en 2006, les Notes d'orientation pour les entreprises publiques indiquent que la raison d'être de la participation de l'État au capital d'entreprises commerciales est la conviction qu'il est essentiel de fournir des services publics importants qui, pour des raisons d'ordre purement financier ou économique, ne seraient pas assurés par ailleurs, ainsi que la conviction de certains selon laquelle cette participation contribue à la réduction des inégalités et à la promotion d'une société plus juste (National Committee on Corporate Governance, 2006[23]).	Il n'existe pas de document stratégique explicite, même si les Notes d'orientation pour les entreprises publiques font partie du Code de gouvernance d'entreprise qui a été publié en 2003, et qui s'inspire des Principes de gouvernance d'entreprise du G20 et de l'OCDE. Les Notes d'orientation pour les entreprises publiques s'adressent aux conseils d'administration et visent à favoriser l'adoption de bonnes pratiques de gouvernance d'entreprise (National Committee on Corporate Governance, 2006[23]).
Maroc	Les orientations stratégiques de la Politique d'actionnariat de l'État se fondent sur sept piliers qui visent à renforcer le rôle des	Une Politique d'actionnariat de l'État a été adoptée en 2024 dans le cadre de réformes plus générales touchant aux entreprises

Pays	Raisons d'être de l'actionnariat public	Politiques d'actionnariat public
	entreprises publiques dans des domaines clés. Ces piliers énoncent des objectifs liés à la souveraineté nationale, à l'intégration continentale, à la dynamisation de l'investissement privé, à la compétitivité de l'économie, à l'équité territoriale, à la protection de l'environnement et à l'exemplarité en matière de gouvernance. Si ces orientations stratégiques ne constituent pas, à strictement parler, des raisons d'être de l'actionnariat public, elles reflètent le rôle stratégique assigné aux entreprises publiques à l'appui des objectifs nationaux et internationaux de développement (Agence Nationale de Gestion Stratégique des Participations de l'État, 2024[24]).	publiques et aux établissements publics. Cette politique, qui a été élaborée par l'Agence nationale de gestion stratégique des participations de l'État (ANGSPE), évoque le rôle de l'État actionnaire en mettant l'accent sur la consolidation de la souveraineté économique, l'amélioration de la gouvernance et des performances des entreprises publiques, la promotion de la neutralité concurrentielle et la dynamisation de l'investissement privé (Agence Nationale de Gestion Stratégique des Participations de l'État, 2024[24]).
Namibie	La Constitution, dans son article 92, énonce le fondement de l'actionnariat public. La Politique d'actionnariat public formule deux principales raisons d'être : favoriser une croissance économique bénéfique à la société et faciliter le développement économique et social du pays. Elle évoque également des raisons d'être plus spécifiques : remédier aux défaillances ou lacunes du marché, assurer la propriété, l'exploitation et la gestion de ressources naturelles essentielles (minéraux, ressources marines et pétrole) et d'infrastructures stratégiques (dans les domaines de l'eau, de l'électricité et du transport), obtenir des recettes directes et créer de la valeur pour l'État ainsi que préserver les intérêts nationaux (Gouvernement de la Namibie, 2023[25]).	La Politique d'actionnariat public adoptée en 2023 est un document stratégique à portée générale qui vise à bien définir le rôle de l'État et à professionnaliser l'exercice de son rôle d'actionnaire, à énoncer les raisons d'être pouvant justifier un actionnariat public, à définir les rôles respectifs de l'État et du secteur privé et les modalités des interventions de l'État sur le marché, à préciser les rôles et les responsabilités des conseils d'administration et des dirigeants et à évoquer des mesures permettant d'assurer une bonne gestion financière, la prise en compte des considérations d'ordre social et environnemental et la prévention de la corruption (Gouvernement de la Namibie, 2023[25]).
Afrique du Sud	Absence de raison d'être explicite. Le projet de loi sur les entreprises nationales d'État qui est en cours d'approbation par l'exécutif ne comporte pas de précisions sur les raisons d'être de l'actionnariat public. En revanche, des raisons d'être peuvent être formulées pour certaines entreprises. Par exemple, le site internet d'Eskom indique que sa mission consiste à poursuivre les objectifs commerciaux et socioéconomiques énoncés dans ses statuts (Eskom, 2025[26]).	Il n'existe pas de politique explicite formulée dans un document officiel. Une pluralité de textes législatifs et réglementaires encadre le paysage de la gouvernance d'entreprise, y compris pour les entreprises publiques. Il s'agit de la Constitution, de la Loi sur la gestion des finances publiques, de la Loi sur les sociétés et du projet de loi sur les entreprises nationales d'État (OCDE, À paraître[27]).
Tunisie	Absence de raison d'être explicite. Le livre blanc intitulé « Rapport de synthèse sur la réforme des entreprises publiques en Tunisie » comporte des rubriques consacrées au diagnostic des principales problématiques affectant le secteur des entreprises publiques et détaille quatre axes stratégiques pour la réforme des entreprises publiques, mais il ne fournit pas d'indications sur les raisons d'être de l'actionnariat public.	Un livre blanc publié en 2018 sous le titre « Rapport de synthèse sur la réforme des entreprises publiques en Tunisie » énonce des axes stratégiques pour la réforme des entreprises publiques : la refonte des systèmes de gouvernance globale et de gouvernance interne des entreprises publiques ; la promotion du dialogue social, de la responsabilité sociale des entreprises et de la gestion des ressources humaines ; et la restructuration financière des entreprises publiques (République tunisienne, Présidence du Gouvernement, 2018[28]).
Zambie	Absence de raison d'être explicite. Adoptée en 2024, la Politique révisée relative aux entreprises publiques comporte une rubrique expliquant les motifs de la révision de cette politique, mais ne fournit pas d'indications quant à la raison d'être de l'actionnariat public.	Une Politique révisée relative aux entreprises publiques a été adoptée en 2024 et diffusée par le ministère des Finances et de la Planification nationale. Il s'agit d'un document concis qui propose un diagnostic ou une analyse de la situation, une vision stratégique, une raison d'être (de la politique), des principes directeurs et un cadre de mise en œuvre. Les principes directeurs se fondent sur les Lignes directrices de l'OCDE sur la gouvernance des entreprises publiques (Ministry of Finance and National Planning, République de Zambie, 2024[29]).

Note : Une raison d'être est considérée comme explicite quand elle est clairement énoncée dans une source officielle telle qu'un document stratégique général ou la loi relative à l'actionnariat public. Une raison d'être est considérée comme implicite quand elle n'est pas énoncée dans un document officiel mais qu'elle peut être déduite de diverses sources, y compris le droit des sociétés et de l'administration publique, des textes sectoriels, les lois portant création des entreprises publiques, etc.

6.3.3. Modalités de l'actionnariat public

Selon les Lignes directrices de l'OCDE sur la gouvernance des entreprises publiques, l'exercice des droits attachés à la qualité d'actionnaire devrait être clairement affecté au sein de l'administration, que ce soit à un ministère comme celui des Finances ou de l'Économie, à une entité administrative ou juridique distincte ou à un ministère technique spécifique. Pour les entreprises publiques, cette fonction actionnariale recouvre l'exercice par une entité du pouvoir, de la responsabilité ou de la capacité de désigner les administrateurs ; de définir des objectifs et d'en suivre la réalisation ; et/ou d'exercer les droits de vote qui se rattachent aux actions de l'entreprise, pour le compte de l'exécutif. La centralisation peut être une manière efficace de tracer une limite rigoureuse entre l'exercice de la fonction actionnariale et celui des autres activités exécutées par l'État qui pourraient entrer en conflit avec celle-ci, en particulier l'encadrement des marchés et l'action publique. Lorsque cela n'est pas possible, les fonctions actionnariales concernées devraient être coordonnées par une instance expressément désignée à cet effet et dotée d'un mandat bien défini lui permettant d'agir à l'échelle de l'ensemble de l'administration (OCDE, 2024[4]).

En pratique, les États exercent leurs responsabilités d'actionnaires des entreprises publiques selon un large éventail de modalités institutionnelles. Celles-ci peuvent consister en des structures plus ou moins centralisées, en fonction de l'histoire de chaque pays, de son niveau de développement institutionnel et de son cadre politique (OCDE, 2024[12]).

L'« entité actionnaire » peut être un organisme unique, un organisme de coordination, un ministère ou toute autre entité publique chargée d'exercer la fonction actionnariale de l'État. Les entités actionnaires peuvent, en outre, être organisées sous la forme de holdings publiques (OCDE, 2024[12]).

Globalement, les modèles ou modalités d'actionnariat peuvent être classés dans les catégories suivantes (OCDE, 2024[12]) :

- *le modèle de l'actionnariat centralisé* : un organisme décisionnaire central assure les fonctions liées au statut d'actionnaire pour l'ensemble des entreprises et organisations contrôlées ou détenues, directement ou indirectement, par l'État. Les objectifs financiers, les questions opérationnelles et techniques ainsi que le suivi des performances relèvent tous de la responsabilité de cet organisme central. Les modalités de désignation des membres des conseils d'administration varient, mais les instructions de l'organisme central sont généralement déterminantes.
- *le modèle de l'instance de coordination* : ces instances prodiguent des conseils de nature technique et opérationnelle aux ministères actionnaires, et leur principale mission consiste souvent à suivre les performances des entreprises publiques. Dans ce modèle, un service est doté de pouvoirs non négligeables sur les entreprises publiques, mais les droits liés au statut d'actionnaire sont officiellement exercés par d'autres ministères ou d'autres services.
- *le modèle de l'actionnariat dual* : deux ministères ou autres entités publiques de haut rang sont co-actionnaires de chaque entreprise publique. Habituellement, un ministère (en général, le ministère des Finances) fixe les objectifs financiers, et l'autre ministère (généralement un ministère sectoriel) élabore et formule les priorités d'action. À condition que le partage des responsabilités soit bien défini, le modèle dual peut ménager un équilibre entre un modèle dans lequel des objectifs d'actionnariat multiples et contradictoires entraînent un « exercice passif » de la fonction actionnariale et un modèle qui autorise une intervention excessive de l'État.
- *le modèle à double voie* représente une déclinaison sans équivalent de la centralisation, dans le cadre de « systèmes de participation » mis en place simultanément. Deux institutions publiques (ou davantage) exercent de manière exclusive des fonctions actionnariales sur leurs portefeuilles respectifs d'entreprises publiques. Il existe donc deux entités (ou davantage) qui supervisent des ensembles distincts d'entreprises publiques, en fonction de leur profil.
- *le modèle de l'actionnariat dispersé* : il n'existe pas d'institution ou d'acteur étatique qui ait pour responsabilité exclusive d'exercer la fonction actionnariale. La fonction actionnariale relative à chaque entreprise publique est exercée par un ministère sectoriel ou une autre institution publique. Différentes institutions interviennent généralement. Dans ce cas de figure, les entreprises publiques peuvent souvent être perçues par la population comme un prolongement des pouvoirs dévolus aux ministères concernés.

Pour déterminer de façon fiable les modèles d'actionnariat public qui dominent dans les pays d'Afrique, il faudrait mener à bien une analyse plus poussée que celle qui est présentée dans le Tableau 6.5, qui a simplement pour objet de répertorier la principale entité ou les principales entités impliquées dans l'exercice des droits liés au statut d'actionnaire dans chacun des pays analysés. Le tableau semble montrer que le modèle le plus courant est celui de l'*actionnariat dispersé*, dans le cadre duquel les fonctions actionnariales sont réparties entre de multiples entités publiques — le plus souvent, entre un ministère sectoriel qui supervise les aspects opérationnels et sectoriels et le ministère des Finances, qui se charge d'assurer la discipline budgétaire et la surveillance financière. Tout manque de coordination entre ces différents acteurs peut conduire à une surveillance fragmentaire, à un manque de cohérence au niveau des pratiques de gouvernance et à une coordination stratégique limitée. Plusieurs pays dotés d'un modèle d'actionnariat dispersé se sont d'ailleurs dotés d'organes centralisés chargés de fournir des orientations stratégiques sur les réformes liées à l'actionnariat public.

Le tableau fait aussi apparaître un modèle émergent : celui des *instances de coordination* chargées de formuler des orientations stratégiques et de conseiller sur les questions de gouvernance. Ces instances, qui ne sont généralement pas directement actionnaires, ont pour mission de professionnaliser l'actionnariat public en réalisant un suivi, en prodiguant des conseils sur la gouvernance d'entreprise et en assurant une planification stratégique.

D'autres pays semblent s'orienter vers la *centralisation* en créant des organismes spécialisés chargés de représenter l'actionnaire public. Ces organismes assurent le suivi des performances, les nominations aux conseils d'administration et l'élaboration des politiques suivies. Dans d'autres pays encore, on constate l'existence de *modèles mixtes d'actionnariat*.

Dans les économies africaines, où les entreprises publiques dominent souvent des secteurs clés tels que les industries extractives, l'énergie et les infrastructures, des modèles plus centralisés ou plus coordonnés peuvent jouer un rôle crucial à l'appui du développement des marchés de capitaux. Quand ils sont conçus et mis en œuvre avec intégrité et redevabilité, et avec des garde-fous clairs contre tout abus d'influence, de tels modèles peuvent permettre d'unifier la surveillance, de standardiser les pratiques de gouvernance et d'améliorer la transparence et le suivi des performances. En revanche, sans ces garde-fous, la centralisation peut tout simplement concentrer les risques d'inefficience, voire de corruption, ce qui aura pour effet de saper la confiance des investisseurs. Des modalités d'actionnariat public robustes et étayées par des garde-fous solides favorisent également l'application systématique des normes d'information financière et de gouvernance d'entreprise. Or, il s'agit d'une condition préalable cruciale en vue de l'accès des entreprises publiques aux marchés des actions et de la dette d'entreprise. En ce sens, la réforme de l'actionnariat public n'est pas seulement un impératif sur le plan de la gouvernance, mais aussi un facteur clé pour rendre les marchés de capitaux plus profonds et plus dynamiques dans l'ensemble de la région.

Tableau 6.5. Modalités de l'actionnariat public

Types de modalités d'actionnariat adoptés

Pays	Principale(s) entité(s) actionnaire(s)	Modèle d'actionnariat
Algérie	Conseil des participations de l'État (CPE) ; Direction générale du secteur public marchand (DGSPM) ; ministères sectoriels ; et holdings publiques (p. ex. Sonatrach, Sonelgaz, Groupe Télécom Algérie).	***Actionnariat dispersé*** Supervision stratégique exercée par le CPE, sous la présidence du Premier ministre. La DGSPM, qui dépend du ministère des Finances, est chargée d'assurer le suivi des entreprises publiques. Toutefois, il n'existe pas d'entité unique ni d'instance de coordination qui seraient chargées d'exercer les fonctions actionnariales liées aux entreprises publiques, et ce sont les ministères sectoriels qui se chargent de superviser leurs portefeuilles respectifs (Le Programme UE-OCDE sur l'Investissement en Méditerranée, 2024[9]).
Botswana	Ministères sectoriels, ministère des Finances, Agence d'évaluation et de privatisation des entreprises publiques (PEEPA), conseil des ministres, etc.	***Instance de coordination*** Surveillance exercée par le gouvernement et responsabilité des ministères sectoriels pour les entreprises publiques. La PEEPA n'exerce pas de droits liés au statut d'actionnaire ; elle

Pays	Principale(s) entité(s) actionnaire(s)	Modèle d'actionnariat
		a un rôle consultatif auprès du gouvernement sur la privatisation et la gouvernance des entreprises publiques (Public Enterprises Evaluation and Privatisation Agency, 2025[30]).
Côte d'Ivoire	Direction générale du portefeuille de l'État (DGPE)	***Actionnariat centralisé*** La DGPE dépend du ministère du Patrimoine, du Portefeuille de l'État et des Entreprises publiques (MPPEEP). Elle est chargée de la coordination avec le conseil d'administration de chaque entreprise publique. Les conseils d'administration lui adressent des rapports trimestriels et lui communiquent leurs règles de gouvernance interne. Les objectifs de la DGPE consistent à représenter l'État actionnaire, à désigner les membres des conseils d'administration, à suivre et évaluer les performances des entreprises publiques, à élaborer des contrats de performances, à assurer des missions de secrétariat, etc. (Direction Générale du Portefeuille de l'État, 2025[31])
Égypte	Ministère du secteur public (MSP), armée, entités spéciales telles que l'Autorité du canal de Suez, etc.	***Modèle à double voie ou actionnariat dispersé*** Entreprises publiques nombreuses, relevant de différents portefeuilles et placées sous la supervision de différentes autorités (OCDE, 2024[10]). Ce modèle s'apparente davantage à un modèle à double voie d'entités actionnaires, qui supervisent des portefeuilles d'entreprises publiques simultanément et séparément. La nouvelle loi d'août 2025 sur l'actionnariat d'État prescrit la création d'une nouvelle unité d'actionnariat ; le modèle va donc évoluer vers la centralisation.
Ghana	Agence chargée de la gestion des participations de l'État et de la gouvernance (SIGA) et ministères sectoriels, ministère des Finances.	***Instance de coordination*** La SIGA intervient à titre consultatif et, aux côtés des ministères concernés, évalue le mandat des entreprises publiques, élabore des plans stratégiques, applique un code de la gouvernance d'entreprise, prépare et soumet aux ministères concernés des rapports sur les performances des entreprises publiques, formule des conseils sur la nomination et la révocation des présidents-directeurs généraux, etc. (State Interests and Governance Authority, 2025[32])
Kenya	Comité consultatif des entreprises d'État (SCAC), ministères sectoriels concernés et Trésor.	***Instance de coordination*** Le SCAC conseille le président ou les ministres sur les questions liées aux entreprises publiques, y compris leur création, leur fusion ou leur dissolution, les nominations aux conseils d'administration, les performances des membres des conseils d'administration, leur rémunération, etc. (State Corporations Advisory Committee, 2025[33])
Maurice	Ministères sectoriels, ministère des Finances.	***Actionnariat dispersé*** Actionnariat réparti entre des entités diverses.
Maroc	Agence nationale de gestion stratégique des participations de l'État (ANGSPE), Conseil des ministres, ministère des Finances.	***Actionnariat centralisé*** L'ANGSPE est une entité actionnaire centralisée qui exerce les droits liés au statut d'actionnaire pour une part importante des entreprises publiques commerciales qui figurent dans son portefeuille. L'agence prépare la politique actionnariale de l'État, qui doit être présentée au Conseil des ministres et approuvée par celui-ci, et elle en supervise la mise en œuvre (Agence Nationale de Gestion Stratégique des Participations de l'État, 2024[24]).
Namibie	Conseil de gouvernance des entreprises publiques, ministère des Finances et des Entreprises publiques, Département des entreprises publiques, ministères sectoriels.	***Actionnariat dispersé*** La politique adoptée en 2023 au sujet des entreprises publiques comporte une rubrique consacrée à la gouvernance des entreprises publiques et aux rôles et responsabilités en la matière. Elle met en relief les responsabilités des ministères sectoriels, des conseils d'administration des entreprises et des présidents-directeurs généraux (Gouvernement de la Namibie, 2023[25]).

Pays	Principale(s) entité(s) actionnaire(s)	Modèle d'actionnariat
Nigéria	Ministère des Finances.	***Actionnariat centralisé*** La société *Ministry of Finance Incorporated* (MOFI) gère les investissements de l'administration fédérale, son patrimoine et les droits qu'elle détient dans les entreprises publiques fédérales. Il assure le transfert de la part des recettes revenant à l'État, la composition des conseils d'administration et le respect des normes de gouvernance d'entreprise.
Seychelles	Commission de suivi des entreprises publiques (PEMC), ministère des Finances, de la Planification nationale et du Commerce, ministères sectoriels.	***Actionnariat centralisé*** En application de la Loi de 2023 sur les entreprises publiques, la PEMC est chargée de représenter l'État actionnaire afin d'effectuer un suivi des entreprises publiques, de convenir avec elles d'objectifs de performance et d'œuvrer à l'efficience de leur fonctionnement, à leur bonne gouvernance, à la gestion des risques, etc. (Republique des Seychelles, 2023[34]).
Afrique du Sud	Ministère de la Planification, du Suivi et de l'Évaluation, Trésor, ministères sectoriels.	***Actionnariat dispersé*** Avec la dissolution, en 2024, du ministère des Entreprises publiques, les responsabilités actionnariales ont été réaffectées aux ministères sectoriels compétents. Un Conseil présidentiel des entreprises publiques (PSEC) est en train d'élaborer un cadre central de gouvernance, et un projet de texte prévoit la création d'une entreprise ou instance qui détiendrait les participations de l'État (OCDE, À paraître[27]).
Tanzanie	Commission présidentielle de réforme du secteur semi-public, ministère des Finances et ministères sectoriels.	***Actionnariat dispersé*** Dans sa partie IV, consacrée à la redevabilité des entreprises publiques, la Loi sur les entreprises publiques charge les ministères concernés de superviser leurs entreprises publiques et de conseiller la Commission présidentielle de réforme au sujet de la restructuration des entreprises publiques, d'approuver les plans d'entreprise, etc. (Gouvernement de la Tanzanie, 2002[35])
Tunisie	Ministère des Finances, ministères sectoriels.	***Actionnariat dispersé*** L'un des objectifs du livre blanc publié en 2018 sous le titre de « Rapport de synthèse sur la réforme des entreprises publiques en Tunisie » était de développer le rôle des ministères de tutelle dans la définition des politiques sectorielles et des contrats d'objectifs et dans la surveillance, mais il n'y a pas de précisions quant à la mise en œuvre de ces objectifs (République tunisienne, Présidence du Gouvernement, 2018[28]).
Ouganda	Ministère des Finances, de la Planification et du Développement économique (MoFPED), ministères sectoriels, organismes et instances publics.	***Actionnariat dual*** Rien n'indique qu'il existe une centralisation ou une coordination. Par exemple, d'après la Loi sur la réforme et la privatisation des entreprises publiques, le ministère des Finances, en concertation avec le ministère sectoriel concerné, examine le projet de plan d'exploitation de l'entreprise publique et adresse ses commentaires au conseil d'administration concerné (Gouvernement d'Ouganda, 2024[36]).
Zambie	Société de développement industriel (IDC), ministère des Finances et de la Planification nationale (MoFNP), ministères sectoriels.	***Instance de coordination*** La Politique révisée de 2024 relative aux entreprises publiques décrit les responsabilités du ministère des Finances, des sociétés holding d'État et des ministères sectoriels en matière d'actionnariat public (Ministry of Finance and National Planning, République de Zambie, 2024[29]). La Société de développement industriel (IDC) est une entreprise publique rattachée au ministère des Finances qui est chargée de créer et d'optimiser de la valeur à long terme pour l'actionnaire, dans le cadre d'un rôle actif d'investisseuse et d'actionnaire d'entreprises publiques (Industrial Development Corporation, Zambie, 2025[37]).
Zimbabwe	Ministère des Finances et du Développement économique, ministères sectoriels, Unité de la gouvernance d'entreprise (CGU) du Secrétariat de la présidence et du gouvernement,	***Instance de coordination*** Les entreprises publiques zimbabwéennes sont supervisées par l'Unité de la gouvernance d'entreprise (CGU), qui est un

Pays	Principale(s) entité(s) actionnaire(s)	Modèle d'actionnariat
	Fonds d'investissement Mutapa.	service du Secrétariat de la présidence et du gouvernement, ainsi que par les ministères sectoriels (Corporate Governance Unit, Zimbabwe, 2025[38]). Le Fonds d'investissement Mutapa est le fonds souverain qui détient et gère les participations de l'État dans un nombre important de grandes entreprises publiques et d'investissements majeurs de l'État.

Note : Les modèles d'actionnariat se fondent sur une analyse d'ordre général des principales caractéristiques de l'actionnariat public de chaque pays. Pour établir une classification plus fine, il serait nécessaire de se fonder sur des informations plus poussées qui ne sont pas disponibles à la date de rédaction du présent rapport.

6.4. Principales considérations intéressant l'action publique

Des cadres de gouvernance de l'actionnariat public assurant clarté et prévisibilité donnent confiance aux investisseurs en améliorant la transparence, la redevabilité et la surveillance, qui sont cruciales pour attirer les capitaux nationaux et internationaux. De plus, quand les entreprises publiques sont soumises aux principes classiques du commerce et suivent des pratiques robustes de gouvernance d'entreprise, elles peuvent devenir des candidates viables en vue d'une introduction en bourse ou de l'émission d'obligations, ce qui contribue à la profondeur et à la liquidité du marché ainsi qu'à l'élargissement des possibilités d'investissement. Par ailleurs, l'existence de cadres juridiques et institutionnels bien définis permet de garantir que les entreprises publiques concurrencent les entreprises privées de façon équitable, ce qui favorise un fonctionnement plus sain et plus dynamique des marchés et évite d'évincer les investissements privés sous l'effet de la présence d'entités subventionnées par l'État et non efficientes. Toutefois, ces réformes ne sont pas suffisantes pour assurer le développement des marchés de capitaux dans la région. D'autres réformes structurelles sont tout aussi nécessaires, y compris un bon encadrement des marchés et une bonne mise en application, l'amélioration des dispositifs de protection des investisseurs, le développement de l'investissement institutionnel national et la garantie de la stabilité macroéconomique. Pour que les marchés de capitaux puissent devenir une source fiable de financement à long terme et concourir, plus largement, à la transformation économique, il faut que ces mesures complémentaires soient mises en œuvre en parallèle aux réformes de la gouvernance des entreprises publiques.

Des dispositifs plus robustes de gouvernance des entreprises publiques peuvent contribuer directement et indirectement au développement des marchés de capitaux en Afrique. En renforçant la transparence, la prévisibilité et le professionnalisme de l'actionnariat public, les pays peuvent améliorer les performances des entreprises publiques, rendre l'investissement plus attractif et créer des marchés de capitaux plus profonds et plus dynamiques. Comme indiqué au Chapitre 2, il est également important de renforcer l'indépendance des conseils d'administration et d'améliorer les pratiques en matière de communication sur leur composition. À cette fin, les priorités d'action suivantes apparaissent :

- Les pays africains pourraient apporter des améliorations sur les plans de la disponibilité et de la publication de **données relatives aux entreprises publiques**, y compris dans le cadre de rapports communs sur les performances (« rapports agrégés »). Une plus grande transparence est essentielle pour renforcer la redevabilité d'acteurs qui représentent souvent une part importante du PIB et qui dominent des secteurs aussi essentiels que l'énergie, le transport ou la finance. Le Guide des bonnes pratiques de l'OCDE concernant l'établissement de rapports annuels agrégés peut être utile à cet égard, notamment en ce qui concerne la diffusion d'informations financières et non financières au niveau des portefeuilles d'entreprises publiques et au niveau de chacune d'entre elles, ainsi que d'informations pertinentes sur les politiques et sur les cadres institutionnels (OCDE, 2022[39]).
- Moderniser les **cadres juridiques** applicables à l'actionnariat public peut permettre d'assurer plus de clarté, de transparence, de redevabilité et de prévisibilité pour l'écosystème des marchés de

capitaux et, au-delà, pour tous les acteurs. D'autres réformes structurelles seraient également importantes pour les économies africaines désireuses de développer leurs marchés de capitaux et d'attirer les investisseurs internationaux dans le cadre d'émissions d'obligations ou d'introductions en bourse.

- Les pays pourraient publier des **politiques d'actionnariat** complètes énonçant clairement les objectifs généraux de l'actionnariat public — qu'il s'agisse de remédier aux défaillances du marché, de fournir des biens publics ou de préserver des secteurs stratégiques. Il faudrait aussi que ces politiques définissent les raisons d'être de l'actionnariat public pour chaque entreprise publique, en précisant pourquoi l'État continue de s'impliquer et quels sont les objectifs stratégiques poursuivis par le truchement de cette entreprise. De plus, les politiques d'actionnariat public peuvent définir des attentes en termes de performances, préciser les responsabilités en matière de gouvernance et ériger des garde-fous contre toute ingérence politique indue. Le fait de préciser dans quels secteurs l'État compte maintenir une présence à long terme, et dans quels autres le développement des marchés de capitaux pourrait ouvrir la voie à de futures introductions en bourse ou privatisations partielles d'entreprises publiques, permet aussi aux pays d'offrir plus de prévisibilité. Des politiques actionnariales claires, cohérentes et motivées à la fois par une raison d'être globale pour l'actionnariat public et par des raisons d'être propres à chaque entreprise publique permettent de renforcer la transparence, de dépolitiser la gouvernance des entreprises publiques et de renforcer la confiance des investisseurs dans les marchés sur lesquels les entreprises publiques jouent un rôle central.
- De nombreux pays africains appliquent un **modèle d'actionnariat dispersé** où les responsabilités sont réparties entre divers ministères et organismes. Cette fragmentation peut entraver la marche vers plus de cohérence, de redevabilité et de supervision stratégique à l'échelle de l'ensemble du portefeuille. Le passage à des modalités d'actionnariat plus centralisées ou plus coordonnées et fonctionnant dans de bonnes conditions — que ce soit sous l'égide du ministère des Finances, d'une entité actionnaire ou d'un autre organisme — peut permettre d'améliorer le suivi des performances, de standardiser les pratiques de gouvernance et de rendre plus claire la séparation entre le rôle d'actionnaire de l'État, son rôle dans l'élaboration des politiques publiques et son rôle réglementaire. De telles réformes permettent de mettre en place un environnement plus prévisible et plus propice à l'investissement privé.

Une bonne gouvernance des entreprises publiques leur permet non seulement d'assurer les services publics avec plus d'efficience, mais aussi d'être des émettrices d'actions et d'obligations suscitant la confiance des investisseurs. Mener de front des réformes de la gouvernance de leurs entreprises publiques et des stratégies de développement de leurs marchés de capitaux peut permettre aux pays d'Afrique d'élargir la gamme des options de financement disponibles, d'attirer les investisseurs et de stimuler la croissance du secteur privé.

Références

Africa Press (2023), *Africa Press*, https://www.africa-press.net/botswana/all-news/state-owned-enterprises-policy-in-offing (consulté le 8 juillet 2025). [17]

Agence Nationale de Gestion Stratégique des Participations de l'État (2024), *Politique Actionnaire de l'État*, https://angspe.ma/politique-actionnariale-de-l-etat/un-projet-strategique/. [24]

Banque mondiale (2021), *SOE Listings - Is there a business case for Africa?*, https://thedocs.worldbank.org/en/doc/8ea933199fd290631f0527a976198501-0430012021/original/Africa-NYC-IFC01211-002-OW-World-Bank-publication-June18.pdf. [3]

Bureau van Dijk (2024), *Base de données Orbis*. [6]

Corporate Governance Unit, Zimbabwe (2025), *CGU Our Functions*, https://www.testdomain17.gov.zw/?p=7489 (consulté le 17 juillet 2025). [38]

DGPE (2025), *Direction Générale du Portefeuille de l'État*, https://dgpe.gouv.ci/fr/presentation-du-portefeuille/. [19]

Direction Générale du Portefeuille de l'État (2025), *Missions - Vision - Valeurs*, https://dgpe.gouv.ci/fr/mission-vision-valeur/ (consulté le 15 juillet 2025). [31]

Eskom (2025), *Eskom company information*, https://www.eskom.co.za/about-eskom/company-information/ (consulté le 9 juillet 2025). [26]

Fonds monétaire international (2023), *Botswana - Selected issues*. [18]

Gouvernement d'Ouganda (2024), *The Public Enterprises Reform and Divestiture Act*, https://bills.parliament.ug/uploads/4805Public_Enterprises_Reform_and_Divestiture_Act_(Amendment)_Bill,_2024.pdf. [36]

Gouvernement de la Namibie (2023), *Final Draft of the Public Enterprises Ownership Policy of the Namibian State October 2023*, https://economy.com.na/wp-content/uploads/Final-Draft-of-the-Public-Enterprises-Ownership-Policy-of-the-Namibian-State-October-2023.pdf. [25]

Gouvernement de la Tanzanie (2002), *Public Corporations Act*, https://tanzlii.org/akn/tz/act/1992/2/eng@2002-07-31#part_IV__sec_20. [35]

Industrial Development Corporation, Zambie (2025), *IDC What we do*, https://www.idc.co.zm/about-us/what-we-do/. [37]

Le Programme UE-OCDE sur l'Investissement en Méditerranée (2024), *La gouvernance des entreprises publiques et les incitations fiscales et non-fiscales à l'investissement en Algérie*. [9]

Ministry of Finance and National Planning, République de Zambie (2024), *Revised State-Owened Enterprise Policy 2024*, https://www.mofnp.gov.zm/?wpdmpro=revised-soe-policy-2024. [29]

Ministry of Finance, République du Ghana (2023), *State Ownership Policy*, https://siga.gov.gh/?jet_download=8303432540d28ecb0fca83b03fe8bfdeb3f71f42. [21]

Mutize, M. et E. Tefera (2020), « The Governance of State-Owned Enterprises in Africa: an analysis of selected cases », *Journal of Economics and Behavioral Studies*, pp. 9-16, https://doi.org/10.22610/jebs.v12i2(J).2992. [2]

National Committee on Corporate Governance (2006), *Guidance Notes for State-Owned Enterprises*, Gouvernement de Maurice, https://frc.govmu.org/frc/wp-content/uploads/2020/10/Guidance-Notes-SOES.pdf. [23]

OCDE (2025), *Rapport sur les marchés de capitaux en Asie 2025 (version abrégée)*, Éditions OCDE, Paris, https://doi.org/10.1787/9680477b-fr. [8]

OCDE (2024), *Lignes directrices de l'OCDE sur la gouvernance des entreprises publiques*, OCDE. [4]

OCDE (2024), *OECD Economic Surveys: Egypt 2024*, Éditions OCDE, Paris, https://doi.org/10.1787/af900de2-en. [10]

OCDE (2024), *Ownership and Governance of State-Owned Enterprises 2024*, Éditions OCDE, Paris, https://doi.org/10.1787/395c9956-en. [12]

OCDE (2022), *Suivi des performances des entreprises publiques : Guide des bonnes pratiques concernant l'établissement de rapports annuels agrégés*, Éditions OCDE, Paris, https://doi.org/10.1787/836860d4-fr. [39]

OCDE (2018), *African Network on Corporate Governance of State-Owned Enterprises*. [16]

OCDE (À paraître), *Good Practice Guide for State Ownership Policies*. [14]

OCDE (À paraître), *Integrity in South Africa State-Owned Sector*. [27]

Public Enterprises Evaluation and Privatisation Agency (2025), *PEEPA mandate*, https://www.peepa.co.bw/about-2-2/ (consulté le 15 juillet 2025). [30]

République arabe d'Égypte (2022), *State Ownership Policy - Framework document*, https://egyptembassy.jp/cms/wp-content/uploads/2023/02/State-Ownership-Policy-ENGLISH_230117_041444-2.pdf. [20]

Republique des Seychelles (2023), *Public Enterprises Act, 2023*, https://www.gazette.sc/sites/default/files/2023-05/Act%206%20-%202023%20-%20Public%20Enterprises%20Act%202023.pdf. [34]

République tunisienne, Présidence du Gouvernement (2018), *Rapport de synthèse sur la réforme des entreprises publiques en Tunisie*, https://www.leaders.com.tn/uploads/FCK_files/Livre%20Blanc%20(Rapport%20de%20synth%C3%A8se%20sur%20la%20r%C3%A9forme%20de%20la%20gouvernance%20et%20des%20entreprises%20publiques%20en%20Tunisie%20)(1).pdf. [28]

SASOL (2025), *Major categories of shareholders*, https://www.sasol.com/major-shareholders. [40]

Soliman, Hashish & Partners (2025), « State-owned companies law – Egypt, Law No. 170/2025 », *Lexis Middle East*, https://www.lexismiddleeast.com/en/ (consulté le 2 octobre 2025). [11]

Sonatrach (2025), , https://sonatrach.com/fr/. [13]

Sonatrach (2025), *Sonatrach presentation*, https://sonatrach.com/en/presentation-en/ (consulté le 8 July 2025). [15]

State Corporations Advisory Committee (2025), *SCAC Mandate*, https://www.scac.go.ke/mandate (consulté le 15 juillet 2025). [33]

State Interests and Governance Authority (2025), *SIGA Ghana*, https://siga.gov.gh/ (consulté le 15 juillet 2025). [32]

The Africa Report (2024), *Africa's Top 500 Companies*, https://www.theafricareport.com/in-depth/africas-top-500-companies/. [5]

The Africa Report (2024), *Africa's Top 500 Companies*, https://www.theafricareport.com/in-depth/africas-top-500-companies/. [7]

The National Treasury and Economic Planning, Gouvernement du Kenya (2023), *Ownership Policy for Government Owned Enterprises in Kenya*, https://repository.kippra.or.ke/items/7dd88a08-5167-427e-a1a0-d15c3b343c09/full. [22]

Wezel, T. et N. Carvalho (2022), *The Financial Performance and Macrofinancial Implications of Large State-Owned Enterprises in Sub-Saharan Africa*, https://doi.org/10.5089/9798400202452.001 (consulté le 30 septembre 2025). [1]

Notes

[1] L'actionnariat public désigne la participation de l'administration centrale et des collectivités locales au capital d'entreprises, y compris leur participation indirecte par l'intermédiaire de fonds d'investissement souverains, de fonds de pension publics, de fonds d'investissement ou d'instruments financiers publics, d'autres entreprises publiques, etc.

[2] Dans son rapport intitulé *The Business of the State*, la Banque mondiale s'est appuyée sur la base de données Orbis (voir la note de fin de chapitre suivante) et d'autres sources pour produire une base de données sur les entreprises publiques à l'échelle mondiale, en utilisant toutefois un seuil d'actionnariat public plus bas, égal à 10 %.

[3] L'analyse se fonde sur un ensemble de données recueillies grâce à Orbis, une base de données exclusives regroupant des informations détaillées sur la situation financière, l'actionnariat et la structure institutionnelle de plus de 500 millions d'entreprises dans le monde. Pour compléter cette analyse, on utilise également des informations sur les entreprises africaines les plus importantes d'un point de vue économique émanant de *The Africa Report*, organe d'information spécialisé dans la politique et l'économie africaines. *The Africa Report* publie chaque année la liste des 500 plus grandes entreprises d'Afrique, qu'il établit à partir de données sur les recettes de près de 1 300 entreprises issues d'une base de données concernant 15 000 entreprises immatriculées sur le continent. Les entreprises dont le siège légal se trouve en Afrique, y compris des sociétés holding et leurs filiales, figurent dans cette base de données, à quelques exceptions près dans le secteur minier. Certains groupes familiaux n'établissent pas de comptes consolidés et d'autres ne publient aucun compte. Par principe, ils sont exclus du classement. Les chiffres portent sur l'exercice comptable clos à la fin de 2022 ou sur la période allant jusqu'au 30 juin 2023. C'est le dernier exercice comptable clos avant cette date qui est pris en considération.

[4] Ces taux peuvent également englober les filiales/succursales considérées comme des personnes morales distinctes. Les droits d'actionnaire ou de contrôle peuvent être exercés par des institutions publiques, des États et des administrations, y compris d'autres entreprises publiques ou entités contrôlées par l'État.

[5] L'État détient directement 8.5 % des actions ordinaires de la SASOL, dont 8.5 % supplémentaires sont détenus par l'*Industrial Development Corporation of South Africa* (« Société de développement industriel d'Afrique du Sud »), institution de financement du développement intégralement détenue par l'État (SASOL, 2025[40]). La somme des participations de l'État à différents niveaux d'actionnariat représente au moins 25 % dans certaines succursales de la SASOL, en particulier celles qui mènent leur activité à l'étranger.

7 Exploiter l'IA dans la finance au service de l'inclusion financière en Afrique

La dématérialisation des services financiers en Afrique, y compris par l'adoption d'outils et de technologies fondés sur l'IA, pourrait produire des avantages considérables pour les particuliers, les entreprises et les responsables de l'action publique. Parce qu'elle renforce l'accessibilité et l'efficacité de la prestation de services, cette dématérialisation peut stimuler l'activité économique et encourager l'inclusion financière, notamment en élargissant l'accès aux services financiers formels. L'utilisation accrue d'une IA responsable dans la finance peut contribuer au développement et à la mise en œuvre de produits financiers innovants, en particulier pour les populations privées de services bancaires ou défavorisées en termes de services, tout en améliorant l'efficacité et la participation aux marchés de capitaux. Ce chapitre examine la situation actuelle de l'IA dans la finance en Afrique pour un groupe donné de pays, aborde différents cas d'utilisation dans les marchés de capitaux et le secteur financier de façon plus générale, et étudie les implications pour l'action publique. Cette analyse met également en évidence les principaux obstacles à une adoption plus large de l'IA et propose des considérations d'ordre stratégique pour faciliter sa généralisation dans la finance en Afrique.

7.1. Introduction

Le présent chapitre aborde l'utilisation de l'intelligence artificielle (IA) dans le secteur de la finance, dans un groupe défini de pays africains[1]. Il examine le niveau de déploiement de cette technologie, ainsi que différents cas d'utilisation pertinents, et aborde sa capacité à promouvoir l'inclusion financière, l'efficacité, l'accessibilité et la participation aux marchés. Il décrit également les difficultés rencontrées en matière d'adoption et présente pour terminer des considérations intéressant l'action publique, sur la base des normes de l'OCDE.

Principaux messages

- Si l'investissement mondial dans l'IA continue de s'accélérer, la part de l'Afrique reste relativement modeste. En 2024, alors que l'investissement dans l'IA a dépassé 100 milliards USD à l'échelle mondiale, l'Afrique n'a enregistré qu'une seule transaction importante dans ce domaine, d'une valeur inférieure à 100 millions USD, mettant par là même en évidence à fois le faible niveau d'investissement et le nombre limité de possibilités de croissance sur ce continent.
- Les pays africains affichent des niveaux extrêmement différents de préparation à l'adoption des technologies d'IA. Certains pays font ainsi preuve de capacités relativement avancées sur des aspects essentiels qui favorisent l'innovation liée à l'IA, dont la maturité des écosystèmes technologiques, l'état de préparation des infrastructures numériques, la présence de main-d'œuvre qualifiée et la disponibilité des données.
- Le développement des services financiers numériques en Afrique a permis d'élargir l'accès aux services financiers pour les populations défavorisées, grâce à des innovations telles que la monnaie électronique, les paiements numériques, le financement participatif ou les solutions de crédit sur mesure. L'IA peut également contribuer à promouvoir l'inclusion financière et la participation aux marchés de capitaux.
- Partout en Afrique, le secteur financier voit émerger de nombreux cas différents d'utilisation de l'IA, y compris à des fins d'évaluation de la solvabilité des emprunteurs, de prévention et de détection de la fraude, et d'assistance à la clientèle, lesquels favorisent tous l'inclusion financière. Dans les économies où les marchés de capitaux sont actifs, les outils fondés sur l'IA, tels que les robots-conseillers, la conformité automatisée et les solutions de gestion des risques, peuvent améliorer l'accessibilité et offrir des possibilités d'investissement personnalisées et économiquement efficientes.
- Malgré un intérêt croissant pour ces solutions, les pays africains font face à des obstacles non négligeables à une adoption plus généralisée de l'IA sur les marchés financiers. Ces obstacles incluent notamment les contraintes d'infrastructure, les coûts élevés de mise en œuvre, les pénuries de professionnels compétents, la qualité et la disponibilité insuffisantes des données, l'augmentation des cyberrisques ou encore les lacunes persistantes dans le domaine de la culture financière (numérique).
- Afin de surmonter ces obstacles, plusieurs pays africains ont mis en place des politiques et stratégies nationales en matière d'IA. Certaines d'entre elles portent sur aspects ciblant ou s'appliquant à l'exploitation de l'IA dans le secteur financier, notamment en Afrique du Sud, au Bénin, en Égypte, au Ghana, au Kenya, à Maurice, au Nigéria et au Rwanda.
- Pour libérer le potentiel de transformation de l'IA, il convient d'investir dans les infrastructures, la R-D et le capital humain qui sous-tendent le développement de cette technologie, et de

s'appuyer sur des réglementations solides qui concilient la promotion de l'innovation et la protection des consommateurs dans le domaine financier. Il est également essentiel de renforcer les compétences financières dans les pays africains, et ce, afin de permettre aux particuliers de tirer parti en toute sécurité des outils financiers fondés sur l'IA et de prendre des décisions éclairées sur les marchés de capitaux.

- Une collaboration renforcée à l'échelle régionale et mondiale, s'appuyant sur des normes internationales telles que les Principes de l'OCDE sur l'IA, les Principes de haut niveau G20/OCDE sur la protection financière des consommateurs ou la Recommandation du Conseil sur la culture financière, et sur des initiatives comme le Dialogue UA-OCDE sur l'intelligence artificielle, s'avère indispensable pour promouvoir l'adoption de bonnes pratiques, assurer la protection des consommateurs, encourager l'harmonisation des réglementations transfrontières et atténuer les risques associés.

7.2. Présentation de l'IA dans la finance en Afrique

Les progrès réalisés récemment en matière de technologies informatiques, de pénétration de la téléphonie mobile, de connexion à l'internet, de démographie et de réglementation ont favorisé le déploiement des services financiers numériques à travers le monde. La disponibilité croissante des services financiers numériques, parallèlement aux canaux conventionnels d'intermédiation financière, a permis d'accroître la diversité et l'accessibilité des services financiers, tout en stimulant l'innovation dans le domaine de l'IA. En Afrique, ces évolutions portent en germe la promesse importante d'une amélioration de l'inclusion financière, en permettant aux consommateurs d'accéder et de recourir à des produits et services financiers adaptés à leurs besoins. Les services financiers numériques peuvent également stimuler l'activité économique et favoriser l'innovation financière.

Les bouleversements induits par les services financiers numériques ont transformé les interactions financières entre les particuliers, les entreprises et les pouvoirs publics. L'accélération de leur adoption à travers le monde lors de la pandémie de COVID-19 a contribué à garantir la continuité des opérations financières malgré les mesures de confinement (OCDE, 2021[1]). Les technologies clés génériques dans ce domaine sont notamment les plateformes mobiles, l'infonuagique, les données massives, les technologies de registres distribués et l'innovation liée à l'IA. En Afrique subsaharienne, la progression de l'adoption des services financiers numériques a été portée par une croissance exponentielle de l'accessibilité des paiements mobiles et des services associés (GSMA, 2024[2]), alors qu'en Afrique du Nord cette progression a été alimentée par une augmentation des investissements dans l'innovation technologique, par des régimes d'agrément favorables et par une offre de services et de produits innovants dans l'écosystème des fintechs (McKinsey, 2023[3]), lesquelles ont également contribué à renforcer l'inclusion financière (Elouaourtia et Ibourk, 2024[4]).

Les services financiers numériques permettent aux consommateurs africains d'interagir directement avec d'autres parties en éliminant ou en réduisant fortement le besoin d'intermédiaires financiers, et de bénéficier par là même de transactions plus rapides et à meilleur coût. Les services financiers numériques permettent aux entreprises d'adapter sur mesure leurs prestations de services et, en renforçant la disponibilité des données, ils offrent des capacités d'analyse plus avancées pour soutenir l'élaboration de stratégies, tout en facilitant la mise en place de cadres de gestion des risques plus robustes. Les pouvoirs publics tirent également parti des services financiers numériques grâce, d'une part, au développement et au déploiement d'outils fondés sur l'IA capables non seulement de limiter les fuites de recettes publiques, mais aussi d'améliorer les canaux de perception des recettes et les mécanismes de reddition de comptes, et, d'autre part, aux outils reposant sur les technologies de surveillance (*supervisory technology*, SupTech) pour un suivi efficace et performant (FinCoNet, 2020[5]).

L'essor des services financiers numériques en Afrique a permis d'ouvrir l'accès aux services financiers à des populations auparavant défavorisées dans ce domaine, en leur proposant des solutions innovantes qui ont entraîné une amélioration de leur bien-être économique, parmi lesquelles la monnaie et les paiements électroniques, le financement participatif, les envois de fonds ou les facilités de crédit numérique sur mesure à l'appui d'initiatives en faveur de l'entrepreneuriat dans divers sous-secteurs économiques.

7.2.1. Capacité de l'IA à améliorer l'inclusion financière et la participation aux marchés de capitaux

Les récentes avancées de l'IA dans le secteur financier sont susceptibles de soutenir l'inclusion financière et d'encourager la participation aux marchés de capitaux. L'IA dans la finance peut ainsi renforcer l'inclusion financière en tirant parti de données non conventionnelles pour évaluer la solvabilité des emprunteurs et favoriser l'accès à des services financiers fondamentaux pour les populations disposant d'un historique financier limité et autres groupes défavorisés en termes de services (OCDE, 2021[6]). Les solutions comme les dispositifs efficaces d'intégration, les identités biométriques, les systèmes et bases de données électroniques de connaissance de la clientèle, et l'assistance automatisée peuvent réduire les coûts et les obstacles à l'accès aux services financiers formels, alors que la personnalisation peut améliorer la pertinence et la portée des produits financiers. En tirant parti de l'IA, les entreprises peuvent être davantage compétitives sur les marchés africains et internationaux grâce à des solutions financières sur mesure, mais aussi remédier à certaines difficultés comme le faible niveau d'inclusion financière, les risques de fraude et les disparités en matière de culture financière. Les innovations induites par l'IA, dont la négociation algorithmique, les services de robots-conseillers et la conformité automatisée, peuvent renforcer l'efficience, la liquidité et la résilience du marché, et par là même rendre les services financiers plus accessibles et commercialement viables pour les populations marginalisées.

L'innovation en matière d'IA pourrait également stimuler le développement des marchés de capitaux dans les pays africains où ce type d'activité existe, en améliorant l'efficience opérationnelle et en permettant une supervision proactive, au moyen d'outils SupTech fondés sur l'IA. Les applications de l'IA, de la négociation algorithmique aux services de robots-conseillers, en passant par la conformité automatisée, la détection de la fraude et la gestion des risques, peuvent réduire les coûts opérationnels, améliorer la liquidité et la stabilité du marché, renforcer l'accès aux services financiers pour les populations défavorisées et élargir l'accès aux produits des marchés de capitaux grâce à des solutions sur mesure, économiquement efficientes et fondées sur les données.

En Afrique, le déploiement de l'IA dans la finance peut contribuer de manière significative à soutenir les progrès du continent dans la réalisation des ambitions définies par l'Union africaine (UA) dans son Agenda 2063, à savoir : la croissance inclusive et la durabilité ; la sécurité et l'intégration du continent ; une bonne gouvernance ; un développement axé sur les populations ; et la mise en place d'une présence et de partenariats efficaces à l'échelle mondiale (Union africaine, 2024[7]). Si l'IA ouvre des possibilités considérables pour le développement du secteur financier en Afrique, son déploiement doit reposer sur un examen attentif en raison des risques potentiels qu'elle pourrait créer ou accentuer. Ces risques sont notamment liés à une exacerbation des préoccupations relatives aux préjugés et à la discrimination, aux considérations de confidentialité et de gestion des données, aux inquiétudes sur les modèles et la gouvernance (compte tenu des modèles avancés qui accentuent la dépendance à l'égard d'un petit nombre de fournisseurs tiers de services fondés sur l'IA), à l'inclusion financière des processus manuels de conformité et de connaissance de la clientèle, ou encore à la culture financière dans le contexte des robots-conseillers et des possibilités offertes par la négociation algorithmique. Tous ces aspects pourraient nuire à l'intégrité des marchés et entraîner des perturbations systémiques (OCDE, 2024[8]), et ainsi compromettre les initiatives en faveur de l'inclusion financière et les avancées dans ce domaine (OCDE, 2023[9]).

7.3. Tendances d'investissement et potentiel du marché de l'IA dans le domaine financier

Les investissements dans l'IA continuent de progresser partout dans le monde, y compris en Afrique. Dans le domaine des marchés de capitaux, l'IA a la capacité de permettre des gains d'efficacité sur des aspects comme l'optimisation des portefeuilles, les systèmes d'échange automatisés, la modélisation du risque de crédit et la finance reposant sur les chaînes de blocs (OCDE, 2021[1]). La part du financement mondial en capital-risque affecté à l'IA est ainsi passée de 21 % de l'ensemble du financement de capital-risque en 2023, à 37 % en 2024 (CB Insights, 2025[10]). Le rôle de l'IA à l'échelle mondiale comme moteur de développement économique, mais aussi comme levier susceptible d'induire des transformations positives en matière de productivité et de stimuler l'activité des consommateurs, est considérable (PWC, 2023[11]).

En Afrique de manière générale, il existe peu d'informations complètes au niveau national sur les fusions et acquisitions dans les domaines de l'IA et des fintechs, ou sur le financement de capital-risque en faveur de l'IA. Au niveau continental toutefois, l'Afrique n'a enregistré qu'une seule transaction importante dans le secteur de l'IA au quatrième trimestre 2024, d'une valeur inférieure à 100 millions USD (CB Insights, 2025[10]). Dans le secteur des fintechs, seules 18 transactions ont été recensées en Afrique, pour un montant total de 100 millions USD, soit un peu plus de 2 % du volume des transactions mondiales pour le T4 2024.

Les tendances de l'investissement dans l'IA et dans les fintechs divergent non seulement au niveau mondial, mais aussi au niveau du continent africain. On a ainsi pu observer à l'échelle internationale un recul du financement des fintechs, passant d'un pic de 143.6 milliards USD en 2021 à 33.7 milliards USD en 2024 (Graphique 7.1, partie A). À l'inverse, les investissements dans l'IA ont progressé en 2024, atteignant leur point le plus élevé à 100.4 milliards USD. Cette divergence pourrait être attribuée à la normalisation intervenue suite à la pandémie de COVID-19 et à une évolution des préférences des investisseurs en faveur de l'IA. La part des transactions liées aux fintechs en Afrique sur l'ensemble des transactions mondiales est systématiquement restée supérieure à celle des transactions liées à l'IA (Graphique 7.1, partie B). Ceci met en évidence le potentiel de croissance soutenue du financement de l'IA sur l'ensemble du continent. Plusieurs facteurs peuvent contribuer à ce déficit de financement, comme abordé plus en détail ci-dessous.

Graphique 7.1. Tendances du financement de l'IA et des fintechs en Afrique et dans le monde, 2020-2024

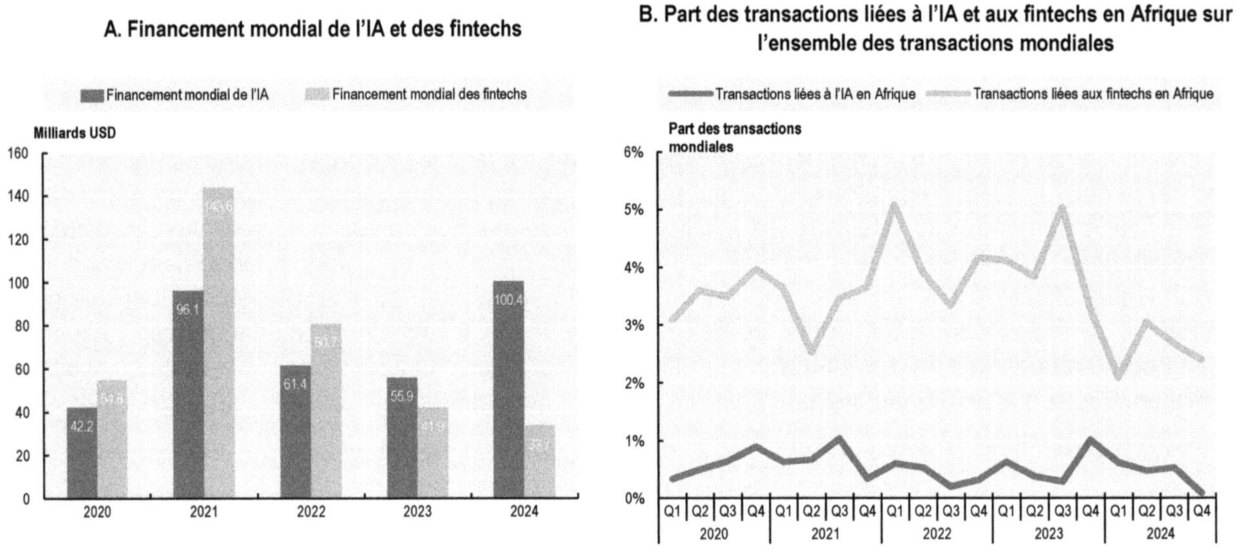

Note : Financement de l'IA et des fintechs par apport de fonds propres, nombre de transactions et pourcentage des transactions mondiales (2020-2024)
Source : CB Insights (2024), *State of Venture Report*, https://www.cbinsights.com/research/report/venture-trends-2024/

Parmi les pays africains considérés dans ce rapport, l'Afrique du Sud est celui qui a le plus bénéficié d'investissements en capital-risque, en valeur, sur la période 2019-2024, pour un total de plus de 190 millions USD. De son côté, le Nigéria est celui qui a enregistré le plus grand nombre total de transactions sur la même période (Graphique 7.2, parties A et B).

Graphique 7.2. Nombre et valeur des transactions liées à l'IA en Afrique (2019-2024)

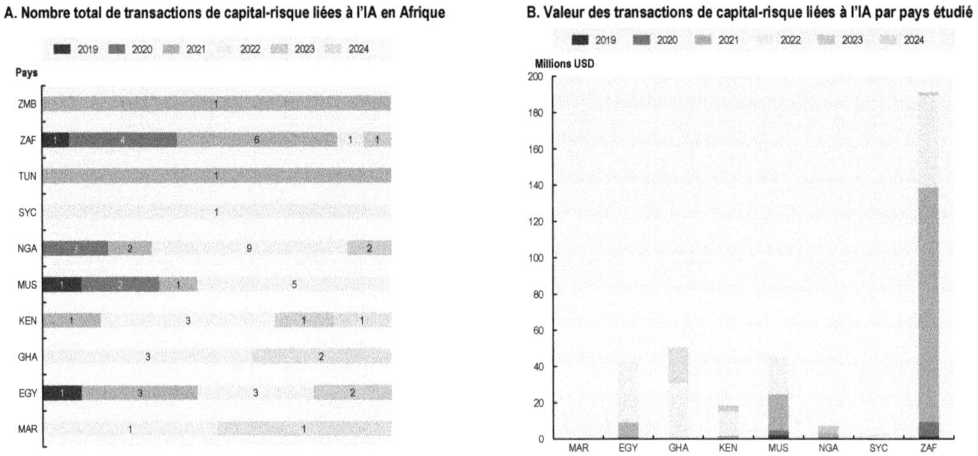

Note : D'après les données de l'Observatoire OCDE des politiques de l'IA.
Source : OECD.IA (2025), données de Preqin (dernière mise à jour : 01/10/2025), https://oecd.ai/

Malgré les difficultés décrites ci-dessus en matière d'investissement, les responsables publics africains et l'UA se dotent progressivement des capacités nécessaires à un déploiement réussi de l'IA, dans des domaines comme les équipements technologiques et les infrastructures, ou encore dans la planification stratégique et l'élaboration de politiques favorables à l'IA (Union africaine, 2024[7]). Des facteurs comme l'augmentation de la pénétration de l'internet, la transformation numérique et le renforcement des compétences du capital humain favorisé par l'économie mondiale du savoir, entraînent une transformation du paysage technologique en Afrique et sont susceptibles de soutenir la finance fondée sur des solutions d'IA (Union africaine, 2024[12]). Le marché africain de l'IA devrait représenter pas moins de 18 milliards USD à l'horizon 2031 (ESI Africa, 2024[13]).

7.4. Préparation à l'IA en Afrique

Plusieurs éléments clés peuvent être utilisés pour déterminer le niveau de préparation de l'Afrique à l'adoption de l'IA, et notamment la maturité du secteur technologique et le renforcement actuel ou prévu des capacités, l'adaptabilité des infrastructures au déploiement de l'IA, l'accès à une main-d'œuvre qualifiée et formée aux technologies d'IA, ou encore la disponibilité de données représentatives. D'autres facteurs, comme les objectifs de politique publique, la vision, les orientations et la stratégie des gouvernements, les considérations éthiques, ainsi que les capacités budgétaires, sont également essentiels pour déterminer l'état de préparation à l'IA.

D'après l'indice de préparation à l'IA d'Oxford[2], à la fin de l'année 2024, l'Égypte était le mieux préparé des pays analysés, suivie de Maurice, de l'Afrique du Sud et du Rwanda (Oxford Insights, 2024[14]). En glissement annuel entre 2023 et 2024, c'est le Ghana qui a enregistré la meilleure progression en termes de préparation à l'IA, suivi de la Zambie et des Seychelles. Ces améliorations ont été favorisées par la formalisation de visions stratégiques pour le déploiement de l'IA, élaborées par différents pays à titre individuel, mais aussi par l'UA. Lancée en juillet 2024, la Stratégie de l'UA en matière d'IA vise à tirer parti de cette technologie pour soutenir la prospérité et le développement du continent. Les pays africains se sont également efforcés d'améliorer leur réactivité réglementaire et leur préparation à l'IA, en particulier dans les domaines de la sécurité numérique et du développement des expertises. Les principaux facteurs influençant la préparation à l'IA dans les pays africains retenus pour le présent rapport étaient ainsi la vision, la disponibilité des données et le capital humain.

La plupart des stratégies nationales en matière d'IA sont axées sur la protection et la confidentialité des données, l'automatisation des procédures et une utilisation responsable de l'IA. Ces aspects réglementaires jouent un rôle déterminant dans les progrès réalisés dans le domaine des services financiers numériques, en renforçant le développement des marchés de capitaux et en optimisant les systèmes de paiement et les infrastructures des marchés financiers, y compris par une amélioration des outils et cadres existants de contrôle et de surveillance. Depuis 2022, le nombre de pays africains qui ont développé et introduit des politiques et stratégies nationales en matière d'IA n'a fait qu'augmenter.

Plusieurs initiatives sont également en cours de mise en œuvre afin d'optimiser la préparation à l'IA, axées plus particulièrement sur l'IA éthique et sur l'évaluation de la préparation à l'IA (OECD.AI, 2024[15] ; 2025[16] ; UNESCO, 2025[17]). Des efforts de recherche et de développement des expertises sont également déployés en collaboration avec les parties prenantes, notamment par l'établissement de centres de recherche et d'excellence en matière d'IA (Centre de recherches pour le développement international, 2025[18]), par la formalisation des cadres et politiques de protection des données, par la mise en place de campagnes de promotion des compétences liées aux données et par l'amélioration des infrastructures (Africa Privacy Centre, 2025[19] ; Banque européenne d'investissement, 2022[20]). Le secteur financier devrait être en mesure de tirer parti de ces efforts et initiatives (Union africaine, 2024[7]).

7.5. Cas d'utilisation de l'IA dans le secteur financier susceptibles d'améliorer l'inclusion financière en Afrique

Des cas d'utilisation de l'IA en lien avec les services financiers et les activités des marchés de capitaux susceptibles de favoriser l'inclusion financière ont pu être recensés dans de nombreuses économies africaines et à différents stades de développement, de l'expérimentation à l'adoption pratique. Ces applications concernent par exemple la fourniture de crédits, la détection et la prévention de la fraude, l'automatisation des processus et des fonctions d'assistance à la clientèle, ou encore le conseil en matière d'échanges et d'investissement (dont les robots conversationnels et les assistants virtuels axés sur les clients). Le cas d'utilisation présenté ci-dessous pourrait non seulement contribuer à élargir l'accès aux services financiers formels, et promouvoir par là même l'inclusion financière, mais aussi encourager le développement de produits des marchés de capitaux et la participation à ces mêmes marchés.

L'IA accélère l'inclusion financière en Afrique (Quevedo Vega, Salman et Fernandez Vidal, 2025[21]), notamment grâce aux plateformes et canaux de paiement mobile qui ont ouvert l'accès aux services financiers à des populations auparavant défavorisées dans ce domaine. Les technologies d'IA ont été mises en œuvre et déployées de manière formelle par l'intermédiaire des banques, des assureurs, des institutions de microfinance, mais aussi des institutions de réglementation et de surveillance, et sont utilisées de manière informelle à travers les services d'agence et de paiement mobile.

7.5.1. Évaluation de la solvabilité des emprunteurs fondée sur l'IA

Dans les marchés de capitaux, l'IA a démontré sa capacité à favoriser et à soutenir une affectation et une répartition équitables et productives des capitaux et autres ressources. L'IA peut encore accélérer l'inclusion financière en élargissant l'accès aux services financiers formels pour les populations défavorisées grâce à l'évaluation de la solvabilité des emprunteurs par notation à partir de données non conventionnelles (OCDE, 2021[6]), en baissant les coûts par le biais de l'automatisation conformément à la stratégie de transformation numérique adoptée par l'UA, mais aussi en accentuant la concurrence afin de stimuler l'innovation et la sensibilisation des populations à faible revenu (FMI, 2016[22] ; Union africaine, 2015[23]).

L'évaluation de la solvabilité des emprunteurs par notation fondée sur l'IA a été mise en œuvre avec succès dans plusieurs pays africains, au point d'entraîner une augmentation de la participation aux marchés de capitaux et un renforcement de l'inclusion financière. En Éthiopie, grâce à l'évaluation de la solvabilité fondée sur l'IA, plus de 380 000 micro, petites et moyennes entreprises (MPME) ont pu bénéficier de l'équivalent de 150 millions USD de capitaux sous forme de facilités de crédit non garanti (Kifiya, 2025[24]). En Zambie, une entreprise innovante des fintechs utilise également des algorithmes basés sur l'IA pour accorder des crédits non garantis à des clients privés de services bancaires, et tire ainsi parti de cette technologie pour déterminer leur solvabilité en analysant différentes sources de données, comme leurs transactions mobiles ou leur empreinte numérique (Disrupt Africa, 2025[25]). Au Kenya, certaines entreprises s'appuient sur l'IA non seulement pour octroyer des crédits aux utilisateurs de services financiers numériques, mais aussi pour proposer des solutions de gestion de la dette (Fintech Magazine Africa, 2024[26]).

L'intégration de l'IA dans les services financiers numériques offre aux responsables de l'action publique et aux organismes de surveillance du secteur financier une occasion stratégique d'améliorer encore la prestation de services et l'efficacité opérationnelle, et ce, tout en renforçant l'inclusion. Les solutions fondées sur l'IA peuvent aider les pouvoirs publics et les institutions financières à mieux adapter leurs services aux besoins locaux, à améliorer l'évaluation des risques et à soutenir l'élargissement de l'accès au crédit pour les communautés marginalisées.

7.5.2. Prévention et détection de la fraude

Des solutions fondées sur l'IA ont déjà été déployées en Afrique pour détecter et prévenir les transactions frauduleuses, et pour protéger les systèmes et ressources informatiques (Standard Bank, 2024[27]). Dans différents pays africains, les acteurs du secteur financier cherchent à améliorer leurs compétences et se penchent sur l'utilisation de systèmes et d'algorithmes d'IA, afin non seulement de détecter efficacement toute anomalie liée aux transactions ou à certains processus, mais aussi de protéger les systèmes financiers et les participants aux marchés de capitaux des menaces d'acteurs malveillants (Disrupt Africa, 2025[28]). Les pays qui ne disposent pas, à l'échelle locale, de l'expertise et des capacités techniques pour développer leurs propres systèmes peuvent s'appuyer sur des fournisseurs tiers pour se procurer les outils ou plateformes d'IA nécessaires à la mise en place de systèmes efficaces de gestion des risques financiers (Oracle, 2018[29] ; IBM, 2021[30] ; CIO Africa, 2024[31] ; Odufisan, Abhulimen et Ogunti, 2025[32]).

Les liens de plus en plus développés entre les prestataires de paiement et les infrastructures des marchés financiers offrent à l'Afrique une occasion unique d'intégrer ses marchés de capitaux et d'optimiser l'apport de capitaux. Il est possible d'atteindre ces objectifs en tirant parti de l'accessibilité des fonds d'État pour les investisseurs privés afin d'élargir les bases de capitaux et d'investisseurs. Les solutions fondées sur l'IA pourraient améliorer l'expérience des investisseurs, en leur octroyant un accès permanent aux informations sur l'état des investissements, ainsi qu'à des formations et des conseils dans ce domaine.

7.5.3. Automatisation des processus et fonctions d'assistance à la clientèle

Partout en Afrique, les prestataires de services financiers ont déployé des robots conversationnels et des assistants virtuels s'appuyant sur l'IA pour automatiser les processus et fonctions d'assistance à la clientèle. Ces dispositifs offrent un accès aux services d'assistance même en dehors des heures de travail habituelles, réduisant par là même fortement les coûts opérationnels tout en facilitant la mise en place de services personnalisés capables d'améliorer le soutien proposé aux clients et leur niveau de satisfaction. L'analyse des données des consommateurs au moyen de techniques comme l'analyse des sentiments permet de détecter des tendances concernant les groupes de consommateurs, et ainsi d'éclairer la prise de décisions stratégiques au sein des entreprises (VERICASH, 2024[33] ; Jumo, 2025[34] ; Qore, 2025[35]).

Les services de traduction instantanée fondés sur l'IA peuvent également améliorer considérablement l'automatisation des processus et d'assistance à la clientèle, tout en facilitant la gestion et la protection des informations financières. Ce domaine d'application peut être particulièrement utile en Afrique, compte tenu du grand nombre de langues et dialectes parlés sur le continent (Slator, 2024[36] ; Deepgram, 2024[37]).

Les technologies d'IA ont été mises en œuvre avec plus ou moins de succès par le biais du service de minimessages (*short message service*, SMS) et d'applications tierces comme WhatsApp, afin d'assurer la prestation de services dans les zones reculées ou sur des terminaux ne disposant pas des fonctionnalités fondamentales nécessaires pour prendre en charge les transactions financières (MTN Group, 2019[38] ; Stanbic Bank Zambia, 2021[39]). Ce cas d'utilisation ne se limite pas aux prestataires de services, dans la mesure où plusieurs autorités africaines de surveillance et de réglementation ont déjà adopté des solutions s'appuyant sur l'IA. En Zambie, la banque centrale a ainsi mis en place en 2024 une solution de signalement et de gestion des réclamations financières fondée sur l'IA, liée à la fois aux plateformes de réseaux sociaux et au service de minimessages (Bank of Zambia, 2023[40]). La Banque de réserve d'Afrique du Sud teste également le recours à l'IA dans le développement d'outils permettant d'améliorer les prévisions économiques (News24, 2024[41]).

7.5.4. Conseil en matière d'échanges et d'investissement

Dans le domaine du conseil en matière d'échanges et d'investissement, les pays africains n'exploitent pas tous l'IA de la même manière et affichent des stades de déploiement différents, allant du stade exploratoire au stade avancé. En Afrique du Sud, les gestionnaires d'actifs tirent déjà parti de l'IA dans le cadre de la gestion de portefeuille et de la recherche en investissement (FSCA, 2024[42]). Grâce à l'analyse prédictive fondée sur l'IA, il est possible de déceler, d'évaluer et de limiter les risques de façon plus efficace en étudiant les tendances du marché, et d'améliorer ainsi la fiabilité de la prise de décision.

Au Kenya, des algorithmes de négociation fondés sur l'IA ont été intégrés à l'analyse du marché d'actions, permettant ainsi d'aider les investisseurs dans l'analyse de données nécessaire pour appuyer ou recommander des choix d'investissement. Les start-ups du secteur kenyan des fintechs utilisent l'IA pour analyser et traiter en temps réel des volumes sans précédent de données financières, structurées comme non structurées. Les opérateurs de marché qui n'y avaient auparavant pas accès peuvent désormais rassembler des informations indispensables pour saisir des opportunités d'investissement (Citizen Digital, 2025[43]).

Au Nigéria, les investisseurs individuels privilégient les moteurs de recommandations d'investissement basés sur l'IA. Cette préférence se reflète également au niveau institutionnel par la fourniture de recommandations personnalisées, fondées sur une modélisation des risques s'appuyant sur l'apprentissage automatique. Le déploiement de ces outils a été en grande partie concluant et a permis de soutenir l'inclusion financière tout en assurant le confort et la sécurité des investisseurs individuels au niveau personnel, mais aussi en favorisant une plus grande inclusivité sur les marchés de capitaux par un élargissement de l'accès à des populations plus diversifiées (Digital Frontiers Institute, 2025[44]).

Des outils d'évaluation des risques assistés par l'IA ou fondés sur l'IA ont été introduits en Égypte afin de contribuer à la mise en place de cadres de réglementation et de surveillance plus solides, et ce, en permettant aux autorités concernées de déceler les risques ou les cas de fraude potentiels, en protégeant de manière proactive les paiements et les systèmes sous-jacents, et en renforçant la confiance des investisseurs et l'efficience du marché (OCDE, 2024[45] ; Euromoney, 2023[46]).

7.5.5. Gestion des risques et cybersécurité des services de banque mobile et des solutions de fintechs

La base de données Global Findex (Banque mondiale, 2025[47]) montre le rôle déterminant que jouent désormais les services financiers numériques dans la promotion de l'inclusion financière en Afrique subsaharienne. En 2024, 58 % des adultes disposaient d'un compte bancaire traditionnel ou mobile, contre 34 % dix ans auparavant. Cette croissance rapide met en évidence la capacité extraordinaire des services financiers numériques à atteindre les populations défavorisées en termes de services et à élargir le champ de l'inclusion financière.

L'IA peut donner aux particuliers, aux entreprises et aux pouvoirs publics les moyens de gérer les risques à grande échelle en tirant parti des technologies sous-jacentes pour améliorer la sécurité des transactions, décourager la fraude et éviter les résultats négatifs potentiels, procéder à des analyses avancées, rationaliser les opérations ou encore améliorer l'accessibilité des services (GSMA, 2024[2]).

Les services de banque mobile et les solutions de fintechs se sont appuyés sur l'IA pour créer un écosystème de paiement numérique et rendre les services financiers à la fois plus accessibles et performants (GSMA, 2025[48]). Consciente du rôle que peut jouer l'IA en faveur de la transformation numérique et de l'inclusion financière, l'UA a fait de sa mise en œuvre une priorité stratégique en raison de la capacité de l'IA à réduire la pauvreté et à soutenir le développement économique (Union africaine, 2025[49]). Cet écosystème est toutefois exposé à différents risques susceptibles de compromettre les efforts d'inclusion financière et de freiner tout progrès. Le déploiement de l'IA dans les services financiers peut contribuer à atténuer ces menaces grâce à des approches heuristiques de biométrie automatisées et fondées sur les données, à des mécanismes d'authentification adaptatifs et basés sur les risques, et à l'automatisation du renseignement sur les menaces.

7.5.6. *Élaboration de politiques fondées sur les données et RegTech/SupTech*

L'IA permet une analyse avancée d'ensembles de données structurées et non structurées afin d'identifier les tendances, prédire les évolutions et évaluer les risques avec une précision accrue. La modélisation prédictive, l'analyse des sentiments et la cartographie géospatiale peuvent aider les responsables de l'action publique à recenser les régions défavorisées en termes de services, à anticiper les évolutions du paysage concurrentiel et à mettre en place des interventions proactives. La surveillance en temps réel, la simulation de scénarios et les boucles de rétroaction adaptatives permettent de faire preuve d'agilité dans la modification des politiques, alors que les sources de données non conventionnelles et la détection des biais peuvent contribuer à renforcer l'inclusivité dans l'octroi de crédits et à améliorer l'équité des systèmes financiers.

Les solutions de technologie réglementaire (*regulatory technology*, RegTech) fondées sur l'IA peuvent automatiser la mise en conformité pour atténuer les risques de manière proactive. Les outils SupTech s'appuyant sur l'IA peuvent également favoriser une prise de décision et une détection des risques plus rapides et plus précises, ainsi qu'une plus grande efficacité opérationnelle pour les organismes de surveillance du secteur financier, contribuant ainsi à la stabilité financière. Le déploiement de l'IA permettrait de renforcer les capacités et l'efficacité des responsables de l'action publique, tout en participant au maintien des normes déontologiques par l'élimination des biais et par une application renforcée du principe de responsabilité (G20 Afrique du Sud, 2025[50]). Le recours à l'IA dans les solutions de RegTech et de SupTech peut également soutenir l'inclusion financière dans les domaines de l'intégration sécurisée et des services et produits personnalisés.

Les solutions d'IA peuvent aussi aider à rationaliser et à améliorer les processus et mécanismes liés aux critères environnementaux, sociaux et de gouvernance (ESG), tels que l'élaboration d'indicateurs de mesure, de suivi et de notification à l'appui des bases de données et des cadres d'action (OCDE, 2022[51]).

7.5.7. *Assurance fondée sur l'IA*

Dans toute l'Afrique, les assureurs adoptent l'IA pour accroître leur efficacité, améliorer les opérations, élargir l'accès aux services et renforcer la confiance. Différentes solutions d'IA et d'apprentissage automatique ont déjà été déployées pour optimiser le traitement des déclarations de sinistres automobiles, renforcer la lutte contre la fraude par l'automatisation des vérifications, améliorer le service à la clientèle et proposer une prestation de services plus personnalisée (The Mail & Guardian, 2025[52]).

L'IA a également été adoptée pour analyser les données de santé et relatives aux paiements mobiles, faciliter le développement de solutions de microassurance innovantes et abordables à destination des clients à faible revenu et auparavant défavorisés en termes de services. Ces exemples témoignent d'une tendance en faveur d'une adoption stratégique de l'IA sur le marché de l'assurance africain, dans le but d'améliorer le traitement des demandes, de personnaliser les services proposés, de renforcer l'inclusion financière et de lutter contre la fraude (Deloitte, 2023[53]).

7.6. Obstacles à un développement plus large de l'IA dans la finance à l'appui de l'inclusion financière

La mise en œuvre de cas d'utilisation de l'IA dans le secteur de la finance pour soutenir le développement des marchés de capitaux en Afrique se heurte à plusieurs obstacles majeurs, dont les risques associés au recours à des outils avancés non seulement pour les consommateurs de produits et services financiers, mais aussi pour les marchés dans leur ensemble. Ces obstacles sont susceptibles de limiter la propension des prestataires de services financiers à déployer de telles innovations, si ce n'est que pour éviter toute atteinte à leur réputation. Ceux-ci incluent notamment les risques opérationnels, les menaces de cybersécurité, les biais des modèles d'IA ou encore la fraude (OCDE, 2024[8]).

Les obstacles liés, d'une part, aux infrastructures sous-jacentes à la fourniture de services numériques et, d'autre part, aux capacités institutionnelles nuisent eux aussi à l'adoption de l'IA dans la finance. Dans certaines régions, la connexion à l'internet est intermittente, voire inexistante, tandis que l'approvisionnement régulier d'électricité y constitue un autre défi en termes d'infrastructures, ce qui peut avoir de graves répercussions sur le déploiement et l'adoption des technologies d'IA émergentes (Banque mondiale, 2024[54]). La connectivité mobile est également affectée par le faible nombre d'antennes-relais, lesquelles sont par ailleurs la cible d'actes de vandalisme ou de destruction, entraînant par là même un cercle vicieux d'augmentation des coûts d'investissement. Les infrastructures sont indispensables à la prestation de services des institutions financières et des start-ups technologiques qui, sans elles, peuvent avoir des difficultés à fournir des services de base, et même être dans l'incapacité d'innover de manière durable (GSMA, 2025[48] ; Developing Telecoms, 2025[55] ; MTN South Africa, 2025[56]). Outre les difficultés liées aux infrastructures numériques, les capacités institutionnelles limitées dont disposent les pays africains peuvent accentuer les inégalités et nuire à une répartition juste des avantages générés par l'IA (FMI, 2021[57]).

Le coût prohibitif du développement, de la mise à l'essai, du déploiement et de l'actualisation des modèles avancés constitue un autre obstacle à l'innovation liée à l'IA en Afrique. Cela inclut les frais d'hébergement dans le nuage et les frais généraux d'intégration pour adapter les modèles aux infrastructures, normes techniques et terminaux locaux (Kondo et Diwani, 2023[58]).

L'Afrique est par ailleurs confrontée à une adoption relativement lente de l'IA, due à la pénurie de professionnels qualifiés, et ce, malgré un intérêt croissant pour cette technologie et une augmentation des investissements dans les secteurs de la santé, de l'agriculture et de la finance notamment. Parce que les programmes d'enseignement et de formation peinent à suivre le rythme des avancées technologiques, malgré le potentiel prometteur de la jeune population du continent, l'innovation est freinée et de nombreuses opportunités sont manquées (SAP, 2025[59]).

La qualité et la disponibilité des données constituent un autre obstacle important au déploiement de l'IA, qui nécessite des capacités de stockage importantes, évolutives et économes en énergie pour les vastes ensembles de données sur lesquels reposent les fonctions de traitement et de modélisation (OCDE, 2024[7] ; OCDE, 2021[59]). Cependant, la majorité des institutions financières africaines n'ont généralement accès qu'à des données fragmentées ou incomplètes (Osabutey et Jackson, 2024[60]) et ne disposent la plupart du temps que de capacités de traitement par l'intermédiaire de prestataires de services tiers dans le domaine de l'IA. La diversité des juridictions et la myriade de cadres réglementaires et juridiques qui en découlent ne font qu'exacerber cet obstacle, en ne garantissant pas un cadre normalisé pour la gestion et la confidentialité des données, ou pour une utilisation éthique de l'IA dans la fourniture de services financiers (Ademuyiwa et Adeniran, 2020[61]).

Les cyberrisques et les coûts associés nuisent également à un déploiement réussi de l'IA dans les services financiers (Banque de réserve sud-africaine, 2025[62]). Les technologies fondées sur l'IA sont particulièrement vulnérables aux cyberrisques et des mesures efficaces d'atténuation doivent ainsi être mises en œuvre pour protéger les ressources informatiques et garantir leur résilience, leur fiabilité, leur adaptabilité et leur évolutivité. Par ailleurs, les coûts élevés associés au déploiement de l'IA, y compris en matière d'investissements infrastructurels, d'acquisition des talents et de développement ou d'achat de logiciels, représentent un obstacle financier non négligeable, notamment pour les start-ups et les petites entreprises. Le manque d'expertise observé en Afrique dans le développement de l'IA ne fait que ralentir davantage son déploiement dans les services financiers, dans la mesure où les pouvoirs publics et les institutions éprouvent des difficultés à trouver des professionnels disposant des compétences nécessaires. Cette pénurie est encore accentuée par la migration de travailleurs qualifiés vers d'autres régions susceptibles de proposer des postes mieux rémunérés (Dreyer et al., 2018[63] ; Sey et Mudongo, 2024[64]).

Outre ces difficultés d'ordre technique, certains aspects sociétaux peuvent également avoir une incidence négative sur le déploiement des solutions d'IA. Un faible niveau de culture numérique et financière affecte directement le rythme de développement et de déploiement des technologies fondées sur l'IA, ainsi que le degré de confiance dans l'utilisation d'outils fondés sur l'IA. Une maîtrise limitée du numérique peut également réduire la capacité des consommateurs et des investisseurs à utiliser les outils d'IA à leur avantage, et à en saisir les possibilités et les risques (OCDE, 2023[65]). Les recherches universitaires montrent que, dans certains cas, les pouvoirs publics, les organismes de réglementation, mais aussi les institutions financières plus traditionnelles, peuvent être réticents au changement et hésitent par conséquent à adopter des solutions d'IA par peur d'une mauvaise utilisation de cette technologie (Munoriyarwa, 2024[66] ; Azaroual, 2024[67] ; Frimpong, 2024[68]).

Il est essentiel de prendre en compte les aspects déontologiques, comme les biais algorithmiques ou les décisions motivées par l'IA, afin de garantir l'équité des services financiers. Cela nécessite toutefois un soutien réglementaire, le développement d'infrastructures, une formation adaptée et une collaboration entre les secteurs financier et technologique, et ce, afin de mettre en place en Afrique un système financier fondé sur l'IA réellement inclusif (Fu, Huang et Singh, 2020[69] ; Banque de réserve sud-africaine, 2025[62]).

D'autres obstacles structurels, réglementaires et économiques au déploiement de l'IA sur le continent africain sont présentés dans l'Encadré 7.1.

Encadré 7.1. Obstacles structurels, réglementaires et économiques à la croissance des investissements dans l'IA en Afrique

- ***Paysage de l'action publique fragmenté*** : la fragmentation du paysage réglementaire en Afrique représente un véritable défi pour les investisseurs potentiels. Les procédures de délivrance de permis peuvent être particulièrement longues et les restrictions prévues dans les lignes directrices peuvent décourager les investisseurs compte tenu des risques liés non seulement à la durabilité des entreprises, mais aussi à la viabilité et à la continuité de leurs activités (McKinsey, 2022[70]). Pour résoudre ce problème, l'UA a mis en place différentes initiatives visant à harmoniser les politiques et réglementations sur l'ensemble du continent africain (Union africaine, 2024[7]).
- ***Infrastructures*** : la fourniture de services financiers numériques et fondés sur l'IA doit pouvoir s'appuyer sur un approvisionnement fiable en électricité et une connexion stable à l'internet. Les défis que doit relever l'Afrique compte tenu du sous-développement de ses infrastructures constituent un réel obstacle pour les investisseurs (Groupe de la Banque africaine de développement, 2024[71]). Pour attirer davantage d'investissements dans l'IA, les infrastructures africaines devront être mises à niveau.
- ***Capital humain et talents*** : les professionnels de l'IA restent rares en Afrique et la migration des travailleurs dotés des compétences nécessaires vers d'autres régions du monde représente un défi majeur pour le continent. La capacité à former et à retenir des professionnels hautement qualifiés et disposant des compétences appropriées dans le domaine de l'IA est un facteur d'attractivité pour les investisseurs (McKinsey, 2022[70]).
- ***Stabilité politique et économique*** : l'instabilité politique de certaines parties du continent et la volatilité des économies sous-jacentes ont un effet dissuasif sur les investisseurs potentiels (Geda et Yimer, 2023[72]), en particulier dans le cadre d'investissements de moyen à long terme. La capacité des entreprises à protéger efficacement leurs droits de propriété intellectuelle est également essentielle puisque, dans un contexte politique instable, certains droits peuvent être ignorés ou remis en cause pour des motifs politiques (Svensson, 1998[73]).

- ***Contraintes financières*** : la faible profondeur des marchés affecte également les investissements en capital-risque dans l'IA et les fintechs, entraînant par là même une dépendance excessive à l'égard des investissements étrangers, au détriment d'initiatives nationales qui auraient pourtant permis de financer efficacement les projets liés à l'IA et aux fintechs (Reuters, 2025[74]).

7.7. Principales initiatives publiques régionales en faveur du déploiement de l'IA dans les services financiers numériques en Afrique

La Stratégie continentale en matière d'IA adoptée par l'UA en juillet 2024 ne prévoit aucune disposition visant spécifiquement l'utilisation de l'IA dans le secteur financier. Elle fournit en outre un cadre général pour la gouvernance et l'adoption de l'IA dans de nombreux secteurs, dont les secteurs de l'agriculture, de la santé, de l'éduction, du changement climatique et de la prestation de services publics. Cette stratégie met l'accent sur l'élaboration de stratégies nationales en matière d'IA par les États membres, sur la création de cadres de gouvernance et sur la mise en œuvre de principes déontologiques dans l'utilisation de l'IA. Elle préconise par ailleurs non seulement de renforcer les capacités d'IA dans les infrastructures, les ensembles de données, les plateformes informatiques et le capital humain, mais aussi de favoriser la recherche, l'innovation et la coopération régionale (Union africaine, 2024[7]).

Cette stratégie reconnaît le potentiel de transformation des systèmes avancés d'IA et les risques qui y sont associés. L'IA générative est par exemple considérée comme jouant un rôle majeur dans les risques émergents, dont la mésinformation, les violations de la vie privée ou les infractions aux droits de la propriété intellectuelle. Elle recommande en outre que des recherches soient menées en Afrique pour évaluer les risques de l'IA à court, moyen et long terme, y compris des modèles génératifs, et encourage l'adoption de lignes directrices déontologiques, de mesures de transparence et d'exigences d'explicabilité pour les systèmes d'IA. Cette stratégie prône enfin la mise en place de bacs à sable réglementaires et de registres de la transparence algorithmique afin de garantir une innovation responsable et l'application du principe de redevabilité (Union africaine, 2024[7]).

Plusieurs pays africains introduisent actuellement des mesures réglementaires pour encadrer l'utilisation de l'IA dans la finance, notamment en ce qui a trait aux principes déontologiques d'équité, de responsabilité et de transparence. Maurice a ainsi mis en place un agrément pour la fourniture de conseils automatisés et fondés sur l'IA (*Robotic and AI Enabled Advisory License*), afin de réguler l'activité de conseil automatisé en matière d'investissement. D'autres pays mènent quant à eux des consultations auprès des institutions financières dans le but d'intégrer la gouvernance de l'IA dans les cadres existants. Ces efforts ont pour objectif d'harmoniser les normes et de garantir la sécurité et l'inclusivité de l'adoption de l'IA dans les services financiers numériques (Quevedo Vega, Salman et Fernandez Vidal, 2025[21]).

7.8. Stratégies nationales en matière d'IA, aspects financiers spécifiques et politiques nationales liées à l'IA en Afrique

Afrique du Sud : le cadre d'action national en matière d'IA (*National AI Policy Framework*) définit une vision stratégique pour l'intégration des technologies d'IA dans l'ensemble de l'économie, et ce, afin de renforcer la croissance, l'innovation et l'inclusion sociale. Il présente l'IA comme un véritable moteur de la transformation numérique et du développement inclusif. Ce cadre définit différents piliers stratégiques, dont le développement des talents, les infrastructures numériques, la recherche et l'innovation, des lignes directrices pour une IA éthique, la gouvernance des données, la protection de la vie privée et la cybersécurité. Il met en avant une IA centrée sur l'humain, ainsi que les principes d'équité, de transparence et de responsabilité, tout en encourageant les partenariats public-privé et les stratégies sectorielles dans des domaines comme ceux de la santé, de l'éducation et de la finance. S'il reconnaît l'importance des stratégies sectorielles, ce cadre ne propose pas à ce stade de mesure détaillée ayant trait à l'IA dans le domaine financier (Department of Communications and Digital Technologies, 2024[75]).

Algérie : la stratégie nationale en matière d'IA, officiellement lancée en décembre 2024, est coordonnée par un comité dédié et repose sur six piliers, à savoir la recherche et l'innovation, l'amélioration des compétences, les infrastructures et les ensembles de données, les investissements et l'écosystème, les réglementations et politiques, et l'intégration sectorielle (Digital Policy Alert, 2024[76] ; Ministère de la Poste et des Télécommunications, 2025[77]). Cette stratégie met en avant des mesures telles que la création d'un fonds national pour l'IA, l'élaboration de programmes de formation spécialisés et la promotion de normes déontologiques. L'adoption de l'IA est présentée comme un moyen de réduire la fracture numérique et de soutenir le développement durable, en mettant l'accent sur l'innovation et l'harmonisation des politiques plutôt que sur une définition détaillée des mécanismes de mise en œuvre. Cette stratégie prévoit également des initiatives comme l'établissement d'un centre national de données, la création d'un établissement d'enseignement supérieur spécialisé dans l'IA ou encore le développement des compétences et des cadres d'investissement. Aucune mention n'a toutefois été faite d'une application spécifique de l'IA au secteur financier lors de l'annonce de cette stratégie.

Bénin : la Stratégie nationale d'intelligence artificielle et des mégadonnées (SNIAM) 2023-2027, adoptée par le Conseil des ministres en janvier 2023, a pour objectif de faire du pays un chef de file régional en matière d'IA à l'horizon 2027. Cette stratégie s'articule autour de quatre axes stratégiques : (1) la consolidation de l'écosystème existant et la mise en œuvre de cas d'utilisation de l'IA à fort impact ; (2) le renforcement des capacités humaines en matière d'IA et la gestion des données massives ; (3) le soutien à la recherche, à l'innovation et à la participation du secteur privé ; et (4) la mise à jour du cadre juridique et réglementaire afin de traiter les questions de gouvernance, de déontologie et de responsabilité. Elle inclut 123 actions applicables à différents secteurs, comme le secteur de l'agriculture, de la santé, de l'éducation, de la finance et de l'administration publique, en mettant tout particulièrement l'accent sur le développement des infrastructures (p. ex. : l'IA en tant que service ou les lacs de données), le développement des expertises et la coopération internationale. Dans le domaine financier, la stratégie met en avant l'application de l'IA pour les contrôles fiscaux intelligents, la détection de la fraude et l'optimisation des dépenses, afin de renforcer par là même la transparence et l'efficacité dans la gestion des finances publiques. Le gouvernement prévoit aussi la création d'un environnement contrôlé pour l'expérimentation en matière d'IA, soutenu par le Code du numérique, ainsi que la mobilisation de financements nationaux et internationaux pour la mise en œuvre de cette stratégie (Ministère du Numérique et de la Digitalisation, 2023[78]).

Botswana : dans le cadre de son programme plus général de transformation numérique, le pays est en cours de validation d'un rapport sur son niveau de préparation à l'IA. Si les pouvoirs publics n'ont pas encore publié de stratégie spécifique relative à l'IA pour les services financiers, cette initiative a néanmoins pour objectif d'éclairer l'élaboration de politiques et de cadres nationaux en matière d'IA s'appuyant sur des principes déontologiques. Ces cadres devraient permettre d'orienter les futures applications sectorielles, y compris dans le domaine de la finance, en encourageant le déploiement d'une IA responsable et en assurant leur cohérence avec les priorités nationales de développement (Magopane, 2025[79]).

Égypte : dans sa loi de 2022 sur les fintechs, le pays a prévu des dispositions liées à l'IA dans le secteur financier, lesquelles encadrent le recours à l'IA pour les services financiers non bancaires et imposent une autorisation préalable à l'utilisation de solutions fondées sur l'IA. Cette loi a pour objectif d'encourager l'innovation dans les technologies financières tout en assurant la protection des consommateurs et la conformité aux normes de gouvernance des données. Au-delà du secteur de la finance, la stratégie nationale égyptienne relative à l'intelligence artificielle (*National AI Strategy*, NAIS) lancée en 2019 vise à tirer parti de l'IA pour stimuler la croissance économique, améliorer les services publics et soutenir le développement durable. D'autres initiatives ont récemment été mises en œuvre, dont la Charte égyptienne pour une IA responsable (*Egyptian Charter for Responsible AI*), qui promeut l'équité, la transparence, le principe de responsabilité et les valeurs centrées sur l'humain. L'Égypte joue également un rôle moteur dans la coopération régionale et internationale, puisqu'elle préside différents groupes de travail consacrés à l'IA au sein de l'UA et de la Ligue des États arabes, avec pour mission de définir des normes et des stratégies communes (OCDE, 2024[45]).

Gabon : si le pays n'a pas encore adopté de stratégie nationale en matière d'IA, les pouvoirs publics ont pris des mesures en faveur de son développement, dont la création d'un Comité technique national sur l'IA. L'adoption de l'IA dans le pays en est encore à ses balbutiements, puisqu'aucun cas d'utilisation significatif n'a pu être observé dans l'administration publique et que les applications dans le secteur privé restent limitées, notamment sous forme de robots conversationnels et d'outils de détection du plagiat. Il n'existe aucune disposition spécifique relative à l'IA dans les services financiers et le cadre juridique actuel est principalement axé sur la cybersécurité et la protection des données. Les pouvoirs publics reconnaissent la nécessité d'une gouvernance de l'IA à la fois éthique et transparente, et prévoient de mettre en place une stratégie nationale basée notamment sur des mécanismes de gouvernance, le développement des expertises et des cadres réglementaires visant à garantir le déploiement d'une IA responsable dans l'ensemble des secteurs, y compris le secteur de la finance (UNESCO, 2024[80]).

Ghana : la stratégie nationale en matière d'IA (2023-2033) comprend des dispositions spécifiques concernant l'IA dans les services financiers. Elle établit en outre les services financiers comme un secteur clé pour l'adoption de l'IA et encourage son application à des fins de détection de la fraude, de planification financière algorithmique, d'évaluation automatisée de la solvabilité des emprunteurs par notation, et de traitement des déclarations de sinistres. Cette stratégie encourage les partenariats public-privé et la mise en place de projets pilotes en collaboration avec la Banque du Ghana afin d'accélérer l'intégration de l'IA dans ce secteur. Elle recommande par ailleurs une clarification des cadres régissant la gouvernance des données et la propriété intellectuelle, la mise en place d'incitations à destination des start-ups spécialisées dans l'IA et une adaptation des lignes directrices sur la passation des marchés publics, afin de faciliter la participation des entreprises innovantes dans le domaine de l'IA aux projets liés aux services financiers. Ces mesures s'inscrivent dans un cadre plus large reposant sur huit piliers principaux, dont la gouvernance des données, les infrastructures numériques et la recherche en IA appliquée, et visent à favoriser une adoption responsable et inclusive de l'IA dans l'ensemble de l'économie ghanéenne (Ministry of Communications and Digitalisation, 2022[81]).

Guinée équatoriale : le programme national de transformation numérique donne la priorité au développement des infrastructures numériques, au renforcement de la gouvernance des données et à l'amélioration de la cybersécurité, lesquels constituent des étapes fondamentales pour permettre l'adoption de technologies émergentes, dont l'IA. Ces mesures visent à créer un environnement sûr et interopérable, propice à l'innovation et à la diversification économique. Cette stratégie ne fait aucune mention de l'IA dans la finance ou de l'IA à usage général et ne prévoit aucune politique spécifique en la matière (Banque mondiale, 2024[82]).

Kenya : la stratégie nationale en matière d'IA pour la période 2025-2030 ne compte aucune disposition portant spécifiquement sur la question de l'IA dans la finance. Elle définit cependant un cadre national complet visant à faire du Kenya un chef de file régional en matière de recherche, d'innovation et d'adoption de l'IA, et ce, dans de nombreux secteurs. Cette stratégie s'articule autour de trois axes, à savoir les données, les infrastructures numériques pour l'IA et la recherche et l'innovation dans le domaine de l'IA, et s'appuie sur divers leviers comme la gouvernance, le développement des talents, l'investissement et la déontologie. Elle met en avant des mesures visant à établir un cadre solide de gouvernance des données, à développer des infrastructures prêtes pour l'IA, à établir des pôles de recherche en IA et à instaurer des cadres juridiques et réglementaires agiles, y compris des normes de risque et de sécurité. Cette stratégie met également l'accent sur un développement de l'IA à la fois éthique et inclusif, la sensibilisation du grand public et la mise en place de partenariats, afin d'encourager l'innovation et assurer un déploiement responsable des technologies d'IA (Government of Kenya, 2025[83]).

Maurice : le pays a élaboré une stratégie nationale en matière d'IA dans le but de faire de cette technologie un moteur clé de l'innovation et de la transformation économique. Cette stratégie mise avant tout sur la création d'un écosystème favorable par l'établissement d'un comité mauricien sur l'IA (*Mauritius AI Council*, MAIC), dont le rôle sera de coordonner les projets, d'assurer le suivi de leur mise en œuvre et de fournir des conseils sur les politiques à mener. Elle recommande en outre la création d'un solide cadre réglementaire couvrant la protection des données, la propriété intellectuelle et les questions de déontologie, ainsi que des mesures de promotion des données ouvertes et du principe de responsabilité. Les pouvoirs publics prévoient par ailleurs d'encourager l'adoption de l'IA au moyen de mesures budgétaires, comme les crédits d'impôt, les subventions proportionnelles ou les aides à la formation, tout en investissant dans le développement des talents grâce à des programmes spécialisés, à l'octroi de bourses et à la création d'un campus de l'IA. Si cette stratégie n'introduit aucune politique spécifique l'IA dans le secteur de la finance, elle considère néanmoins explicitement les fintechs comme un secteur stratégique et met en avant le rôle de l'IA dans le développement de robots-conseillers, la détection de la fraude, l'évaluation de la solvabilité des emprunteurs par notation, la conformité réglementaire et l'automatisation du service à la clientèle. Ces initiatives ont pour objectif de faire de Maurice un pôle régional en matière de fintechs en Afrique, tirant parti de l'IA pour renforcer la compétitivité et favoriser les services financiers transfrontières (Working Group on Artificial Intelligence, 2018[84]).

Mauritanie : la stratégie nationale en matière d'IA pour 2024-2029 établit un cadre complet pour la gouvernance et le développement de l'IA, dans le but de faire du pays un acteur majeur de la transformation numérique à l'échelle régionale. Cette stratégie repose sur cinq priorités stratégiques : (1) développer des capacités humaines en IA et dans la science des données grâce à des programmes de formation et à l'intégration professionnelle ; (2) promouvoir la recherche et l'innovation par le financement des universités, le soutien à l'entrepreneuriat dans le domaine de l'IA et la création de centres d'excellence ; (3) renforcer la coopération régionale et internationale, y compris la participation aux initiatives mondiales en faveur de la gouvernance des données et de l'IA responsable ; (4) établir une solide gouvernance des données pour l'IA, axée sur la collecte, le partage et la gestion sécurisés des données ; et (5) garantir la conformité juridique et déontologique par l'adoption de politiques en accord avec les réglementations de protection des données et par la participation à l'élaboration des normes internationales pour l'encadrement de l'IA. Bien que cette stratégie établisse des secteurs clés pour la mise en œuvre de l'IA (comme les secteurs de la santé, de l'éducation, de l'agriculture, de l'énergie et de la défense), elle ne met pas en avant de dispositions spécifiques à l'application de l'IA aux services financiers. Elle met en revanche l'accent sur la création d'un environnement favorable par l'amélioration des compétences, le financement de la recherche, le développement des infrastructures de données et le renforcement d'une gouvernance éthique pour soutenir l'adoption de l'IA dans tous les secteurs de l'économie (The Ministry of Digital Transformation, 2024[85]).

Namibie : le pays se prépare activement à l'adoption de l'IA, mais ne dispose pas encore de stratégie nationale formelle dans ce domaine. Les pouvoirs publics ont toutefois établi des bases solides à cet effet, par la mise en place de politiques comme la stratégie numérique nationale (*National Digital Strategy*) pour la période 2024-2028, la loi sur l'accès à l'information de 2022 (*Access to Information Act*) ou encore les projets de loi sur la cybercriminalité et la protection des données. Ces initiatives ont pour objectif de renforcer la transparence, la gouvernance des données et la cybersécurité, trois conditions préalables à un déploiement éthique de l'IA. Le projet Vision 2030 et le deuxième plan Harambee pour la prospérité (*Harambee Prosperity Plan II*) font des TIC et de l'IA deux moteurs essentiels de la croissance économique du pays et de son développement social. Les secteurs prioritaires pour l'intégration de l'IA sont notamment ceux de l'agriculture, de la santé, de l'éducation, de l'énergie et de l'eau, ainsi que le secteur émergent de l'hydrogène vert. La Banque de Namibie a par ailleurs lancé en 2024 son accélérateur d'IA et de robotique

(*AI and Robotics Accelerator*, AIRA), témoin de son engagement en faveur des applications de l'IA dans les services financiers et autres secteurs connexes (UNESCO, 2025[86]).

Nigéria : au titre de ses piliers sur l'accélération de l'adoption de l'IA et la transformation sectorielle, la stratégie nationale en matière d'IA (*National Artificial Intelligence Strategy*, NAIS) considère les services financiers comme un secteur prioritaire pour l'adoption de l'IA. Cette stratégie préconise la mise en place de feuilles de route sectorielles, notamment pour le secteur de la finance, de manière à accroître l'efficacité, à renforcer la gestion des risques et à améliorer l'inclusion financière. Elle encourage l'adoption d'innovations fondées sur l'IA, comme l'évaluation de la solvabilité des emprunteurs par notation, la détection de la fraude ou la personnalisation des services financiers, dans le but de stimuler l'économie numérique et de soutenir la conformité réglementaire. Les pouvoirs publics prévoient d'inciter les acteurs du secteur privé à adopter ces innovations au moyen d'allègements fiscaux, de subventions spécifiques ou de partenariats public-privé, tout en veillant à la protection des données et à l'application des normes déontologiques en vertu de la loi de 2023 sur la protection des données (NCAIR, NITDA et FMCIDE, 2024[87]).

Ouganda : la feuille de route de la transformation numérique pour 2023/2024-2027/2028 définit une stratégie pour l'intégration des technologies numériques dans l'ensemble des secteurs, y compris le secteur des services financiers. Si elle ne prévoit aucune disposition détaillée concernant l'IA dans la finance, elle met néanmoins l'accent sur les infrastructures numériques, la cybersécurité et la protection des données comme conditions préalables à l'adoption de l'IA. Cette feuille de route accorde également une importance particulière au perfectionnement des compétences numériques, aux écosystèmes d'innovation et à l'éthique de la gouvernance, et ce, afin de garantir un déploiement inclusif et responsable de l'IA. Ces priorités s'inscrivent dans l'objectif plus large de l'Ouganda visant à favoriser la croissance économique en s'appuyant sur les technologies, et en complément des stratégies nationales antérieures destinées à renforcer le niveau de préparation au numérique et les capacités d'innovation (Ministry of ICT and National Guidance, 2022[88] ; Ministry of ICT and National Guidance, 2024[89]).

Rwanda : la politique nationale relative à l'IA identifie le secteur des services bancaires et de paiement numérique comme l'un des secteurs phares pour l'adoption de l'IA, et vise à travers lui à favoriser l'inclusion financière, à améliorer la gestion des risques et à renforcer la cybersécurité. Cette politique met en avant les innovations fondées sur l'IA, telles que la détection de la fraude, l'évaluation de la solvabilité des emprunteurs par notation ou encore la personnalisation des services financiers, dans le but de soutenir la croissance de l'économie numérique du Rwanda. Pour accélérer l'adoption de ces innovations, les pouvoirs publics ont l'intention de créer des bacs à sable réglementaires pour les solutions d'IA appliquées aux services financiers, d'élaborer des lignes directrices déontologiques sectorielles et d'encourager l'investissement du secteur privé par le biais de fonds de co-investissement et de programmes de dégrèvement d'impôt. L'objectif de ces mesures est de réduire les risques perçus, d'encourager l'innovation et de garantir la conformité aux normes déontologiques et de protection des données. Les principales initiatives mises en place incluent notamment la création d'un bureau de l'IA responsable au sein du ministère des Technologies de l'information et des Communications (TIC), l'établissement de centres d'excellence en matière d'IA et la promotion de partenariats internationaux en faveur d'une harmonisation des normes au niveau mondial. Cette politique met également l'accent sur la croissance inclusive, le déploiement éthique de l'IA et la participation active du Rwanda aux plateformes de gouvernance mondiale de l'IA (MINICT et RURA, 2023[90]).

Sénégal : élaborée sous l'égide du ministère de la Communication, des Télécommunications et du Numérique, la stratégie nationale sur l'intelligence artificielle (SNIA) ne prévoit aucune mesure juridique ou budgétaire spécifique ou sectorielle pour le secteur financier. Elle considère toutefois la finance comme l'un des principaux domaines prioritaires, tout en privilégiant les mesures transversales, de soutien et susceptibles de renforcer la gouvernance. La SNIA est structurée autour de quatre orientations stratégiques (le capital humain (formation), le passage du laboratoire à la commercialisation, la mise en place d'un pôle ouest-africain de l'IA et une IA de confiance), accompagnées d'objectifs de formation ciblés (± 90 000 personnes d'ici à 2028), de programmes d'aide de la recherche à l'entrepreneuriat, de soutien aux infrastructures et aux entreprises, et d'une feuille de route nationale définissant un calendrier d'action. Concernant la réglementation et la surveillance du secteur, cette stratégie propose les éléments suivants : un guide pour encadrer l'utilisation de l'IA ; la création d'une structure pilote/directrice transversale et d'un groupe d'experts de l'IA afin de soutenir les organismes de réglementation ; et, pour certains types de déploiement de l'IA, l'obligation de réaliser des analyses d'impact, tout en encourageant la coopération entre les différents organismes de réglementation sectoriels (y compris, nommément, les autorités financières). Il s'agit de mesures transversales, plutôt que spécifiques au secteur de la finance. Le plan stratégique évoque également des utilisations concrètes de l'IA dans le domaine des finances publiques (par exemple, pour détecter les cas de fraude fiscale ou douanière) et cite la banque centrale régionale (Banque centrale des États de l'Afrique de l'Ouest, BCEAO) parmi les parties prenantes participantes. Il précise toutefois qu'il n'existe pas d'instrument public de financement spécifique à l'IA et prévoit plutôt un soutien à cette technologie par le biais de programmes existants ou généraux (dont le volet consacré à l'IA de la loi sur les start-ups et autres mécanismes génériques de soutien) (MCTN, 2023[91]).

Sierra Leone : la stratégie nationale en faveur de l'innovation et du numérique (*National Innovation and Digital Strategy*) pour la période 2019-2029 offre une vision à long terme pour tirer le meilleur parti des technologies émergentes, dont l'IA, et ainsi favoriser la transformation numérique. Si cette stratégie ne mentionne pas spécifiquement les applications de l'IA dans le secteur financier, elle souligne néanmoins l'importance des systèmes d'identité numérique, de la cybersécurité et de la gouvernance fondée sur les données en tant que leviers d'innovation dans les services financiers. Elle promeut par ailleurs une utilisation éthique de l'IA et l'application de principes de conception centrés sur l'humain, afin de garantir un développement inclusif (Directorate of Science, 2019[92]).

Tunisie : le pays a adopté une feuille de route sur l'IA qui définit une stratégie générale pour le développement de l'IA, en mettant l'accent sur des objectifs comme une sensibilisation renforcée aux possibilités offertes par l'IA et aux défis que pose cette technologie, le développement des compétences dans le domaine de l'IA ou encore le renforcement de l'écosystème national de l'IA. Cette feuille de route souligne également l'importance de la mise en place d'infrastructures adaptées (notamment infonuagiques et pour le calcul de haute performance), de l'adoption de politiques spécifiques aux données et d'initiatives en matière de données ouvertes, de la promotion des activités de réseau, ou de la mise en œuvre de projets pilotes liés à l'IA dans le secteur public comme privé. Elle soutient en outre les initiatives d'innovation ouverte et les projets de la recherche à l'industrialisation, visant à encourager l'application des techniques de l'IA dans différents domaines (OECD.AI, 2025[93]).

Zambie : dans le cadre de son programme plus général en faveur de la transformation numérique, la stratégie de la Zambie en matière d'IA a pour objectif d'intégrer cette technologie dans les secteurs clés du pays, dont le secteur des services financiers. Cette stratégie encourage le recours à l'IA pour améliorer les plateformes de paiement mobile, optimiser l'évaluation de la solvabilité des emprunteurs par notation pour les micro et petites entreprises, et renforcer les systèmes de détection de la fraude. Elle met également l'accent sur le développement des infrastructures, l'accroissement de la qualité des données et la promotion de partenariats en faveur d'une inclusion financière fondée sur l'IA. Les considérations éthiques, la transparence et le développement des expertises sont au cœur de cette stratégie, garantissant un déploiement responsable de l'IA dans les écosystèmes financiers (Ministry of Technology and Science, 2024[94]). La banque centrale s'appuie ainsi sur l'IA pour soutenir ses processus et ses systèmes, de la connaissance électronique de la clientèle à partir du système national d'identité numérique, à l'analyse et à la communication de données en temps réel sur la disponibilité des systèmes, en passant par les capacités SupTech pour améliorer la surveillance et la réglementation des infrastructures critiques des marchés financiers. Le système national de transfert financier et le système de règlement des paiements interbancaires zambien (*Zambia Interbank Payment and Settlement System* (ZIPSS), également connu sous l'appellation « système de règlement brut en temps réel » (RBTR)), en sont deux exemples (Bank of Zambia, 2016[95]).

Les initiatives conjointes des pouvoirs publics, des organismes de réglementation et des institutions financières incluent notamment des campagnes de sensibilisation à la cybersécurité et des programmes de développement de la culture numérique, destinés à favoriser un environnement sécurisé pour les services financiers fondés sur l'IA. La vision et la stratégie de la banque centrale soulignent également l'importance d'une gouvernance éthique de l'IA et d'une collaboration intersectorielle pour garantir une innovation financière à la fois sûre et inclusive. Parmi les stratégies plus générales mises en œuvre en matière de services financiers numériques figurent la deuxième stratégie nationale en faveur de l'inclusion financière (*National Financial Inclusion Strategy II*), ainsi que le programme d'innovation des TIC de l'autorité zambienne des technologies de l'information et des communications (*Zambia Information and Communications Technology Authority ICT Innovation Programme*), lesquels favorisent le développement de solutions fondées sur l'IA à la fois sécurisées et évolutives, à destination des communautés défavorisées en termes de services (ZICTA, 2025[96]).

Zimbabwe : s'appuyant sur le plan directeur pour un Zimbabwe intelligent (*Smart Zimbabwe 2030 Master Plan*) et sur la politique nationale en faveur des TIC (*National ICT Policy 2022-2027*), une stratégie nationale en matière d'IA est actuellement en cours d'achèvement. L'IA est considérée par les pouvoirs publics comme un moteur essentiel de la croissance inclusive, de la transformation économique et de la compétitivité nationale. Bien que cette stratégie soit toujours en phase d'élaboration, l'IA est déjà appliquée dans le secteur financier, en particulier dans le secteur des services bancaires, et ce, pour l'assistance à la clientèle, la gestion des risques de crédit, la détection de la fraude et les processus de connaissance de la clientèle. L'évaluation du niveau de préparation et les consultations nationales mettent en évidence le besoin d'un cadre complet permettant d'harmoniser la législation existante, de renforcer la gouvernance des données et de garantir un déploiement éthique et transparent de l'IA. Les pouvoirs publics accordent également une importance particulière au développement des expertises et des infrastructures, et à la mise en place de partenariats public-privé pour stimuler l'innovation et atténuer les risques, tels que les préjugés, les violations de la vie privée et l'imposition culturelle (Tshuma, 2025[97] ; UNESCO, 2025[98]).

7.9. Principales considérations intéressant l'action publique

Cette section présente les éléments à prendre en considération pour favoriser le déploiement des technologies d'IA dans le secteur financier africain. Ces éléments reflètent les possibilités et les difficultés abordées dans les sections précédentes, ainsi que les cas d'utilisation recensés dans différents pays africains. Ils prennent également en compte les normes applicables de l'OCDE, en particulier les Principes de l'OCDE sur l'IA (OCDE, 2019[99]), les Principes de haut niveau G20/OCDE sur la protection financière des consommateurs (OCDE, 2022[100]) et la Recommandation du Conseil sur la culture financière (OCDE, 2020[101]). Bien qu'il existe une grande diversité selon les pays dans la taille des marchés, le niveau de développement, le cadre juridique et réglementaire, et l'approche en matière de réglementation financière, il peut être utile que les autorités tiennent compte des questions suivantes afin de garantir que l'IA contribue véritablement au développement du marché financier et à l'inclusion financière. En favorisant une coopération accrue et des approches collaboratives par-delà les frontières (sur le continent africain, mais aussi au niveau international), les pouvoirs publics contribueront à la réalisation de l'ensemble des objectifs énoncés ci-dessous.

Attirer les investissements dans les infrastructures nécessaires au déploiement de l'IA : pour libérer le potentiel de l'IA dans les services financiers numériques en Afrique, le développement des infrastructures peut être mené parallèlement à des initiatives visant à attirer les investissements, dans la mesure où ceux-ci pourraient servir à financer les infrastructures elles-mêmes. Le déploiement de l'IA repose sur l'accès à une alimentation électrique fiable, à des centres de données, à des services infonuagiques sécurisés et à un raccordement à l'internet. Si les partenariats public-privé et les modèles de financement mixte peuvent permettre de mobiliser des capitaux pour les projets d'infrastructure, la collaboration à l'échelle du continent peut quant à elle soutenir les biens publics numériques partagés, comme les plateformes de données sécurisées. Les investisseurs pourraient être invités à participer à la conception d'infrastructures évolutives, adaptées aux besoins et aux cadres réglementaires locaux. La mise en place d'initiatives en faveur de l'innovation et l'harmonisation des normes entre les juridictions africaines peuvent encore réduire les risques et encourager l'investissement dans les solutions financières fondées sur l'IA, notamment lorsque les déficits d'infrastructures sont en cours de résolution (Arias Hofman, 2023[102] ; OCDE, 2023[9]).

Favoriser l'investissement dans la R-D, les compétences et les capacités : les États africains peuvent mettre l'accent sur le développement d'une expertise locale afin de mettre au point, déployer et exploiter des systèmes d'IA parfaitement adaptés aux besoins de leur secteur financier. Les acteurs publics et privés peuvent participer à des programmes d'enseignement et de formation avancée permettant de développer des compétences en codage, en science des données et en ingénierie de l'IA, tout en encourageant la recherche académique et l'innovation pratique. Des exemples notables de recherche et de développement dans le domaine de l'IA peuvent déjà être observés dans des institutions comme l'université du Rwanda (TAIRI LAB, 2025[103]) ou l'université des sciences et technologies Kwame-Nkrumah au Ghana (RAIL, 2025[104]). Les initiatives coopératives en matière de R-D dans l'IA, telles que le modèle d'IA open source multilingue Apertus développé conjointement par les milieux universitaires et industriels suisses, pourraient également être reproduites dans les pays africains, y compris avec la participation des pouvoirs publics (ETH Zurich, 2025[105]). Correctement entraînés et adaptés aux spécificités locales, les modèles « *open weight* » mis au point ailleurs pourraient être exploités pour le développement et le déploiement initiaux de l'IA. Le renforcement des viviers de talents nationaux pourrait en outre limiter la dépendance à l'égard de solutions importées et donner les moyens aux pays africains de développer des technologies d'IA reflétant les valeurs et besoins locaux, favorisant par là même l'inclusion financière grâce à des innovations adaptées à leur environnement spécifique (OCDE, 2023[9]).

Renforcer les cadres réglementaires et d'action applicables à l'IA, y compris la protection des consommateurs dans le domaine financier : les modalités d'application des règles financières existantes peuvent être précisées, voire ajustées si nécessaire, pour faire face aux difficultés liées aux outils d'IA avancés. Les lacunes éventuelles doivent par ailleurs être recensées et corrigées en conséquence. Compte tenu du stade précoce d'adoption de l'IA sur le continent africain, ces cadres peuvent être à la fois proportionnés et tournés vers l'avenir, et favoriser l'innovation tout en garantissant la stabilité financière et un niveau approprié de protection des consommateurs. Cela inclut également les règles applicables aux entités à l'extérieur du périmètre de la réglementation, de manière à couvrir les services financiers fondés sur l'IA proposés par des entités non financières ou des entités financières non bancaires qui ne relèvent pas des cadres conventionnels. Pour tirer pleinement parti du potentiel de l'IA au profit de l'inclusion financière, notamment pour atteindre les populations défavorisées en termes de services, les organismes de réglementation peuvent envisager, s'il y a lieu, l'application de politiques basées sur les activités, afin de permettre une surveillance inclusive des services fondés sur l'IA, tels que les microcrédits ou les produits d'épargne proposés par l'intermédiaire de plateformes mobiles. Les stratégies nationales en matière d'IA qui prévoient des orientations sur la mise en œuvre de l'IA dans le secteur financier, comme celles du Ghana et du Nigéria, constituent des exemples de l'adaptation de la réglementation financière à ces fins. La clarté de la réglementation permettra de favoriser une innovation responsable tout en garantissant que les applications d'IA ciblant les utilisateurs à faible revenu sont soumises aux normes appropriées en matière de protection des consommateurs et de gestion des risques (Kerse, Brix Newbury et Staschen, 2024[106] ; OCDE, 2023[9]).

Les normes internationales, dont les Principes de l'OCDE sur l'IA et les Principes de haut niveau G20/OCDE sur la protection financière des consommateurs (PFC) (OCDE, 2022[100]), peuvent servir de lignes directrices pour accompagner ces efforts, et pourraient être mises en œuvre par les pays dans le cadre de leurs dispositifs nationaux. La dématérialisation constitue l'un des thèmes transversaux des Principes sur la PFC, lequel souligne l'importance de tenir compte des possibilités et des risques associés à l'IA pour les consommateurs. Le troisième des Principes sur la PFC, relatif à l'accès et à l'inclusion, reflète le fait que la protection des consommateurs dans le domaine financier est essentielle à une véritable inclusion financière. Ce troisième principe préconise de tirer parti de la dématérialisation pour renforcer l'inclusion financière et encourage les responsables de l'action publique et les organismes de réglementation à prendre en compte, dans leurs politiques ou stratégies d'innovation (comme les stratégies nationales en matière d'IA), les objectifs d'inclusion financière et de protection des consommateurs dans le domaine financier.

Renforcer les pratiques de gouvernance des données des concepteurs et des déployeurs de modèles : les responsables de l'action publique pourraient envisager de définir des bonnes pratiques relatives à la qualité, à l'adéquation, à la représentativité et à l'origine des données, d'assurer la protection de la vie privée des consommateurs lorsque leurs données sont utilisées, et de contrôler l'authenticité et le respect des règles liées aux sources ou aux droits d'auteur, le cas échéant. Les responsables de l'action publique devraient également étudier l'adoption de mesures visant à accroître la transparence sur les ensembles de données de formation et d'entrée (localisation, origine, conditions de licence et conservation), ainsi que des possibilités de suppression des instructions génératives et autres invites, et des résultats des modèles, en tenant compte des boucles de rétroaction associées à l'auto-apprentissage. Lorsque des données privées sont utilisées, les consommateurs devraient avoir la possibilité de choisir que ces données ne soient pas utilisées à des fins de formation. Des normes de gouvernance équivalentes peuvent en outre être appliquées aux ensembles de données tiers et aux données de synthèse générées à partir de sources publiques et privées. Le onzième des Principes sur la PFC a spécifiquement trait à la protection des données et de la vie privée des consommateurs, ce qui met en évidence le besoin d'une approche globale. Les organismes de réglementation du secteur financier devraient bénéficier des outils et des formations nécessaires pour permettre une surveillance continue des problèmes associés aux modèles et aux données liés à l'IA (OCDE, 2023[9] ; Banque de réserve sud-africaine, 2025[62]).

Garantir l'équité et promouvoir la transparence des services financiers fondés sur l'IA : pour favoriser l'inclusivité et la fiabilité des innovations, il est essentiel d'assurer l'équité des systèmes d'IA et de prévenir toute discrimination dans le secteur africain des services financiers. Le sixième des Principes sur la PFC prévoit que le recours accru aux technologies numériques pour soutenir la prise de décision des prestataires de services financiers ne devrait pas produire de résultats indésirables ou discriminatoires pour les consommateurs. Les modèles d'IA doivent donc être entraînés sur des données locales et représentatives, de sorte à refléter la diversité linguistique, culturelle et socioéconomique du continent, et limiter ainsi les inférences indirectes préjudiciables tout en évitant de renforcer les inégalités systémiques. Compte tenu de l'impératif éthique consistant à assurer l'adéquation des technologies avec les normes et valeurs publiques, les mesures de sauvegarde mises en place pourraient inclure des mécanismes visant à empêcher toute inférence des attributs protégés, à valider la pertinence des variables d'entrée et à mettre en œuvre des protocoles d'atténuation et de notification en cas de détection d'un risque.

Parallèlement à ces mesures d'équité, les organismes de réglementation peuvent également encourager la transparence en imposant des obligations claires en matière de communication d'informations. La diffusion d'information et la transparence sont abordées au titre du septième des Principes sur la PFC. Ce principe invite les prestataires et les intermédiaires de services financiers à communiquer aux consommateurs des informations essentielles sur les avantages et les risques fondamentaux attachés à un produit financier, ainsi que les conditions de sa fourniture. Il souligne par ailleurs que l'utilisation des canaux numériques peut offrir de nouvelles possibilités de nouer le contact avec les consommateurs. Ces derniers doivent ainsi être informés lorsque l'IA a une incidence significative sur les résultats, lorsqu'un contenu est généré automatiquement ou lorsque des interactions reposent sur des systèmes automatisés et n'impliquent pas d'humains. La diffusion d'information doit être facilement accessible et inclure une description formulée simplement des fonctionnalités, des performances, des limites et de la gouvernance du système concerné, les résultats des évaluations internes et indépendantes (p. ex. : tests de disparité), ainsi que les possibilités en matière de consentement éclairé et d'interaction humaine. Toutes ces mesures favorisent la confiance, le principe de responsabilité et l'inclusivité de l'accès aux services financiers sur l'ensemble du continent (Ade-Ibijola et Okonkwo, 2023[107] ; OCDE, 2023[9]).

Renforcer la culture financière : pour garantir que l'IA permette une véritable inclusion financière et favorise une participation accrue aux marchés de capitaux, il est également essentiel que les consommateurs et les investisseurs individuels disposent des connaissances et compétences nécessaires non seulement pour accéder aux produits financiers numériques et les utiliser de manière sécurisée et éclairée, mais aussi pour maîtriser les outils d'IA. Une meilleure culture financière permet en outre d'améliorer l'efficacité des obligations de diffusion d'information et de transparence, et de renforcer la protection des consommateurs dans le domaine financier. La Recommandation du Conseil sur la culture financière a été conçue pour aider les gouvernements, les administrations et les acteurs concernés dans leurs efforts d'élaboration, de mise en œuvre et d'évaluation des politiques en matière de culture financière (OCDE, 2020[101]). Cette Recommandation encourage par ailleurs les pouvoirs publics et autres parties prenantes à promouvoir la compréhension des caractéristiques et des risques associés aux produits et services financiers traditionnels et innovants, et à donner aux particuliers les moyens d'utiliser ces produits et services en tenant compte de leur situation personnelle.

Garantir une approche centrée sur l'humain de la gouvernance de l'IA et la primauté humaine de la prise de décision : il convient de promouvoir une approche de la gouvernance de l'IA centrée sur l'humain lorsque cette technologie est utilisée dans le secteur de la finance, en particulier dans des cas d'utilisation à fort impact tels que les activités de prêt, qui présentent des risques importants d'exclusion et de préjudice pour les consommateurs. Les utilisateurs finals peuvent être clairement informés de la contribution de l'IA et conserver le droit de s'opposer à son utilisation, de demander une intervention humaine, de contester les décisions automatisées et de demander réparation. Compte tenu de l'opacité des systèmes importés et du risque qu'ils posent en termes de décalage avec les réalités locales, les entreprises doivent conserver une supervision humaine et éviter une dépendance excessive à l'égard de l'automatisation. Les modèles d'IA générative, dont l'explicabilité est limitée et qui sont particulièrement susceptibles aux biais, à la mésinformation et aux problèmes de gouvernance des données, renforcent la nécessité de mesures de sauvegarde efficaces. La primauté humaine de la prise de décision, soutenue par une gouvernance transparente et des mécanismes clairs de reddition de comptes, est une condition essentielle au maintien de la confiance, de l'équité et de la pertinence contextuelle des services financiers assistés par l'IA à travers l'Afrique (OCDE, 2023[9]).

Promouvoir une expérimentation sûre au moyen de mécanismes de facilitation de l'innovation : les mécanismes de facilitation de l'innovation peuvent jouer un rôle important en permettant une expérimentation des technologies d'IA en toute sécurité. Cela est d'autant plus vrai pour les mécanismes fournissant des ressources spécifiques ou un soutien ciblé, comme l'accès à une puissance de calcul de haute performance (p. ex. : le bac à sable d'IA générative de Hong Kong), les ensembles de données prêts pour l'IA utilisés pour entraîner des modèles (p. ex. : le pôle d'innovation coréen), les dotations financières ou l'accès à l'expertise d'entreprises établies (p. ex. : le programme de bac à sable malaisien pour l'IA en partenariat avec le secteur privé) (OCDE, 2025[108]). Les meilleures pratiques et les enseignements tirés des initiatives en matière d'innovation pourraient être partagés avec les organismes de réglementation et, s'ils sont viables d'un point de vue commercial, avec d'autres acteurs du marché, de sorte que l'IA puisse être déployée de façon sûre et efficace dans le secteur financier des États africains.

Les mécanismes de facilitation de l'innovation liée à l'IA peuvent également favoriser la croissance des marchés de capitaux en accélérant l'adoption des innovations induites par l'IA par les acteurs actifs sur les marchés de capitaux, en tirant parti des gains d'efficacité et de productivité générés par l'innovation liée à l'IA, et en encourageant le développement de marchés de capitaux plus dynamiques et concurrentiels. Ces initiatives peuvent en outre favoriser l'inclusion financière, en permettant à des petites entreprises (par exemple des fintechs) de tester de nouveaux produits et services, ou parce qu'elles concernent des produits et services conçus spécifiquement pour les segments de la population qui n'ont que peu ou pas accès aux services bancaires (OCDE, 2025[108]).

Encourager la coopération régionale et la participation aux initiatives mondiales en matière d'IA : afin d'atténuer les risques reconnus et de partager des pratiques exemplaires, il peut être utile de coordonner, au niveau régional et international, les efforts déployés par les pouvoirs publics, les organismes de réglementation et les organisations internationales. Ces efforts peuvent favoriser l'adoption d'une IA éthique, le développement des expertises et l'harmonisation des normes à l'appui d'un développement financier durable et de la maturité des marchés de capitaux sur l'ensemble du continent (Banque mondiale, 2020[109] ; Banque de réserve sud-africaine, 2025[62]). Le programme Intelligence artificielle pour le développement (IAPD), lancé en Afrique en 2020, est un exemple de programme collaboratif actuellement en place afin de soutenir et financer les universités et les centres de recherche menant des expérimentations dans le domaine de l'IA (Centre de recherches pour le développement international et FDCO, 2025[110] ; TAIRI LAB, 2025[111]). En matière d'investissement, le rapprochement des écosystèmes des start-ups et du capital-risque en Afrique et sur les marchés mondiaux est susceptible d'accélérer la montée en échelle et de limiter les doublons, tout en permettant une coopération interrégionale en matière de partage des données. Par ailleurs, afin de garantir un financement prévisible de l'innovation liée à l'IA, il est possible de limiter la volatilité des écosystèmes émergents et d'entretenir leur croissance par l'association de capitaux nationaux et du soutien porteur des institutions multilatérales (Arias Hofman, 2023[102]).

Références

Ade-Ibijola, A. et C. Okonkwo (2023), « Artificial intelligence in Africa: Emerging challenges », dans *Responsible AI in Africa : Challenges and opportunities*, Cham: Springer International Publishing, https://doi.org/10.1007/978-3-031-08215-3_5. [107]

Ademuyiwa, I. et A. Adeniran (2020), « Assessing digitalization and data governance issues in Africa », https://www.econstor.eu/handle/10419/299716 (consulté le 20 mai 2025). [61]

Africa Privacy Centre (2025), *Understanding Data Protection: What it is and its Growing Importance in Africa*, https://africaprivacycenter.com/understanding-data-protection-what-it-is-and-its-growing-importance-in-africa/ (consulté le 25 août 2025). [19]

Arias Hofman, I. (2023), *Fintech for Inclusion: Roadmap for Collaboration in the Age of Web 3.0 and AI*, https://gftn.co/insights/fintech-for-inclusion (consulté le 13 août 2025). [102]

Azaroual (2024), « Artificial Intelligence in Africa: Challenges and Opportunities », *policycenter.ma*, https://www.policycenter.ma/sites/default/files/2024-09/PB_23_24%20%28Azeroual%29%20%28EN%29.pdf (consulté le 20 mai 2025). [67]

Bank of Zambia (2023), *Deployment of artificial intelligence in financial complaints handling*, https://www.boz.zm/CBCIRCULARNO15OF2023DEPLOYMENTOFARTIFICIALINTELLIGENCEINFINANCIALCOMPLAINTHANTDLINGREFRESHERTRAININGINUSERACCEPTANCETESTING.pdf (consulté le 19 mai 2025). [40]

Bank of Zambia (2016), *Payment Systems*, https://www.boz.zm/payment-systems.htm (consulté le 14 mars 2025). [95]

Banque de réserve sud-africaine (2025), *G20 South Africa Side event - Artificial intelligence in finance*, https://www.youtube.com/watch?v=_MvtQ-a9MD0. [62]

Banque européenne d'investissement (2022), *Digital infrastructure help Africa build resilient societies*, https://www.eib.org/fr/essays/african-digital-infrastructure (consulté le 25 août 2025). [20]

Banque mondiale (2025), *The Global Findex Database 2025*, https://openknowledge.worldbank.org/bitstreams/9288bdc5-7a9b-42de-a47c-3746fd68f22a/download (consulté le 25 août 2025). [47]

Banque mondiale (2024), *Digital Economy Diagnostic - Equatorial Guinea*, https://doi.org/10.1596/41585. [82]

Banque mondiale (2024), *Digital Transformation Drives Development in Africa* , Banque mondiale, Washington, D.C., https://www.worldbank.org/en/results/2024/01/18/digital-transformation-drives-development-in-afe-afw-africa (consulté le 20 mai 2025). [54]

Banque mondiale (2020), *Artificial Intelligence Innovation in Financial Services*, Banque mondiale, Paris, http://documents1.worldbank.org/curated/en/839801596184068790/pdf/Artificial-Intelligence-Innovation-in-Financial-Services.pdf (consulté le 15 mars 2025). [109]

CB Insights (2025), *State of Venture 2024 Report - CB Insights Research*, CB Insights, New York, https://www.cbinsights.com/research/report/venture-trends-2024/ (consulté le 8 janvier 2025). [10]

Centre de recherches pour le développement international (2025), *Centre d'excellence interdisciplinaire en Intelligence Artificielle pour le développement (CITADEL)*, https://idrc-crdi.ca/fr/ce-que-nous-faisons/projets-que-nous-soutenons/projet/centre-dexcellence-interdisciplinaire-en (consulté le 25 août 2025). [18]

Centre de recherches pour le développement international et FDCO (2025), *À propos de l'Intelligence Artificielle pour le Développement*, https://www.ai4d.ai/fr/about (consulté le 2 septembre 2025). [110]

CIO Africa (2024), *Fight Fraud, Financial Crimes In Generative AI Age*, https://cioafrica.co/fight-fraud-financial-crimes-in-generative-ai-age/ (consulté le 19 mai 2025). [31]

Citizen Digital (2025), *How Kenya's top trading apps use AI for real-time market analysis*, https://www.citizen.digital/news/how-kenyas-top-trading-apps-use-ai-for-real-time-market-analysis-n356354 (consulté le 2 septembre 2025). [43]

Deepgram (2024), *Izwe AI: Multi-lingual Transcription and Translation Platform*, https://deepgram.com/ai-apps/izwe (consulté le 25 août 2025). [37]

Deloitte (2023), *Insurance Outlook Report 2023*, Deloitte, https://www.deloitte.com/content/dam/assets-zone1/za/en/docs/services/financial-advisory/2023/East-Africa-Insurance-Outlook-Report2023.pdf (consulté le 3 septembre 2025). [53]

Department of Communications and Digital Technologies (2024), *South Africa National AI Policy Framework*, https://www.dcdt.gov.za/sa-national-ai-policy-framework/file/338-sa-national-ai-policy-framework.html (consulté le 30 mai 2025). [75]

Developing Telecoms (2025), *Ugandan operators unite to combat vandalism*, https://developingtelecoms.com/telecom-technology/wireless-networks/18494-ugandan-operators-unite-to-combat-vandalism.html (consulté le 20 mai 2025). [55]

Digital Frontiers Institute (2025), *How AI, Embedded Finance and Decentralised Savings Models are Shaping the Future of Savings in Nigeria*, https://digitalfrontiersinstitute.org/how-ai-embedded-finance-and-decentralised-savings-models-are-shaping-the-future-of-savings-in-nigeria/ (consulté le 19 mai 2025). [44]

Digital Policy Alert (2024), *Algeria: AI Council announced National Strategy for Artificial Intelligence*, https://digitalpolicyalert.org/event/29116-algerian-government-announces-adoption-of-national-ai-strategy (consulté le 28 août 2025). [76]

Directorate of Science, T. (2019), *Sierra Leone National Innovation & Digital Strategy 2019 - 2029*, https://www.dsti.gov.sl/wp-content/uploads/2019/11/Sierra-Leone-National-Innovation-and-Digital-Strategy.pdf (consulté le 14 août 2025). [92]

Disrupt Africa (2025), *How Nigeria's Dojah is providing businesses with the tools to prevent fraud*, https://disruptafrica.com/2025/02/17/how-nigerias-dojah-is-providing-businesses-with-the-tools-to-prevent-fraud/ (consulté le 25 août 2025). [28]

Disrupt Africa (2025), *How Zambia's eShandi is transforming financial inclusion with "AI-powered finance"*, https://disruptafrica.com/2025/04/08/how-zambias-eshandi-is-transforming-financial-inclusion-with-ai-powered-finance/ (consulté le 20 mai 2025). [25]

Dreyer, P. et al. (2018), « Estimating the global cost of cyber risk », *rand.org*, https://www.rand.org/content/dam/rand/pubs/research_reports/RR2200/RR2299/RAND_RR2299.pdf (consulté le 20 mai 2025). [63]

Elouaourtia, Z. et A. Ibourk (2024), « Financial Technologies for All MENA citizens: Tackling barriers and », *Regional Science Policy & Practice*, vol. 16/6, https://www.sciencedirect.com/science/article/pii/S1757780224000519 (consulté le 9 octobre 2025). [4]

ESI Africa (2024), *Unlocking Africa's AI potential for growth and development - ESI-Africa.com*, https://www.esi-africa.com/business-and-markets/unlocking-africas-ai-potential-for-growth-and-development/ (consulté le 25 avril 2025). [13]

ETH Zurich (2025), *Apertus: a fully open, transparent, multilingual language model*, https://ethz.ch/en/news-and-events/eth-news/news/2025/09/press-release-apertus-a-fully-open-transparent-multilingual-language-model.html (consulté le 2 septembre 2025). [105]

Euromoney (2023), *Egypt pushes digital transformation agenda*, https://www.euromoney.com/article/2bxwt8tfi8c46o8ipo83k/sponsored-content/egypt-pushes-digital-transformation-agenda (consulté le 25 avril 2025). [46]

FinCoNet (2020), *SupTech tools for market conduct supervisors*, https://www.finconet.org/en/publications/2020/SupTech-tools-for-market-conduct-supervisors.html (consulté le 12 septembre 2025). [5]

Fintech Magazine Africa (2024), *Kenya's Fintech Revolution: Transforming Financial Services With AI*, https://fintechmagazine.africa/2024/06/22/kenyas-fintech-revolution-transforming-financial-services-with-ai/ (consulté le 20 mai 2025). [26]

FMI (2021), « Powering the Digital Economy: Opportunities and Risks of Artificial Intelligence in Finance », *Departmental Papers*, vol. 2021/024, https://doi.org/10.5089/9781589063952.087.A001. [57]

FMI (2016), *Finance pour tous : Promouvoir l'inclusion financière en Afrique de l'Ouest*, https://www.imf.org/fr/news/articles/2016/09/20/sp092016-financial-inclusion-bridging-economic-opportunities-and-outcomes (consulté le 27 janvier 2025). [22]

Frimpong, V. (2024), « Cultural and Regional Influences on Global AI Apprehension », *Qeios*, vol. 6/11, https://doi.org/10.32388/YRDGEX.3. [68]

FSCA (2024), *Artificial Intelligence in the Financial Sector and Emerging Consumer Protection Concerns*, Financial Sector Conduct Authority, Pretoria, https://www.fsca.co.za/Documents/Presentation%20on%20AI%20in%20Finance%20and%20Consumer%20Protection%20FSCA%20Conference%20Day%201.pdf (consulté le 2 septembre 2025). [42]

Fu, R., Y. Huang et P. Singh (2020), « AI and Algorithmic Bias: Source, Detection, Mitigation and Implications », *SSRN Electronic Journal*, https://doi.org/10.2139/SSRN.3681517. [69]

G20 Afrique du Sud (2025), *G20 Finance Track Side Event on Artificial Intelligence (AI) in Finance*, https://www.youtube.com/watch?v=StLrltDLuEI (consulté le 3 septembre 2025). [50]

Geda, A. et A. Yimer (2023), « What Drives Foreign Direct Investment into Africa? Insights from a New Analytical Classification of Countries as Fragile, Factor-Driven, or Investment-Driven », *Journal of the Knowledge Economy*, vol. 15/3, pp. 14199-14234, https://doi.org/10.1007/S13132-023-01639-5/TABLES/9. [72]

Government of Kenya (2025), *Kenya Artificial Intelligence Strategy 2025 - 2030*, https://www.ict.go.ke/sites/default/files/2025-03/Kenya%20AI%20Strategy%202025%20-%202030.pdf (consulté le 28 août 2025). [83]

Groupe de la Banque africaine de développement (2024), *L'Afrique peut tirer profit de l'intelligence artificielle, mais doit d'abord développer ses infrastructures*, https://www.afdb.org/fr/news-and-events/lafrique-peut-tirer-profit-de-lintelligence-artificielle-mais-doit-dabord-developper-ses-infrastructures-79062 (consulté le 3 avril 2025). [71]

GSMA (2025), *The Mobile Economy 2025 - The Mobile Economy*, GSMA, Londres, https://www.gsma.com/solutions-and-impact/connectivity-for-good/mobile-economy/wp-content/uploads/2025/02/030325-The-Mobile-Economy-2025.pdf (consulté le 17 mars 2025). [48]

GSMA (2024), *GSMA State of the Industry Report 2024*, GSMA, Londres, https://www.gsma.com/sotir/ (consulté le 18 mars 2025). [2]

IBM (2021), *Banks Across Africa Turn to IBM Hybrid Cloud and AI Solutions to Accelerate Digital Innovation*, https://newsroom.ibm.com/2021-09-22-Banks-Across-Africa-Turn-to-IBM-Hybrid-Cloud-and-AI-Solutions-to-Accelerate-Digital-Innovation (consulté le 25 août 2025). [30]

Jumo (2025), *Chat with JUMO - text or voice, Enjoy AI Chat Free & Safe*, https://www.talkie-ai.com/chat/jumo-126842047541420 (consulté le 19 mai 2025). [34]

Kerse, M., L. Brix Newbury et S. Staschen (2024), « Financial Inclusion and Disruptive Innovation: Regulatory Implications », CGAP, Washington, D.C., https://www.cgap.org/research/publication/financial-inclusion-and-disruptive-innovation-regulatory-implications (consulté le 29 août 2025). [106]

Kifiya (2025), *AI-Powered Credit Scoring: Unlocking Opportunities for Small Businesses in Africa and Other Emerging Markets - Kifiya Financial Technology*, https://kifiya.com/2025/03/07/ai-powered-credit-scoring-unlocking-opportunities-for-small-businesses-in-africa-and-other-emerging-markets/ (consulté le 20 mai 2025). [24]

Kondo, T. et S. Diwani (2023), « Artificial intelligence in Africa: a bibliometric analysis from 2013 to 2022 », *Discover Artificial Intelligence*, vol. 3/1, https://doi.org/10.1007/S44163-023-00084-2. [58]

Magopane, B. (2025), *Botswana validates AI readiness report*, Botswana Daily News, https://dailynews.gov.bw/news-detail/86364 (consulté le 14 août 2025). [79]

McKinsey (2023), *Fintech in MENAP: A solid foundation for growth*, https://www.mckinsey.com/industries/financial-services/our-insights/fintech-in-menap-a-solid-foundation-for-growth#/ (consulté le 27 mars 2025). [3]

McKinsey (2022), *Fintech in Africa: The end of the beginning*, https://www.mckinsey.org/industries/financial-services/our-insights/fintech-in-africa-the-end-of-the-beginning (consulté le 3 avril 2025). [70]

MCTN (2023), *Stratégie de Developpement de L'Intelligence Artificielle*, Ministère de la Communication, des Télécommunications et du Numérique, https://www.mctn.sn/documentation (consulté le 27 août 2025). [91]

MINICT et RURA (2023), *The National AI Policy*, Ministry of ICT and Innovation, https://www.risa.gov.rw/index.php?eID=dumpFile&t=f&f=68212&token=06963c574a010422cb925dd98781999d254d54fc (consulté le 27 août 2025). [90]

Ministère de la Poste et des Télécommunications (2025), *L'Algérie en Première Ligne pour l'Adoption de l'IA en Afrique : Une Vision Stratégique au Sommet Ministériel*, https://www.mpt.gov.dz/lalgerie-en-premiere-ligne-pour-ladoption-de-lia-en-afrique-une-vision-strategique-au-sommet-ministeriel/ (consulté le 28 août 2025). [77]

Ministère du Numérique et de la Digitalisation (2023), *The process of developing Benin's National Artificial Intelligence and Big Data Strategy*, https://numerique.gouv.bj/publications/documents/national-artificial-and-big-data-strategy (consulté le 14 août 2025). [78]

Ministry of Communications and Digitalisation (2022), *Republic of Ghana National Artificial Intelligence Strategy: 2023-2033*, https://www.africadataprotection.org/Ghana-AI-Strat.pdf (consulté le 27 août 2025). [81]

Ministry of ICT and National Guidance (2024), *Uganda's National 4IR Strategy*, https://ict.go.ug/site/documents/Executive-Summary-Ugandas-National-4IR-Strategy.pdf (consulté le 14 août 2025). [89]

Ministry of ICT and National Guidance (2022), *Vision for A Digital Uganda 2040*, https://ict.go.ug/site/documents/digital-vision-uganda-2040.pdf (consulté le 14 août 2025). [88]

Ministry of Technology and Science (2024), *ARTIFICIAL INTELLIGENCE STRATEGY LAUNCHED, A STEPPINGSTONE TO WEALTH AND JOB CREATION*, https://www.mots.gov.zm/?p=4492 (consulté le 26 août 2025). [94]

MTN Group (2019), *MTN Group launches Africa's first artificial intelligence service for Mobile Money | MTN.com*, https://www.mtn.com/mtn-group-launches-africas-first-artificial-intelligence-service-for-mobile-money/ (consulté le 19 mai 2025). [38]

MTN South Africa (2025), *Let's talk about vandalism and how this impacts your network - Help & Support*, https://www.mtn.co.za/home/help/content/let-rsquo-s-talk-about-vandalism-and-how-this-impacts-your-network (consulté le 20 mai 2025). [56]

Munoriyarwa (2024), « Unravelling socio-technological barriers to AI integration: A qualitative study of Southern African newsrooms », *journals.sagepub.com*, vol. 2/3, pp. 474-498, https://doi.org/10.1177/27523543241288814. [66]

NCAIR, NITDA et FMCIDE (2024), *National Artificial Intelligence Strategy 2024 - Draft*, Federal Ministry of Communications, Innovation & Digital Economy, https://ncair.nitda.gov.ng/wp-content/uploads/2024/08/National-AI-Strategy_01082024-copy.pdf (consulté le 27 août 2025). [87]

News24 (2024), *AI could help Reserve Bank speed up economic forecasting: Kganyago | News24*, https://www.news24.com/business/economy/ai-could-help-reserve-bank-speed-up-economic-forecasting-kganyago-20241128 (consulté le 19 mai 2025). [41]

OCDE (2025), *Rapport sur les marchés de capitaux en Asie 2025 (version abrégée)*, Éditions OCDE, Paris, https://doi.org/10.1787/9680477b-fr. [108]

OCDE (2024), *OECD Artificial Intelligence Review of Egypt*, Éditions OCDE, Paris, https://doi.org/10.1787/2a282726-en. [45]

OCDE (2024), « Regulatory approaches to Artificial Intelligence in finance », *OECD Artificial Intelligence Papers*, n° 24, Éditions OCDE, Paris, https://doi.org/10.1787/f1498c02-en. [8]

OCDE (2023), « Generative artificial intelligence in finance », *OECD Artificial Intelligence Papers*, n° 9, Éditions OCDE, Paris, https://doi.org/10.1787/ac7149cc-en. [9]

OCDE (2023), *OECD/INFE 2023 International Survey of Adult Financial Literacy*, OCDE, https://www.oecd.org/en/publications/oecd-infe-2023-international-survey-of-adult-financial-literacy_56003a32-en.html (consulté le 25 janvier 2024). [65]

OCDE (2022), *Measuring the environmental impacts of artificial intelligence compute and applications*, https://www.oecd.org/content/dam/oecd/en/publications/reports/2022/11/measuring-the-environmental-impacts-of-artificial-intelligence-compute-and-applications_3dddded5/7babf571-en.pdf (consulté le 2 septembre 2025). [51]

OCDE (2022), *Principes de haut niveau G20/OCDE sur la protection financière des consommateurs*, https://legalinstruments.oecd.org/fr/instruments/OECD-LEGAL-0394 (consulté le 13 mai 2019). [100]

OCDE (2021), *Artificial Intelligence, Machine Learning and Big Data in Finance: Opportunities, Challenges and Implications for Policy Makers*, Éditions OCDE, Paris, https://doi.org/10.1787/98e761e7-en. [6]

OCDE (2021), *Digitalisation and Finance in Asia*, Éditions OCDE, Paris, https://doi.org/10.1787/dad32d34-en. [1]

OCDE (2020), *Recommandation du Conseil sur la culture financière*, https://legalinstruments.oecd.org/fr/instruments/OECD-LEGAL-0461 (consulté le 20 septembre 2021). [101]

OCDE (2019), *Principes de l'IA*, https://www.oecd.org/fr/themes/principes-de-l-ia.html (consulté le 29 avril 2025). [99]

Odufisan, O., O. Abhulimen et E. Ogunti (2025), « Harnessing artificial intelligence and machine learning for fraud detection and prevention in Nigeria », *Journal of Economic Criminology*, vol. 7, p. 100127, https://doi.org/10.1016/J.JECONC.2025.100127. [32]

OECD.AI (2025), *The OECD-African Union AI Dialogue 2.0: From strategy to implementation - OECD.AI*, https://oecd.ai/en/wonk/the-oecd-african-union-ai-dialogue-2-0-from-strategy-to-implementation (consulté le 15 octobre 2025). [16]

OECD.AI (2025), *Tunisia AI Roadmap*, https://oecd.ai/en/dashboards/policy-initiatives/tunisia-ai-roadmap-1825 (consulté le 27 août 2025). [93]

OECD.AI (2024), *Building the foundations for collaboration: The OECD-African Union AI Dialogue - OECD.AI*, https://oecd.ai/en/wonk/oecd-au-ai-dialogue (consulté le 15 octobre 2025). [15]

Oracle (2018), *Oracle's AI-driven Risk Management Makes Corporate Finances More Secure*, https://www.oracle.com/corporate/pressrelease/autonomous-risk-management-more-secure-100418.html (consulté le 25 août 2025). [29]

Osabutey, E. et T. Jackson (2024), « Mobile money and financial inclusion in Africa: Emerging themes, challenges and policy implications », *Technological Forecasting and Social Change*, vol. 202, p. 123339, https://doi.org/10.1016/J.TECHFORE.2024.123339. [60]

Oxford Insights (2024), *Government AI Readiness Index 2024*, Oxford Insights, Londres, https://oxfordinsights.com/ai-readiness/ai-readiness-index/ (consulté le 19 mars 2025). [14]

PWC (2023), *Global Artificial Intelligence Study: Sizing the prize - What's the real value of AI for your business and how can you capitalise?*, PWC, Londres, https://www.pwc.com/gx/en/issues/analytics/assets/pwc-ai-analysis-sizing-the-prize-report.pdf (consulté le 17 mars 2025). [11]

Qore (2025), *Blog Article - Qore - Unlocking the Power of Artificial Intelligence...*, https://qore.inc/unlocking-the-power-of-artificial-intelligence-chatbots-in-the-financial-services-sector-in-africa/ (consulté le 19 mai 2025). [35]

Quevedo Vega, C., A. Salman et M. Fernandez Vidal (2025), *Key Regulatory Developments for AI in Finance*, Blog Series AI and the Future of Financial Inclusion, https://www.cgap.org/blog/key-regulatory-developments-for-ai-in-finance (consulté le 26 août 2025). [21]

RAIL (2025), *About the Responsible Artificial Intelligence Lab*, https://rail.knust.edu.gh/about-us/ (consulté le 2 septembre 2025). [104]

Reuters (2025), *Low savings, shallow markets stymie African leaders' push to mobilise local cash*, Reuters, https://www.reuters.com/world/africa/low-savings-shallow-markets-stymie-african-leaders-push-mobilise-local-cash-2025-02-25/ (consulté le 4 avril 2025). [74]

SAP (2025), *Africa's AI Skills Readiness Revealed*, SAP, https://online.flippingbook.com/view/478161039/ (consulté le 3 septembre 2025). [59]

Sey, A. et O. Mudongo (2024), « Demographic Dynamics and Artificial Intelligence: Challenges and Opportunities in Europe and Africa for 2050 », https://arxiv.org/pdf/2403.03935 (consulté le 20 mai 2025). [64]

Slator (2024), *Google Extends Voice AI Support for 15 More African Languages*, https://slator.com/google-extends-voice-ai-support-for-15-more-african-languages/ (consulté le 25 août 2025). [36]

Stanbic Bank Zambia (2021), *STANBIC TALKS HIGH-TECH WITH NEW AI POWERED SOCIAL MEDIA CHATBOT*, https://www.stanbicbank.co.zm/zambia/personal/about-us/news/STANBIC-TALKS-HIGH%E2%80%93TECH-WITH-NEW-AI-POWERED-SOCIAL-MEDIA-CHATBOT (consulté le 25 août 2025). [39]

Standard Bank (2024), *The role of AI in detecting, monitoring, and preventing payments fraud*, https://www.standardbank.co.za/southafrica/news-and-media/newsroom/the-role-of-ai-in-detecting-monitoring-and-preventing-payments-fraud (consulté le 25 août 2025). [27]

Svensson, J. (1998), « Investment, property rights and political instability: Theory and evidence », *European Economic Review*, vol. 42/7, pp. 1317-1341, https://doi.org/10.1016/S0014-2921(97)00081-0. [73]

TAIRI LAB (2025), *AI4D Labs Network Discusses Partnership for Inter-Lab Collaboration on AI*, https://aceiot.ur.ac.rw/tair/frontend/article.php?id=11 (consulté le 2 septembre 2025). [111]

TAIRI LAB (2025), *TAIRI LAB*, https://aceiot.ur.ac.rw/tair/index.php (consulté le 2 septembre 2025). [103]

The Mail & Guardian (2025), *South African insurance sector leads global innovation in Generative AI*, https://mg.co.za/business/2025-05-13-south-african-insurance-sector-leads-global-innovation-in-generative-ai/ (consulté le 3 septembre 2025). [52]

The Ministry of Digital Transformation, I. (2024), *The National Artificial Intelligence Strategy of Mauritania 2024 - 2029 (draft)*, https://mtnima.gov.mr/wp-content/uploads/2024/07/strategie-EN-Final-26-07-2024-.pdf (consulté le 14 août 2025). [85]

Tshuma, M. (2025), *Zimbabwe aims to harness AI for inclusive growth and development*, Herald Online, https://www.heraldonline.co.zw/zimbabwe-aims-to-harness-ai-for-inclusive-growth-and-development/ (consulté le 14 août 2025). [97]

UNESCO (2025), *Artificial intelligence readiness assessment report: Namibia*, https://unesdoc.unesco.org/ark:/48223/pf0000394686?posInSet=1&queryId=1ad1e2a7-3e12-4954-a47b-78d0812afbe5 (consulté le 14 août 2025). [86]

UNESCO (2025), *Artificial intelligence readiness assessment report: Zimbabwe*, https://unesdoc.unesco.org/ark:/48223/pf0000394685 (consulté le 14 août 2025). [98]

UNESCO (2025), *From readiness to ethical AI adoption and localization*, https://www.unesco.org/en/articles/readiness-ethical-ai-adoption-and-localization-unesco-elevates-africas-voice-bangkok (consulté le 25 août 2025). [17]

UNESCO (2024), *Gabon: rapport sur l'évaluation de l'état de préparation sur l'intelligence artificielle*, https://unesdoc.unesco.org/ark:/48223/pf0000390429 (consulté le 14 août 2025). [80]

Union africaine (2025), *Africa Declares AI a Strategic Priority as High-Level Dialogue Calls for Investment, Inclusion, and Innovation*, https://au.int/en/pressreleases/20250517/africa-declares-ai-strategic-priority-investment-inclusion-and-innovation (consulté le 20 mai 2025). [49]

Union africaine (2024), *African Union committed to developing AI capabilities in Africa*, https://au.int/en/pressreleases/20240828/african-union-committed-developing-ai-capabilities-africa (consulté le 3 avril 2025). [12]

Union africaine (2024), *Stratégie continentale en matière d'IA*, Union africaine, Addis Ababa, https://au.int/sites/default/files/documents/44004-doc-FR_Strategie_Continentale_sur_lIntelligence_Artificielle_3.pdf (consulté le 25 avril 2025). [7]

Union africaine (2015), *Our Aspirations for the Africa We Want*, https://au.int/en/agenda2063/aspirations (consulté le 31 mars 2025). [23]

VERICASH (2024), *AI in Action: Advancing Financial Services Across Africa*, https://www.citvericash.com/blog/ai-in-action-advancing-financial-services-across-africa (consulté le 19 mai 2025). [33]

Working Group on Artificial Intelligence (2018), *Mauritius Artificial Intelligence Strategy*, https://treasury.govmu.org/Documents/Strategies/Mauritius%20AI%20Strategy.pdf (consulté le 26 août 2025). [84]

ZICTA (2025), *Zambia Information and Communications Technology Authority ICT Innovation programme*, https://www.zicta.zm/ict-innovation/about (consulté le 27 août 2025). [96]

Notes

[1] Ce rapport porte sur les pays suivants : Afrique du Sud, Algérie, Bénin, Botswana, Égypte, Gabon, Ghana, Guinée équatoriale, Kenya, Maroc, Maurice, Mauritanie, Namibie, Nigéria, Ouganda, Rwanda, Sénégal, Sierra Leone, Tunisie, Zambie et Zimbabwe.

[2] L'indice de préparation à l'IA d'Oxford (l'« indice d'Oxford ») s'appuie sur trois piliers et dix dimensions pour mesurer le niveau de préparation des pays à l'égard de l'IA. Ces piliers portent notamment sur les pouvoirs publics, la maturité du secteur technologique, et les données et infrastructures. Les dimensions incluent entre autres les capacités numériques, l'adaptabilité, la taille, la capacité d'innovation, le capital humain, les infrastructures, la disponibilité des données et la représentativité des données.

8 Le rôle des compagnies d'assurance et des fonds de pension en tant qu'investisseurs institutionnels sur les marchés de capitaux africains

Le présent chapitre analyse le rôle des compagnies d'assurance et des fonds de pension africains en tant qu'investisseurs institutionnels de premier plan. Il examine d'abord les marchés des assurances et des fonds de pension en Afrique et met en lumière les facteurs qui limitent leur influence dans les marchés de capitaux. Il traite ensuite de l'importance d'exploiter le potentiel de ces acteurs pour le développement des marchés de capitaux et présente des considérations majeures intéressant l'action publique.

Principaux messages

- En tant qu'investisseurs de long terme, les compagnies d'assurance et les fonds de pension peuvent constituer de puissants vecteurs de croissance économique. En regroupant les primes et les cotisations, ils sont en mesure de mobiliser d'importantes quantités de capitaux, d'accroître la liquidité des marchés, de faire augmenter les volumes de négociation, et d'influencer la fixation des prix.
- En Afrique, ce potentiel reste largement sous-exploité. Dans le domaine des assurances, les marchés sont de petite taille, avec un taux de pénétration inférieur de moitié à la moyenne mondiale (à 3,5 % du PIB, contre 7 %). La valeur des actifs gérés par les fonds de pension est également modeste par rapport à d'autres régions du monde, et représente l'équivalent de 22,6 % du PIB, alors que la moyenne mondiale est de 33,9 %.
- Le secteur de l'assurance-vie, qui constitue généralement l'une des principales sources d'investissements à long terme, essentiels au développement des marchés de capitaux, est de taille inférieure à celui de l'assurance non-vie, dont l'approche en matière de placement est traditionnellement moins risquée et à plus court terme. Une expansion des marchés de l'assurance-vie pourrait favoriser fortement le développement des marchés de capitaux. L'amélioration de la culture financière, l'instauration de canaux de distribution innovants, et l'intensification des efforts de déploiement des outils numériques pourraient collectivement permettre d'attirer de nouveaux titulaires de polices d'assurance-vie. Les banques pourraient aussi contribuer plus activement à la distribution des produits d'assurance-vie.
- L'établissement d'exigences réglementaires claires et une surveillance fondée sur les risques sont essentiels pour donner confiance dans les produits d'assurance-vie que les détenteurs de polices souscrivent pour garantir leur sécurité à long terme. Les autorités de réglementation devraient veiller à ce que les dispositifs juridiques protègent les intérêts des assurés et renforcent la confiance dans le système en place. Les normes internationales peuvent fournir d'importantes orientations pour améliorer les pratiques de surveillance et de gouvernance.
- Un certain nombre de contraintes entravent la croissance de la valeur des actifs gérés par les fonds de pension. La participation aux régimes de retraite adossés à des actifs (régimes par capitalisation) reste peu élevée en raison de leur caractère facultatif et de l'ampleur de l'emploi informel. La mise en place d'un système d'adhésion automatique ou de mandats applicables à l'ensemble des travailleurs pourrait permettre de faire augmenter le taux de couverture. Le cadre réglementaire et prudentiel doit être solide, transparent et clair conformément aux Principes fondamentaux de réglementation des pensions privées de l'OCDE.
- La plupart des fonds de pension africains investissent massivement dans les obligations d'État, ce qui limite leur influence sur l'évolution des marchés de capitaux. Développer les marchés des actions et des obligations d'entreprise, comme on l'a évoqué aux chapitres 2 et 3, offrirait des possibilités de placement supplémentaires, contribuerait à diversifier les portefeuilles, et permettrait d'orienter les capitaux vers des secteurs productifs. Les autorités pourraient également promouvoir l'investissement privé dans les projets d'infrastructures en encourageant la création de consortiums susceptibles de rassembler les ressources et d'échapper à la fragmentation de taille qui bride les placements dans les infrastructures.

- Enfin, il est capital de traiter les contraintes de capacité, qui peuvent notamment se manifester par un manque d'expertise interne. Les gérants d'actifs des fonds de pension peuvent en effet ne pas disposer des compétences requises pour pouvoir investir dans des actifs ou des infrastructures complexes. Les autorités ont les moyens de contribuer à résoudre ce problème en diffusant des études, des rapports et des données de marché et en établissant des cadres et des définitions clairs pour les actifs complexes.

8.1. Aperçu des marchés africains des assurances et des fonds de pension

Les compagnies d'assurance et les fonds de pension peuvent contribuer à développer les marchés de capitaux et à stimuler la croissance économique en Afrique. Il est en effet possible d'orienter l'épargne des ménages vers les marchés de capitaux soit directement par l'acquisition d'instruments financiers, soit indirectement par les primes d'assurance et les cotisations aux régimes de retraite. Les compagnies d'assurance et les fonds de pension peuvent constituer d'importantes réserves de capitaux au travers des primes et des cotisations collectées pour investir dans des actifs productifs.

Cependant, la petite taille des marchés des assurances et des fonds de pension en Afrique, par rapport aux autres régions, limite l'influence que ces acteurs peuvent exercer pour soutenir le développement des marchés de capitaux. Selon de récentes estimations, les compagnies d'assurance et les fonds de pension en Afrique détiennent environ 775 milliards USD d'actifs (Africa Finance Corporation, 2025[1]), soit 320 milliards et 455 milliards USD respectivement. La demande de produits d'assurance et la participation aux régimes de retraite sont faibles, probablement du fait de divers facteurs tels que l'absence de mandats permettant d'épargner pour la retraite dans des régimes par capitalisation ou d'acquérir des produits d'assurance, des niveaux élevés d'activité « informelle[1] », une culture financière restreinte, ainsi qu'une confiance limitée du public dans les établissements financiers formels (Africa Finance Corporation, 2025[1]).

En outre, la faible proportion des actions, des obligations d'entreprise et des investissements alternatifs dans les portefeuilles de placements restreint la contribution des compagnies d'assurance et des fonds de pension au développement des marchés de capitaux. Une augmentation de la part des placements dans des actifs de long terme soutiendrait le développement des marchés des actions et des obligations d'entreprise et améliorerait aussi la profondeur des marchés de capitaux. Le portefeuille d'actifs des fonds de pension en Afrique reste toutefois essentiellement composé de titres d'État. Le présent chapitre passe en revue les raisons de ces évolutions et expose des orientations stratégiques.

8.1.1. Taille des marchés des assurances et des fonds de pension dans les pays africains

Les compagnies d'assurance et les fonds de pension sont de petite taille dans la plupart des pays africains comparés à leurs pairs au niveau mondial, ce qui limite les capitaux que ces acteurs pourraient orienter vers les marchés de capitaux et investir dans des actifs productifs.

Taille du marché des assurances dans les pays africains

La pénétration de l'assurance en Afrique est faible en comparaison d'autres régions. En Afrique, le taux de pénétration de l'assurance, soit le total des primes d'assurance émises en pourcentage du PIB, est deux fois moins élevé que la moyenne mondiale et inférieure à la moitié de la moyenne de l'OCDE (Graphique 8.1)[2].

Graphique 8.1. Total des primes d'assurance en pourcentage du PIB par région, fin 2023

La pénétration de l'assurance en Afrique est faible par rapport à d'autres régions

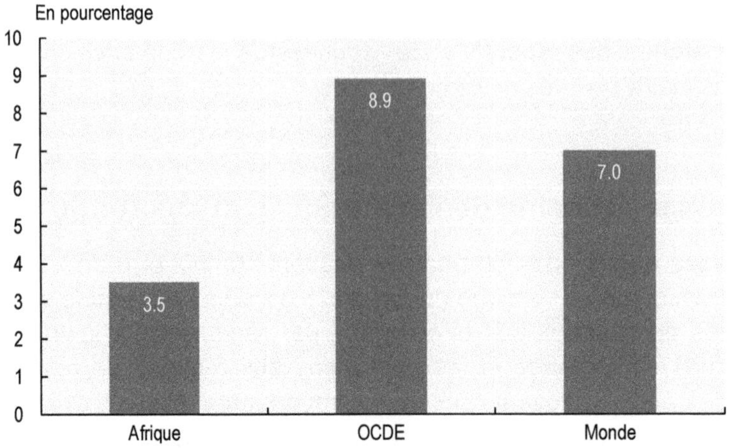

Source : Swiss Re Institute (2024[2]), *Sigma 3/2024-World insurance: strengthening global resilience with a new lease of life*, https://www.swissre.com/dam/jcr:2d26776f-20e4-4228-8ee0-97cec2ddb3c4/sri-sigma3-2024-world-insurance.pdf

La part du revenu consacrée à l'assurance en Afrique est nettement plus restreinte que dans d'autres régions. Si le PIB par habitant en Afrique est trois fois moins élevé que le PIB mondial par habitant, les primes par habitant sont 19 fois plus faibles (Graphique 8.2). En 2023, l'Afrique représentait dès lors seulement 0,9 % du marché mondial de l'assurance (Swiss Re Institute, 2024[2]).

Graphique 8.2. Primes d'assurance par habitant et PIB par habitant pour chaque région, fin 2023

La part du revenu consacrée à l'assurance (densité d'assurance) est faible en Afrique

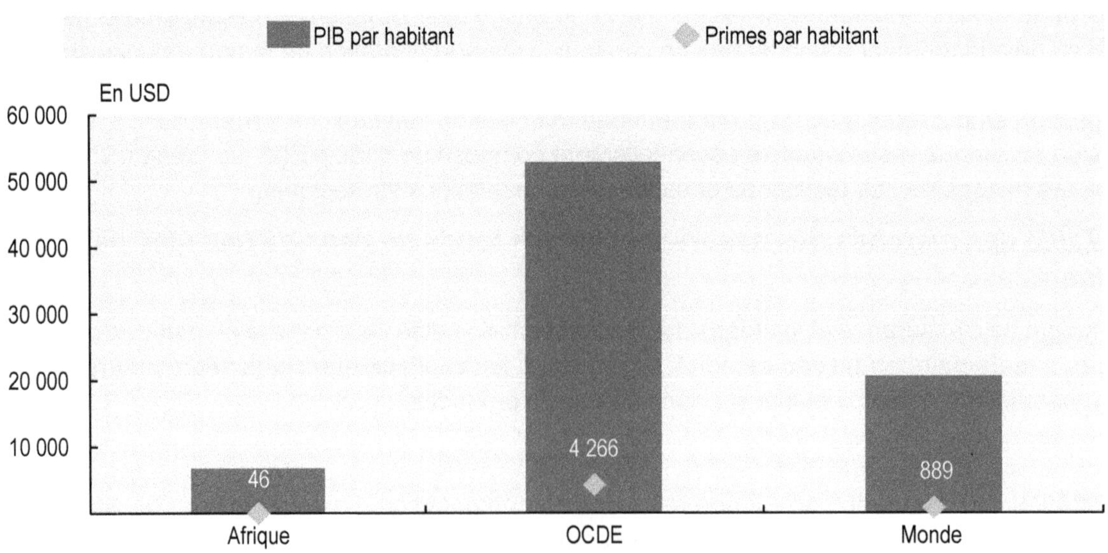

Note : Les données relatives au PIB par habitant sont exprimées en parité de pouvoir d'achat et en dollars internationaux constants de 2021. Un dollar international a le même pouvoir d'achat par rapport au PIB que le dollar américain aux États-Unis.
Sources : Swiss Re Institute (2024[2]), *Sigma 3/2024-World insurance: strengthening global resilience with a new lease of life*, https://www.swissre.com/dam/jcr:2d26776f-20e4-4228-8ee0-97cec2ddb3c4/sri-sigma3-2024-world-insurance.pdf ; Banque mondiale (s.d.[3]), « *GDP per capita, PPP (constant 2021 international $)* ».

Les primes d'assurance en Afrique se concentrent dans un nombre restreint de pays. Cinq d'entre eux (Afrique du Sud, Maroc, Égypte, Kenya et Nigéria) totalisent 87 % des primes, l'Afrique du Sud représentant à elle seule plus des deux tiers des primes collectées (Graphique 8.3). Le taux de pénétration de l'assurance en Afrique du Sud s'élève également à 11,5 %, un niveau nettement supérieur à celui d'autres pays africains (Graphique 8.4). Après l'Afrique du Sud, le Maroc, l'Égypte et le Kenya sont les principaux marchés des assurances en Afrique, même si les taux de pénétration y sont sensiblement inférieurs. La Namibie affiche le deuxième taux de pénétration le plus élevé, mais représente une part bien moindre du marché global[3].

Graphique 8.3. Ventilation des primes d'assurance par pays en Afrique, fin 2023

Les primes d'assurance en Afrique sont concentrées dans quelques pays

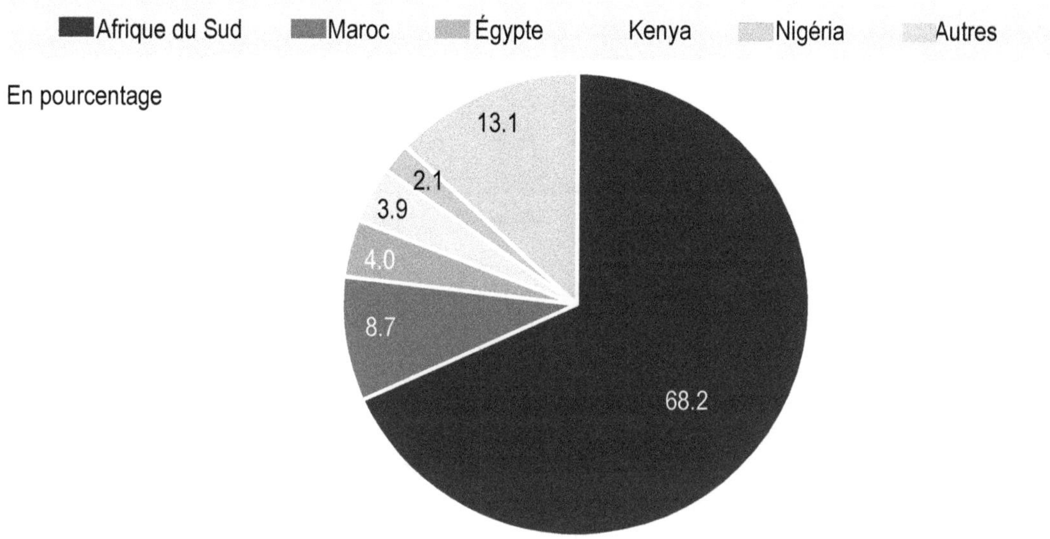

Source : Organisation des assurances africaines (2024[4]), *Rapport annuel 2024*, https://african-insurances.org/wp-content/uploads/2024/10/2024_AIO_f_Final1_Web.pdf

Graphique 8.4. Total des primes d'assurance en pourcentage du PIB par pays, fin 2023

En Afrique, la pénétration de l'assurance varie fortement d'un pays à l'autre, l'Afrique du Sud affichant le taux le plus élevé

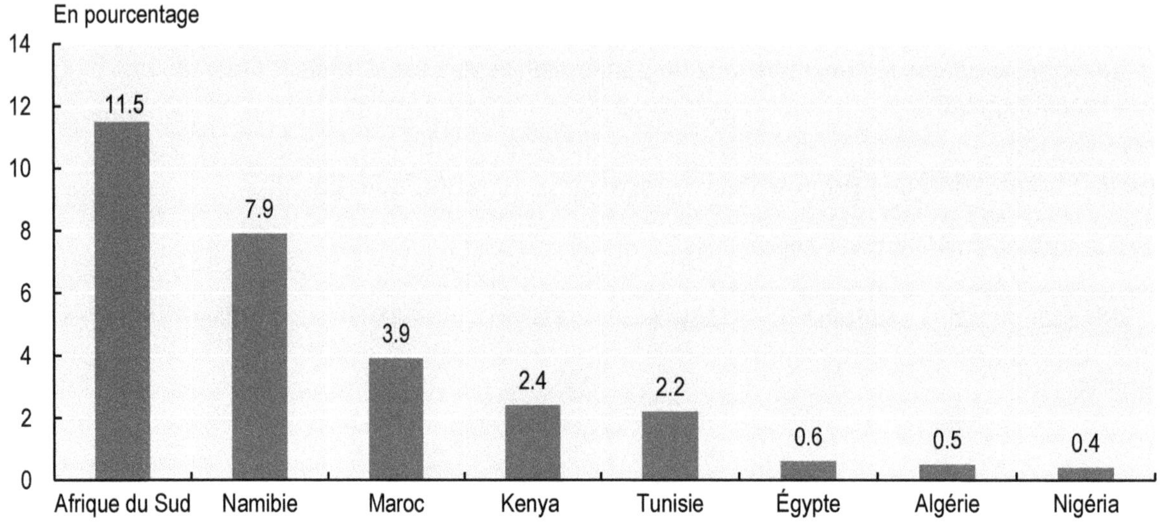

Source : Swiss Re Institute (2024[2]), *Sigma 3/2024-World insurance: strengthening global resilience with a new lease of life*, https://www.swissre.com/dam/jcr:2d26776f-20e4-4228-8ee0-97cec2ddb3c4/sri-sigma3-2024-world-insurance.pdf

La branche de l'assurance non-vie domine le marché des assurances en Afrique, comme dans la plupart des régions du monde[4]. Les contrats d'assurance dommages sont essentiellement de courte durée, et les assureurs non-vie investissent donc généralement dans des produits à court terme. À l'inverse, les contrats d'assurance-vie sont généralement des produits au long cours, de sorte que les assureurs-vie ont souvent des objectifs de placement plus lointains, qui pourraient davantage contribuer au développement des marchés de capitaux et à la croissance économique. L'assurance-vie représente toutefois moins de 30 % des polices d'assurance dans de nombreux pays d'Afrique (Africa Finance Corporation, 2025[1]). La part supérieure de l'assurance non-vie (assurance automobile, assurance santé, assurance professionnelle par exemple) s'explique principalement par les exigences d'assurance obligatoire (Africa Finance Corporation, 2025[1]). Au total, le taux de pénétration de l'assurance-vie en Afrique s'est établi à 2,4 % en 2023, un niveau inférieur à la moyenne mondiale de 2,9 % et à la moyenne de l'OCDE de 3,3 % (Swiss Re Institute, 2024[2]).

Taille des actifs gérés par des fonds de pension dans les pays africains

La participation aux régimes de retraite est réduite dans de nombreux pays africains. La valeur des actifs gérés par des fonds de pension est dès lors relativement limitée par rapport à d'autres régions du monde. Les niveaux modestes de participation reflètent essentiellement des revenus restreints et la prédominance de l'emploi informel et rural (Africa Finance Corporation, 2025[1]). Dans de nombreux pays d'Afrique, les systèmes de retraite ne concernent que les salariés du secteur formel comme les employés du secteur public et ceux du secteur privé formel, et n'intègrent pas de manière exhaustive les travailleurs du secteur informel (APSA, 2024[5])[1]. L'Afrique présente le taux d'emploi informel le plus élevé au monde, à 85,3 % en 2023 (OIT, s.d.[6]).

Cette faible participation s'explique également par la prépondérance des régimes de retraite facultatifs par rapport aux régimes obligatoires, le niveau d'adhésion étant inférieur dans les systèmes facultatifs. Les plans de retraite professionnels facultatifs représentent la catégorie la plus courante des régimes de retraite en Afrique (Tableau 8.1) et sont disponibles dans l'ensemble des pays, à l'exception du Malawi et du Nigéria. La plupart des pays autorisent également les plans de retraite individuels facultatifs. Parmi les pays dotés de régimes obligatoires, la plupart s'appuient sur des plans de retraite professionnels qui ne sont généralement accessibles qu'aux employés du secteur formel.

Tableau 8.1. Types de régimes de retraite par capitalisation disponibles dans une sélection de pays africains

Pays	Plans de retraite professionnels obligatoires	Plans de retraite professionnels facultatifs	Plans de retraite individuels obligatoires	Plans de retraite individuels facultatifs
Angola		√		
Botswana		√		√
Égypte		√		
Ghana	√	√		√
Kenya		√	√	√
Lesotho	√	√		√
Malawi	√			
Maurice		√	√	√
Maroc		√		
Mozambique		√		
Namibie		√		√
Nigéria	√		√	√
Afrique du Sud	√	√		√
Ouganda	√	√		√
Zambie	√	√		√
Zimbabwe	√	√		√

Note : L'accès aux plans de retraite professionnels est lié à l'existence d'une relation d'emploi ou professionnelle entre le participant au plan et l'organisme à l'initiative de ce plan (le promoteur du plan). Pour les employeurs, la participation aux plans de retraite professionnels obligatoires est obligatoire, et la constitution de plans de retraite professionnels facultatifs est facultative. L'accès aux plans de retraite individuels n'est pas forcément lié à l'existence d'une relation d'emploi. Les plans de retraite individuels obligatoires sont des plans auxquels les particuliers doivent adhérer ou qui sont habilités à recevoir les cotisations de retraite obligatoires. La participation aux plans de retraite individuels facultatifs est facultative pour les particuliers.
Source : Statistiques de pensions de l'OCDE au niveau mondial

Les actifs gérés par les fonds de pension dans la plupart des pays africains sont de taille modeste par rapport à ceux gérés par leurs pairs au niveau mondial. La part de l'Afrique dans le PIB mondial en parité de pouvoir d'achat s'est élevée à 5,2 % en 2023, tandis que celle du continent dans les actifs des fonds de pension mondiaux était inférieure à 1 % (FMI, 2025[7] ; OCDE, 2025[8]). Les fonds de pension au Botswana, en Namibie et en Afrique du Sud présentent certes des ratios d'actifs de retraite par rapport au PIB supérieurs à la moyenne mondiale et à celle de l'OCDE (Graphique 8.5). Cependant, 12 des 16 pays africains considérés affichent des ratios d'actifs de retraite par rapport au PIB inférieurs à la moyenne de l'Afrique, qui s'est établie à 22,6 % en 2023. Au sein du continent, les ratios d'actifs de retraite par rapport au PIB se sont échelonnés de 1,3 % au Mozambique à 103,6 % en Namibie, mettant en évidence des divergences notables d'un pays à l'autre.

Graphique 8.5. Total des actifs des fonds de pension en pourcentage du PIB, fin 2023

Dans la plupart des pays africains, les actifs des fonds de pension sont de taille modeste par rapport à ceux détenus par leurs pairs au niveau mondial

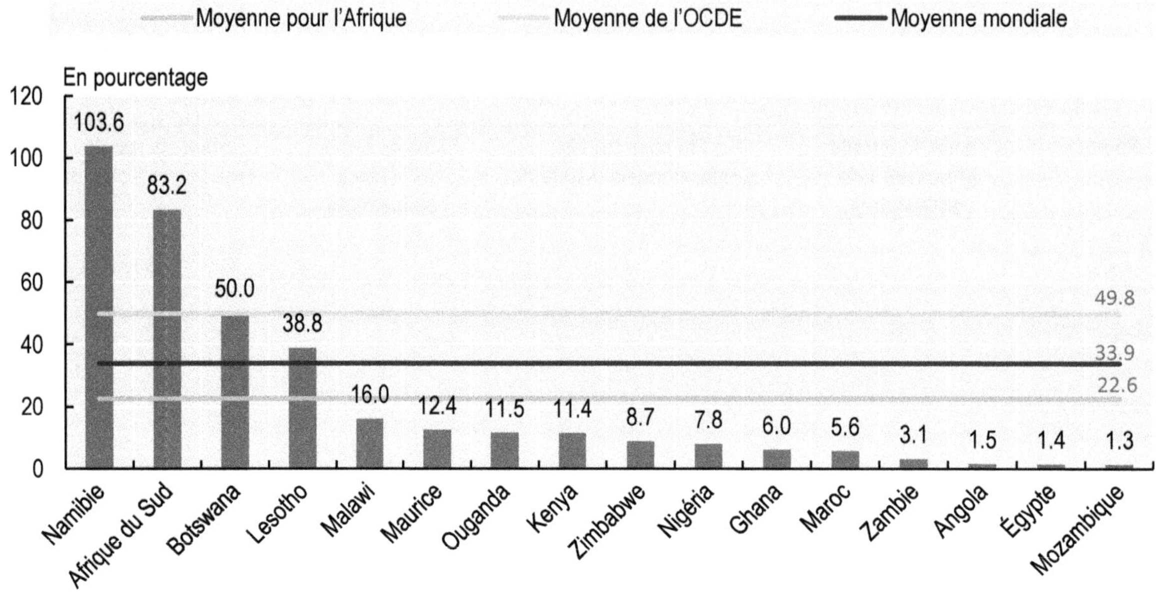

Note : Les données concernent les fonds de pension autonomes, excepté en Namibie et au Zimbabwe, où elles comprennent également les contrats d'assurance retraite. Le total des actifs de fonds de pension en Afrique du Sud pour 2023 est estimé sur la base du rapport établi par la Financial Sector Conduct Authority (FSCA), et les chiffres du PIB de l'Afrique du Sud pour 2023 proviennent de Stats SA. Le ratio du total des actifs de fonds de pension par rapport au PIB pour l'Ouganda en 2023 est tiré des données de l'URBRA, et celui estimé pour le Zimbabwe repose sur la moyenne des quatre années précédentes.
Source : Statistiques de pensions de l'OCDE au niveau mondial ; FSCA (2025[10]), 2023 Retirement Funds Statistical Report, https://www.fsca.co.za/Regulated%20Entities/Regulated%20Entities%20Documents/2023%20Pensions%20Statistical%20Report.pdf ; Stats SA (2023[11]), données statistiques, produit intérieur brut du quatrième trimestre 2023, https://www.statssa.gov.za/publications/P0441/P04414thQuarter2023.pdf ; URBRA (2024[12]), Retirement Benefits Sector Annual Report 2022/2023, https://urbra.go.ug/download/retirement-benefits-sector-annual-report-2022-2023/?wpdmdl=5260&refresh=6842ebdc1c7ec1749216220

8.1.2. Répartition des actifs des fonds de pension africains, facteurs sous-jacents et conséquences potentielles

La contribution des compagnies d'assurance et des fonds de pension au développement des marchés de capitaux dépend de la répartition de leurs investissements. L'examen de l'allocation des actifs des fonds de pension africains, des facteurs sous-tendant leur répartition et des conséquences possibles de ces arbitrages peut permettre d'identifier les politiques qui sont susceptibles d'améliorer la contribution des fonds au développement des marchés de capitaux[5].

Répartition des actifs des fonds de pension africains

Les fonds de pension africains investissent principalement dans les titres d'État, ce qui limite leur contribution au développement des marchés de capitaux. En moyenne, fin 2023, leurs portefeuilles se composaient à 44,4 % de bons et d'obligations, à 26,9 % d'actions, à 11,3 % de liquidités et dépôts, et à 15,9 % d'« autres » actifs (Graphique 8.6). Au Ghana, au Nigéria, en Ouganda, au Mozambique, en Égypte, en Angola et au Kenya, la proportion des bons et obligations détenues par les fonds de pension était plus élevée que la moyenne de la région. La composante actions était pour sa part supérieure à la moyenne au Botswana, au Lesotho, au Malawi, à Maurice, au Maroc, en Namibie et en Zambie. Par ailleurs, les portefeuilles des fonds de pension au Kenya, au Lesotho, en Afrique du Sud, en Zambie et au Zimbabwe accordaient une part plus importante aux « autres » actifs que la moyenne régionale. Les fonds de pension en Angola et en Égypte se sont eux distingués par leur plus forte exposition aux liquidités et dépôts (40,4 % et 24,6 % respectivement).

Graphique 8.6. Répartition des actifs des fonds de pension africains en pourcentage de l'investissement total, fin 2023

Les fonds de pension en Afrique investissent principalement dans des bons et obligations

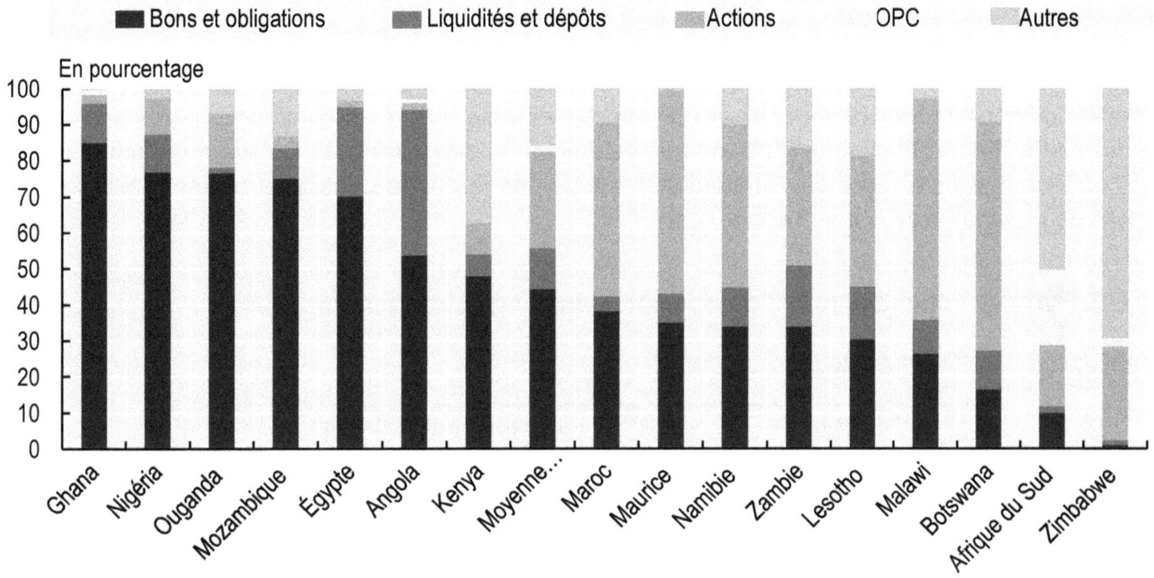

Note : Les pays sont classés en fonction de leur exposition aux bons et obligations. La catégorie des « OPC » désigne les organismes de placement collectif et n'est représentée que si les données sur la transparence ne sont pas disponibles. La catégorie « Autres » comprend les prêts, les terrains et immeubles, les contrats d'assurance non imputés, les fonds d'arbitrage, les fonds de capital-investissement, les produits structurés, d'autres fonds communs de placement (c'est-à-dire ceux qui ne sont pas investis dans des actions, des bons et obligations ou des liquidités et dépôts) et les autres placements. Les données pour le Mozambique et l'Ouganda se rapportent à l'année 2021.
Source : Statistiques de pensions de l'OCDE au niveau mondial

Dans la catégorie des bons et obligations, les titres d'État constituent les instruments les plus largement représentés dans les portefeuilles de la plupart des fonds de pension africains. Au Ghana, par exemple, les titres d'État ont représenté à eux seuls 81 % du portefeuille de placements des fonds de pension privés en 2023 (NPRA, 2024[9]). Au Kenya, les régimes de pension ont également investi massivement en titres d'État, qui comptaient pour 47,5 % du total des actifs sous gestion en 2023 (RBA, 2024[10]). Au Nigéria, les actifs des fonds de pension se composaient principalement de titres des administrations fédérales, qui représentaient 64,9 % du total en 2023 (PenCom, 2024[11]). En Ouganda, les portefeuilles des fonds de pension étaient pour une large part constitués d'obligations d'État, avec plus de 79 % des capitaux affectés aux emprunts souverains en 2023 (URBRA, 2024[12]). En Zambie, les titres d'État ont représenté près de 34 % des portefeuilles de placements des régimes de pension en 2023, alors que les obligations d'entreprise ne pesaient en comparaison que 2% (PIA, 2025[13]). Par ailleurs, la part des bons et obligations d'État dans le total des placements obligataires des fonds de pension s'est élevée à 100 % en Angola, 99,8% en Égypte, 94,1% en Zambie, et 93,9% au Malawi en 2023 (OCDE, 2025[8]).

Le rôle des fonds de pension dans les marchés de capitaux intérieurs est également fonction du montant qu'ils peuvent investir au niveau national plutôt qu'à l'étranger. Les fonds de pension peuvent investir à l'étranger pour plusieurs raisons, comme une disponibilité limitée des actifs sur les marchés de capitaux nationaux ou la volonté de diversifier et d'atténuer les risques propres aux pays concernés par exemple. Seulement, réaliser de tels placements peut avoir pour conséquence de priver les marchés intérieurs des investissements nécessaires.

Investir à l'étranger peut présenter des avantages et des inconvénients. Parmi les avantages, les fonds de pension qui investissent à l'étranger peuvent accéder à des possibilités de placement plus vastes pour diversifier leurs portefeuilles. Ils sont en mesure de placer leurs capitaux dans des actifs qui peuvent ne pas être disponibles dans les marchés de capitaux nationaux. Les fonds peuvent également limiter ainsi leur dépendance à un seul marché de capitaux et atténuer les répercussions associées à des risques localisés tels que l'instabilité macroéconomique ou politique. Du côté des inconvénients, investir à l'étranger peut accroître le risque de change et les coûts de transaction, tels que les frais liés à la conversion des devises et au respect des réglementations applicables. Ces opérations peuvent également se traduire par des sorties de capitaux pour les marchés nationaux au lieu de financer l'économie locale. Or, ces sorties de capitaux peuvent entraîner une dépréciation de la monnaie nationale, pénalisée par une moindre demande. En 2022, plus de 60 % des actifs des fonds de pension au Botswana et plus de 30 % à Maurice étaient investis à l'étranger, limitant la capacité des fonds de pension à soutenir l'économie et les marchés de capitaux nationaux (Tableau 8.2).

Tableau 8.2. Part des actifs des fonds de pension investie à l'étranger, fin 2022

En pourcentage de l'investissement total

Pays	Investissement à l'étranger
Angola	-
Botswana	62.0
Égypte	-
Ghana	-
Kenya	0.9
Lesotho	-
Malawi	-
Maurice	31.3
Maroc	1.1
Mozambique	-
Namibie	-
Nigéria	4.7
Afrique du Sud	-
Ouganda	-
Zambie*	8.0
Zimbabwe	-

Note : Les données pour la Zambie se rapportent à fin 2023.
Source : Statistiques de pensions de l'OCDE au niveau mondial

Facteurs pouvant influencer la répartition des actifs des fonds de pension africains

Les décisions des fonds de pension en matière d'investissement dépendent de plusieurs facteurs, comme les conditions de marché, la conjoncture macroéconomique, la stabilité politique et le cadre réglementaire. Cette sous-section examine certains facteurs communs pouvant influencer la répartition des actifs des fonds de pension africains, même si l'importance de ces variables est susceptible de varier d'un pays à l'autre.

Le développement insuffisant des marchés de capitaux et l'ampleur limitée des actifs disponibles peuvent orienter la répartition des actifs des fonds de pension africains. De nombreux marchés d'actions en Afrique restent de petite taille, le nombre d'entreprises cotées y est limité et leur capitalisation boursière est faible (Banque africaine de développement (BAfD), 2023[14] ; ASEA, 2022[15]). En outre, les marchés des obligations d'entreprise sont naissants dans un grand nombre de pays africains, et inexistants dans d'autres (Otchere, Ofori-Sasu et Abor, 2022[16]). Au sein des pays africains considérés, seules des entités d'Afrique du Sud et de Maurice ont émis des obligations d'entreprise en 2023 (chapitre 3). Par ailleurs, dans de nombreux pays africains, les possibilités de placement disponibles dans les actifs alternatifs tels que les infrastructures, les sociétés d'investissement immobilier, le capital-investissement et le capital-risque restent limitées (SFI, BAfD, MFW4A, 2022[17]).

Le niveau élevé des rendements des titres d'État peut également engendrer un effet d'éviction en Afrique. Cet effet se produit lorsqu'une part significative des ressources financières est orientée vers une catégorie particulière d'actifs, ce qui limite les capitaux disponibles pour d'autres placements. Dans bon nombre de pays africains, les pouvoirs publics émettent des obligations d'État à haut rendement en vue de répondre à leurs besoins budgétaires. Les niveaux élevés des rendements traduisent un risque accru de défaut sur les obligations souveraines, car la dette de nombreux États africains s'est creusée en 2022 et 2023, dans un contexte d'augmentation des anticipations d'inflation (BEI, 2024[18]). Néanmoins, en dépit de ces rendements plus élevés, les titres d'État sont en général réputés présenter un risque de défaut relativement faible, et constituent de ce fait un actif privilégié pour les investisseurs.

Les obligations d'État assorties d'échéances plus longues devraient particulièrement susciter l'intérêt des fonds de pension du fait de leur horizon d'investissement à long terme. Dans la plupart des pays africains, les obligations d'État émises comportent une échéance supérieure à dix ans (Tableau 8.3).

Tableau 8.3. Montant des obligations d'État émises et ventilation par échéance, 2023

En millions USD et en pourcentage du total des émissions

Pays considéré	Montant total	Moins de 1 an	Entre 1 et 5 ans	Entre 5 et 10 ans	Plus de 10 ans
Angola	9 979	0.0 %	34.9 %	35.1 %	30.1 %
Botswana	2 062	19.0 %	19.0 %	34.9 %	27.2 %
Égypte	187 292	57.8 %	27.1 %	8.9 %	6.3 %
Ghana	30 364	20.3 %	28.0 %	28.0 %	23.7 %
Kenya	35 751	15.2 %	25.2 %	23.6 %	36.0 %
Lesotho	-	-	-	-	-
Malawi	438	32.0 %	56.6 %	11.5 %	0.0 %
Maurice	8 351	21.4 %	43.5 %	17.7 %	17.3 %
Maroc	72 737	15.3 %	37.8 %	22.4 %	24.5 %
Mozambique	900	0.0 %	0.0 %	100.0 %	0.0 %
Namibie	5 439	16.0 %	34.6 %	16.4 %	33.1 %
Nigéria	46 805	10.7 %	22.4 %	23.7 %	43.2 %
Afrique du Sud	243 670	11.8 %	14.9 %	25.4 %	48.0 %
Ouganda	8 346	29.7 %	23.7 %	22.3 %	24.3 %
Zambie	8 029	39.7 %	38.3 %	16.9 %	5.1 %
Zimbabwe	-	-	-	-	-

Source : Ensemble de données de la série sur les marchés de capitaux de l'OCDE.

La stabilité politique peut influencer la répartition des actifs des fonds de pension africains, notamment lorsqu'il s'agit d'arbitrer entre bons et obligations d'un côté et actions de l'autre. De nombreux pays africains sont concernés à des degrés divers par l'instabilité politique. Dans certains pays africains, où les indices de stabilité politique atteignent les niveaux les plus élevés (c'est-à-dire où la stabilité politique offerte est la plus grande), tels que le Botswana, Maurice et la Namibie, les fonds de pension ont principalement investi en actions (Tableau 8.4). En revanche, dans des pays où ces indices sont les plus faibles, comme le Nigéria, le Mozambique et le Kenya, les portefeuilles des fonds de pension étaient surtout constitués de bons et d'obligations. Cependant, dans certains pays, d'autres facteurs peuvent dissuader les fonds d'investir dans des bons et obligations. Par exemple, au Zimbabwe, où l'instabilité politique est forte par rapport à d'autres pays africains, les bons et obligations ne représentent qu'une part minime (0,9 %) des portefeuilles des fonds de pension, composés à 69,3 % d'« autres » actifs. Cette répartition peut s'expliquer par une inflation extrêmement élevée, dont le taux (mesuré par l'indice des prix à la consommation) a atteint pas moins de 667 % au Zimbabwe en 2023, soit le plus haut niveau au monde (FMI, 2025[19]). L'inflation a pour effet de réduire le rendement réel des bons et des obligations, les investisseurs préférant dans un tel contexte se tourner vers des actifs qui les protègent contre cette dynamique des prix, comme les produits de base et l'immobilier.

Tableau 8.4. Indice de stabilité politique et répartition des actifs des fonds de pension africains, fin 2023

Pays	Indice de stabilité politique (par ordre décroissant)	Principale catégorie d'actifs du portefeuille des fonds de pension
Botswana	1.04	Actions (63.5 %)
Maurice	0.78	Actions (56.6 %)
Namibie	0.54	Actions (45.3 %)
Zambie	0.20	Bons et obligations (33.8 %) ; Actions (32.7 %)
Ghana	-0.02	Bons et obligations (85.0 %)
Malawi	-0.24	Actions (61.4 %)
Lesotho	-0.31	Actions (36.3 %)
Angola	-0.34	Bons et obligations (53.6 %)
Maroc	-0.37	Actions (48.2 %)
Afrique du Sud	-0.67	Autres (50.3 %)
Ouganda	-0.70	Bons et obligations (76.6 %)
Égypte	-0.87	Bons et obligations (70.1 %)
Zimbabwe	-0.93	Autres (69.3 %)
Kenya	-0.94	Bons et obligations (47.8 %)
Mozambique	-1.27	Bons et obligations (75.1 %)
Nigéria	-1.77	Bons et obligations (76.9 %)
Moyenne des pays africains (16 pays)	-0.37	
Moyenne mondiale (205 pays)	-0.03	

Note : L'indice de stabilité politique et d'absence de violence/terrorisme reflète le risque perçu de déstabilisation politique ou de violence d'origine politique, y compris terroriste. L'estimation établie donne la note du pays pour l'indicateur global, en unités d'une distribution normale standard, c'est-à-dire allant d'environ -2.5 à 2.5. La valeur la plus élevée est enregistrée par les Îles Caïman (1.63 point) et la plus faible par la Syrie (-2.75 points).
Les données sur la répartition des actifs des fonds de pension pour le Mozambique et l'Ouganda se rapportent à 2021.
Source : Statistiques de pensions de l'OCDE au niveau mondial ; Banque mondiale (2025[20]), *Political Stability and Absence of Violence/Terrorism: Estimate*, https://data.worldbank.org/indicator/PV.EST?most_recent_value_desc=false

Les contraintes réglementaires qui s'appliquent aux investissements extraterritoriaux peuvent influencer la répartition des actifs des fonds de pension. De nombreux pays africains appliquent des restrictions aux investissements extérieurs (OCDE, 2025[21]). Le Ghana, par exemple, applique une limite distincte de 5 % sur les investissements extérieurs dans des actions, des obligations d'entreprise et des fonds de placements privés. En Égypte, les fonds de pension ne sont pas autorisés à investir dans des actifs étrangers. À Maurice, une limite de 10 % par émetteur est appliquée aux obligations étrangères cotées du secteur privé, et une autre de 5 % par émetteur aux obligations étrangères non cotées du secteur privé.

Au Mozambique, les placements dans des actifs situés à l'étranger sont plafonnés à 10 % des actifs des fonds de pension. L'Ouganda interdit pour sa part tout investissement des fonds des régimes de retraite hors d'Afrique de l'Est. Compte tenu de ces éléments, les restrictions appliquées aux investissements extraterritoriaux, conjuguées à la disponibilité limitée des actifs dans les marchés intérieurs, pourraient contraindre les fonds de pension à investir massivement dans les titres d'État nationaux.

L'imposition de plafonds ou de planchers aux placements des fonds de pension par grande catégorie d'actifs ne semble pas avoir d'incidence significative sur la répartition des actifs des fonds de pension dans la plupart des pays africains. La part des investissements en actions est en effet bien inférieure à la limite d'allocation appliquée à cette catégorie d'actifs, excepté au Nigéria. En outre, la plupart des pays n'imposent pas de plancher pour les placements dans des bons et obligations, hormis en Égypte (Tableau 8.5).

Tableau 8.5. Comparaison des investissements et des limites de placement relatives aux actions et aux bons et obligations dans les pays africains, fin 2023

Pays	Part des bons et obligations (%)	Part des actions (%)	Limites de placement relatives aux actions et aux bons et obligations
Angola	53.6	2.0	-Actions : max. 50 % -Bons et obligations du secteur public : max. 70 % -Bons et obligations du secteur privé : max. 60 %
Égypte	70.1	2.0	-Actions : max. 15 % -Bons et obligations du secteur public : min. 15 %, max. 70 % -Bons et obligations du secteur privé : max. 15 %
Ghana	85.0	2.5	-Actions : max. 20 % -Bons et obligations du secteur public : max. 75 % -Bons et obligations du secteur privé : max. 35 %
Kenya	47.8	8.6	-Actions : max. 70 % (cotées) et max. 5 % (non cotées) -Bons et obligations du secteur public : max. 90 % -Bons et obligations du secteur privé : max. 20 %
Mozambique*	75.1	3.2	-Actions : max. 40 % -Bons et obligations du secteur public : max. 100 % -Bons et obligations du secteur privé : max. 60 %
Nigéria	76.9	10	-Actions : max. entre 5 % et 30 % en fonction du régime concerné -Bons et obligations du secteur public : max. entre 70 % et 100 % en fonction du régime concerné -Bons et obligations du secteur privé : max. entre 35 % et 45 % en fonction du régime concerné
Ouganda	76.6	14.8	-Actions : max. 70 % -Bons et obligations du secteur public : max. 80 % -Bons et obligations du secteur privé : max. 30 %

Note : Le tableau présente les pays dans lesquels la part des bons et obligations dans les portefeuilles des fonds de pension est supérieure à la moyenne pour l'ensemble des pays africains considérés. L'enquête annuelle 2023 de l'OCDE sur la réglementation des investissements des prestataires de retraite sert de référence pour les limites de placement. Les pays distingués par une « * » sont ceux pour lesquels l'édition 2025 de l'enquête est utilisée faute d'informations disponibles pour 2023. Pour l'Angola, la source utilisée pour la limite d'exposition aux actions est l'Agence angolaise pour la réglementation et la supervision du secteur des assurances (ARSEG).
Source : Statistiques de pensions de l'OCDE au niveau mondial ; OCDE (2023[22]), *Annual Survey of Investment Regulation of Pension Providers 2023*, https://www.oecd.org/content/dam/oecd/en/topics/policy-sub-issues/asset-backed-pensions/2023-Survey-Investment-Regulation-Pension-Providers.pdf ; OCDE (2025[21]), *Annual Survey of Investment Regulation of Pension Providers 2025*, https://www.oecd.org/content/dam/oecd/en/topics/policy-sub-issues/asset-backed-pensions/2025-Annual-Survey-of-Investment-Regulation-of-Pension-Providers.pdf

En outre, les limites applicables aux placements dans des actifs alternatifs nationaux, tels que l'immobilier, les fonds de placements privés et les prêts, semblent également être non contraignantes dans la plupart des pays africains [6]. En Angola, en Égypte, au Ghana, au Lesotho, au Malawi, à Maurice et au Mozambique, soit aucune limite n'est imposée sur les placements en actifs alternatifs nationaux, soit il existe bien des limites mais l'exposition à ce type d'actifs est largement inférieure aux limites imposées (Tableau 8.6).

Les limites relatives aux placements dans des actifs alternatifs nationaux peuvent représenter une contrainte plus importante pour les investissements dans certains types d'actifs alternatifs que dans d'autres. Au Botswana, au Maroc, en Namibie, en Ouganda et en Zambie, les placements dans certains types d'actifs alternatifs nationaux sont soit non autorisés, soit limités, et les niveaux d'exposition des portefeuilles sont proches des seuils imposés pour ces actifs. Toutefois, il est possible d'investir davantage dans d'autres actifs alternatifs nationaux. Par exemple, en Ouganda, si les fonds de pension ne sont pas autorisés à investir dans les prêts, ils pourraient placer des sommes plus importantes dans l'immobilier. En revanche, dans certains pays africains, comme le Kenya, l'Afrique du Sud, le Zimbabwe et le Nigéria, les limites de placement peuvent entraver la capacité des fonds de pension à investir dans les actifs alternatifs nationaux, car les niveaux d'exposition des portefeuilles sont proches des limites imposées.

La taille des fonds de pension peut également influencer la répartition de leurs actifs. Les fonds de pension africains sont relativement modestes et les marchés des pensions souvent fragmentés (SFI, 2023[23]). En 2023, on dénombrait 4 904 fonds de pension en Afrique du Sud (FSCA, 2025[24]), 1 027 au Kenya (RBA, 2023[25]) et 215 au Ghana (NPRA, 2024[9]). La fragmentation des marchés peut contribuer à restreindre les possibilités de placement offertes aux fonds de petite taille, qui n'ont pas l'envergure nécessaire pour investir dans de grands projets tels que les infrastructures.

Tableau 8.6. Incidence des limites de placement appliquées aux actifs alternatifs nationaux dans les pays africains, fin 2023

Pays considéré	Part du total des actifs (%)	Limites appliquées aux actifs alternatifs nationaux (immobilier, fonds de placements privés et prêts)
Les limites ne sont pas contraignantes		
Angola	2.9	Limite de 40 % pour l'immobilier, limite de 30% pour les fonds de placements privés, limite de 40 % pour les prêts
Égypte	3.3	Limite directe de 10 % pour l'immobilier, limite de 10 % pour les fonds de placements hypothécaires, limite de 15 % pour les fonds de placements privés, limite de 25 % pour les prêts
Ghana	0.2	Limite de 10 % pour l'immobilier, limite de 15 % pour les fonds de placements privés
Lesotho*	18.8	Limite de 25 % pour les investissements en biens immobiliers, limite de 100% pour les fonds de placements privés sous certaines conditions, limite de 100 % ou 75 % pour les prêts en fonction de l'émetteur concerné
Malawi	2.9	Limite directe de 100 % pour l'immobilier, limite directe de 100% pour les fonds de placements privés, limite directe de 100 % pour les prêts
Maurice	0.5	Aucune limite particulière pour l'immobilier et les fonds de placements privés, limite d'exposition totale de 55 % pour les prêts
Mozambique*	13.3	Limite d'exposition totale de 50 % pour l'immobilier, limite de 50% pour les fonds de placements privés, limite d'exposition totale de 50 % pour les prêts
Les limites peuvent être contraignantes pour certains actifs alternatifs, mais pas pour l'ensemble de ces actifs		
Botswana	9.2	Limite de 25 % pour l'immobilier, limite de 5 % pour le capital-investissement, limite de 0 % pour les prêts
Maroc	9.5	Limite de 15 % pour l'immobilier, limite de 5% pour les prêts
Namibie	10.0	Limite directe de 25 % pour l'immobilier, limite d'exposition comprise entre 1,75 % et 3,5 % pour les titres de participation ou de dette non cotés, limite directe de 25 % pour les prêts
Ouganda	7.0	Limite directe de 30 % pour l'immobilier, limite directe de 15 % pour les fonds de placements privés, prêts non autorisés
Zambie	16.5	Limite de 40 % pour l'immobilier, limite de 15 % pour les fonds de placements privés, prêts non autorisés sans l'approbation de l'autorité compétente
Les limites peuvent être contraignantes		

Pays considéré	Part du total des actifs (%)	Limites appliquées aux actifs alternatifs nationaux (immobilier, fonds de placements privés et prêts)
Kenya	37.3	Limite de 30% pour les biens immobiliers au Kenya, limite de 30 % pour les fonds de placements immobiliers, limite de 10 % pour les fonds de placements privés, limite de 0 % pour les prêts
Afrique du Sud*	50.3	Limites de 25 % ou 15 % pour divers actifs immobiliers, limite de 10 % pour les fonds d'arbitrage, limite de 15 % pour le capital-investissement, limite de 45 % pour les actifs d'infrastructure, limite de 5 % pour les placements dans un employeur participant au fonds
Zimbabwe	69.3	Limite de 40 % pour l'immobilier, limite de 15 % pour les fonds de placements privés, limite de 10 % pour les prêts
Nigéria	2.6	Investissements dans l'immobilier (directs) et les prêts (directs) non autorisés ; limite de 0 % à 10 % pour les fonds de placements privés en fonction du plan concerné

L'enquête annuelle 2023 de l'OCDE sur la réglementation des investissements des prestataires de retraite sert de référence pour les limites de placement. Les pays distingués par une « * » sont ceux pour lesquels l'édition 2025 de l'enquête est utilisée faute d'informations disponibles pour 2023. Concernant le Zimbabwe, la source utilisée pour la limite applicable aux prêts est la Commission des assurances et des pensions du Zimbabwe.

Source : Statistiques de pensions de l'OCDE au niveau mondial ; OCDE (2023[22]), *Annual Survey of Investment Regulation of Pension Providers 2023*, https://www.oecd.org/content/dam/oecd/en/topics/policy-sub-issues/asset-backed-pensions/2023-Survey-Investment-Regulation-Pension-Providers.pdf ; OCDE (2025[21]), *Annual Survey of Investment Regulation of Pension Providers 2025*, https://www.oecd.org/content/dam/oecd/en/topics/policy-sub-issues/asset-backed-pensions/2025-Annual-Survey-of-Investment-Regulation-of-Pension-Providers.pdf

Le manque d'expertise interne peut également peser sur la répartition des actifs des fonds de pension africains. Les investissements alternatifs tels que l'immobilier, les infrastructures, le capital-investissement et la dette privée reposent généralement sur des structures financières plus complexes que les placements traditionnels, et investir dans de tels actifs exige donc des équipes d'investissement et des connaissances spécialisées (CFA Institute, s.d.[26]). Or, de nombreux fonds de pension ne disposent pas des compétences techniques nécessaires pour analyser les risques inhérents aux projets, pour exercer une diligence raisonnable ou pour évaluer les placements dans les marchés privés et les marchés d'infrastructures (Africa Finance Corporation, 2025[1]), ce qui peut limiter leur capacité à investir dans ces actifs. L'un des plus grands fonds de pension d'Afrique du Sud a d'ailleurs indiqué que de nombreux fonds locaux continuent de témoigner un intérêt limité pour les placements alternatifs tels que le capital-investissement, parce qu'ils peinent à appréhender entièrement cette catégorie d'actifs et sont réticents à y investir du fait des risques perçus d'illiquidité ainsi que des perspectives de rendements limités au cours des phases initiales (SFI, BAfD, MFW4A, 2022[17]).

Conséquences potentielles de la répartition des actifs des fonds de pension africains

Les conséquences économiques des placements des fonds de pension africains en obligations d'État sont fonction de l'usage des capitaux levés. Les investissements en obligations souveraines permettent aux pouvoirs publics d'avoir accès aux financements indispensables à la couverture de leurs diverses dépenses. Si les pouvoirs publics utilisent les capitaux obtenus pour effectuer des investissements à long terme, tels que le financement d'infrastructures, ces placements pourraient se traduire par des gains de productivité. En revanche, si ces capitaux servent à financer des dépenses courantes (salaires des fonctionnaires ou coûts liés aux services publics, par exemple), ces positions pourraient limiter la propension des fonds à soutenir le financement d'activités productives.

La répartition des actifs des fonds de pension peut aussi représenter un risque pour l'adéquation future des revenus de retraite. Le recours massif aux obligations d'État peut déboucher sur des situations de vulnérabilité face à l'inflation et aux relèvements de taux d'intérêt. En 2022, les rendements réels des placements ont été négatifs dans 10 des 12 pays considérés (Tableau 8.7)[7]. En 2023, les fonds de pension en Angola, en Égypte et au Nigéria, dont plus de la moitié des actifs étaient constitués de bons et d'obligations, ont enregistré des rendements réels négatifs (OCDE, 2025[8]). Or, des rendements réels négatifs peuvent réduire le montant accumulé par les épargnants pour financer leur retraite.

Tableau 8.7. Taux de rendement réel annuel des investissements des fonds de pension

En pourcentage

Pays	2019	2020	2021	2022	2023
Angola	-9.7	-16.1	-15.0	-4.3	-8.8
Botswana	5.7	-1.3	5.9	-6.1	-
Égypte	5.8	8.4	5.8	-8.3	-17.4
Ghana	-	-	-9.8	-22.7	2.7
Kenya	-	0.6	2.9	-5.9	-2.0
Lesotho	-	-	-	3.5	-
Malawi	1.3	5.1	6.7	-4.7	2.7
Maurice	-	-	-	-	-
Maroc	-	-	1.7	-6.3	1.5
Mozambique	9.2	-	-	-	-
Namibie	-	4.3	11.9	-7.2	8.7
Nigéria	-0.5	2.2	-8.2	-10.8	-10.8
Afrique du Sud	1.2	-2.9	9.5	-	-
Ouganda	5.2	10.3	11.1	-	-
Zambie	-1.5	-4.9	0.0	2.5	9.8
Zimbabwe	-	-	-19.2	-26.7	-

Source : Statistiques de pensions de l'OCDE au niveau mondial

8.2. L'importance d'exploiter le potentiel des compagnies d'assurance et des fonds de pension pour le développement des marchés de capitaux

En tant qu'investisseurs institutionnels, les compagnies d'assurance et les fonds de pension peuvent jouer un rôle majeur pour stimuler les marchés de capitaux et renforcer l'innovation et la productivité en Afrique.

- Tout d'abord, ces acteurs peuvent servir de catalyseurs pour le développement des marchés des actions et des obligations d'entreprise. En Afrique, bon nombre de marchés d'actions sont insuffisamment développés (Banque africaine de développement (BAfD), 2023[14]), et les marchés des obligations d'entreprise sont soit inexistants soit naissants (Otchere, Ofori-Sasu et Abor, 2022[16]). En tant qu'investisseurs importants, les compagnies d'assurance et les fonds de pension pourraient représenter une source essentielle de la demande pour les émissions d'obligations d'entreprise ou les introductions en bourse, et encourager ainsi les entreprises à faire appel aux marchés pour leurs besoins de financement. En outre, ils pourraient aussi contribuer au développement des marchés d'actions et d'obligations d'entreprise en soutenant l'instauration d'une meilleure gouvernance au sein des entreprises. Lorsque ces entités achètent des participations dans certaines entreprises et en deviennent d'importants actionnaires, elles pourraient ainsi plaider pour une amélioration à la fois des pratiques de gestion, des performances, de la redevabilité et de la transparence. Un renforcement de la redevabilité et de la transparence permettrait d'accroître la confiance envers les entreprises, incitant les investisseurs à effectuer des placements en actions et en obligations.
- Ensuite, les investisseurs institutionnels peuvent améliorer la profondeur des marchés de capitaux africains, limitée dans la plupart d'entre eux. Les marchés d'actions sont majoritairement de petite taille, présentent une faible liquidité et comptent un nombre restreint de valeurs cotées. Quant aux

marchés obligataires, ils se caractérisent par une faible liquidité et par des référentiels limités en matière de détermination des prix des titres (SFI, 2024[27]). En se développant en Afrique et en investissant dans les marchés de capitaux locaux, les compagnies d'assurance et les fonds de pension pourraient contribuer à accroître les volumes de négociation et la liquidité des marchés. Ce processus pourrait aussi conduire à une amélioration des référentiels en matière de fixation des prix et à une réduction des coûts de transaction.

- En outre, un renforcement de l'écosystème de l'investissement institutionnel permettrait d'améliorer la solidité du système financier global en Afrique. À la différence des investisseurs de court terme, les compagnies d'assurance et les fonds de pension, dont les engagements et les horizons d'investissement sont orientés sur le long terme, peuvent détenir des actifs sur des périodes prolongées. Si ces acteurs opérant en Afrique investissaient dans des actifs de long terme, ils pourraient accroître la stabilité des marchés de capitaux, consolidant ainsi la confiance des investisseurs et la résilience du système financier.
- Par ailleurs, les investisseurs institutionnels peuvent contribuer à résorber le déficit d'infrastructures de l'Afrique. Ce continent fait face à un besoin considérable de financement en matière d'infrastructures, dont le montant est estimé entre 130 milliards et 170 milliards USD par an (SFI, BAfD, MFW4A, 2022[17]). De nombreux pays africains sont confrontés à des problèmes d'infrastructures très divers qui entravent la croissance économique, la prestation de services et le développement au sens large. Il peut s'agir par exemple d'un manque de logements abordables, de systèmes de transport insuffisamment développés, de déficits énergétiques ou d'infrastructures numériques limitées. Si les compagnies d'assurance et les fonds de pension investissaient davantage dans les infrastructures soit directement soit par le biais d'un fonds d'infrastructure, ils pourraient concourir à réduire le déficit d'infrastructures de l'Afrique.
- En jouant un rôle accru dans les marchés de capitaux, les investisseurs institutionnels pourraient également renforcer la résilience de l'Afrique face aux aléas climatiques et contribuer à résorber le déficit énergétique tout en optimisant le rendement corrigé des risques. Les aléas climatiques tels que les inondations, tempêtes, incendies et sécheresses sont destructeurs en Afrique (OMM, 2022[28]). Ils ont directement touché plus de 110 millions de personnes, occasionnant quelque 5 000 décès, et ont causé un préjudice économique total de 8,5 milliards USD en 2022 (OMM, 2022[28]). En outre, l'Agence internationale de l'énergie estime que 600 millions d'habitants sont privés d'accès à l'électricité dans l'ensemble du continent, soit près de la moitié de la population totale (Forum économique mondial, 2023[29]). D'ici 2050, la population africaine devrait doubler et il faudra intensifier les mesures d'efficacité énergétique et les capacités des énergies renouvelables (Forum économique mondial, 2023[29]). Les besoins de financement de l'Afrique liés au climat pourraient aussi atteindre 2 500 milliards USD entre 2020 et 2030, soit un montant de 250 milliards USD par an en moyenne (Climate Policy Initiative, 2022[30]).
- Enfin, un renforcement du rôle des investisseurs institutionnels sur les marchés de capitaux africains contribuerait à soutenir l'entrepreneuriat et l'innovation. En Afrique, les entrepreneurs rencontrent souvent des difficultés financières qui entravent la création d'entreprises et l'innovation. Le coût de la création d'une nouvelle entreprise en Afrique représente, en moyenne, environ 120 % du revenu annuel par habitant, contre quelque 50 % au niveau mondial et moins de 1 % en Amérique du Nord (Assenova et Agarwal, 2023[31]). Créer une entreprise semble donc hors de portée pour une large part de la population africaine (Assenova et Agarwal, 2023[31]). Les entrepreneurs peuvent se procurer des financements en faisant appel aux marchés de capitaux privés au travers d'actifs tels que le capital-investissement, la dette privée et le capital-risque. En général, les investisseurs particuliers sont souvent hésitants à investir dans ce type d'actifs qui constituent des engagements de long terme et présentent non seulement une liquidité limitée mais également des rendements risqués. Les compagnies d'assurance et les fonds de pension, en revanche, disposent d'une plus grande expertise sur le plan financier pour faire face aux risques

et aux situations d'illiquidité. Leurs engagements et leur horizon de placement à long terme leur permettent également de tolérer les épisodes temporaires de mauvaises performances. Si les compagnies d'assurance et les fonds de pension en Afrique investissaient davantage dans le capital-investissement, la dette privée et le capital-risque, ils pourraient procurer aux entrepreneurs les capitaux nécessaires à leurs projets d'innovation, d'expansion ou de restructuration.

8.3. Principales considérations intéressant l'action publique

Les marchés des assurances et les actifs gérés par les fonds de pension sont de taille restreinte dans les pays africains par rapport à leurs équivalents au niveau mondial. Ces dimensions modestes contraignent la capacité des acteurs opérant dans la région à mobiliser l'épargne à long terme et à l'orienter vers des placements productifs. Les portefeuilles de placements des fonds de pension se composent en outre essentiellement de titres d'État. Or, cette concentration de l'allocation des portefeuilles peut limiter le degré de diversification et réduire les capacités des compagnies d'assurance et des fonds de pension à soutenir le développement des marchés de capitaux et la croissance économique. D'autres obstacles existent, comme la taille limitée du marché de l'assurance-vie et la faible participation aux régimes de retraite par capitalisation, les assureurs-vie et les fonds de pension adoptant généralement des horizons de placement lointains. Le faible degré de participation observé dans les marchés des pensions s'explique largement par la nature facultative des systèmes de retraite et par les niveaux élevés d'emploi informel dans les marchés du travail africains.

Plusieurs mesures pourraient être mises en place par les autorités nationales pour encourager un rôle accru des compagnies d'assurance et des fonds de pension dans les marchés de capitaux africains.

Les autorités de réglementation devraient veiller à ce que le cadre juridique établi pour les marchés d'assurance-vie protège les intérêts des assurés et renforce la confiance. En outre, les instances de contrôle pourraient exercer une surveillance fondée sur les risques dans les marchés de l'assurance-vie. L'adoption d'une réglementation claire et la mise en œuvre d'une surveillance fondée sur les risques sont des facteurs particulièrement importants dans l'assurance-vie, car les assurés doivent avoir la garantie que l'assureur sera en mesure d'honorer les demandes de règlement sur de longues périodes. Les lignes directrices de l'OCDE sur la gouvernance des assureurs peuvent fournir des orientations à cet effet.

Les autorités nationales pourraient aussi accompagner le développement des marchés d'assurance-vie grâce à plusieurs mécanismes, comme la mise en place de programmes de culture financière permettant de mieux comprendre les produits d'assurance-vie, mais également l'élaboration d'outils numériques et de canaux de distribution innovants. Les banques pourraient ainsi par exemple contribuer plus activement à la distribution des produits d'assurance-vie.

Promouvoir une participation accrue aux régimes de retraite par capitalisation représente une autre piste de réforme majeure. Les autorités pourraient contribuer à accroître ce niveau de participation grâce au déploiement d'un système d'adhésion automatique ou de mandats. Il conviendrait à cet égard de mettre particulièrement l'accent sur les travailleurs informels qui ne sont pas tenus d'épargner pour leur retraite ou qui sont exclus des régimes de retraite standards. Les plans de retraite individuels comme les plans de micropension peuvent permettre d'assurer une couverture aux travailleurs exclus des régimes de retraite classiques. Certains pays africains disposent de régimes de micropension qui s'adressent aux travailleurs du secteur informel. Ainsi, le Kenya a lancé en 2011 le régime de pension Mbao en vue d'ouvrir la couverture du système de retraite et d'épargne au secteur informel (Kwena et Turner, 2013[32]). L'Ouganda pour sa part est doté de deux régimes de micropension facultatifs destinés aux travailleurs à bas revenus du secteur informel : le régime de retraite individuel facultatif Mazima et le régime de prévoyance de l'Association des commerçants de la ville de Kampala en Ouganda (APSA, 2024[33]).

Pour asseoir le rôle des fonds de pension en tant qu'investisseurs institutionnels, les autorités devraient également encourager une plus grande diversification des portefeuilles en faveur des obligations d'entreprise, des actions, des actifs d'infrastructure et des marchés privés. L'absence de marchés des obligations d'entreprise dans de nombreux pays africains et la faible capitalisation des marchés d'actions constituent d'importants obstacles aux investissements des fonds de pension dans ces actifs. Tout effort visant à développer les marchés de capitaux intérieurs, y compris les marchés nationaux des actions et des obligations d'entreprise, serait donc essentiel pour accroître les possibilités de placement[8].

La cohérence des politiques et de l'environnement réglementaire est indispensable pour promouvoir les investissements à long terme. Les autorités de réglementation pourraient à cette fin élaborer ou améliorer des cadres qui facilitent explicitement ce type de placement en s'appuyant sur les Principes de haut niveau du G20 et de l'OCDE sur le financement des investissements à long terme par les investisseurs institutionnels, qui énoncent un ensemble de recommandations générales visant à encourager les placements à long terme par les investisseurs institutionnels (OCDE, 2013[34]). Ces principes fournissent des orientations relatives à la réglementation financière, à la valorisation et au traitement fiscal en vue de faciliter les investissements à long terme. Un cadre réglementaire clair permettrait de renforcer la confiance des investisseurs à l'égard de ces actifs.

Les autorités pourraient également promouvoir l'investissement dans les projets d'infrastructures. En Afrique, de nombreux fonds de pension sont de taille modeste et les marchés des pensions sont souvent fragmentés. Il est donc difficile d'investir dans de grands projets comme les infrastructures. L'établissement de consortiums peut répondre à ce problème en regroupant les fonds de pension. Le Consortium d'investissement des fonds de pension du Kenya (KEPFIC), par exemple, a été lancé en 2020 pour réunir les actifs destinés aux investissements dans les infrastructures (KEPFIC, 2025[35]). De même, en Afrique du Sud, le consortium Asset Owners Forum of South Africa (AOFSA) a été mis en place pour améliorer la participation des fonds de pension dans les actifs immobiliers et d'infrastructure (Cross Boundary Group, s.d.[36]).

Enfin, les fonds de pension ont besoin de politiques qui leur permettent de résoudre les contraintes de capacité auxquelles ils sont confrontés, comme un manque d'expertise interne. Les autorités pourraient envisager à cet effet de financer ou de publier des études et des données de marché qui facilitent l'analyse d'actifs complexes par les gérants. Elles pourraient également établir des cadres et des définitions clairs pour les actifs complexes afin de réduire l'incertitude. Améliorer ainsi les capacités techniques et d'analyse des fonds de pension permettrait la mise en place de stratégies de placement plus sophistiquées, renforçant ainsi le rôle de ces entités en tant qu'investisseurs de long terme et en tant qu'acteurs contribuant à l'approfondissement des marchés de capitaux et à une croissance économique durable dans toute l'Afrique.

Références

Africa Finance Corporation (2025), *State of Africa`s Infrastructure Report 2025- Mobilizing Domestic Capital*, https://www.africafc.org/our-impact/our-publications/state-of-africa-infrastructure-report-2025 (consulté le 12 juin 2025). [1]

APSA (2024), *A journey to reform the retirement system: South Africa's experience and perspective*, https://www.africapsa.org/wp-content/uploads/2024/02/pinBox-Book_A-Journey-to-Reform-the-Retirement-System-South-Africas.pdf. [5]

APSA (2024), *Compulsions for Expanding Pension Coverage to Africa`s Non-Salaried Workforce*, https://www.africapsa.org/wp-content/uploads/2024/02/pinBox-Book_Compulsions-for-expanding-pension-coverage.pdf. [33]

ASEA (2022), *African Stock Exchanges Focus Report*, https://african-exchanges.org/sites/default/files/2024-07/ASEA_Africa_Focus_Report_.pdf. [15]

Assenova, V. et A. Agarwal (2023), « Entrepreneurship and Innovation in Africa », *SSRN Electronic Journal*, https://doi.org/10.2139/ssrn.4540399. [31]

Banque africaine de développement (BAfD) (2023), *Capital Markets Development Trust Fund-Creating Africa`s future today*, https://www.afdb.org/sites/default/files/2023/06/30/final_cmdtf_brochure.pdf. [14]

Banque mondiale (2025), *Political Stability and Absence of Violence/Terrorism: Estimate*, https://data.worldbank.org/indicator/PV.EST?most_recent_value_desc=false (consulté le 6 June 2025). [20]

Banque mondiale (s.d.), *GDP per capita, PPP (constant 2021 international $)*. [3]

BEI (2024), *La finance en Afrique : Débloquer l'investissement à l'ère de la transformation numérique et de la transition climatique*, https://www.eib.org/attachments/lucalli/20240033_finance_in_africa_fr.pdf. [18]

CFA Institute (s.d.), *Alternative Investment Features, Methods, and Structures*. [26]

Climate Policy Initiative (2022), *The State of Climate Finance in Africa: Climate Finance Needs of African Countries*, https://www.climatepolicyinitiative.org/wp-content/uploads/2022/06/Climate-Finance-Needs-of-African-Countries-1.pdf. [30]

Cross Boundary Group (s.d.), *Investment Pipeline Building for the Asset Owners Forum of South Africa*. [36]

FMI (2025), *GDP, current prices-Purchasing power parity; billions of international dollars*, https://www.imf.org/external/datamapper/PPPGDP@WEO/OEMDC/ADVEC/WEOWORLD/AFQ (consulté le 6 June 2025). [7]

FMI (2025), *Inflation rate, average consumer prices*, https://www.imf.org/external/datamapper/PCPIPCH@WEO/OEMDC/ADVEC/WEOWORLD (consulté le June 2025). [19]

Forum économique mondial (2023), *How Africa and Europe together can sow the seeds of the green transition*, https://www.weforum.org/stories/2023/09/africa-europe-green-transition-sdim23/ (consulté le 18 June 2025). [29]

FSCA (2025), *2023 Retirement Funds Statistical Report*, https://www.fsca.co.za/Regulated%20Entities/Regulated%20Entities%20Documents/2023%20Pensions%20Statistical%20Report.pdf. [24]

KEPFIC (2025), *Kenya Pension Funds Investment Consortium*, https://kepfic.co.ke (consulté le 3 July 2025). [35]

Kwena, R. et J. Turner (2013), *Extending pension and savings scheme coverage to the informal sector: Kenya's Mbao Pension Plan*, https://www.iopsweb.org/Extending%20pension%20and%20savings%20scheme%20coverage%20to%20the%20informal%20sector.%20Kwena%20and%20Turner%20ISSA%202013.pdf (consulté le 18 juin 2025). [32]

NPRA (2024), *2023 Annual Report*, https://npra.gov.gh/assets/Uploads/NPRA_AR_23_web-2.pdf. [9]

OCDE (2025), *Annual Survey of Investment Regulation of Pension Providers 2025*, https://www.oecd.org/content/dam/oecd/en/topics/policy-sub-issues/asset-backed-pensions/2025-Annual-Survey-of-Investment-Regulation-of-Pension-Providers.pdf. [21]

OCDE (2025), *Statistiques de pensions de l'OCDE au niveau mondial*, https://data-explorer.oecd.org/vis?fs[0]=Topic%2C1%7CFinance%20and%20investment%23FIN%23%7CPensions%20and%20insurance%23FIN_PIN%23&pg=0&fc=Topic&bp=true&snb=20&df[ds]=dsDisseminateFinalDMZ&df[id]=DSD_FP%40DF_FPS&df[ag]=OECD.DAF.CM&df[vs]=1.0&dq=.A.1000.._ (consulté le 30 June 2025). [8]

OCDE (2023), *Annual Survey of Investment Regulation of Pension Providers 2023*, https://www.oecd.org/content/dam/oecd/en/topics/policy-sub-issues/asset-backed-pensions/2023-Survey-Investment-Regulation-Pension-Providers.pdf. [22]

OCDE (2013), *G20/OECD High-Level Principles of Long-Term Investment Financing by Institutional investors*, https://www.oecd.org/content/dam/oecd/en/topics/policy-sub-issues/financing-infrastructure/OECD-G20-principles-long-term-investment-financing-institutional-investors.pdf. [34]

OIT (s.d.), *ILOSTAT-Taux d'emploi informel mondiaux et régionaux*. [6]

OMM (2022), *State of Climate in Africa*, https://library.wmo.int/viewer/67761/download?file=1330_State-of-the-Climate-in-Africa-2022_en.pdf&type=pdf&navigator=1. [28]

Organisation africaine des assurances (2024), *Annual Report 2024*, https://african-insurances.org/wp-content/uploads/2024/10/2024_AIO_e_Final1_Web-1.pdf. [4]

Otchere, I., D. Ofori-Sasu et J. Abor (2022), « Bond Market Development in Africa: A Review », dans *Palgrave Macmillan Studies in Banking and Financial Institutions, The Economics of Banking and Finance in Africa*, Springer International Publishing, Cham, https://doi.org/10.1007/978-3-031-04162-4_27. [16]

PenCom (2024), *Fourth-Quarter 2023 Report*, https://www.pencom.gov.ng/wp-content/uploads/2024/04/FOURTH-QUARTER-REPORT-2023.pdf. [11]

PIA (2025), *Annual Report 2023*, https://www.pia.org.zm/?page_id=9728. [13]

RBA (2024), *Retirement Benefits Industry Report for December 2023*, https://www.rba.go.ke/download/retirement-benefits-industry-report-for-december-2023/?wpdmdl=5536&refresh=68428bda1cf431749191642. [10]

RBA (2023), *Retirement Benefits Industry Statistical Digest 2023*, https://www.rba.go.ke/download/statistical-digest-2023/?wpdmdl=6300&refresh=6865b61f05dcc1751496223. [25]

SFI (2024), *Créer des marchés de capitaux efficients en Afrique*, https://www.ifc.org/content/dam/ifc/doc/2024/creating-efficient-capital-markets-in-africa-factsheet-fr.pdf (consulté le 2 July 2025). [27]

SFI (2023), *Pooling Pensions in Kenya*, https://www.ifc.org/en/stories/2023/pooling-pensions-in-kenya (consulté le 2 July 2025). [23]

SFI, BAfD, MFW4A (2022), *Gauging Appetite of African Institutional Investors for New Asset Classes*, https://www.ifc.org/content/dam/ifc/doc/mgrt/gauging-appetite-of-african-institutional-investors-for-new-asset-classes-published.pdf. [17]

Stats SA (2023), *Gross domestic product-Fourth quarter 2023*, https://www.statssa.gov.za/publications/P0441/P04414thQuarter2023.pdf. [37]

Swiss Re Institute (2024), *sigma 3/2024 – World insurance: strengthening global resilience with a new lease of life*, https://www.swissre.com/dam/jcr:2d26776f-20e4-4228-8ee0-97cec2ddb3c4/sri-sigma3-2024-world-insurance.pdf. [2]

URBRA (2024), *Retirement Benefits Sector Annual Report 2022/2023*, https://urbra.go.ug/download/retirement-benefits-sector-annual-report-2022-2023/?wpdmdl=5260&refresh=6842eba901d9c1749216169. [12]

Notes

1 Les travailleurs « informels » comprennent notamment les actifs qui ne sont pas tenus d'épargner en vue de leur retraite comme les travailleurs indépendants.

2 Les données sur l'Afrique englobent l'Afrique du Sud, qui fait partie des trois pays présentant les plus forts taux de pénétration de l'assurance sur les 54 considérés, selon l'édition 2024 des *Global Insurance Market Trends*.

3 La Namibie entre dans la catégorie « Autres » du Graphique 8.4. Sa part s'établit à 1,5 %.

4 La situation est la même dans la plupart des juridictions déclarantes dans le monde, ce qui prime étant l'importance des régimes de retraite par capitalisation et le rôle de l'assurance-vie dans la phase de paiement des systèmes de retraite (*Global Insurance Market Trends 2024*).

5 L'analyse présentée dans cette partie ne tient pas compte de la répartition des actifs des compagnies d'assurance faute de données disponibles.

6 L'étude conjointe réalisée par la Banque africaine de développement, la Société financière internationale et Making Finance Work for Africa aboutit à une conclusion similaire sur les conséquences des limites de placement dans les pays africains (SFI, BAfD, MFW4A, 2022[17]). Cette étude porte sur le Botswana, le Ghana, le Kenya, la Namibie, le Nigéria, l'Afrique du Sud ainsi que l'Union économique et monétaire ouest-africaine (UEMOA). En se fondant sur les données disponibles, elle déduit que les plafonds réglementaires nationaux ne constituent pas un obstacle majeur à la poursuite de la diversification sur ces marchés.

[7] Des performances similaires ont été enregistrées dans de nombreux pays de l'OCDE.

[8] Les chapitres 2 et 3 de cette publication fournissent un éclairage sur les moyens d'y parvenir.

www.ingramcontent.com/pod-product-compliance
Ingram Content Group UK Ltd.
Pitfield, Milton Keynes, MK11 3LW, UK
UKHW051645031026
15588UKWH00007B/1343

9 789264 417830